Gottfried Benn · Briefe

Vierter Band

Herausgegeben von
Marguerite Valerie Schlüter

Klett-Cotta

Gottfried Benn
Briefe an Tilly Wedekind
1930–1955

Nachwort von
Marguerite Valerie Schlüter

Klett-Cotta

Ist's möglich, daß ich Liebchen dich kose,
Vernehme der göttlichen Stimme Schall!
Unmöglich scheint immer die Rose,
Unbegreiflich die Nachtigall.

Goethe, Suleika

Lieben Dank für die ersten vier
Wochen
Rainer

1 [Berlin, vermutlich Ende April 1930]

Liebste Tilly,
seien Sie mir nicht böse, aber wir werden uns heute u. morgen nicht sehn. Ich bin so sehr gestimmt, allein zu sein. Und obschon er natürlich ein Wendepunkt, ein einschneidendes Ereignis ist dieser letzte Sonntag in Tillydorf, muß ich arbeiten u. meinen Abnormitäten (Einsamkeitsdrang etc.) frönen. Fahren Sie ins Freie, an Wasser u Bäume, mit Helds.

Immer Ihr Sie zärtlich verehrender
Benn

2 [Berlin] 2.V. 30.

Liebste Tilly, Sie haben mich eigentümlich berührt, irgend etwas an Ihnen, irgend etwas an unserem Zusammentreffen, irgend etwas an der Zeit und der inneren Lage, in der ich Sie traf. Aber, so unendlich ich es bedaure, ich kann mein Leben nicht plötzlich u. so grundlegend ändern, wie es Ihnen vielleicht vorschwebt u. wie ich vielleicht selber es im Augenblick sehr wünschte, ich bin mit zuviel schweren Dingen behangen, um sie mit einem Ruck abzutun. Leben Sie darum bitte Ihr Leben so weiter wie vorher (vielleicht mit einer bestimmten Einschränkung!) u. lösen Sie nichts brüsk, was Ihnen bis dahin angenehm oder lieb war, ich erwarte das nicht. Und denken Sie bitte nicht, daß ich Ihnen fremd bin, wenn ich ein paar Tage unsichtbar u. unhörbar bin, das bin ich nicht.
Auf Wiedersehn bald! Aber vielleicht noch nicht morgen.

Ihr treuer
Benn

3 [Berlin, nach dem 2. 5. 1930]

Liebe gnädige Frau,
heute mittag sehe ich, daß ich Sie heute abend doch nicht sehen kann. Ich sitze in Arbeiten u. kann mich nicht daraus losreißen. Wenn Sie darüber böse sind, tut es mir unendlich leid, aber ich kann es nicht ändern. Ich habe Sie von Anfang an darum gebeten, Ihr Leben nicht nach mir zu richten u. nicht damit zu rechnen, daß wir uns häufig sehen können. Ich kann aus meinem Leben nicht heraus u. will es auch gar nicht.
Vielleicht wäre es wirklich gut, wenn Sie Ihren früheren Plan, im Juni Berlin für einige Zeit zu verlassen, verwirklichten. Ich werde arbeiten müssen u. wenig Zeit für private Dinge haben, sie mögen noch so verlockend sein. Wenn Sie dann zurückkehren, ist es vielleicht anders.
Ich schreibe das wirklich aus Freundschaft an Sie u. sage Ihnen, daß ich Sie reizend u. charmant u. süß u. begehrenswert finde, aber um mich steht eine Mauer aus Kühle u. Abgeschlossenheit, über die niemand hinüberkann. Auch lohnt sich das gar nicht, das Hinübergelangen, es ist nichts drin außer einigen Hieroglyphen.
Seien Sie lieb, gnädige Frau, liebste Tilly, versuchen Sie zu verstehen, daß ich arbeiten muß u. Sie riesig gerne, aufrichtig gerne wiedersähe, aber ich finde heute keine Zeit dazu.

Ihnen küßt die Hand
Ihr immer treu ergebener
Benn

4 [Berlin] 30 V 30.

L. T.
ich werde wohl Sonntag rauskommen mit..... Reiss, der Sonnabend zu Besuch kommt. Er will ein Auto spendieren.

Soll er tun. Schreiben Sie mir, hochverehrte gnädige Frau, wo Sie wohnen, wo das Haus liegt u. sw.
Wir werden die Damen nicht inkommodieren…., nur Guten Tag sagen….

Gruß u Kuß.

B.

5 [Berlin] 27 VI 30.

Liebste Tilly, ich danke Ihnen nochmals sehr herzlich, daß Sie mir Ihren Wagen geliehen haben, Ihren reizenden neuen kleinen Wagen, Sie haben mir wirklich einen großen Gefallen damit getan!
Wenn Ihr Telefon morgen früh nicht bis 10½ in Ordnung ist, rufen Sie mich bitte erst nachmittags 4 h. an, da ich in der Zwischenzeit fort bin.
Auf baldiges Wiedersehn, viele herzliche Grüße u Dank u einen Handkuß von

Ihrem

Be

6 [Berlin] 8 7 30

Liebste Tilly, ich danke Ihnen tausendmal für die Rosen, wenngleich ich schon oft gesagt, geäußert, gebeten habe, mir keine Blumen zu schicken, sondern zu *sparen* in diesen schlechten Zeiten. Den Brief hatte der Junge vergessen. Er wird ihn mit der Post senden, dann habe ich ihn morgen früh. Sicher enthält er wieder die lieben freundschaftlichen Tillyworte, für die ich Ihnen auch sehr sehr herzlich danke!

Aber nun kommt eine Bitte: bitte, liebste Tilly, erwarten Sie mich die allernächsten Tage nicht. Bitten Sie mich nicht zu kommen oder daß wir uns sehn. Ich bin zu abgespannt, ich muß ein paar Tage ganz ruhig vor mich hinleben. Ich werde

schon wieder mich bemerkbar machen, ich vergesse Sie, reizende Tilly, nicht.
Leben Sie wohl, bringen Sie Ihre Wohnung in Ordnung, fahren Sie schön spazieren u gedenken Sie meiner.

Ihnen küßt die Hand

Ihr treu ergebener

Benn

7 [Berlin] 11. 7. 30.

Liebste Tilly,
ich fahre nicht morgen abend, sondern morgen früh. Wir werden uns also erst wieder sehn, wenn ich zurück bin. Seien Sie bitte darüber nicht traurig, ich konnte es heute nicht einrichten, Sie zu sehn. Ich schreibe Ihnen meine Adresse. Seien Sie recht guter Laune, fahren Sie nach Dresden oder Arendsee. Ich bin in 10 Tagen zurück. Ich schreibe Ihnen, wann ich komme, holen Sie mich von der Bahn ab?
Tausend Grüße u einen Handkuß.

Ihr getreuer

Be

8 [Klampenborg, 14. 7. 1930]

Viele herzliche Grüße. Es geht leidlich. Die Ruhe ist gut. Ich denke Ihrer häufig u. grüße Sie herzlich. Bald hören Sie mehr.

Ihr getreuer

Be.

9 [Klampenborg, 18. 7. 1930]

herzliche grüße bin montag zurück

Benno

10 [Berlin, 20.7.1930.]

bitte lassen sie mich abends anrufen
herzlichen gruss ihr benn

11 [Berlin] 12.8.30.

Liebe Frau Tilly,
Dank für Ihren reizenden, mich sehr interessierenden Brief. Nicht an seinem Inhalt, nur an seiner Handschrift merkt man, daß Sie noch leicht umwölkt sind, bald ist auch das vorbei! Und das Wetter wird nach dem 15. auch gut, dann können Sie baden u. tanzen. Wann kommt der Wagen u. wer bringt ihn zu Ihnen? Wie lange bleiben St.[ernheims] da? Fahren sie zurück nach Brüssel?
Hier giebt es nichts Neues. Sehr still, Geschäft sowohl wie alles Private. Arbeite sehr, lese 1000 Bücher, da ich am 5.9. wieder hier im Radio Vortrag halte über schwieriges Thema: »die schöpferische Persönlichkeit.« Das muß einerseits Bennsch sein u. andererseits allgemeinverständlich für Portiers u. Postboten, den Rundfunkstammtisch.
Das Wetter ist hier auch recht miserabel. Die letzten Tage so unheimlich schwül u. dabei Regen, wie für lauter Orchideen.
Im September nach der Radiosache gehe ich bestimmt noch fort. Richtung München – Brenner, am liebsten Meran. Dann treffen wir uns in Münka.
Seien Sie nicht so deprimiert oder wenn Sie es sind, vergessen Sie nicht, daß es auch wieder anders kommt.

Tausend herzliche Grüße von
Ihrem
Be

12 [Berlin] 23. 8. 30

Liebste Tilly, Dank für Ihren lieben Brief – Es tut mir ganz schrecklich leid, daß Sie immer noch nicht in Ordnung sind. Gut wäre es für Sie, wenn St..[ernheims] abreisten u. Sie könnten in die Wohnung rein, statt bei fremden Leuten zu wohnen. Oh wie schade ist das. Aber nun ist das Wetter ja herrlich u alles wird gut.
Von mir ist nichts zu erzählen. Bin allein. Die Dame, von der Sie träumten, C. N.: 3 [?], ist mit einem ungarischen Knaben intensiv u. bis zu Tränen beschäftigt, sie beichtet nur manchmal telefonisch. Neulich war ich in »Phaea« – Gott wie armselig u. impotent!
Tausend Grüße, liebste Tilly. Gute Besserung. Auf Wiedersehn, ich freue mich schon drauf! Ihr

Be.

13 [Berlin] 30. 8 30

Liebste Tilly,
Dank Ihnen sehr für Ihre Karte mit dem Poccischloß! Haben Sie vor 10 Tagen meinen Karten-Brief bekommen? Ich hoffe es, obschon ja nichts drinstand. Und das Wetter – nun, herrlich, muß man da nicht bester Stimmung werden?
Sind St.[ernheim]s noch dort?
Von hier giebt es nichts zu erzählen. Sous les toits de Paris, ist ein reizender Film. Sonst war ich nirgends. Die Saison kurbelt sich an, das übliche Geschmuse in den Zeitungen, die üblichen Premierenberichte, Wichtigtuerei u. Dreck um nichts.
Wie ist die Laune, Stimmung, Verfassung? Was macht englisches Recht, Lautenspiel u. Autofahrten?
Leben Sie wohl! Eines Tages bin ich in München u rufe Sie an!
Adjö, liebste Tilly. Ihr Be.

14 [Berlin] 7.9.30

Liebste Tilly,
Dank Ihnen tausendmal für Ihren lieben Brief! Also nun wohnen Sie wenigstens in Ihren eigenen Räumen, das ist gut! Ach wie gerne käme ich u. besuchte Sie da. Wie gerne sähe ich den See u. die schöne Landschaft u. den nebligen Herbst von nahem u. direkt. Aber ich kann nicht kommen, da das Geschäft mich nicht losläßt. 1) ist es im allgemeinen nicht sehr flott, also muß man das Wenige mitnehmen 2) habe ich einige ausländische Privatpatienten, die nur für 1–2 Monate hier sind u. behandelt werden wollen u. mit englischen Pfunden bezahlen u. die ich nicht verlassen kann. Sehr sehr traurig das! Jetzt, wo Sie ganz allein sind, auch ohne Kadidschja, wäre es sicher gut, wenn Sie etwas Gesellschaft hätten, selbst meine stupide wäre besser als gar keine!
Eben rief ich bei Ihnen an, um Ihre Tochter zu begrüßen, aber es meldete sich niemand. Also ist sie wohl noch nicht da?
Mein Rundfunkvortrag am 3. war ein Bombenerfolg. Tausend Leute haben angerufen u. geschrieben u. gute Kritiken. Hier sind welche, für Tilly auf dem Lande!
Sternheim hat mir die Ankündigung seines Katechismus geschickt. Ich wollte ihm antworten, daß man erst für ihn selber einen verfassen müsse, daß man sich 1) für Glückwünsche zur Hochzeit bedankt 2) den Arzt entlohnt, den man wiederholt Tag u. Nacht konsultiert hat 3) u.sw. Aber ich ließ es aus Rücksicht auf Pamela.
Vermissen Sie den Wagen sehr? Ich glaube gar nicht! Sie gehen bis an den Strand u. zurück u. schlafen, o Tilly!
Leben Sie wohl. Vergessen Sie mich nicht. Ich Sie bestimmt nicht. Ich denke oft u in großer Freundschaft an Sie. Seien Sie ein wenig heiter gestimmt, bitte.
Viele Grüße u. mehr!

Ihr

Be

15 [Berlin] 21.9 30

Liebste Ti, ich sitze so in Arbeit, daß ich nicht schreiben kann. Darum heute Telegramm an Sie, hoffentlich bekamen Sie es recht früh. Ihr Bild ist reizend u kokett!! Ich habe bei Ihrer Tochter noch 2 x angerufen, aber sie nicht erreicht. Mir geht's gut, nur kolossal in Büchern, Notizen, Zetteln u Gedanken. Erholen Sie sich noch recht, damit Sie den Winter überstehn. *Was macht die Stimmung?* Schon Wandlung in die manische Periode?

Herzlichst immer u 1 Kuß Ihr

Be

16 [Berlin] 26.9.30

Liebste Tilly,

Dank Ihnen tausendmal für Ihren letzten Brief! Ich bin sehr traurig, daß Sie noch nicht in Ordnung sind, aber es wird doch bald werden. Bleiben Sie doch ruhig noch ein wenig dort, wenn das Wetter einigermaßen ist u die Stuben noch nicht zu kalt sind und Sie nicht frieren. Hierher kommen Sie noch früh genug, es ist hier ja nichts los u Ihr Freund Benn sitzt Tag u Nacht am Schreibtisch u. schmiert Aufsätze zusammen!

Ich sprach heute Ihre Tochter Ka..[didja] Es geht ihr ja ganz gut. Sie hat ein Mädchen u lebt als Junggeselle, sagt sie.

Sie wollen mich anrufen – das wäre ja fein, aber ich muß zu Haus sein. Also bitte schreiben Sie mir vorher genau, *wann*. Am besten abends 9½. Aber Montag, Dienstag bin ich nicht zu Haus.

Und später um 11–12 schlafen Sie doch schon. Also bitte erst Nachricht.

Von mir ist nichts zu erzählen. Die Afrikaner sind *nur* Patienten! Gestern abend sah ich in einem alten Film Ihre Freundin Erna Morena, reiche aber leidende Mutter, die um ihres

Geldes willen geliebt werden sollte, was aber vorbeigelang. Sie hieß Frau Damp.
Adjö, liebste Tilly! Seien Sie meiner herzlichsten Freundschaft u Gedenken versichert.

Immer Ihr

Be

17 [Berlin] 7 X 30

O Tilly, wie schlecht Sie sind, sehe ich erst jetzt (naiv wie ich bin) wo Sie ohne es mir zu schreiben von Seeheim fort in ein fernes fremdes Land gezogen sind! Von Ihrer Tochter habe ich mir eben die Adresse geben lassen u. nun schreibe ich an Sie.
Unser Telefongespräch neulich war leider mißglückt 1) verstand ich schlecht, 2) war ich von Patienten umgeben. O Tilly u seitdem habe ich nichts mehr davon gehört! Wie geht es Ihnen denn? Stimmung, Schlaf? Haben Sie nette Gesellschaft außer dem Arztehepaar, von dem Sie erzählten? Nette Herren u Damen beim Essen u. Bridge u. abends zum Tanzen?
Was mich angeht, so lebe ich arbeitend dahin. Mein 2. Rundfunkvortrag war nach außen hin nicht so erfolgreich wie der erste, aber als Vortrag viel besser Sehr bedeutender Aufsatz! Steht im Novemberheft der »neuen Rundschau«. Hier eine Kritik darüber.
Schicken Sie mir mal bitte eine Karte mit Ansicht von Eichwald, wo Sie sind. Von dem Sanatorium, ja?
Wann gedenken Sie nach der Altonaerstr zurückzukommen? Ihre Tochter sagte, es sei noch unbestimmt.
Werden Sie bald gesund u. bald guter Laune.
Ich grüße Sie herzlich u bleibe mit einem zärtlichen Blick

Ihr

Be.

18 [Berlin] 18 X 30

Liebste Tilly, zum Sonntag herzlichen Gruß! Zu Ihrem 2. Brief habe ich mich sehr erfreut, Ihre Karte, die sich mit meinem Brief kreuzte, hatte mich ja sehr erschreckt!
Neulich war Ihre kleine Tochter hier. Sie ist reizend. Alles an ihr blitzt, Augen, Zähne u. Gehirn.
Wie geht es Ihnen? Wann kommen Sie mal wieder? Jetzt ist gewiß herrliches Wetter dort u die Wälder sind schön. Mir geht es leidlich, mal oben, mal unten in Laune u. Arbeitslust.
Heute nur diese kurzen Grüße.
Hoffentlich können Sie ein bißchen froh sein u. lachen!

Tausend Grüße, liebste Tilly!
Einen Kuß von Ihrem
Be

19 [Berlin] 20 X 30.

Liebste Tilly,
ich höre eben, Ihre Tochter ist krank, Angina, nichts Schlimmes. Ich höre ferner, daß Sie Ende der Woche kommen wollen. Falls das der Fall ist, kommen Sie schon Donnerstag, da ich von Sonnabend an voraussichtlich dänischen Besuch habe u. Dienst tun muß!

Einen Gruß u einen Kuß
Ihr
Be

20 [Berlin] 24/XII 30.

Was könnte man dieser entzückenden Frau wohl schenken, dieser sanften schönen Frau? Nichts als Chanel u. Orchideen. Hier sind sie mit einem zärtlichen Gruß!

Ihr
Be

Drollige Sache

21.00 Rudolf Rieth: Ums goldene Kalb. Ein Totentanz von heute
Wer Geld hat, wird gesund; Wer Macht hat, schwört richtig; Wer Gewalt hat, schafft das Recht. (Benn)
I.: 1. Heine: Das goldene Kalb. 2. Rosen: „Aus Teufel Geld". 3. Czokor: Geld. 4. Mehring: Beschwörungsformel der Perlenfischer
II.: Musik
III.: 1. Kisch: Baggermaschinen baggern Gold. 2. Wedekind: Der Taler. 3. Linden: Ein Millionär verliert ein Zweimarkstück
IV.: Musik
V.: 1. Wehner: Mister Morgan aus U. S. A. 2. Faubel: Der Dieb und die Höllenmaschine. 3. Wedekind: Der Tantenmörder
VI.: Musik
VII.: 1. Polgar: Der Garten des Krösus. 2. Mehring: Börsenlied. 3. Kessel: Die Helden des Tages. 4. Goethe: Der Schatzgräber
VIII.: Musik
Letzte Meldungen, Be-

Zeilenhonorar eintreiben!! Gruß!

Be

22 [Berlin] 27/VII 31.

Liebe gnädige Frau Tilly,
vielen Dank für die Karte aus Gera! Schön müde müssen Sie sein, Ärmste, aber schön Wetter haben Sie wie alle Engel, wenn sie reisen. Wo war die 2. Station? Regensburg, vermute ich. Sicher zittern die Hände u Arme von der langen langen Fahrt!
Dank an Kaditscha für ihren Gruß.
Und wie war München? Haben Sie auch ohne Pamela das Programm gefüllt? Mir geht's leidlich bis gut. Heute kommt meine Tochter. Ich lasse sie morgen allein mit Hi[ndemith]s. losfahren, komme erst Mitte August nach Bayern, wenn Hi s. festen Fuß gefaßt haben, die ganze Reise ist mir zu anstrengend.

Tausend Grüße!
Gute Stimmung u. gut
Wetter!
Einen Handkuß etc.
Ihr
Be

23 [Berlin] 4.VIII 31.

Liebste Tilly,
vielen Dank für Ihren Brief. Ich freue mich so sehr, daß alles gutgegangen ist u daß Sie sich dort wohl fühlen. Auch das Wetter ist so herrlich hier u so heiß, Badewetter, Schwimmwetter!!
Wäre ich doch dort u. schwömme mit!
Aber die Zeiten sind noch nicht besser u. ich weiß noch nicht, wann ich reisen kann. Käme wirklich sehr sehr gern, liebste Tilly! Vielleicht in 10 Tagen.

Denke oft an Sie u sehr lieb.
Vergessen Sie mich nicht in dem Knabenpensionat, sind auch Dessauer Knaben drin?? Tausend Grüße u einen Kuß

Ihr

Be

24 [Berlin] 19. 8. 31.

Liebste Tilly,
wie mag es Ihnen gehn? Vielen Dank für Ihren lieben Brief von vor 10 Tagen! Wie schaut es aus am Würmsee? Meine Tochter ist zurück nach Kopenhagen. Die letzten Tage in *Lenggries*, wo Hi.[ndemith]s. gemietet haben, waren so regnerisch u kalt, daß sie nicht mehr an den Starnberger See gefahren sind. Sonst hätte sie Sie besucht, natürlich. In Tölz allerdings war sie öfter u. hat sich u. a. dort die Haare waschen lassen, aber gesehn haben Sie beide sich wohl nicht.
Ich sitze immer noch hier. Es geht mir gesundheitlich wieder besser, fast gut, nachdem ich noch einige miese Wochen hatte. Jetzt bin ich wieder harmonisiert! In Ehren!! Am 28. habe ich wieder Radio, fahre dann am 29. wohl für 1 Woche zur Erholung fort. Weiß noch nicht wohin. Bis Bayern wird es wohl zu weit sein. Entweder nach Heringsdorf oder Thüringen; Liebenstein oder Harzburg. Mit wem werde ich wohl reisen? Mit Herrn Erich Reiss! Max u. Moritz, zwei einsame Junggesellen im Sturm der Zeit.
Wie geht es Ihnen gesundheitlich seelisch? Sind Sie gut oder schlecht dran? Haben Sie Sehnsucht nach Berlin? Hier ist es sehr mies, wirtschaftlich nicht gut, u. die Steuer geht um u. pfändet, die Theater ohne einen Pfennig in der Kasse, die Verleger nagen am Hungertuch. Recht so, warum drucken u. spielen sie allen den Schund! Recht so, kaputt u pleite sollen sie alle gehn, alle diese Kulturträger.

Schreiben Sie mir mal bitte wieder. Wie lange bleiben Sie noch dort? Oktober? Haben Sie gute Nachricht von Sternheims?

Viele Grüße, liebste Tilly! Ihrer gedenkt sehr gut u freundschaftlich Ihr

Be

25 [Berlin] 25. 8. 31

Liebste Tilly,
Dank Ihnen sehr für Ihre lieben Briefe. Tut mir sehr leid, daß Sie so gewartet haben u so traurig waren!
Ich fahre am Sonnabend früh nach *Schwarzburg* (Thüringen) Hotel Weißer Hirsch. Bitte schreiben Sie mir dorthin. Ich bleibe 10 Tage dort. Mit Reiss! Hoffentlich wird das Wetter gut!
Hier ist alles beim alten! Seien Sie recht guter Laune, Sie sind – Sternheim hat recht – eine nicht nur prachtvolle, sondern tüchtige u großartige Frau!

Gruß u Kuß Ihr

Be.

26

Hier weilen wir seit gestern. Das Umstehende reichlich übertrieben. Aber ganz nett!

Ihr devoter kleiner Benn.

[Schwarzburg] 30. VIII. 31.

27 [Schwarzburg] 4.9.31.

Liebste Tilly,
Dank für Ihren Brief. Wie waren die Geschäfte in München? Schwer und mühsam? Und das Wetter? Diese Reise, die noch bis Montag abend dauert, ist gemischt 1) *Wetter* sehr mäßig, selten mal Sonne u. Blau. 2) *Reiss*, ein Umstandskasten, ein Neurotiker u. Negativist, ohne jeden Spass an Landschaft u. Volk, ohne jede Aufnahmefähigkeit, außer was seinen Kadaver und seine Geschäfte betrifft. Das ist doch wohl jüdische Ablehnung von allem, was überhaupt mit Land, Volk, Allgemeinheit zusammenhängt, alles ist: *goy* ig. Vielleicht wäre ich besser allein gereist. Aber so war es auch ganz nett, wenigstens mal eine Woche keine Patienten.
Hier zwei Sachen mich betreffend. Guten Appetit. Der letzte Radiovortrag war ein Bombenerfolg. Wird in »Weltbühne« stehn. Alles Liebe! Auf Wiedersehn in Berlin!

Immer Ihr

Be

28 [Berlin] 11.9.31.

Liebste Tilly,
Ihr Brief, der gestern kam, war äußerst objektiv, ernsthaft u. belehrend. Vielen Dank! Das ist gewiß der Erfolg vom Besuch des englischen Rechts, das sicher streng u. schwierig ist.
Nun kommen schöne Herbsttage, erstens weil die jüdischen Feiertage beginnen und zweitens, weil es mal so kommen mußte nach dem schlechten Sommer.
Wie geht's? Schweres Leben? Kommen Sie mit dem Wägelchen zurück u mit dem Kinde? Hoffentlich gießt es nicht unterwegs u. Sie gleiten dahin.
Ihre Schwester spielt hier, las ich. Aber ein schlechtes Stück. Gestern abend war ich in »Junge Liebe«. Nett u. unterhaltend, englischer Kitsch. Glänzend gespielt, Brause-

wetter weit besser wie in »Intimitäten«. Sonst ähnliche Lage. Hier ist es kühl. Ich heize schon etwas. »Mitternachtsliebe« ist ein ganz netter deutsch-französischer Film, kriminal u sentimental, wie ich den Film liebe.
Dagegen Ihr großer *Albers* u sein Film: »Bomben auf Monte Carlo« großer Quatsch u. Stuß!
Leben Sie wohl, liebste Tilly, u auf Wiedersehn! Ihr alter guter

Be.

29

à la très belle, à la très bonne,
à la très chère –

[Berlin] 19 II 32

30 [Berlin] 28 II 32.

Tausend Dank, liebste Tilly, für Ihren Anruf! Ich saß am Schreibtisch u. las u. wollte *wahrhaftig* gerade ein Telegramm an Sie aufgeben, als Sie anriefen!
Ich denke oft an Sie u. wünsche sehr, daß es Ihnen Spaß macht unterwegs zu sein. Nun, München ... . wird ja ..... nett werden ....
Was ich sagen wollte ..., ja also ich habe mich noch nicht nach Vertretung umgesehn, liebe kleine Tilly!
Kadidja hatte einen Schnupfen, den ich ihr mit einem heißen Fußbad – telefonisch – behandelt habe.
Mir geht es ganz gut.

Tausend Grüße u. etwas mehr von
Ihrem
G. B

31 [Berlin] 3 III 32.

Liebes Tillychen,
Dank für Ihren Anruf gestern, aber ich war nicht allein, Herr Loerke saß neben mir u ich konnte nicht reden. Ich bin überhaupt nicht für Ferngespräche, sind so teuer u. führen zu nichts u sind immer ein mit Schrecken verbundener Überfall.
Also kommen Sie nächste Woche u. rufen Sie nicht mehr an.
Mit der Vertretung ist es bisher nichts geworden. Ich bin ein alter Mann mit konservativen Neigungen, ein Hindenburgwähler, Eile mit Weile, wer rastet der rostet, vom kleinsten u. gemeinsten Mann bis rauf zum Kapitän – u ähnlichen Lebensanschauungen. Und seitdem es von heute an wieder *Bier* giebt, habe ich ja auch die nötige Zerstreuung.
Also Sie fahren noch mal nach München! Sie wollen mir weismachen, daß die ganze Tournee dahin fährt?? Sehr gut!! Ich weiß alles!!
Leben Sie wohl! Seien Sie guter Laune u. trinken Sie den schönen Wein.

Herzliche Grüße u. eine kleine Umarmung von Ihrem

G. B.

32 [Berlin] 5 III 32

Liebste Tilly,
Dank für Brief u. Zeitungen, die ich Ihnen aufbewahre.
Das mit dem hier Wohnen geht nicht. Auch im Hotel, das ist doch sinnlos. Sie können doch, wenn es Dienstag nicht zu spät ist, noch herkommen, fahren aber erst in die Altonaerstraße u. wohnen dort. Am Mittwoch können wir ja dann zusammen mittag essen: So wollen wir es machen, ja?
Wenig zu erzählen sonst. Freue mich sehr, Sie wiederzusehn!
Schreiben Sie, wann Sie Dienstag kommen.

Kuß ! Ihr G. B

33 [Berlin] 15 III 32

Liebes Tillychen
Dank für Karten, Anruf, Brief!
Hoffentlich ist das Theater voll u. Sie abends nicht zu spät zu Hause, kommen Sie nicht auf Abwege u Reiss behält recht!
Ich arbeite u. bin anständig.
Tausend Grüße u. einen Kuß! Ihr
Be

34 [Berlin] 16 III 32

L. T.
Sie können mich Sonntag anrufen, wann Sie wollen. Nachmittags von 5 h. an bin ich eingeladen, etwa bis 10. Wir werden uns also wohl erst am Montag sehn. Am Mittwoch fahre ich zu meiner Tochter auf eine Woche.
Ihrer gedenkend herzlich
u. äußerst anständig
Ihr
G. B

35

Herzlichen Gruß,
gute Ostern, Ihnen u
Ihrem Töchterchen.
Ihr
Be

[Auf dem Fährschiff zwischen Warnemünde und Gedser, Dänemark] 23 III 32

36 [Charlottenlund, 25.3.1932]

Mutter u Tochter herzlichen Dank u. Ostergrüße von Vater u Tochter. Gutes Wetter hier, nur zu viel zu essen u zu trinken!!

37

Liebe Tilly, tausend herzliche Grüße. Ich habe den »Börsencourier« nicht gelesen. Elende Zeitungspachulken, ärgern Sie sich nicht!
Hier giebt es nichts Neues. Es ist Sonntag u ich arbeite. Ich habe einen langen Bart, da ich seit Tagen unrasiert bin. Gleich wird es aber erfolgen. (ohne Hintergedanken im Sinne Amphitryons – Alceste)
Tilsit denke ich mir direkt romantisch: *so* stupide. Herzlichst

Ihr artiger

[Berlin] 3/4 32 Haut-Doktor

38 [Berlin] 11.4 32

viele herzliche Grüße, liebste gnädige Frau, und ein gutes neues Jahr! Immer Ihr

Benn

39 [Charlottenlund] Dienstag. [9.8.1932]

Liebste Tilly,
nehmen Sie viele Grüße aus diesem schönen Danmark. Hoffentlich sind Sie einigermaßen guter Stimmung? Haben Sie Kadidjas Geburtstag nett gefeiert? War der große Chirurg da u. hat einen guten Eindruck hinterlassen, ich meine wirtschaftlich, hat er noch zu tun??

Gestern war hier ein Tag wie aus einem Märchen, blau u heiß, wir sind den ganzen Tag nicht aus dem Wasser gekommen. Nele ist gut im Stande, sieht glänzend aus, hat aber ihre Launen, – nun welche Frau hätte sie nicht? Nur *eine* ist immer gleich gut u. sanft – wer ist es? – nun Fräulein N.[ewes] aus Graz.
In einer Woche bin ich zurück. Grüßen Sie Ihre Tochter bitte.

Viele herzliche Grüße, liebste Tilly,

Ihr

Be.

40

Frohen Sonntag den sehr verehrten Damen! Das Wetter wird immer herrlicher.
Ihr Benn.

[Charlottenlund] 12. 8. 32

41

Hier sehn Sie, liebe Tilly,
meine große Unschuld, meine Herzens*reinheit*, mein Kindergemüt. Wie konnten Sie es so verdächtigen!

Tausend zärtliche Grüße!

Ihr

B.

[Berlin] 14. 9. 32

42 [Berlin] 31. X. [1932]

Liebes Tillychen,
verehrte Mathilde,
Dank für Ihren Brief. Also es ist doch ganz nett in der fremden Stadt! Lernen Sie sie nur erst ein wenig kennen, sie ist wirk-

lich reizend. Fahren Sie auf der Elektrischen spazieren, das ist so interessant. Steigen Sie hinter dem Justizpalast in das »Morellenviertel« – hochinteressant, ganz italienisch. Lassen Sie sich von St.[ernheim]s Blasiertheit oder Trägheit nicht abhalten, gehn Sie allein auf – architektonisch-städtisch-kulturelle – Entdeckungen aus. *Nur auf solche!!*
Hier giebt es nicht viel Neues. Gestern war ein trüber, kalter, regnerischer Sonntag. Ich hatte viel zu tun: noch abends 6 h. Patienten von außerhalb!
Nachmittags war ich bei dem sonderbaren Paar, von dem ich Ihnen im Sommer erzählte, der nette ältere Diplomat u die Freundin, die früher Straßenmädel war. Sie erinnern sich vielleicht. Jetzt ist bei der Freundin eine schwere Geisteskrankheit ausgebrochen u. ich mußte sie mit viel Raffinement u. auch freundschaftlichem Einfluß dahin bringen, mit in eine Anstalt zu fahren. Armer Kerl, sie. Mal ging's ihr gut u nun das Ende.
Von Ihren Töchtern hörte ich nichts. Werde sie mal morgen anrufen.
Das Buch ist noch nicht erschienen. Ich sende es sofort.

Tausend Grüße. Zärtlichen Kuß

Ihr

G. B

43 [Berlin] 4/XI. [1932]

Chère Tilly,
Danke sehr für 2. Brief (2 Karten)!
Hier alles gut. Verkehrsstreik. Großartig: keine Patienten u. man kann so schön dösig vor sich hin spazierengehn (Kreuzberg)
Brom hat nicht gehindert, daß ich ein paar Tage wieder unangenehme Anfälle hatte. Keine Gefahr, daß es mich in gewisser Richtung antreibt. Das hängt nicht vom Brom ab, sondern von anderen Umständen, gnädige Frau, nämlich dem Objekt, gnä-

dige Frau, und das Objekt ist im Ausland, Bruxelles u durchwandert das Morellenviertel! Gnädige Frau! Guten Sonntag! Alles Liebe.

Immer Ihr

G.B.

44 [Berlin] 12 XI 32

Chère Tillychen,
Dank für Grüße u. Briefe! Sie müssen nicht solche unerhörten Fragen stellen nach amour u. meinem Bromleben! Ich lebe in Gedanken, Worten und Werken esoterisch u. astral u. christlich. Denken Sie an die beiden Theaterbilletts, denken Sie an das Wunder von Verden [?]! Wie stand ich damals da? Genauso heute.
St.[ernheim] lassen wir nur auf sich beruhn. Mich werden Sie nicht überzeugen, daß selbst mit Voltaire u. Thomas von Aquino in der Hand viel an ihm dran ist. Aber wie ich schon schrieb: Sie ver*fallen* seinem Zauber!
Mit Pamela war es sehr nett. Sie sah sehr zart u reizend aus, dazu die harte Stimme, das energische Sprechen, die Härte des Ausdrucks, die so vergänglich ist. Im Grunde hat die Arme *schreck*lichen Horror jedesmal vor dem Auftreten, fühlt ihre Deplaziertheit in dem schmierigen Milieu, hält aber tapfer durch. Sie ist *sehr* liiert mit Viertel! Abends trafen Reiss u ich sie beide noch auf der Tauentzienstrasse, als sie heimging. Ich hatte sie zum Essen mitgenommen ins Pschorr zu Reiss – oh Wunder! Sie sah Reiss mit mir, die geheimnisvollen Brüder! Sie aß aber gar nichts, die Ärmste, vor lauter Lampenfieber. Nachmittags hier bei mir war gleichzeitig ein junger italien. Literat bei mir, der stark mit ihr flirtete.
Was den »Höheren Menschen« angeht, so sind Ihre höhnischen Bemerkungen bereits St..[ernheim]sches Geistesgut. Im übrigen können Frauen keine höheren Menschen werden, da sie überhaupt keine sind, resp. schon hoch genug. Aber

sicher werden aus dieser Ecke viele Anrempeleien gegen mich kommen. Aber ich habe natürlich recht.
Mir geht es ganz gut. Gewisse Besuche von Nordwesten entbehre ich *sehr*. Aber Sie bleiben dort, solange Sie sollen u. müssen. Und wenn Sie wieder hier sind ....: ich freue mich schon sehr.

Tausend Grüße! Einen zärtlichen Kuß Ihr

Be

45 [Berlin] 14. XI 32.

Liebste Tilly,
Dank für Briefe u. Telegramm!
Aber ich habe seitdem ich das Buch schickte noch mal geschrieben u zwar am selben oder folgenden Tag. Sicher hat St.[ernheim] den Brief abgefangen u. geöffnet. Er strotzte von Ergüssen *gegen* ihn. *Haben Sie ihn wirklich nicht bekommen?* Sie haben doch darauf reagiert indem Sie mein Urteil über St. sozusagen bestätigten.
Dann schrieb ich Sonnabend, d. 12.
Das Telegramm kam gestern spätnachmittags. Da Sie ja heute früh meinen Sonnabendbrief haben mußten, habe ich nicht telegrafisch geantwortet.
Tillychen, Sie müssen das Telegrafieren u. all das Stürmische lassen. Ich habe viel zu tun z. Z u. kann nicht mehr schreiben als ich es tue. Ich denke wirklich viel u sehr lieb an Sie.
Das mit den 250 M. ist vielleicht H.[einrich] Manns Werk, dem ich es nahelegte. Neulich in der Akademie sah ich einen Brief von Ihnen, adressiert: Herrn *Thomas* Mann, das war doch verdruckt, Sie meinten *H.*, nicht? Vielleicht korrigieren Sie das. Schreiben Sie an die Akademie, daß man ihn *H.* Mann aushändigt.
Fragen Sie mal das Dienstmädchen, ob St. nicht Ihre Briefe kontrolliert! Gruß u Kuß

Ihr Be

46 [Berlin] 17. XI 32.

Chère Tillychen,
Dank für Karte aus Antwerpen u. Brief! Also schon auf der Heimfahrt? Ihr Brief ist reizend! Also führen Sie Ihren günstigen Einfluß weiter aus. 2 verschiedene Handschriften haben Sie in dem letzten Brief. Drollig! Die eine hat schon etwas Sternheimsches an sich.
Nein, von »Caesar aut nihil« habe ich nichts erwähnt u. nichts geschrieben. Das erfuhr ich erst aus Ihrem späteren Brief.
Tausend Küsse, liebe kleine Tilly. Bleiben Sie artig auch in Köln, wo Sie früher so viel sündigten! Ihr alter guter

Be

47 [Berlin, nach dem 17.11.1932]

Wiederum ein drolliger Brief!
Mit Gruß u Kuß an die verführerische Frau:

B.

48 [Berlin] 23 XI 32

Liebes Tillychen,
dies wäre also wohl der letzte Brief. Ihr Schwarm für St.[ernheim] ist ja übermäßig, selbst in Köln kommen Sie nicht von ihm los, Sie müssen es ja toll getrieben haben.
Haben Sie denn von dem Erdbeben nichts gemerkt? Wo waren Sie denn um Mitternacht?
Hier ist nichts los. Schlechtes Wetter, flaue Stimmung. Wird Hitler – wird er nicht?
Was soll ich von mir reden, dem alten Mann, vergreist u. einsam?
Wann also kommen Sie, Tillychen? U.A.w.g.
Werden Sie Sonntag oder Montag bei mir sein?

Tausend Grüße u. Zärtlichkeiten.

Ihr

G.B

49 [Berlin] 24 XII 32

Schönes frohes Fest. Tausend Dank für alles, das Heutige und das Sonstige! Von den beiden Schachteln für Mutter u Tochter je eine. Fröhlichen Abend. Immer Ihr Be

50 [Berlin, vermutlich Ende Dezember, vielleicht Silvester 1932]

Ich bin zwar nicht
Ihr Schwiegersohn,
Doch ein paar Blumen schick ich schon!

51 [Berlin] 20 VI [1933]

Liebes Tillychen,
hoffentlich sind Sie besserer Laune angekommen, als Sie heute früh abgefahren sind. Als Wetterprophet hatte ich recht: der Tag hier wurde klar u. regenlos.
Leider sind hier ja alle Zeitungen von dort verboten, ich werde über die Aufführung gar nichts lesen können. Was macht Tante Engländer? Und ist das Kind artig?
Ich bin weiter mürrisch, schläfrig, unrasiert, kein Staat mit mir zu machen. Bin streng solide.. Was machen die Intendanten dort? Alles in Ordnung gegangen??
Da Sie ja mit Ihren Augen schlecht lesen können, will ich schließen.
Gute Erholung u überhaupt ein wenig
Spaß u. Laune dort!
Tausend zärtliche Grüße.
Ihr
Docteur

52 [Berlin] 23.VI [1933]

Liebes Tillychen,
Dank für Brief u. Karte.
War 2 Tage krank. Nahrungsmittelvergiftung, lag im Bett, war elend, mußte Lulu anrufen, bin gebessert, aber noch *sehr schwach*! Gott schützt meine Tugend durch Vergiftung –, sie wäre auch so nicht gefährdet gewesen!
Sonst mieses Leben. Kein Geschäft; Gewitter Schwüle, alles mürrisch.
Sie bleiben gewiß über Sonntag noch fort. Tu's, Tillychen, hier ist nichts los.
Heute abend bei Lulu
morgen bei*Hull*.., Sie wissen, der große Verleger.

Tausend Grüße, einen Kuß. Immer
Ihr
B.

53 [Berlin] 11.9.33

Nannis Herrin, die auch die meine ist, übersandt mit untertänigem Gruß.

Be.
Hautarzt

54

von einem unbekannten
Verehrer –

[Berlin] 27 XI 33

55 [Berlin] 9 XII 33.

Liebe gnädige Frau Tilly, ich muß Ihnen wirklich noch mal für die schönen Nikolausgummiartikel danken, das war ein so lieber Gedanke von Ihnen.
Ich ziehe die Handschuhe schon immer an, gewöhne mich an sie wie an manches andere..
Hoffentlich bummeln Sie heute nicht zu schamlos u. treiben es nicht zu arg, einer Madonna ziemt das nicht.

Alles mögliche von

Be'chen..

56 [Berlin, vermutlich 13.12.1933]

„PROPHETEN" / Zur Berliner Aufführung von Hanns Johsts Drama

Von EDIT VON COLER, Assistentin der künstlerischen Leitung des Staatlichen Schauspielhauses

In Hanns Johsts dramatischer Entwicklung sind die „Propheten", die am Freitag im Staatstheater zur Aufführung kommen werden, ein entscheidender Wendepunkt. 1921 hatte Hanns Johst, der an sich ja ziemlich spät zum schriftlichen Niederschlag seiner Erlebnisse gelangte, ausser „Stroh", einer deftigen Dialektkomödie im Sinne des „Biberpelz", eine Trilogie abgeschlossen. Als erstes Stück dieser Trilogie die monologistische Fanfare des „Jungen Menschen", in der er — wie Soergel in seiner Literaturgeschichte bemerkt — die Wedekindsche Lebensverneinung und jeden modischen Skeptizismus überwindet und den jungen Menschen in den Bezirk seines wirklichen Anrechtes auf das Leben stellt. Dem jungen Menschen wird bei Johst der begrenzte Ausdruck im Gesamtlebensraum des Daseins zugewiesen, der ihm zukommt. Das Stück bricht mit der Ueberheblichkeit des Wertes des Jungseins an sich. Nicht Jugend ist eine Wertbetonung, sondern Leistung! Und die Leistung erfolgt zumeist in späteren Jahren.

‹...›

Ärgern Sie sich nicht. Ihr

Be

57

Tausend herzliche Grüße u. gutes Jahresende! Gott sei Dank, daß die Feiertage mit Essen und Schnaps u. Besuch vorüber sind. Nele schreibt selber. Herzlich u. tout à vous Ihr

Be

[Kopenhagen] 27/XII 33

58 [Kopenhagen, 29.12.1933]

Chère gnädige Frau Wedekind,
wir senden Ihnen herzliche Grüße u Dank. Am 1.I.34 abends rufe ich Sie an.
Herzliche Grüße zu Sylvester

Ihr

Be.

59 [Berlin] 22 I 34.

Süße Tilly,
ich habe Sie in Gedanken immer auf Ihrer Reise begleitet – ging es gut, kleine Tilly? Wie war das Wiedersehn, wart Ihr beide sehr froh?
In der Baseler National Ztg von gestern steht eine sehr böse Sache gegen mich in Sachen jenes Artikels ..... Das war ja nicht anders zu erwarten, es wird sogar noch mehr kommen, denke ich mir. Aber es hilft ja nichts, der Kampf ist nun mal entbrannt u. man darf nicht sentimental werden. Ein Mann muß doch wohl eher tapfer u angreifend sein als weichlich u. faul. Ist es nicht doch noch besser, man stößt vor als daß man nur pennt u. ehrbar ist? Tilly ist allerdings mehr für das Sanfte..
Alles Gute, liebe kleine Tilly! Genießen Sie die Tage u. denken Sie nichts Böses von uns hier! Sie umarmt Ihr (invalider)

Be

60 [Berlin] 23 I 34.

Äußerst kühle Karte, gnädige Frau! Gar keine Leidenschaft –, Sicher haben Sie in dem Mitropaspeisewagen Flirt und Sachen betrieben, wie damals in Brüssel! Fühlen sich ja anscheinend äußerst wohl, gnädige Frau!!
Also, Tillychen, ich bin froh, daß Sie gut geschlafen haben u. gut gereist sind. Von hier ist nichts Neues zu erzählen. Es kommen wieder Postsachen mit: »Sie Schweinehund«, »Judenjunge«, »Filzlaus« u.s.w. u.zwar natürlich von Juden u. Linksleuten, natürlich anonym. Wo ich doch 500.% arisch bin, aber wenn man die geliebten Franzosen angreift, kennt ihr Haß keine Grenzen.
Ich schrieb gestern auch, kam es an?
Sind Sie auch solide, abends?? Was tun Sie den ganzen Tag?
Fahren Sie nach Lenzburg?
Wie ist es mit Aquavit? 2–3 abends?

Viele Grüße an Pamela.
Einen Kuß von Ihrem G.

61 [Berlin] 26.I 34

Liebes Tillychen,
gestern kam Ihr Brief, aber ich konnte nicht gleich antworten, da der ganze Tag so besetzt war, so kommt es, daß Sie einen Tag ohne Nachricht sein werden.
Oh die böse Betty Sp! Aber die Schweizer sind alle solch stures egoistisches Pack; dem Land täte eine kleine Revolution auch mal ganz gut.
Gestern war 3 Stunden Konferenz bei H.[anns] J.[ohst] Nicht gerade sehr erfreulich.
Mir geht es ganz gut. Um 10 u 4 Uhr vermisse ich immer sehr das Telefongespräch! Bin artig u. treibe nichts Schlechtes. Und Sie??
Wie lange hat Pamela Urlaub? Kommt sie noch nach Berlin?

Seien Sie guter Laune u. genießen Sie die Tage dort. Hoffentlich ist das Wetter so schön klar u kühl wie hier.

Sei geküßt, süßes Tillychen, von
Deinem G.B.

62 [Berlin] 27 I 34.

Süße Tilly, Dein Brief vom 25. entsetzt nun wieder mich. Wie kannst Du meine harmlosen Bemerkungen über die Mitropakarte so falsch auffassen, es war doch nur Spaß, oder vielmehr: Zärtlichkeit, nichts Ernstes! Und nun bekomme ich *so* die Leviten gelesen!!

Eure Schweizer Verwandten sind ja greulich, wie seid Ihr eigentlich verwandt? Sind die Sp. W.[edekind] oder N.[ewes]-Verwandte?

Wenn Sie fühlen, gnädige Frau, daß ich keine guten Gedanken habe, so fühlen Sie völlig falsch. Ich habe sehr gute Gedanken in Richtung Tilly u. bin einerseits zwar bekümmert, sie nicht zu sehn, aber andrerseits froh, daß sie einmal in einer anderen besseren Welt ist u bei ihrer Tochter es [ihr] wohl geht, bis sie zurückkehrt. Das sind meine Gedanken, wie werde ich verkannt!

Sehr unternehmungslustig bin ich nicht, produktiv auch nicht. Lasse mich so dahintreiben.

Laß Dich von E.L.S. nicht erweichen u. sentimental machen. Sie ist sehr seltsam u. sehr genial, aber menschlich ganz fragwürdig u. romantisch. Dazu natürlich fanatisch antideutsch u. lügt wie alle so hysterischen Menschen.

Bleibe noch die Woche dort, Tillychen, wenn es Dir gut erscheint u. komme Ende der Woche wieder. Kannst natürlich auch noch länger bleiben. Ich *erlaube* es! Und Du brauchst keine Furcht zu haben.

Ich küsse Dich zärtlich u wünsche Dir
guten Sonntag.

Grüße Pamela.

Dein
G. B

63 [Berlin] 10/IV 34

Guten Morgen u. gutes Jahr,
reizende Tilly immerdar!

64 [Berlin] 15.8.34

Liebes Tillychen,
hoffentlich ist die Reise u. Ankunft gut verlaufen u. das Haus 347 ist nett. Haben Sie ein schönes Bett zum Schlafen u. eine Stube für sich? Sind noch andere Gäste da? Ist Tante Luise gut in Stimmung? Haben Sie schon Ihr erstes Pilsener getrunken? Haben Sie auch dicke Schuhe mit u. warme Sachen? Abends ist es kalt! Haben Sie schon eine Solarsonspritze gemacht? Haben Sie schon 10 Pfund zugenommen?
Schreiben Sie, Tillychen, u. seien Sie gut gestimmt. Ich vermisse Sie u. schicke Ihnen viele zärtliche Grüße. Ihr G. B

65 [Berlin] 17 VIII 34.

Liebes Tillychen,
vielen Dank für Ihre Karte. Aber ich habe Karten ja nicht gern, zumal wenn persönliche Sachen draufstehn. Wollen Sie so lieb sein, und mir keine Karten schicken? Ich warte lieber, bis Sie Zeit u Gelegenheit zu einem Brief haben. Auch den Absender sollten Sie nicht schreiben – warum tun Sie es doch?
Von hier giebt es nichts Neues zu erzählen. Alles geht seinen gewohnten Gang. Keine besonderen Ereignisse.
Wetter ganz gut.

Fröhlichen Sonntag, liebste Tilly.
Ihr
G. B.

66 [Berlin] 19.VIII 34. *Sonntag.*

Liebes Tillychen,
bist bestimmt böse wegen meiner Kritik an Postkarte! Sei wieder gut! Grolle nicht! Vergiß! Ich kann halt Postkarten absolut nicht leiden!
Mir geht es ganz gut, soweit es einem einsamen verlassenen Edelgreis gut gehn kann. Alles regelmäßig: Dienst, Arbeit, Bier. Nichts Inkorrektes.
Was macht Ihr dort sonntags? Giebt es da gut zu essen? Kann man spazierenfahren im Autobus oder dergl. Wie ist das Wetter? Hier nicht schlecht.
Ja, jetzt ist Sonntag vormittag, so um 12 herum u. man denkt an dies u das, gnädige Frau! Und heute in 14 Tagen wird es hoffentlich wieder sein?

Einen Kuß, Tillychen, in Dein weißes Marzipangesicht.

Dein G. B

67 [Berlin] 22 VIII 34

Liebes Tillychen, ja ich bekam die Briefe alle – schönen Dank. Sei doch nicht so besorgt, es kommt schon alles an! Die Ansichtskarten sind reizend, hübsche Gegend, aber die Seen sehn sehr kalt aus.
Den Prospekt von Lilly sandte ich, weil ich dachte, daß er Sie oder Pamela interessierte. Keine weiteren Gedanken plagten mich dabei.
Es giebt nichts Neues zu erzählen. Ich lese aus Stumpfsinn Kriminalromane. Wetter ist sehr schön. Geschäft still.
Erhole Dich, kleine Tilly, bleibe anständig u suche Dir nichts. Wie ist die Stimmung? Leidlich?

Gruß u K.

G.

68 [Berlin] Sonntag 26 VIII 34

Liebes Tillychen, Dank für Briefe, Grüße, Liebe.
Heute also kommt der Bruder aus Troppau. Ein schöner Tag hier! Herrliches Wetter u. kein Auto! Keine Liebe!
Passiert nichts Sonderliches hier. Stille Zeit. Gestern abend war ich im Hofbräu, einsam, habe Korrektur gelesen. Sehr voll. Bayern, Saarländer, Funkausstellung, Schmeling-Boxkampf u.s.w.
Also Ende der Woche seid Ihr wieder hier. Freue mich sehr.
Denke an Sie! Gruß u Kuß G. (sehr anständig!)

69 [Berlin] 28 VIII 34.

Liebes Tillychen, es tut mir leid, daß mein Brief von Sonntag nicht gestern angekommen ist. Kommt nur einmal Post in H.[aida]? Ich trug ihn nachmittags um 3 Uhr selbst auf die Post, am Potsdamer Platz, wo ich ins Café ging u. rechnete damit, daß er Montag früh da sei.
Alle Ihre Fragen werde ich Ihnen mündlich beantworten. Ich bin brav u. ein Muster von treu Zurückgebliebenem. Donnerstag abend um 9 Uhr hoffe ich Sie zu sehn, hier bei mir. Wenn Sie aber noch nach Troppau wollen, tun Sie es, ich warte weiter als Ritter Toggenburg.
Gute Heimreise, Tillychen, einen Kuß! Ihr G.

70

Die Wohnung Prinzregentenstr 50 steht leer – ich stand davor.
Mir geht's gut. Wetter schön. München herrlich.
Morgen wohl nach *Oberstdorf*. Schreibe dann sofort Adresse.
Heute abend auf die Wies'n!!
Sehr herzlich Ihr Be [München] 24/9 34

71 [Oberstdorf] 25.9.34.

Liebe kleine Tilly, Dank für die beiden Briefe. Hier bin ich gelandet. Ankunft blauester Himmel, kochende Sonne, dann leider Regen. Reizender Ort. Gefällt mir sehr. Aber München, München über alles! Stolz meines Vaterlandes. Großer Zauber des Barock u. des Romanischen in jeder Ecke.
Unbegreiflich, daß es ein u. dasselbe Volk ist: Berlin – Münka!
Im Hofbräu am Platzl trank [ich] mittags 12 h 1 l., für 52 Pf. im *Hofbräu am Anhalter* kostet das gleiche 1,28.M
Sah in die Torggelstube hinein...
Bei J. sprachen wir von Fr.[ank] W..[edekind], ganz groß in seinen Augen! Unerreicht!
Es regnet. Mieses Publikum. Keine netten Schönheiten!! »Kühe u. Kröpfe«.. Gruß u Kuß Ihr G. B

72 [Oberstdorf] 27.9.34.

Liebes Tillychen,
Herrliche Tage! Heiß u blau. Ich denke an nichts, döse vor mich hin, gehe spazieren, halte die Hände in das schöne eiskalte Bergwasser. Essen hier im Hotel ausgesprochen mäßig bis schlecht, aber Zimmer sauber u gut. Habe für das Eau de Cologne noch keine günstige Verwendung gefunden, nur alte Paare sind unterwegs, nichts Fesches. Gut so!
Es lebe der N.W. von Berlin, der Bellevuepark u die süße Tilly.

Tausend Grüße u. ein Kuß
G. B

73 [Oberstdorf] 30.9.34.

Liebste T.
Dank für die lieben Briefe u. Gedanken. Ja, das Wetter war bis heute märchenhaft schön. Heute abend scheint es zu schwan-

ken. Nun, ewig kann es ja nicht so herrlich sein. Sollte es sich einregnen, fahre ich nach München zurück u bleibe noch ein paar Tage dort. – Ich lese keine Zeitung, seit ich von Berlin fort bin, alles schnuppe. – Also Ihr wart aus, die ganzen Damen der Familie mit dem illegalen Franzl! Ich meinerseits bin völlig antierotisch, indifferent, schaue die Damenwelt belustigt an, bin froh, daß sie mir erspart bleibt, keine dumme Herumzoddelei. War am Freibergsee, in Einödsbach, im Walsertal – ein flotter Hochtourist der Herr Doktor, ein Steiger war er immer. Um 9. spätestens 10 im Bett! Wenn man so die Menschen beschaut, im Speisesaal u dergl. ein schauerliches Volk. Diese alten Paare, die sich nichts mehr zu sagen haben, spannungslose Gehirne und ausgeleierte Erotik, Gewäsch hin u. her, womöglich mit halb- oder ganzerwachsener Tochter, auf die die Alten starren als letzten Stolz u. Ausweg aus ihrem eigenen Nichts –, nein die Freude am Familienleben wächst nicht bei mir in dieser Sphäre.
Wie ist die Stimmung, liebe kleine Tilly? Einigermaßen? Heute war Sonntag, ich habe ihn ohne Marsch verbracht, lautlos, stumm. Ich spreche ja außer mit der Cilly* bei Tisch kein Wort.

Einen Kuß, liebe Tilly. Bleibe artig u gut

Ihr G. B.

* Serviererin-Saaltochter

II

Nein, heute nacht habe ich etwas Drolliges geträumt: von Barbara von Sch. – Ich war auf ihrer Hochzeit. Großer Rummel, der Führer war auch da. Sie sah glänzend aus u wen heiratete sie? –: Richard Strauss. Sie sagte zu mir: »72 ist jetzt der alte Herr, wenn er *ein* Jahr mit mir ist, ist er 100« –! Wie kann man so was träumen?! Das ist doch ulkig. Eine gute Bemerkung noch dazu!

74 [Oberstdorf] 3 X 34.

Das war gar kein kühler Brief, Sie kleines Murmeltier, heute war ich nämlich auf dem Nebelhorn, ganz oben, 2230 m!! u. da giebt es welche. Ich habe zwar keins gesehn, aber mit *einem* Blick: Zugspitze, Großvenediger, Säntis, Silvaplanagletscher. Es war herrliche Aussicht, ein wunderbarer Gipfel. Um aber meinen Ruhm nicht ins Ungemessene bei Ihnen wachsen zu lassen, muß ich gleich hinzufügen, daß eine Drahtseilbahn bis 1900 m. geht. Aber immerhin – die letzten 300 m. machen es, es war anstrengend genug. Steine u Bergdohlen u. Gamsblümel u. sonst nichts wie Felsen u. Gebirge – schrecklich eigentlich, um so näher dem Schöpfer, um so unfruchtbarer alles.
Also, Tillychen, Murmeltier, zu einem solchen bitteren Brief ist gar keine Veranlassung. Sie haben wieder mal alles *falsch* gelesen! *Hinein*gelesen. Ich bin ein kleines braungebranntes Unschuldslamm, das um 9. zu Bett geht, allmählich *sehr* an Tillychens süße Besuche denkt, die vergangenen u. die künftigen, u. sich in aller Bescheidenheit etwas erholt. Daß Du nicht nach Weimar kommen kannst, ist sehr sehr schade, aber dann kommst Du eben in die B.[elle] A.[lliance]straße, sowie ich da bin, also wohl *Sonntag*. Mit dem glorreichen Tag heute auf dem Gebirge endete offenbar das schöne Wetter, denn heute abend ist es düster u. der Wetterbericht ganz schlecht u. das Barometer fällt. Also Sommerende. Schreibe nun nicht mehr hierher. Wann ich reise, weiß ich noch nicht. Ob ich noch nach München gehe, auch nicht. Vielleicht komme ich auch gleich heim. *Jedenfalls halte Dich ab Sonnabend parat.* Haben denn die Proben schon begonnen? Ich rufe an, sobald ich in der Wohnung bin, auch abends.
Armes Tillychen! Was mag denn wieder mit Pamela sein? Werde wieder guter Laune, Tillychen!

Kuß von Deinem B.

75 [Kopenhagen?] 24 XII 34

Liebes Tillychen, nur einen ganz kleinen Gruß, so kostbare Geschenke wie Sie kann ich leider nicht machen. Seien Sie nicht traurig, feiern Sie das Fest, vergessen Sie mich nicht, bald bin ich wieder da. Und keine Jünglinge beschaffen, die alten Herrn genügen!
Tausend Grüße u. ein Kuß! Ihr Be

76 [Kopenhagen?] 27 XII 34

Tausend Grüße, liebste Tilly. Alles in Ordnung hier. Scheußlich kaltes Wetter! Nele geht's gut. Läßt grüßen. Dank für Brief.
Bald bin ich wieder in Berlin.
Immer Ihr
Be

77 [Kopenhagen] 29 XII 34.

Süße Tilly, wie mag es Ihnen in den Weihnachtstagen ergangen sein? Gut, schlecht, mittel?
Ich komme Montag abend zurück, rufe Sie dann an. Werde aber nicht mehr ausgehn, da die Überfahrt sicher sehr übel wird, es stürmt über alle Maßen, schreckliche Wellen u. ich werde sicher seekrank (»seesyg« dänisch) Habe schon Angst davor.
Neujahr sehn wir uns mittags, hoffe ich. Sofern Sie nicht inzwischen einen besseren, jüngeren, eleganteren Herrn gefunden haben oder *alte* Sachen wiederaufgenommen haben (Kunst u Theater!) Oh, Oh!
Hier ist es ganz nett u. gemütlich. Nele sehr wenig lieblich zu mir, streng u unverschämt, aber so sind wohl Kinder …
Ich habe keine Zeitung gelesen u weiß nicht, ob was passiert ist. Post habe ich auch keine nachschicken lassen.

Sei gut, süße Tilly! Vergiß mich nicht! »Glen mei ikke« = Vergiß mich nicht!
»på gensyn« = Auf Wiedersehn.
Schlafe gut. Iß Fleisch. Begieße Dich mit Eau de Cologne. Trink den Kognak.

Einen Kuß von G. B..

78 [Berlin 19.1.1935]

Vergnügen.

Tante Tilli ist krank.
Tante Tilli muß das Bett hüten.
Onkel Otto kommt nach Hause und erzählt:
„Vorhin habe ich gesehen, wie ein Auto und ein Motorrad zusammengestoßen sind."
Knurrt Tante Tilli:
„Nichts wie Dein Vergnügen hast Du im Kopf."

Bei Fieber, Migräne, Neuralgien
wirkt prompt
PHENAN

Aber Tante Tilly knurrt nie, ist immer sanft u. blütenweich u würde sagen: »Hast du denn schon bemerkt, daß ich meinen Blumenschal umhabe«. »Aber natürlich«, würde Onkel Otto antworten, »sofort, beim Eintreten« u sie wären ein Herz u eine Seele. (Aus Andersens Märchen)

79

als Bewunderer Ihrer Kunst und Persönlichkeit

[Berlin] 6 II 35.

80 [Berlin] 14. III. 35.

..... Immer, immer wieder
giebt es weißen Flieder,
auch wenn Sie Frau Oberst Schwartze sind....

G.B.

81 Hannover 30 III 35.

Süße Tilly,
gut gereist. Ganz nette Stadt. Die Zimmer recht primitiv. Die Wirtin schwatzhaft. Die Lage der Wohnung ganz hübsch, aber weit fort von Zentrum u., wie mir scheint, Dienstbetrieb. Wetter recht schön, warm.
Es ist abends zwischen 6 u. 7, bald gehen Sie fort zum Spielen, resp. Du.
Montag vormittag also muß ich mich melden, bin sehr gespannt darauf.
Schnell diesen Sonntagsgruß. Du gehst zur Yella! Bitte grüße sie.
Vorbei Bergmann 4356 – und hier ist kein Telefon! Das war Schwindel. Es soll erst gelegt werden.
Überhaupt: Wohnung u Dame machen einen etwas verwilderten Eindruck! (Schön ist die Dame nicht! Aber sie fratzelt [?].

Kuß an Dich, kleine Tilly!

G.B

82 [Hannover] 31 III 35.

Dank für die süßen Blumen u. Brief!, Tillerl! Weiß u rot. Kam morgens als ich noch im Bett lag nach schrecklich schlechter Nacht, fror, hatte Migräne, war elend. Heute aber besser.

Ach, die Zimmer sind primitiv. Und der Kaffee so schlecht! O wo ist Else u die Belle [alliance]str Ein armer verlassener Mann sieht in einen grauen Sonntag mit Regen. Und morgen beginnt der Dienst

Kuß, Tillerl! Und Dank. Dein

G.B.

83 [Hannover] 1.4.35.

Liebes Tillerchen,

Also denk Dir, Dein Gruß vom Freitag ist erst heute in meine Hände gekommen. Wieso? Antwort: die Post. Wie dem auch sei, auch heute war es reizend, den lieben Gruß zu bekommen.

Dank für den Brief von Yellahouse! Aber Sie sollten lieber schlafen statt Liebesbriefe schreiben, gnädiges Frauchen, das ist gesünder u. nahrhafter u. Sie sollen doch jetzt 10 Pfund zunehmen!

Heute war der erste Tag im Dienst. Die Leute waren alle ganz nett, aber ganz klar wird mir die Sache noch nicht. Alle sprechen von der enormen Arbeit, die mich erwartet, aber gesehn habe ich noch keine. Mir wäre lieber, es ginge los u. ich sähe, was ich nun eigentlich hier tun soll, als dies Herumreden u. Michbeschnüffeln u. Vorstellen. Vorläufig weiß ich nur eins: daß ich hier nicht wohnen bleibe, da es zu weit ab ist von der Dienststelle u ich näher dran wohnen soll. Das ist ja auch angenehmer. Außerdem so viel Geld wie hier: 75 M u. alles so primitiv: gar kein Telefon, Badezimmer mäßig bis übel, keine ordentlichen Vorhänge, düstere Lampen – das alles ist großer

Nepp. Aber leider werde ich den Monat bleiben müssen, da ich für 1 Monat gemietet habe.
Essen tue ich im Lokal. Kaffee im Café Kröpcke, wo ich mich wohlfühle: guter Kaffee, Großstadtatmosphäre, Musik, Dirnen, Zeitungen, gutes Essen. (mit den Dirnen ist es nicht so schlimm, nur Arabeske)
Die Madame hier in der Wohnung ist mir reichlich unsympathisch, vor allem, daß sie ununterbrochen auf dem Korridor herumwetzt u jeden Schritt belauscht, ist ekelhaft. Überhaupt: mit fremden Menschen in einer Wohnung, das ist wohl schauerlich.
Das Wetter war bisher kalt u. regnerisch.
Alles in allem ist es doch eine furchtbare Sache, die ich auf mich genommen habe, ein wahnsinniger Abschnitt in meinem Leben. Manchmal ist mir schrecklich mies dabei. Aber vielleicht hat meine weise Tochter recht, die schreibt, wenn es auch im Anfang furchtbar wäre, würde es sich schließlich doch als sehr vernünftig herausstellen .....
Adjö, Tillerl. Ja, an den 28 Omnibus kann ich auch nicht denken u. an verschiedenes andere auch nicht. Aber vielleicht komme ich doch noch mal nach Berlin zurück. Weißt Du, in manchen Augenblicken kommt mir die Tarnung meiner Persönlichkeit die ich hier doch betreibe, etwas gewagt vor, als ob sich eine Kobra in einer Apotheke ansiedelt. Bis der Aspirinverkäufer sie entdeckt u. wie im Bengalifilm erschießt. Bitte grüße Pamela u Kadidja. Der Name Sternheim kommt hier öfter vor. Auch der herrliche Name Hickethier steht an einem Geschäft.

Leb wohl. Kuß u. Zärtlichkeit. Dein

B.

84 [Hannover] 4.4.35.

Liebes Frau von Tillerchen,
Dank für liebe Briefe u. Teilnahme! Ach, es geht schon alles so so lala. Ein alter Knabe, Einsiedler, Rauhbein ist gar nicht so

viel Liebe wert. Auf einem Tornister zwischen den Soldaten des Lebens oder unter einem Zelt der Wüste laßt ihn ruhn! Wenn es gut geht, über ihm die Sterne, sonst um ihn Regenrauschen u. Staubstürme, das ist sein Geschick. Wer von der freundlich gedeckten Tafel der Bürgerlichkeit aufsteht, um zum letztenmal seinen Himalaja zu ersteigen, den laßt umkommen!
Dies ist – im Goetzischen Stil – was ich dazu zu sagen habe.

Ach ja, nachdem ich mir in den Tagen noch einige andre Zimmer angeschaut habe, gefällt mir meins schon besser. Lauter Schund, armseliger Wohnplunder, abgelegen von den Verkehrsadern u. ohne Wasser u Bad. Nein, nichts für mich – also doch kein Wüstensohn?
Tillychen, seit ich hier bin: noch kein Telefongespräch geführt, kaum ein Bier getrunken, um 9. im Bett, um 7½ raus, um 9 h. rasiert im Dienst! Das sind Leistungen! Diese Literaturaffen, die von ihren Ottomanen oder Volants aus episch oder dramatisch von Preußentum u. Puritanismus schreiben, – eine Stunde Dienst: u. sie riefen alle ihre »Beziehungen« an, um vom Preußentum loszukommen – diese Muttersöhnler, Skatbrüder, Brustlutscher. Man muß sehr diszipliniert sein, um in *diesem* Milieu zu existieren, kalt u. ruhig. Aber ich denke, es ist besser, das zu versuchen, als, wenn man noch älter ist, wie Herr Stucken, von Geschenken u. Wohltaten zu leben, das muß noch bitterer sein.
Statt Kaffee trinke ich Tee, morgens u nachmittags. Schmeckt auch gut. Esse im Lokal, ganz gut, lerne dabei H. kennen. In meinem Amt weiß niemand auch nur meinen Vornamen, geschweige denn sonstwas über meine Person. Ist gut so. Muß mit fast 50 Jahren in einer völlig neuen fremden Welt mich hochkämpfen, Fuß fassen, Boden gewinnen. Eigentlich doch eine Leistung. Alles Bisherige hinter mich werfen. Dr. B. oder Oberarzt B. oder Abt. IV b – das bin ich, wie Sträflinge auch ihre Nummer bekommen u. weiter nichts mehr haben. Mitglied der Akademie, Vizepräsident, geistige Leistungen,

die bis nach Japan gedrungen sind – alles vorbei, anderes Erdzeitalter, wenn das keine Häutung ist, will ich keine Schlange sein.
Was Dein Kommen angeht, Tillerchen, müssen wir uns noch ein paar Tage gedulden. Geht noch nicht. Wo sollst Du wohnen, hier bei mir geht es nicht. Also spiele noch ein bißchen weiter Deine reizende Rolle, so schelmisch u. süß. Aber ohne den Morgenrock!
Wetter immer noch scheußlich! Schnee u. Regen.
Sei zärtlich geküßt, süße Tilly.
Dein G.B.

85 [Hannover] 6 4 35.

Liebes süßes Tillerchen,
Du sollst solche Pakete nicht schicken! Den Kaffee brauchst Du alleine u. die Maschine solltest Du behalten, Donnerwetter, Tillychen, morgen Sonntag früh werde ich sie probieren, ich freue mich schon darauf!
Guten Sonntag, kleine Tilly! Wo gehst Du hin? Zur Schwester nehme ich an. Oder fremd? Tillerchen, Dich anrufen abends vom Lokal – das geht nicht, da ich nie im Lokal sitze, sondern im Bett liege. Nur heute abend gehe ich in die Oper: »Zigeunerbaron«. Was Lustiges, zu was Tiefem bin ich nicht imstande.
Die Wedekindstraße ist nicht weit von hier. Hübsche Villenstraße, endet in der Hohenzollernstr. Im Telefonbuch stehn 12 Wedekinds: Also eine richtige W.stadt!
Hübsche Frauen habe ich noch nicht hier gesehen. Schaue mich auch nicht nach um. Was sollte ich mit ihnen machen? Keine Ahnung. Was macht man mit Frauen? Keinen Schimmer mehr!
Danke schön für Kaffee u. Brief u alles Liebe. Die reizenden kleinen Zettel in der Kanne! Du bist süß, Tillerchen! Und die gelben Papiersächelchen! Am Donnerstag werde ich anrufen.

Wie sieht es im Theater aus? Ist besucht? Giebt's Gage? Bis wann wird noch gespielt? Wo ist Kadidja jetzt? Auch bei Euch? Ich lese kaum Zeitungen. Mir ist diese Welt so gleichgiltig geworden. B[erliner] Z[eitung] – alles so schnuppe. Adjö, mein süßes Tillychen! Du reizende Grazerin, Madonna von der Mur! Ich sehe das blaue Bild vor mir, das im Eßzimmer hängt, bildschön! Schlaf immer süß u. lange. Trinke auch ein Bier oder einen Kognak. Was machen die Gebrechen? Gehst Du noch zu Platen? Ist der Bauch schon in Ordnung? Keine Krämpfe? Dich küßt zum Sonntag zärtlich Dein B.

Danke schön für alles!

86 [Hannover] 7. 4 35.

Liebe Tillymaus,
das mit den Levkoien ist wie mit dem Kaffee: sehr süß, aber verboten. Levkoien über alles, was blüht – aber Du sollst Dein Geld nicht dafür ausgeben. Sie kamen heute früh als Sonntagsgruß u duften ganz bezaubernd – »es ist schon spät«. (aus dem ersten Levkoiengedicht). Danke, süße Tilly. Aber nun ist es gut mit Pakete schicken!
Also gestern in »Zigeunerbaron«. Ganz nett. Die Oper ganz pompös. 4 Ränge. Gute Aufführung. Nur das Publikum finde ich recht provinziell. Mäßige Gesichter, nicht gut angezogen u. in der Pause ißt alles auf den Gängen. Nun war allerdings Sonnabend u. ein heiteres Stück. Hinterher noch im Kröpcke eine Orangeade. Kein Stuhl zu kriegen! Voll ist es überhaupt überall hier. Um 11½ zu Hause. Das war der ausschweifendste Abend bisher. Heute ist etwas wärmeres Wetter. Ich war 2 Stunden im Zoo, der hier ganz nahe ist. Sah die blöden Tierchen an. Oder umgekehrt. Aß auch da. Immer derselbe Eindruck: alles sehr sauber u. adrett, aber das Publikum sehr bürgerlich. Nichts Fesches, Pikantes, Rasantes, Foudroyantes, Fulminantes.. Ich meine als *Anblick*. Sonst natürlich nichts..!

Heute früh trank ich den ersten Kaffee aus der Maschine. Wunderbar! Nichts über die alten erprobten Dinge in jeder Hinsicht! Tillerlchen!
Wo bist Du heute, was treibst Du wohl? Vielleicht mit Schwester Martha im Wagen etwas rausfahren, Schildhorn oder Potsdam. Ich sitze zu Hause u. genieße die Ruhe, den Frieden, das Alleinsein, die Wohnung ist leer, alles fort. Ich bin immer noch recht ermüdet von allem, gehe sicher um 9 wieder zu Bett.
Leb wohl, liebste kleine Tilly. Einen Kuß von Deinem

G. B

87 H.[annover] 9.IV 35.

Liebes Tillerchen aus Graz, zum Geburtstag einen kleinen Morgengruß. Erwache froh u. heiter und alles andere und so weiter. Abends werde ich anrufen.

Kuß!

B.

88 [Hannover] 9.4 35.

Liebste Tillymaus,
Dank für Briefchen! Denke auch der, den Du Sonntag schriebst u. offenbar abends spät einstecktest, jedenfalls abgestempelt war er morgens um 8. Uhr, war schon nachmittags 4 Uhr bei mir.
Tillychen, ist schon wieder alles so düster? Sei doch nicht so düster! Ob Du 1 Woche früher oder später kommst u. mich besuchst, Du weißt ja, daß ich auf Dich warte u. gar nicht an andere Frauen denke. Aber die Sache will doch gut überlegt sein. 1) es kostet doch eine ganze Menge Geld. Bei mir kannst Du nicht wohnen u. das Leben ohne Haushalt, in Lokalen ist doch auch sehr teuer 2) weiß ich noch absolut nicht, wie-

viel Geld ich eigentlich in diesen elenden Übergangszeiten bekomme. Ich bekomme erst am 15. zum erstenmal Gage u. auch nur einen Teil, den zweiten Teil giebt's am 25. Also eine ganz verrückte Einteilung. Ich lebe bis heute immer noch von meinem Berliner Geld. 3) ist es möglich, daß ich Ostern vertretungsweise Dienst übernehmen muß, freiwillig, als jüngster San.[itäts]offizier. Ich brauchte es satzungsgemäß nicht, aber vielleicht muß ich es aus Kameradschaft tun. Also, alles in allem, glaube ich, daß Du am 24. kommst, zur Feier unsrer 5 Jahre, dann wohnen wir zusammen am ersten Tag im Hotel. Schreibe doch mal nach dem Steinhuder Meer. Das wird hier als ganz große Schönheit gepriesen. Was sind das für Bekannte von Dir? Daß Du Dir hier eine Wohnung nimmst, wäre verkehrt. Erst mal abwarten, ob ich hierbleibe, ob ich mir eine eigene Wohnung nehme u wo u wie.
Also Tillerchen, morgen in 14 Tagen kommst Du her. Kommst nachmittags an, dann hole ich Dich ab. Dann ist es auch besser Wetter u wärmer, jetzt das Wetter ist ja ganz unmöglich. Also, süße Tilly, nun spiele noch 2 Abende schön u am 11. feiere Deinen 39. Geburtstag. Dich küßt (u. Deinen Kaffee trinkt)

Dein G B.

89 [Hannover] 10. 4. 35.

Mein liebes Tillychen,
nun wünsche ich Ihnen oder Dir also ein gutes neues Jahr. Ein bißchen Widerstand gegen das schreckliche Leben, ein bißchen Freude hin u. wieder, Lachen ab u zu u. immer guten Schlaf. Was soll ich Dir noch wünschen? Das übrige muß ich ja *mir* wünschen, nämlich daß ich Dich wiedersehe, Du nicht böse auf mich bist, wenn alles nicht so schnell u. bequem geht, wie Du es Dir denkst.
Feiere einen hellen Geburtstag, Tillerchen, einen heiteren. Das Wetter scheint ja Dir zu Ehren schön werden zu wollen. Morgen abend werde ich zwischen 7 u 8 mich bemühn, Dich

anzurufen. Wenn ich bis 8 nicht habe, konnte ich nicht, oder es dauerte zu lange. Dann kannst Du also ruhig fortgehn, zu Yella oder zum Essen.
Leider habe ich heute Migräne, die plötzliche Wärme ist ja ganz abnorm. Deine Kaffeemaschine ist reizend, ich benutze sie jeden Nachmittag – vielen Dank.
Kann Dir nichts schenken wie Veilchen. Hoffentlich werden sie morgens geschickt u. sind schön.

Gruß an Dich, liebste Tilly u Kuß u.
Dank für alles vom vergangenen Jahr!
Dein G.B.

90 [Hannover] 12.4.35

Liebes Tillerchen, solche Telefongespräche wie gestern sind ja immer enttäuschend, wenn sie vorbei sind. So das Richtige u. Wahre wie ein Gespräch zwischen Bergmann 4356 u 4019 sind sie nicht. Und ein Schluck Bier im Wahlstatt ist auch noch netter. Aber jedenfalls warst Du da am Ende der Leitung u Deine Stimme war es, kleine Tilly.
Also Eva Correns kam noch u was gab es denn zu essen?
Mir geht es leidlich. Das Wetter ist ja immer noch so, daß man aus Schnupfen u. Migräne nicht herauskommt. Lebe unverändert *solide* weiter, früh schlafen, wenig essen u trinken. Habe noch nichts an Frau gesehn, was sich gelohnt hätte, die Lider auch nur anzuheben, immer der gleiche ferne verschleierte Blick!
Sonntag abend bin ich bei meinem Chef u seiner Frau zum Essen eingeladen. Na, es muß halt sein.
Lebe wohl, Kleine. Heute und jetzt nachmittags vor 14 Tagen war ich bei Dir. Und heute in 12 Tagen bist Du hier.

Kuß u Lebewohl.
Dein
G.B.

91 [Hannover] 13 4 35

Tillerchen, Du bist der süßeste Mensch, den es giebt! Nun schon wieder Schokolade u Kuchen u Blümchen!
Von »Tilly« habe ich gleich morgens das linke Bein geschnitten u zum Tee gegessen, nachmittags zum Kaffee bis zum Rumpf u. seitlich einiges, morgen früh der Rest! Danke schön! Und die Herrlichkeiten zum An- u Ausziehn – ich bin gespannt, sie zu sehn.
Guten Sonntag! Die Wetterprognose für nächste Woche ist furchtbar: Regen u Kälte u Schnee – einschl. Ostern.

Gruß u Kuß u. Dank!
Dein
G B

92 [Hannover] 16 4 35.

Liebes Tillerchen,
heute ohne Brief von Dir. Bei Haensels war es sicher so interessant, daß Du gestern Verabredungen, Rendezvous, Flirt und Tand betrieben hast. Sicher waren bedeutende Schriftsteller da, Künstler u. vor allem *Juristen*. Ich verstehe..
Nun müssen wir abwarten, wann Dein Film ist. Wenn es geht am 24., sonst am 25. kommst Du her. Oder Sonnabend d. 27.

Am 1.V ziehe ich um. Vielleicht schon ein paar Tage eher. Habe jedenfalls gekündigt. Die Zimmer sind ja ganz nett, aber sonst alles zu primitiv u. neppig.
Ich leide schrecklich an Migräne hier. Heute schon wieder eine ganz schlimme. Ob es das Wetter macht, das ewig kalte u. regnerische oder das unregelmäßige Essen.
Sonntag abend bei meinem Chef war es ganz nett. Sehr familiär. So viel Familien – u. Haussinn, wie ich es gar nicht kenne u. nie kannte. Zärtlicher Gatte u. Vater. Schöne Wohnung. Unterhaltung *ganz provinziell*. Da hier die Bahnen nur bis 12 h gehn, mußte ich zu Fuß nach Hause, 3/4 Stunde Weg,

schöne kalte Vollmondnacht. Näheres mündlich.
Sollte ich Ostern frei sein, rufe ich an oder telegrafiere. Dann kommst Du rasch mal her, gelt? Aber ich fürchte, ich habe Dienst.
Eben kommt Dein Brief von gestern. Also bei Haensels war es so, wie ich oben schrieb. Natürlich .. Übrigens, ich möchte gar nicht so leben wie er, schöne Wohnung etc alles zu unproduktiv u banal.

Tausend Küsse, kleine Tilly! Einen auf den Mund!

Dein

B.

93 [Hannover] 17 4 35.

Liebste Tilly,
ich schreibe nur um Dich zu bitten, mir zu Ostern *nicht* wieder ein Paket zu schicken. Weder Kuchen noch Kaffee noch Blumen! Wenn Du kommst, ist das alles zusammen. Bitte respektiere meine Bitte! Ziemlich sicher habe ich Dienst. Andernfalls hörst Du von mir. Morgen werde ich es definitiv erfahren.

Dank für Brief von gestern.

Kuß

G. B

94 [Hannover] 18. 4 35.

Kleine Tilly,
also Ostern bin ich angebunden weniger durch Dienst als durch persönliche Beziehungen. Mein Vorgesetzter, der ärztliche, der mich eingearbeitet hat u. ein tadelloser Kerl war, ist versetzt u. verläßt nächste Woche H., was ich sehr bedaure, da ich bei ihm Rat u Hilfe fand. Und nun hat er mich zum 1. Feiertag noch zu einer Autotour nach Hildesheim eingeladen, was ich natürlich annehmen muß. Ich will Hild. auch gerne ken-

nenlernen. Es gehört außerdem zu meinem »Dienstbereich«. Also lassen wir es dabei, daß Du, Tillerchen, nach Deinem Film kommst. Wie lange Du bleibst, wird sich ja dann herausstellen: bis wir uns prügeln, also wohl nach 1–2 Tagen, was meinst Du? Wann ich umziehe, weiß ich noch nicht exakt. Aber schon in der Woche nach Ostern. Was *Besseres* habe ich nicht gefunden, aber etwas näher an meiner Dienststelle u. etwas billiger. Nur 1 Zimmer, City-Gegend, à la Bellealliancestraße, bei einer älteren Modistin, nicht schön, aber angenehmer als das jetzige Raubtier: Reichlich primitiv, aber das ist hier alles so.
Donnerwetter, hatte ich gestern wieder Migräne. Ganz furchtbar. Mir schleierhaft wovon. Heute wieder besser. Bringst Du ein gutes Mittel mit??
Also bitte zu Ostern keine Sendungen! Sparen! Bleib gesund.
Sei geküßt! Dein G. B.

95 [Hannover] 18. 4 35.

Tillerchen, »quatsch nich, Krause« –! immer von der Vollmondnacht u. »Näheres mündlich« zu schreiben! Bleibe anständig! Ich sehe daraus nur, wie locker Du bist u wie lose bei Dir alles sitzt, immer bereit für Juristen u. Lautenschläger mit und ohne Vollmondnacht! Ich weiß Bescheid!!
Also, nach Berlin zu kommen, hatte ich mir wohl auch überlegt. Aber erstens kann ich nicht gut hier fort, ich möchte nicht gleich um Urlaub bitten. 2) wie gesagt: am Sonntag Einladung nach Hildesheim 3) Berlin lockt mich *gar nicht*, als Ganzes u. Stadt. Was soll ich da, ohne Wohnung, Arbeit etc. Trifft man Bekannte, nur das Hin- u. Hergequatsche, völlig sinnlos.
Nein, komme nur her, wenn Du mit Deinem Film fertig bist. Verzweifle nicht, Tillychen, wenn es ein zwei Tage später wird. Ich warte auf Dich. Sei deswegen nicht unruhig u. böser

Laune. Was machst Du Ostern? Ist Yella dort? Fährst mit Martha spazieren, taxiere ich. Kommt Dein Schwager? Hier gastieren Dorsch u. Liedtke.
Adjö, kleine Tilly! Vergiß mich nicht. Denke an unser Wiedersehn, freue mich schon sehr darauf! Adieu, süße Tilly. Kuß. Dein B.

Heute sind es 3 Wochen, daß ich bei Dir war!

96 20 4. 35.

Also, Tillerchen, zwar bin ich schrecklich ärgerlich, wenn Du immer zweifelst, ob das stimmt, was ich schreibe. Z B die Autofahrt am 1. Feiertag ... aber großartig, komm *Montag mittag* 12^{51} hier an, das ist der Zug, mit dem ich gekommen bin, er fährt vom Zoo, glaube ich, 9½ ab. Kommt über Stadtbahn, also Zoo. Ich werde Dich auf dem Bahnhof hier erwarten u. mir bis dahin überlegen, wo Du (resp wir?) wohnst. In meiner Wohnung werden wir nicht allzuviel u. allzulange sein können, es wird alles beobachtet, beschnüffelt. Ich will mal sehn, was wir machen. Sage Pamela, daß Du Deine Adresse erst von hier aus angiebst, dann ist ja Dienstag früh die Nachricht bei ihr. Die Woche, die beginnt, wird sehr anstrengend für mich. Ich glaube, am Mittwoch abend wirst Du wieder abreisen müssen. Aber dann haben wir uns jedenfalls gesehn. Ich freue mich sehr auf Sie, gnädige Frau! Also *Montag* 12^{51} *auf dem Bahnhof* Hannover. Weitere Abmachungen nicht nötig. Nicht zuviel Gepäck!

Gruß u Kuß u Wiedersehn Dein B.

97 [Hannover, nach dem 22. 4. 1935]

Tillerchen, habe so sehr an Dich gedacht! Hoffentlich bist Du gut gestimmt angekommen, in Empfang genommen u. hast gut geschlafen. Und heute?

Danke Dir für die Veilchen u den lieben Gruß! Sei guter u. glücklicher Laune! Kommst bald wieder! Dank u. Küsse

Dein G.

98 [Hannover] Sonnabend. [28. 4. 1935]

Dank Dir noch mal für alles, Tillerchen, Liebe, Hummer, Taschentücher, Küsse, Tränen! Hoffentlich bist Du gut gefahren u. es hat doch geklappt mit dem Film. Wann steigt er denn? War Pamela auf dem Bahnhof? Wie schliefst Du am Raschplatz heute nacht? Kamst natürlich knapp zum Zug! Weiß alles! Hast geflirtet in der Bahn!
Wie schaut Berlin aus? Was machst morgen? Bei Yella vermutlich, um über Heinrichst -24 zu sprechen
Heute abend also Feier. Wird sicher großer Suff. Herrliches Wetter den ganzen Tag! Montag Umzug! Kuß, liebes Tillerchen, u. Umarmung.

Dein G. B

99 [Hannover] Sonntag nachmittag. [29. 4. 1935]

Gestern – heute wurde es spät-früh. 3 h. Wieder zu Fuß nach Hause. Habe den ganzen Tag geschlafen, gedöst, gefaulenzt. War nicht fort auf Tour.
Dank für Brief, kleines Tillerchen! Ist Pamela nun nach Dänemark? Im Funk – das war wohl sicher fürchterlich.
Wann ist denn nun Deine Filmaufnahme, welcher Tag? Was für eine Rolle? Wo Babelsberg oder Tempelhof?
Gestern abend war es anstrengend, aber ganz interessant, die vielen Menschen zu sehn u. zu studieren, wie sie sich benehmen, reden, trinken. Recht seltsam war, daß mich ein älterer San.[itäts]offizier darauf anredete, daß er in Brüssel mein Nachfolger geworden sei bei – meiner dortigen Freundin. Im Herbst 17, als ich noch täglich an sie schrieb etc. Ja,

ja. Was für ein Unschuldslamm ist doch der Mann u. was für Schlangen sein die Weiber! Immerhin hatte sie viel von mir erzählt u. freundlich gesprochen. Trotzdem hat es mich überrascht, ich bin halt ein Naivling (auch heute noch).
Was sagt der Bruder zur Heinrichstr? »Aber sag's nicht Yella« – wahrscheinlich!
Gestern habe ich das erste neue Taschentuch eingeweiht. Es schnaubt sich großartig drein! Dank nochmals, Tillychen.
Von morgen an, bitte, in die neue Wohnung. Kuß u Dank.
G. B

100

Melde gehorsamst Einzug.
Ging alles leidlich. Sogar die Sonne begann zu scheinen.
Viel Arbeit! Bald mehr.
Tausend Grüße!
G. B.

[Hannover] 29. 4. 35.
Breitestr.28^{II}

101 [Hannover] 1.V 35.

Liebes Tillerchen,
auf den Dächern lag Schnee, als ich um 9. herausschaute, es fiel offenbar ein Reif in der Frühlingsnacht. Heute ist [es] so kalt, daß es gemütlich ist, nämlich geheizt in der Wohnung, das ist sehr angenehm. Und Feiertag ist ja auch! Marschieren Sie mit, gnädige Frau? Ich las, daß Damen über 40 nicht mehr mitmarschieren sollen, ein guter Trick, wie sie alle laufen werden!! Aber die jungen wie Sie, zwischen 25 u. 35, die sowieso, wo es doch dabei so viel Möglichkeit zu Anknüpfungen u. Bekanntschaften giebt u. enge Lagen u. Gedränge! Wie Sie ja vor 2 Jahren wohl bemerkten, gnädige Frau! Meine neue Wohnung liegt im Mittelpunkt allen Geschehns. Der

Maibaum steht auf dem Ägidientorplatz, wenn ich ans Fenster trete, fällt mein Blick auf ihn. Alles marschiert da vorbei. Dank für Brief u. blaues Blümchen. Wo steckt Ihr heute? Seid Ihr bei Newes?
Mir gefällt alles in allem die neue Bude besser wie die alte, obschon ein Zimmer doch eng ist für all die Sachen. Irgendwas liegt immer auf dem Tisch oder hängt über dem Stuhl. Aber es ist ja halt eine Sommerwohnung, hell u. luftig.
Tillerchen, was macht Dein Wehwehchen? Hast Du Temperatur? Sei achtsam! War Frau Husler da?
War gestern in saublödem Film: »Ihr größter Erfolg«, ganz dämlich.
Die Dorsch hatte nur mäßigen Erfolg insofern, als das Stück wohl sehr albern sein muß. Man schrieb, es sei unbegreiflich, daß sie solch Stück wähle. Vielleicht hat sie es Harrys wegen getan? Der bekam nur mäßigen Beifall.
Morgen, Tillychen, abends will ich ins Theater: »Regen u Wind«. Das gab man doch in Berlin auch, soll ganz interessantes Stück sein.
Und nun einen Geburtstagskuß der süßen Tilly aus Graz auf den Mund u. auf die Augen u. überallhin.

Auf Wiedersehn, kleine Tilly!

Dein

G. B

102 [Hannover] 2.V. [1935]

Tillerchen, Dank für alles! Blumen sind gut angekommen, süß! Kopfkissen schon bezogen. Paßt gut.

Vergiß mein nicht,
Maiglöckchen
Rote Rosen
von Tilly
Tillerchen,
der fehlerlosen ..

Besuch habe keinen.
Nele natürlich *nicht* geschrieben.
Möglich, daß ich 6–7 nicht hier bin. Heute neuer Kommandeur eingetroffen, muß zum Dienst.

Kuß u Dank. Alles Liebe. Wiedersehn, Tillychen.

Dein

Be

103 [Hannover] 3 V 35.

Dank nun auch noch für Kerzen u Kuchen, süßer Tiller. Aber eigentlich kann ich gar nicht ernstlich von Herzen danken: Du sollst doch nicht so viel u. so vielerlei senden! Ich mag es doch nicht! Aber der Kuchen ist schön, echter lockerer, Spezial Altonaerstraße.
Gestern im Theater war ich natürlich allein, Du Äffchen! Der große Einsame, der Grüne, der verschleierte Mann. Stück sehr nett, englisch problemlos, Studentensache, Mediziner, mit Happyend. Gleich solide nach Haus. Das Theater ist sehr nett u. groß. Publikum wieder mäßig.
Habe viel Dienst. Esse englisch: abends 6 h. Arbeite durch. Neue Wohnung, bin zufrieden »damit«, wie Pamela sagt. Schreibe ihr bald eine Karte.

Gruß u Kuß, Tillerchen! Dank, Tillerchen!

Deine Stimme klang sehr frisch. Gut so!

Dein B.

104 [Hannover] Sonntag 5. 5. 35.

Liebe Tilly,
Dank für 2 heute früh angekommene Briefe!
Das Telefon steht im Atelier von Frl. H.[oppe] u sie probierte gerade im Nebenzimmer bei nicht völlig geschlossener Tür einer Kundin ein neues Kleid an, so daß beide jedes Wort verstanden. Daher war meine Stimme vielleicht etwas gekappt.

Am 3. früh wurden wir dann durch Eilboten geweckt mit den Kerzen, um 7 Uhr.
Nun wohnst Du also *alleine* in der Wohnung. Das hast Du ja sehr geschickt eingerichtet, unkontrolliert u. sturmfrei. War Herr Haensel schon da u. Jacki u. Wiltschek und wer noch? Und die Hauswartin ist auch gerade krank, so daß auch morgens der Kaffee gemeinsam eingenommen werden kann..... Fein gedreht alles!
Am 7. werde ich trotzdem Daumen drücken, damit Du den Kuchen geschickt vor dem Besuch versteckst u. Deinem Gatten eine liebe Frühstücksgenossin bist. Was für ein Kleid haben gnädige Frau an?
Was soll ich in Heinrichstr. 24.? Ist keine Gegend für mich. Und wegen Johanna? (Wie ist denn eigentlich der Film: *»Johanna«*???)
Vielleicht fahre ich heute nachmittag nach Steinhude, Wetter ist sehr schön.

Küß Dich, Tillychen! Dein G. B.

105 [Hannover] 6 V 35.

Gnädiges Frauchen, wie geht es Ihnen in Ihrer Sünden Maienblüte? Immer noch allein zu Haus? War gestern artig 2 Stunden im Zoo, allein, ohne Flirt, als seriöser älterer Herr. In jeder Beziehung tadellos!
Hoffe das gleiche u bin mit einem Kuß auf
gnädiges Fräuchen

G B

106 [Hannover] 7 V 35.

Tillychen,
diesen Sonnabend – Sonntag, das ist zu bald. Und ich habe so schreckliche Sachen vor: Einladungen, die mich so enorm

anstrengen: Donnerstag bei einem Arzt, Sonnabend bei einem Offiz., ganz schrecklich ist das. Da ist wieder der schöne Sonntag zum Deibel, sicher habe ich wieder Kater u. Migräne. Das halte ich gar nicht aus. Der Finger von Frau Husler ist der Finger Gottes, welcher sagt: abwarten! Ruhig, Kinderchen! Kommt ja alles; aber nicht so plötzlich.
Weiß gnädige Frau eigentlich schon was Näheres über den Familientag?
Heute den Rest des Kuchens aufgegessen. Danke noch mal schön!
Tilly, Du kannst doch hier – und ich habe es doch mit eigenen Augen gesehn – nicht 2 Tage in einem Hotel wohnen, ohne einen Mann mitraufzunehmen, geschweige denn zu Hause, wo alles so bequem ist...

Kuß, Kindchen! Schlafe schön. Träume süß.
Erwache froh. Heute also Film, wie war's?

Kuß G

107 [Hannover] 10 V 35.

Ja, Tillerchen, es kommt vor, daß Briefe, die um 8 Uhr abends in den Kasten gesteckt werden, erst um 11. gestempelt werden. Davon habe ich schon gehört. Aber, Du Heuchlerin, daß Briefe morgens zwischen 7 u. 8 Uhr abgestempelt werden, wie Deine gewissen Sonntagsbriefe, das deutet unbedingt auf was anderes. Du verstehst.
Gestern abend also war es so: schöne elegante Wohnung, sehr gut eingerichtet, wohlhabende Leute, durchaus reizvolle (Ehe-)Frauen mit dazugehörigen Männern. Sonstige junge Leute. Ich ging um 12^{45} als Erster, fiel unangenehm auf, es fing nämlich gerade erst an, etwas fidel u. besoffen zu werden, offenbar trinkt man in den Kreisen gern u. tüchtig. Ich kann mich ja absolut nicht wohlfühlen da, obschon es gar nicht unnett ist, nur so vollkommen bürgerlich u. geordnet u geistig natürlich ganz doof. Ob ich das auf die Dauer aushalte,

weiß ich nicht. Vielleicht fällt es im Sommer alles fort u im Herbst bin ich so weit, daß ich absagen kann.
Gestern Ärzte. Morgen reines O.[ffiziers]milieu. Schrecklich traurig bin ich, daß mir mein schöner Sonntag wieder genommen wird.
Was machst Du Sonntag? Bist Du schon bei Correns draußen?
Haben die Yellas schon ihren Wagen?
[Textlücke]
Adjüs Tillerchen! Auf Wiedersehn demnächst u. diesbezüglich.

Kuß. G.

Dr. B.

108 [Hannover] 11.V 35

L. Tillerl,
Kuß zum Sonntag! Schön Wetter wird sein. Du mit Deinen vielen Besuchen bei allerlei Leut! Was macht denn Eloesser? Interessiert mich. Gratulation zum Muttertag! Bleibe u. werde weiter Mutter!
Ich also heute wieder »Dienst«. Gott gebe, daß ich morgen freien Kopf habe u. auswärtsgehn kann.
Kuß Tillerchen. Ihr treu ergebener

B.

»und habe lange nicht erfahren,
wie süß der Liebe Freuden sind« –

109 [Hannover] 12 V 35.

Liebste Tilly,
ja gestern abend las ich die Notiz in der Zeitung u. bin nun sehr gespannt, Näheres zu hören. Ist W.F. auch im Sanatorium? Wer leitete die andere Firma? *T*i.[ngeltangel]?
Weißt Du, Tillerchen, das vernünftigste wäre, Du verbrenn-

test alle meine Briefe von hier. Sicher ist sicher. Obschon ja gar nichts Böses drinsteht u gar nichts Politisches, ist es in Anbetracht der Lage doch vielleicht besser. Was meinst Du?
Gestern abend war es milder. Um 11¾ allgemeiner Aufbruch, um 12½ war ich zu Hause. Hatte wenig getrunken, habe heute keinen Kater. Milieu wesentlich einfacher wie am Donnerstag u die Frauen .... Nun, davon mündlich.
Wenn Du nach Steinhude fahren willst, dann komme schon ruhig Sonntag her. Da habe ich doch wenigstens – voraussichtlich – Zeit für Privatleben. Aber wo wollen gnädige Frau wohnen? In meiner Nähe, glaube ich, giebt es keine Pension. Und am Raschplatz ist es doch zu laut. Aber Sonntag nachmittag können wir hier Kaffee trinken bei mir.
Adjö, kleine Tilly. Grüße Kadidja für den Schrecken von mir. Eure Karte von Yellas Geburtstag ist ja reizend! Tausend Dank. Warum haben die zahlreichen anwesenden Männer nicht unterschrieben?? Dich küßt

G. B

110 [Hannover] 14 V 35.

Liebes Tillerchen,
wenn Du Zeit hast, komm doch schon am *Sonnabend* mit dem Zug. Geh in die Pension, iß wo zu Mittag, kehre heim u. gegen 3 komme ich, wenn ich mit dem Dienst fertig bin. Oder, wenn Dir der Zug zu früh ist, mit einem der nachmittags hier ankommt. Wenn Du aber erst Sonntag kommst, dann komme Sonntag mit dem bewußten Zug. Es ist aber jetzt Sommerfahrplan, bitte erkundige Dich, ob er noch zu gleicher Stunde abgeht. Wie es Dir paßt, Tillerchen. –
War gestern im »Johanna« Film. Mir gefiel es schauerlich. Zum Kotzen. Nur George gut.
Kalt ist es, kalt. Schreibe, wann Du kommst. Kuß u. Wiedersehn.

Dein G. B

111 [Hannover] 23 V. 35

L. T.
Dank für Brief, blaue Blumen u Anruf. Aber ich möchte Dich ganz ausdrücklich bitten, nicht hier anzurufen. Ich war gerade beim Umziehn u. mußte in ziemlich unbekleidetem Zustand durch das Zimmer, in dem 2 Damen zum Anprobieren saßen. Das kann ich Frl Hoppe nicht zumuten u. das ist auch mir nicht angenehm.
Also gute Erholung dort u. gut Wetter. Gruß u Kuß,
G. B.

112 [Hannover] 25. 5. 35.

Guten Sonntag, Tillerchen. Dank für Brief.
Das Paket ist angekommen. *Sehr* angenehm ist es mir ja nicht, daß Frl Hoppe das machen soll. So intim stehe ich mich meistens mit meinen Wirtinnen nicht. Aber was soll ich machen. Das Paket steht uneröffnet in meinem Zimmer.
Sonst nichts Neues am Ägidientor.
Gruß an Kadidja. Gruß an Tilly.
Das Wetter ist schlecht u. die Maus ist laut u. Frl Hoppe ist krank.
Kuß.
G. B.

113 [Hannover] 27 V 35.

Liebes Tillerl,
alles in Ordnung.
Ruhiger Sonntag, keine Ausfahrt.
Viel zu tun.
Etwas Migräne.
Maus rumort.
Blaue Blümchen stehn noch da.
Gruß u Kuß
Dr. G. B

114 [Hannover] 29.V 35.

Gutes Himmelfahrt, Tillychen! Dank für die Wachsstöpsel! Odysseus steckte sich Wachs in die Ohren, als er bei den Sirenen vorbeifahren mußte, um ihnen nicht zu erliegen. Ich werde das gleiche tun.
Schön Wetter. Ich fahre wohl nicht heraus. Jetzt ist meine Stube luftig kühl u dunkel, sehr angenehm.
Zum Familientag wird nun wohl das Kleid nicht fertigwerden?

Adieu, Tillerchen.

Kuß.

Dr. B.

115 [Hannover] 1.VI 35

L.T. 1) bist leicht wahnsinnig: bildest Dir doch nicht ein, daß ich die Mark wieder an mich nehme. Müßte dann erst all das Essen u die Blumen abrechnen u.sw. Zu mühselig. Affe!
2) ich kann die Zahl nicht lesen, wie oft Du .. könntest. 12 mal oder was?
Also wohl morgen au revoir.

Kuß. B.

116 [Hannover] 4.VI 35.

Liebste Tillerchen,
Dank für Nachricht. Es ist ganz richtig, daß Du gefahren bist. – Es war ja sehr, sehr hübsch da draußen! R.[eiss] ist mir ziemlich auf die Nerven gegangen. Darüber mündlich.
Am Donnerstag nachmittag u abend bin ich besetzt. Durch Einladung bei resp. mit Frau von dem San.[itäts]offiz.[ier], der jetzt in Berlin ist, die damals abends ins Bürgerbräu kam mit 1 Ehepaar. Freitag bin ich frei. Willst Du denn noch mal

nach St.[einhude] raus? Ich käme an Deiner Stelle erst Freitag/Sonnabend u. führe nicht mehr raus.
Alles Gute für Berlin! Bleibe anständig!!

Kuß B.

117 [Hannover, 9.6.1935]

Herzlichen Pfingstgruß u. einigermaßen gute Laune!

Auf übermorgen, T..chen.

Ihr

Be

118 [Hannover 10.6.1935] 9½ abends.

Ist die Stadthalle nicht reizend? Ich saß in unmittelbarer Nähe vom Tisch Ihrer berühmten Schwägerin. Ich wurde aufmerksam, als Pamela sie begrüßte. Ich sah Sie alle auf der Treppe stehn, zögernd, dann im Garten sitzen. Ich habe Sie nicht begrüßt, da ich nicht wußte, ob es Ihnen u. Ihren Töchtern angenehm wäre. Sehr interessant! Pamela sah ja äußerst apart aus, sehr *gewählt*. Und Sie saßen natürlich oben am Tisch, wie es sich gehört. Ich finde das Lokal reizend, wollte es Ihnen morgen abend zeigen. Habe es gestern entdeckt. Schlafen Sie gut. Gruß an die Töchter.

Herzlich Ihr

Be.

119 [Hannover, vermutlich zwischen 11. und 13.6.1935]

Kann *leider nicht*. Bitte seien Sie 7 h im Gildebräu, Rustplatz, wo Sonnabend. –
Gruß an Pamela.

Herzlich Be

120 [Hannover] 14 VI [1935?]

Liebes Tillerchen, während ein tolles Gewitter tobt 2½ h nachm) u ich gleich wieder in den Dienst muß, danke ich Dir tausendmal für Deinen lieben Abschiedsgruß. Süß die Wikken, reizend der Kaffeekocher, lieb der Brief. Dank! Und was kann ich Dir dagegen bieten? Nichts. Jetzt schon gar nichts, wo ich, wie Du sagst, immer schlanker werde u. Du mich gar nicht mehr bemerkst. Schrecklich traurig das! – Nun reise gut u. bleibe lieb u gut. In Köln wird's weniger Bier geben als Wein – guten Durst u Appetit. Adieu, auf Wiedersehn, Kuß u Liebe. Brauchst nicht jeden Tag schreiben. Jeden 2. Ich auch.

G

121 [Hannover] 16 VI 35.

Sonntagsgruß, kleine Tilly.
Kühl ist es, grau, aber mir angenehmer als die Hitze. Dank für Brief! Hast Du Dich erholt?
Frl Hoppe ist immer noch krank. Sieht sehr elend aus. Ich fürchte doch, daß sie was Ernstliches hat.
Was ich heute mache, weiß ich noch nicht. Bin etwas müde. Schlief sehr schlecht. Vorige Nacht greuliches Gewitter. – Leb wohl. Bleibe lieb. Ich auch. Kuß

G.

122 [Hannover] 19 VI 35.

Tillerchen, Dank für Brief! Aber bleibe, wo Du bist u. wo Deine werten Freundinnen Dich lieben u. verwöhnen. Frl. Hoppe ist wieder gesund, nichts zu tun hier für Dich! Wetter ist auf dem Lande *immer* schön, auch wenn es regnet, auch in Hochscheid bei Au a.d.Sieg.
Von hier ist nichts Neues zu erzählen. Langweilig alles, Dienst

u. privat. Täglich Kriminalromane, zwei Stück, gestern: »Hinter dem Vorhang« u. »Die graue Ratte«. Sonntag im Film: »Natascha«, nicht gut. (Rußland, Krieg, Spionage u. alles schon bekannt.)
Viel Vergnügen auf dem Lande. (Auf dem Land ist die Moral sehr wurmstichig. Achtung!)
In Jagdhütten besonders schlimm!

Kuß u. Liebe.

G.

123 [Hannover] 21 VI 35.

Guten Sonntag, Tillerl! Wie war Ankunft u Wiedersehn? Wie heißen eigentlich die Leute, bei denen Du bist, Deine Freunde? Ist wohl ein Herr, wie ???
Hier passiert nichts. Viel Arbeit, gar kein Spaß. Abende doof. Kein Flirt, keine hübschen Weiberl. Die kleine Sanfthäutige hier, ohne Brille, habe ich auch schon lange nicht gesehn.
Gar keine Scherzartikel...
Die Maus ist wieder lebendig.

Kuß, Tillerl, alles Schöne für Sonntag!

Dein

G. B

124 [Hannover] Dienstag. [vermutlich 25.6.1935]

Tillerl, es ist zu heiß zu den lebenswichtigen Funktionen, nur ein kühles Naß des Abends u. mittags ein Teller Erdbeeren zu mehr langt's momentan nicht. Jetzt muß es schön sein da auf Anstand u. Pirsch! Gott weiß, was Du jagst u. aufs Korn nimmst! Kann mir's denken!
Was hörst Du aus Berlin? Vom Film? Frühlings Erwachen?
Was giebt's bei Euch zu trinken? Bier oder Bowle?

War neulich wieder Stadthalle, wieder sehr nett. Natürlich solo.
Artig bin ich, anständig, treu, buddhistisch u. ziemlich unbekleidet den ganzen Nachmittag.

Kuß, Tillerl!

Gute Erholung.

Dein

G B

Darfst erst
in 14 Tagen
kommen!

125 [Hannover] 27 6 35

L T. Dank für schöne Ansichtskarte! Schönes Kloster ist das. Wie gefällt es Dir da? Hast Du es schon wieder satt?
Was macht Berlin? Ist eigentlich Werner von seinem Unfall wiederhergestellt?
Von hier nichts zu erzählen. Tagsüber große Hitze u. abends großes Bier.

Gruß u Kuß.

G
B.
Dr.

126 [Hannover] 28 6 35

Liebe kleine Tilly,
einen Sonntagsgruß kann man also nicht schicken, da sonntags keine Post kommt. Aber ich hoffe in Gedanken, daß Du einen guten Tag verlebst.
Habe 2 Tage nichts von der gnädigen Frau gehört! Geht sicher auf Abwegen. Steigert Hitze die Gefühle oder dämpft sie sie?
Hier großer »Gautag«. 120000 P.g. kommen. Wird ein großer

Rummel sein, ich fahre ins Grüne. Solche Hitze ist für mich wie eine schwere Krankheit, ich trinke so viel, habe solchen Durst, schwitze so arg – schrecklich!
Alles beim alten, Tillychen, nichts Neues, treu u bieder.
Leb wohl. Sei lieb. Sei geküßt von

G
B

127 [Hannover] 2 7 35.

Dank, Tillychen, für Karte, anbei zurück u. Briefe. Ich bekam alles richtig. Hoffe, auch jetzt die Adresse richtig entziffert zu haben. Schrieb nicht, da Du schriebst, daß Ihr am 2.VII. fortgeht. Stimmt das nicht? Hier alles beim alten. Gruß u Kuß.
Dank für Rosenblätter!

Zärtlich G.

128 [Hannover] Sonnabend 6.VII 35

Liebste Tilly,
Dank für die Rose von Jericho, eine Jelänger-jelieber Blüte, wenn ich mich nicht irre? Nun bist Du in Köln. Wann kommst Du hier durch? Am Dienstag nachmittag kannst Du bitte bei mir Kaffee kochen, da bin ich allein u. auf mich angewiesen. Ausflug der Firma Hoppe. Willst Du also Montag kommen? Aber bitte bleibe nicht lange. Ich bin sehr in Arbeit, habe wenig Zeit. Gruß u Kuß.

Dein G. B.

129 [Hannover] 11. 7 35

Liebes Tillychen,
Dank für die schönen roten Rosen u. den Abschiedsgruß! Als Du in Berlin ankamst, war ich schon im Bett u. schlief. War

noch bei Kröpcke ein Brot essen u. eine Schorle trinken u um 9½ zu Haus. Schlief ganz gut. Und wie war die Fahrt? Hat sich die Anmalung u. Parfümierung gelohnt?? War wer auf dem Bahnhof? Klappte es? Dank für alles u. leben Sie wohl. Gehn Sie baden u schwimmen!

Gruß an Pamela. Gruß u Kuß

G B.

130 [Hannover] 13 7 35.

Liebes Tillychen, Dank Dir für Deinen Kartenbrief! Bin froh, daß Sie am Zoo abgeholt wurden! –
Die roten Rosen blühn noch schön bei mir. Dank!
Hast Du an Nele gedacht? Oder noch keine Zeit gehabt?
Wie wirkt Berlin auf Dich? Ist doch eine schöne Stadt im Sommer!
Wann kommt Kadidja?
St.[ernheim]s Frau ihr zweiter Mann – hieß Weise?? Das war wohl nicht Stoisy –, nein die erste Frau von St?
Guten Sonntag morgen! Ich bleibe zu Haus. – Die Firma Hoppe hatte gestern ihren Ausflug. Ich hatte aber doch Kaffee reingestellt bekommen, als ich nachmittags kam.

Adieu, Tillerchen! Sei vergnügt.
Vielen Dank für Deinen Besuch hier!
Auf Wiedersehn! Kuß

G
B
Dr.

131 [Hannover] Sonntag 14 VII 35

Liebes Tillerchen,
ja der Piquékragen ist reizend u der Pullover auch u die Tasche vor allem – ganz köstlich, eine echte Reisetasche für

den Paris-Warschauer D-Zug. Und die ganze Person das reizendste u eleganteste Ding zwischen Nord- u Ostsee, zum Anknabbern. (Und das tue ich ja auch gelegentlich zur Genüge)

Also: es ist Sonntag vormittag. Ganz unbekleidet sitze ich am Schreibtisch. Werde mich noch lange nicht anziehn. *Sehr* heiß. Gestern abend Stadthalle. Riesiger Durst. 4 Biere. Muß sein. Wenn man Durst hat, soll man sicher auch saufen. Moinst nicht?

Heute erst werden die Rosen verblüht sein u. das Zimmer verlassen. Ich wüßte gerne mal, was der F.[inck] erzählt von seiner Reise. Ist K.[adidja] über Hannover gekommen?

Dank für Neleerledigung.

Heute große Hitzefaulheit u. Nacktheit u. Zimmernichtverlassenheit in Breitestr. 28^{II} von seiten Dr. B.

Gruß u Kuß! Alles Liebe.

G.

132 [Hannover] 16 7 35

Gratuliere sehr zu Pamelas großem Erfolg! Ist da nicht das schlechte Gewissen beteiligt von wegen M. H..?

Dank für Brief.

Gott sei Dank, daß es kühler wurde.

Schreibe morgen mehr!

Gruß u Kuß!

G

B

133 [Hannover] 18 7 35.

Liebes Tillerchen, heute früh kam nichts mit der Post, gestern auch nicht. Vielleicht nachmittag wird es sein, oder hat gnädige Frau Tilly so viel zu tun? Natürlich, jetzt erst alle wieder-

sehn, die Langvermißten, Haensel, u. die Durchreisenden nur zu Engagements, die jungen u die alten u.sw. Ich weiß Bescheid!
Mit Frl Mundt ist es so, daß ich an sie schrieb vorige Woche, aber noch keine Antwort habe. Es wird allmählich Zeit, finde ich. Denn ich brauche wirklich Hilfe (technisch-sekretärmäßige, sonst *nichts*), meine Briefschaften u.sw. häufen sich an u. alles bleibt unordentlich liegen. Ich wollte, sie schriebe u. sie gefiele mir soweitgehend, daß ich ihr diktieren u. einiges mit ihr besprechen kann.
Es giebt nicht viel Neues zu berichten. Gott sei Dank, daß es kühler ist. Abends bin ich meistens in der Stadthalle, wo es immer kühl u. wenig Menschen ist u das Bier sehr gut. Heute beginnt ein großes Reit- u Fahrturnier der Kavallerie-Reitschule, wo ich hingehn werde. Am Sonntag kommt ein hoher Vorgesetzter aus Kassel zur Besichtigung her, ich muß ihn um 6 von der Bahn abholen u. den Abend mit ihm verbringen. Besichtigung am Montag (Musterungen). Also Sonntag verpatzt.
Ich freue mich ganz kolossal über die Sache mit Pamela. Sowohl für sie selber wie für die Mama. Nun noch der Film für 3 000 M. u. die Familie ist ganz groß u. kann zum Herbst nach Baden-Baden gehn....
Was fängt denn nun der gute Werner an? Sein Geschäft kann er doch wohl bei seinem Gesundheitszustand nicht weiterführen?
Gestern abend war ich in »Englische Heirat«, die Sandrock, Renate Müller, Wohlbrück u Hilde Hildebrand. Ganz nett. Einer der angenehmeren Filme. Am Ägidientorplatz, allein!
Ist wieder ein kolossal langer Aufsatz über G.B., mich, erschienen, in den »Preuss. Jahrbüchern«. Ganz interessant. Werde ihn schicken an Tillerchen.
Wie ist die Stimmung? Die Gesundheit? Die Schlafsucht? Das Triebleben? Der Appetit?

Kuß u. alles Zärtliche!   G. B

134 [Hannover] 19 7 35.

Liebes Tillychen, wieso kühl? Ich schreibe mit dem Othello-Bleistift! Gott sei Dank, daß die Glut von 30° vorbei ist!
Wohnt K.[adidja] nun dort?
Was machst Du alle Zeit? Gehst Du viel aus? Warst Du im Kino?
Die Sache mit Café Bristol u s w ist ja sehr interessant. – Sah neulich einen Kurzfilm mit W. u Platte. Nicht gut. Keine Komik!
Dich küßt u frißt leicht an:

Dein G
B
Dr

135 [Hannover] 20 7 35.

Nun, Tillerchen, wird's nicht Zeit, daß Du mal wieder einen anständigen Brief schreibst statt bloß diese bekratzten Karten? Bist wohl sehr in Anspruch genommen, privat u so?
Von Frl. Mundt bekam ich Nachricht u war gestern 5½ bei ihr. Sie ist recht nett, schreibt tadellos. Nur klappte die Maschine nicht ganz u. muß etwas nachgesehn werden. Sie sagte, daß sie eine Karte von Fr We.. bekommen hätte, die sie ermahnte, für mich tätig zu sein. Hatte sie vielleicht erst angefragt bei Tillychen, ob sie antworten darf?
Nun, wie schaut's aus in Berlin? Hier ziemlich stupid alles. Bin momentan in Kinolaufstimmung. Werde heute in Kiepura gehn: »ich sehne mich nach Dir«. Sahn Sie den berühmten Schwedenfilm: ..?? Der zu Café Bristol führte?? Sieh Dir doch mal an!
Was macht Erna Morena?
Morgen habe ich also von 5½ an Dienst. Muß einen hohen Vorgesetzten aus Kassel am Bahnhof abholen, ins Hotel bringen u den Abend mit ihm u den hiesigen San.[itäts]Offz. verbrin-

gen. Dazu muß ich mich nachmittags rasieren, was das schlimmste ist.
Tillerchen, das Leben ist langweilig, Gedanken im Kopf habe ich keine mehr, bin doof.

Gruß u Kuß u. schönen Sonntag!
Schlaf schön, iß schön, träume schön.
noch einen Kuß:
G.

136 [Hannover] 22. 7. 35.

Liebes Tillerl, Dank für langen Sonntagbrief samt Blümchen u. rosa Taschentuch u Dank für langen Montagsbrief! Bist also ganz anständig, wenigstens behauptest Du das.
Mein Generalarzt, der gestern kam, kam in Zivil, sah darin toll aus, eine Ringelnatzvisage mit einem Plastronschlips u auch den noch verkehrt u. salopp gebunden. Ein Bayer, Bajuware, u. ganz ernst kann ich ja die Männer mit dem süddeutschen Dialekt nicht nehmen. Ich muß aber hinzufügen, daß er heute in Generalsuniform sehr gut aussah, elegant u. tadelloser Kopf. Gestern abend saßen wir zu 8 Sanitätsoffizieren bei Knickmeyer u. feierten ihn. Es wurde 12½, als wir gingen. Ich schlief miserabel, nicht vom Suff, sondern von dem furchtbaren Tabaksqualm, der immer in dem Lokal herrscht, schwere Migräne u. kein Pyramidon da. Elend. Die Besichtigung heute, die ja meinen Dienstbereichen galt (Musterung) verlief sehr gut. Aber wie gesagt, Bayern nehme ich nicht für voll.
Frl. M.[undt] habe ich noch nicht wieder gesehn, noch gehört. Bin mir auch nicht klar, ob ich überhaupt soll. Regulär wie eine Sekretärin kann ich sie doch nicht behandeln u kommandieren u. immer dankbar u höflich sein, paßt mir auch nicht. Deine Betrachtungen sind also verfrüht. *Naiv* bin ich ja auch nicht, wie Du weißt; in eine Sache reintapsen tue ich auch

nicht, viel Gerede kann ich mir auch nicht mehr anhören, da bleibe ich schon lieber allein – mit Frl. Hoppe!
War schon wieder im Film: »Ein Lied für Dich«: Kiepura. Schöner Schmarren, das! Außerdem doch ein polnischer Jüd das!
Das Wedekind-Buch samt Familientagsache sende ich Dir zurück. Dank. Vornehme Familie seid Ihr! Tadellos! Richtige Frau Oberst!
Wie sieht's denn bei Marthl aus? Was macht Franzl? Es ist ja eine tolle Stimmung jetzt gegen .. alles mögliche. Hier auch.
Ich habe mein Bett innen umgedreht: Kopfkissen an die Fußseite gepackt, um nicht so in das Licht sehn zu müssen morgens früh. Ist angenehmer. Adieu, kleines Tilly Neweschen! Bleib gesund u artig.   Kuß Dein G. B Dr.

137 [Hannover] 24 VII 35.

Liebes Tillychen, wegen meiner kannst Du ruhig schlafen u. brauchst nicht schwer zu träumen. Bin ganz artig u solid. Habe das Frl M.[undt] noch nicht wieder gesehn, auch nichts verabredet. Übrigens, sagtest Du denn nicht, daß sie für *Frauen sei*?? Ich dachte, Ihr beide habt was?? Da Du doch so scharf hinter ihr her warst u bei Deinem Vorleben mit Mops. Mein Eindruck ist der, daß sie sicher für Frauen was übrig hat. Sie erzählte ein paarmal von Freundinnen, mit denen sie Touren macht u. ausgeht, ich hatte die Empfindung, daß es *solche* Freundinnen seien. Na u wenn schon – ich habe andere Gedanken im Kopf u. wenig Sinn für stark bedrängende persönliche Dinge. Lassen wir das. Aber eine Sekretärin muß ich haben u. mir suchen. –
Ich lebe augenblicklich sehr vorsichtig in bezug auf Diät, Trinken, Ruhe. Bin gestört, weiß nicht recht, was ist. Der Sommer ist ja seit Jahren für mich eine kritische Zeit. Immer nervöse u. Herzstörungen. Seit 2 Tagen kein Schluck Alkohol,

nur Wasser u. wenig Fleisch u Salz. Ich suchte ein *vegetarisches* Lokal, aber es war mir zu dreckig. Na wird schon wieder werden –, 50 Jahre – das ist wohl das ganze Leiden. Es ist doch anders wie mit 30 Jahren bei uns Menschen. Ihr Frauen seid ja so knospenhaft u süß u ewige Jugend ist um Euch, für Euch ist diese Krise nicht da. Aber ich schlafe jetzt gut, besser wie vorher. Drollig, daß wir beide das Bett verdreht haben!
Steht schon fest, ob u. was Pamela zunächst spielt?
Diese elenden Filmgesellschaften! Also ist es wieder nichts mit »Frühlings Erwachen«? Infame Bande! Vielleicht komme ich Anfang August u. bitte um Quartier in d. Lessingstr! Sonnabend/Sonntag! Kuß, Tillerchen.

Dein G.

138 [Hannover] 26 7 35.

Tillerchen, es ist immer noch nichts mit Johanna! Nichts von ihr gesehn u gehört. Aber wie geht's Dir?
Gestern kein Brief. Heute kein Brief. (Kann aber nachmittags noch kommen?) Gestern schrieb ich allerdings auch nicht an Dich. Hatte so viel andre Sachen zu schreiben. Geschäft. u s w.
Hier nichts Neues. Seit 4 Tagen kein Bier getrunken! Fühle mich enorm moralisch gehoben.
Auch sonst absolut keine Gelegenheit zu Sünde u Unmoral. Wo führt das hin? In ein frühes Grab, glaube ich. –
Was treiben Sie, gnädige Frau? Was macht der Appetit?
Sind Sie noch so gut proportioniert wie am 8. 7, als Sie aus Köln kamen?
Nele schreibt, sie habe einen österreichischen Pfadfinder kennengelernt. Bei ihrer Namensnennung habe er gesagt: Benn wie Gottfr. Benn. Ja, sagte sie, das ist mein Vater. Und zum Schluß der Unterhaltung sagte er: »bestellen Sie Ihrem Vater, sein bestes Werk sei bisher seine Tochter.«

So was muß man sich sagen lassen! – Ferner schreibt sie: ein Freund aus Kopenhagen habe sie besucht. Er sei zu klein, aber für Kolding sei alles gut.
Jetzt ist es mittag 1 h. u. Fru T.W. wird essen u dann schlafen.
Und dann?
Wohin dann wendet sich die schöne Wetterfahne?
Schreibe, kleine Tilly. Wenn Du kein Geld mehr hast für Porto, kannst Du unfrankiert einstecken.

Gruß u Kuß u. einiges dazu.
Dein
G.
B.
Dr.

139 [Hannover] 27 7 35.

Guten Sonntag, Tillerchen!
Gestern mittag, als ich heimkam, lag Dein Brief da. Danke schön.
Kadidja freut sich sicher, ihre geliebte Mami einmal längere Zeit für sich allein zu haben. Ja, die Eifersucht der Kinder, erwünscht u. vielfach hinderlich, schmeichelt einem u ist manchmal eine Last.
Aber was rede ich weiser Familienvater!
Von Joh. M. nichts. Lassen wir nun das Thema! Sicher hat sie große Komplexe u. das ist ja langweilig. Eine Frau muß vor allem normal sein, unnormal ist schon der Mann genug. – Was die Lily von R wollte, ist mir schleierhaft. Sicher Schwindel. Sie ist doch die letzte, die jetzt mit Nichtariern was zu tun haben will.
Kadidja soll nicht so viel herumreisen!
Hier großer Stumpfsinn. Mein Pickel auf der Backe ist so groß, daß ich mich bei Kröpcke u .sw nicht blicken lassen kann.
Sitze zu Hause u lese. Momentan: Tschechow, meinen Lieb-

ling, Onkel von Olga. Werde mir über Sonntag Lektüre besorgen, Kriminal und Lustiges.
Guten Sonntag, Tillerchen, Du bist ein reizender Mensch u. eine entzückende Frau. Das ist eine Liebeserklärung u. nicht aus schlechtem Gewissen u ähnlichem, sondern vom Blauen herab, aus heiterem Himmel.

Gruß u Kuß!
Dein
G
B

140 [Hannover] 29 7. 35.

Liebste Tilly,
Dank für Brief am Sonntag u. Rosen. Aber, wie ich schon so oft sagte, Du sollst das nicht tun. Sie kamen heute, Montag, nachmittag in meinen Besitz, waren völlig welk. Es macht Dir Mühe u. ist sehr lieb, aber es ist unsinnig. Laß es bitte. Dank für das schöne neue blaue Taschentuch! Wird prächtig in der Brusttasche zum grauen Anzug prangen.
Sonst alles gut. Nichts Neues. War langweiliger Sonntag. Wo warst Du? Gruß u Kuß! G. B

141 [Hannover] 30.VII 35.

Liebes Tillerchen, Dank für 2 Briefe vom Montag! In dem aus den 2 Karten kann ich etwas absolut nicht verstehn: »Wer hat's denn mit G. gemerkt? Das irritiert mich schon lange« Was heißt das? Bitte erkläre mir das: Es ist mir völlig schleierhaft. U.A w. g.
Ob Ihr reizenden Frauen klug, gescheit oder weise seid, ist ja nicht so wichtig. Hauptsache, Ihr gefallt uns u Du gefällst mir sehr, ob Du nun klug oder sonstwas bist. Wenn Du nicht klug

wärest, gefielst Du mir voraussichtlich nicht. Es muß halt eine Menge zusammenkommen, um zu gefallen!
War wieder mal Kino. »Die Gräfin von Monte-Christo«. Brigitte Helm schauerlich langweilig wie immer, Forster mäßig, Gründgens gut. Wie ist bloß die Helm dazu gekommen, ein Star zu werden mit ihrem langen, langweiligen, doofen, reizlosen Gouvernantengesicht!
Frage K.[adidja], ob sie Tschechow kennt, seine Novellen. Das ist einer der großartigsten Schriftsteller des 19. J., und man kann riesig von ihm lernen. Wenn sie ihn nicht kennt, möge sie doch mal seine Kleinstadtnovellen lesen, der genialste Provinzschilderer, der lebte. Na, überhaupt die Russen!
Die ganze vorige Woche hatte ich einen Furunkel im Gesicht, nicht gerade klein, mich völlig entstellend. Jetzt heilt er ab. Dafür tut mir der Gaumen weh, – Erkältung. Mieses Leben, zu entfernt von Mutter Natur, glaube ich!
Marthl ist im *Wagen* nach Mittenwald? Also hast Du ihn nicht? Ganz gut, sonst würdest Du nur Dummheiten machen u. unbeobachtet Böses treiben!
Auf baldiges Wiedersehn, Tillerchen! Ach in einer richtigen Wohnung mal anständigen Kaffee trinken u. sw. wäre herrlich. Diese Wohnerei in 1 Zimmer ist zum Kotzen

Viele Küsse u. Zärtlichkeit. Dein

G B Dr

142 [Hannover] 1. 8. 35.

Kaere Tilly, elskede Tillerchen,
(dänisch: lieb) (= Liebling)
Olga Tschechowa ist eine angeheiratete Nichte von Anton Tschechow. – »Hélène« läuft hier leider noch nicht. – Ja, Gründgens ist in Monte-Christo frech, u. gut. – Ra*ff*ael schreibt sich nicht Ra*ph*ael, letzteres ist jüdisch! –

Die Taschentücher – steht in einigen G ? Keine Ahnung! Wohl von Nele oder Tante Ellen. Letztere hat mir früher öfter Taschentücher geschenkt, aber ohne Nebengedanken, – gnädige Frau! –
Habe jetzt viel Arbeit. Eine große Arbeit, die bis zum 1.X dauert u wegen der ich jeden Nachmittag wieder herlaufen muß, da ich sonst nicht fertig werde. Vormittags ist immer so viel Rummel u Betrieb hier.
Heute abend gehst also zur Yella. Na, sie werden braun u. guter Dinge zurück sein. Die Geschäfte gehn ja wohl weiter gut?
Zum 6. werde ich K.[adidja] gratulieren. Bleibt sie also vorläufig dort?
Ich habe seit dem 21. 7. kein Bier mehr getrunken. Das ist wohl widernatürlich, bekommt mir aber ganz gut. Morgen abend allerdings ist Dämmerschoppen hier von d. Behörde aus. Da werde ich wohl müssen. Im »Elbschloß«, Thielenplatz, – wir waren da 2 x.
Sei gut gestimmt, Tillychen, iß gut, trink gut, schlafe süß.
Ich hoffe, ich komme bald mal nach Berlin.

Kuß Dein

G
B
Dr.

143 [Hannover, vermutlich 2. 8. 1935]

Liebe süße Tilly, wir sitzen in kolossaler Arbeit … Du verstehst …. Kann nicht viel schreiben …
Alles Gute für Sonntag. Vielleicht kann ich nächsten Sonnabend kommen. Viele Küsse. Zärtlich

Dein G

Liebe kleine Tilly, Dank für Brief. – Ja, man hatte mir erzählt, daß ich ev. am 1.8. schon definitiv ernannt würde u. das wäre gleichbedeutend mit Wohnungnehmen-Können, aber es ist nicht erfolgt, war wohl nur Gequatsche hier. Der Termin ist ja eigentlich u. ursprünglich auch erst der 1.X. So lange also muß ich noch bei Frl. Hoppe herumkrebsen. – Gestern zum Dämmerschoppen war ich nicht. Hatte bis 6 im Büro zu tun, war so müde und abgespannt. Außerdem dieselben Leute, mit denen man hier den ganzen Tag dienstlich zu tun hat, nun nochmals abends beim Bier – ich hatte kein Bedürfnis danach.

Verlag Rowohlt sandte mir Bogen eines neuen, jetzt dort erscheinenden Buches. Amerikanischer Roman: »Licht im August«, Verfasser: Faulkner. Bat um mein Urteil, wird kolossal gerühmt. Ich lese ihn. Ist recht interessant. Negerproblem. (Dort offenbar das Rassenproblem, wie hier die Nichtarier. Nur noch viel grausamer). Die modernen amerikan. Schriftsteller haben eine ganz bestimmte Art sich zurechtgemacht: riesig kraß, stellenweise von gewagtester Sexualität, fast obszön, sehr viel Freud, aber nicht ohne eine gewisse Wucht im Seelischen. Dagegen *unsere* Lakritzen-u-Schnullerromane hier in Germany, kläglich! Es ist was dran auch an diesem Buch trotz vieler Weitschweifigkeit u. Geschwätz. Werde es Dir mal leihn, wenn ich fertig bin.

Sah im Kino: »Zum schwarzen Walfisch« mit Jannings. *Er* gut, aber der Film schrecklich, kleinbürgerlich, armselig, letzter Spießerdreck. Sehr süß die *Salloker*. Das Beste von ihr, das ich sah.

Ich will sehn, daß ich nächsten Sonnabend/Sonntag komme. Aber sicher bin ich nicht, ob es geht. Ist denn Pamela schon da? Ich verstehe, daß P. Dich sehr irritiert. Sie ist ein seltsames Geschöpf. Eigentlich merkwürdig, daß sie so lange bei St.[ernheim] ausgehalten hat, wo sie doch wirklich niemanden hatte, der für sie sorgte u. an dem sie ihre Stimmungen auslassen konnte.

Für morgen ist schlecht Wetter prophezeit. Für die ganze neue Woche desgleichen. Wird der Herbst wohl schön werden. Wie voriges Jahr die Tage in Oberstdorf, wie waren die herrlich.
Ich habe zu tun, bin im Büro.

Kuß, liebe kleine Tilly!
werde nicht ungeduldig.

Dein

G.

145 [Hannover] 5.8.35.

Liebes Tillychen, wie Du aus meinen Karten an K.[adidja] ersahst, war ich gestern auf Tour. Zur Porta Westfalica u. zur Stadt Minden. Ganz nett, aber nicht erschütternd. War natürlich allein, mit d. Bahn, Wetter graublau, aber ohne Regen. War um 7½ wieder in H. Nun gratuliere ich Dir zu Ks. Geburtstag u. wünsche einen schönen Tag u. lustige Feier.

Über »Blutsturz« sind alle meine Bücher verpackt. Sie kann darüber in Klabunds »Krankheit« nachlesen, eine niedliche Novelle von ihm. Sie soll ferner sich eine Lesekarte für die Staatsbibliothek besorgen u. im Lesesaal findet sie alles, was sie wissen will. Weiter kann ich die Arbeit an *realistischen Romanen* nicht unterstützen, da ich sie bekämpfe. Blutstürze gehören ins Leben, nicht in Bücher.
Wie war Sonntag? Vielleicht habe ich mit der Nachmittagspost Brief von Dir. Bin im Büro, 5½ nachmittags. Die Arbeit ist eine rein dienstliche.
Alles Schöne für morgen.
Kommt Dein Bruder *per Auto her*? Wann? Gruß u Kuß!

Dein

G
B
Dr.

146 [Hannover] 7 8 35.

Chère Tilly, Elskede, Darling, wie ist denn der Geburtstag von K.[adidja] verlaufen? Du hast viel Arbeit gehabt u die andern haben sich wohlgefühlt – so wird es wohl gewesen sein.
Wann fährt Dein Bruder nach hier? Hat er eigentlich Chauffeur oder muß er selber fahren? Die Fahrt ist ja sicher sehr langweilig hierher, flaches Land. Wie lange bleibt er hier? Schreibe das mal bitte. Und wann kommt P.[amela] zurück? Eventuell komme ich Sonnabend/Sonntag..
Nichts von Sekretärin hier. Nichts von Johanna M.[undt] Ganz allein u. anständig!
Heute keine Nachricht von Dir. Selbstverständlich, bei der Arbeit gestern. Was sagt K.[adidja] denn zu Raphael?
Gruß u Kuß! Und Wiedersehn: Dein G. Dr. B

147 [Hannover] 9.8 35.

Liebe gnädige Frau,
wenn es nicht allzu unverschämt ist, würde ich also sagen, ich komme morgen Sonnabend gegen Abend. Bin um 5¾–6 in der Lessingstr. 50. Wenn es weiter nicht geradezu frech wäre, würde ich bitten, mir ein Nachtlager zu geben, aber vertreibe ich nicht K.[adidja]? Haben gnädige Frau noch so viel Taschengeld, um für Abendbrot zu sorgen? Sonntag mittag gehn wir zu Francke essen, abends 7 h. fahre ich wieder ab. Abholen u. hinbringen bitte nicht.. Einladung zum Sonntag etwa zu der reizenden Yella bitte nicht, da ich eigentlich kein Rasierzeug mitbringen wollte u. sonntags von Mittag an struppig sein werde.
Wenn das alles zusammen nicht zuviel Mühe u. Arbeit macht, käme ich gern zu der hinreißenden gnädigen Frau Tilly.

Wenn es nicht paßt, müßtest Du morgen Sonnabend vorm. im Büro bei mir anrufen 40841. Apparat 52.

Also hoffentlich darf ich kommen u. auf Wiedersehn!

Kuß u Zärtlichkeit
von
G.

148 [Hannover] 12 8 35.

Liebe süße Tilly,
Dank noch mal für alles. So viel Mühe hast Du von meinem Besuch gehabt. Kochen u. aufräumen, und nicht genug Schlaf – armer Tiller, Du.
Bin ganz gut gefahren. Hatte heute schrecklich viel u. lange im Büro zu tun, kam erst 3½ heim.
Bin etwas müde.
Wann kam Kadidja? War sie böse gestimmt?
Mein General sagte heute, ich sei so vorzüglich, daß ich sicher bald nach Berlin käme; aber das ließe er nicht zu, ich müßte bei ihm in H. bleiben.

Es war sehr
schön!

Dank u Kuß, Tillychen.
G
Dein B
Dr

149 [Hannover] 13. 8 35.

Liebes Tillychen, Dank für Brief u. braunen G. B. Aß ihn sofort zu meinem Kompott auf.
Geht ganz gut. Saß gestern abend Stadthalle. War warm u schön. Trank mehrere Biere. Um 10 zu Bett.
Im Dienst ist z. Z. scharfe Tonart u. viel Arbeit. Nun, mein dikkes Fell u. meine weltanschauliche Indifferenz helfen mir.

Was erzählte denn Felixmüller?
Das Geld für Nele vergaß ich zu geben. Sende es heute. Schicke es erst ab, wenn Du es von mir hast.
Regen, Regen, Regen. Ich liebe ihn ja sehr.

Habe nochmals vielen Dank für alle Liebe.

Kuß. Dein G. B

150 [Hannover] 14.VIII 35.

Liebe süße Tilly,
Dein Sonntagabendgruß kam am Montag nachmittag mit der letzten Post um 5 h. an. Der Briefkasten funktionierte also ganz gut, wurde Montag früh geleert.
Daß die Leute immer so lange bleiben, wenn sie eingeladen sind! Ich blieb gewiß auch viel zu lange. Hätte Sonnabend abend fortfahren oder ins Hotel gehn sollen – –
Nun ist Pamela schon da?
Ihre Elektra komme ich mir ansehn.

Grüße viele u Kuß!

Dein G

151 [Hannover] 17 VIII 35.

Liebes Tillychen,
Guten Sonntag u. gedenke unserer schönen Tage vorige Woche! Koche nicht, geh essen, mach Dir nicht so viel Arbeit!
Ich will in die Heide fahren, die blüht.
Die 20 M. waren so gemeint, ob vielleicht noch jemand, der einen Paß besitzt, 10 M schicken könnte. Ich weiß gar nicht, wen ich bitten könnte. Weißt Du keinen?
Hat Kadidja Paß? Ich muß Nele 30 M schicken, die braucht sie. 10 M sandte ich – aber die restlichen 10 …?

Frl Hoppe ist für 2 Tage fort. Morgen früh muß ich mir alleine Kaffee kochen. Täte es doch eine gewisse Tillerchen. Leb wohl u Kuß, liebe

kleine Tilly! Dein G

152 [Hannover] 17.8.35.

Aber, Tillerchen, nun werde ich schreiben: wie kommst Du darauf, daß ich Deine Briefe nicht haben will; freue mich doch sehr. Aber mach Dir nicht die Mühe, jeden Tag zu schreiben. Und es genügt auch kleine Kritzelkarte. –
Also, nun kann es losgehn mit P.[amela]. Wird schon Rumor geben!
Warst im Hofbräu? Feine Gegend!
Gestern beim Suchen von einer liter. Sache fand ich eine völlig vergessene resp. nie voll ins Bewußtsein getretene Sendung von Felixmüller aus den letzten Märztagen (– als ich gerade im Packen u. Umzug war –) mit Brief u. Fotografien von seinen Bildern e.tc., um mich an ihn zu erinnern. Ist mir peinlich, daß ich es so total vergaß. Werde gelegentlich antworten.
Schlafe süß, Tillerchen! Dein Bett ist wundervoll in jeder Hinsicht.
Meins hier so dürftig u. alt u. eng u. hölzern.

Nimm Gruß u Kuß von
Deinem
G.

153

Verglichen mit vorigem Sonntag mäßiges Vergnügen! Aber jedenfalls gutes Wetter u sehr schöne Landschaft. In dem berühmten Fallingbostel selbst ist allerdings überhaupt keine Heide. Tausend Grüße!

[Celle] 18 8 35 G. B

154 [Hannover] 22 8 35

Liebster kleiner Tillymensch,
ich habe ganz vergessen zu fragen, wie es Dir gesundheitlich geht. Ist der Leib wieder ganz in Ordnung? Arme kleine Tilly, für alle Menschen arbeiten u laufen und noch dazu krank u Schmerzen.
Las gestern in der Nacht-Ausgabe die Fr[ank] W.[edekind] Notiz. Sehr gut! Hast Du gut gemacht.
Schön Wetter hier. Herrlich sogar. Was machst Du *privat*? Lassen Dir die Kinder Zeit für was?
Ich vergesse Dich nicht, auch wenn ich einen Tag nicht schreibe. Denke immer an Dich

Kuß, liebe kleine Tilly!
Dein
G.

155 [Hannover] 23.VIII 35.

Mein liebes süßes kleines Tillychen,
tut mir so leid, daß Du so viel Mühe u. Sorgen hast. Nun habe ich Dir mit dem Paß auch noch Laufereien gemacht. Entschuldige bitte! Wenn ich das gewußt hätte, hätte ich es Dir bestimmt nicht zugemutet. Habe vielen vielen Dank! Die Ausgaben für Paßbild *übernehme ich natürlich*. Schicke mir ein Bildchen! –
Wenn ich diese Woche wenig schrieb, so nur, weil ich ungewöhnlich viel Arbeit hatte, immer lange im Büro war, sehr abgespannt nach Hause kam. *Sonst nichts*. Denke doch nicht immer was Finsteres, kleine Tilly.
Ja, Deine Wohnung, so reizend sie ist, für die beiden Töchter ist sie unpraktisch. Namentlich für K.[adidja] u ich verstehe, daß sie knurrig ist. Aber als Du einzogst, war sie ja bei W. Schon wieder ausziehn – ist doch auch schwierig. Sei nicht traurig, kleine Tilly. Wenn wir uns wiedersehn, vergessen wir

den ganzen Krempel u. sind wieder vergnügt zusammen. Wie geht es Dir denn körperlich? Bist Du in schlechter Verfassung? Depressiv?
Nimm viele Küsse u. alles Liebe.
Gratuliere zu R.D.S !! Dein G. B

156 [Hannover] 24 8 35

Liebes Tillychen, einen guten Sonntag! Schade, daß Marthl nicht da ist u Ihr rausfahren könnt bei dem wunderbaren Wetter. – Wenn ich wieder in Berlin bin, gehn wir in d Charlottenhof essen. –
Dank für Brief! Unternehme wohl diesen Sonntag nichts. War ja nun 3 Sonntage unterwegs. Heute abend Stadthalle, wo die Tribüne beleuchtet wird u s.w. Sommernachtsfest ist.

Küß Dich, Tillerchen, in Liebe
Dein G

157 25 8. [1935] Sonntag

Kühler Brief, liebes kleines gnädiges Frauchen! Aber ich kann gewiß keine andren beanspruchen oder bin verwöhnt. Muß zufrieden sein, wenn gnä Frauchen sich meiner erinnern.
Was macht Ihr heute? Ich werde, da das Wetter noch einmal so übermenschlich schön ist, ein bißchen rausfahren. Weiß noch nicht, ob Steinhude oder gar Braunschweig, das ich schon lange mal sehen möchte. Wäre sehr schön, wenn ich ansprechende Begleitung von gnä Frauchen hätte! u.s.w.
Gestern abend übergroßer Sonnabend-Hannover-Stumpfsinn. Hier läuft nichts über den Weg. Hier giebt's derartiges nicht, kein Überlaufen.
Wie entwickeln sich denn die Proben von P.[amela]? Sehr nervös?

»Episode« scheint ja Bombenerfolg zu sein. Hoffentlich kommt's bald her. –
Seid gewiß heut bei Yella? Oder ist sie noch fort?

Dich küßt zärtlich, Tillerchen aus
Graz u umarmt Dich

Dein
G
B Dr

158 [Hannover, 25.8.1935]

Gruß vom Meer, Weißen Berg u. Wilhelmstein besucht. Ihrer sehr gedacht.

Ihr
Be

159 [Hannover] 28. 8 35

Liebste Tilly, Dank für liebe zärtliche Briefe vom Montag!
Giebt nichts zu erzählen von hier. War in »Liselotte v d. Pfalz«.
Die Renate Müller sehr gut. Laufen schon die Filme mit T.W?

Die braunen kleinen Kuchen esse ich immer sofort mit Genuß auf. T 3[?].
Wo bleibt das Paßbild? Bitte!
Was machen die Kinder? Geht K.[adidja] fort?
In Steinhude war es wunderbar schön. Werde noch mal hinfahren. Ich liebe ja Wasser so sehr.
Wenn ich auch mal ein paar Tage Urlaub nehmen könnte. Will auch mal ein wenig noch vom Sommer oder Herbst sehn. Zum K. diese Warterei, daß man befördert wird.

Küß Dich sehr! Denke immer an Dich!
Zärtlich Dein
G

160 29 VIII 35 H.[annover]

»Vornehme Dame« – und noch so jung! Das ist Tillychen. Dank für die Bilder! Am besten gefällt mir das mit Spitzenkragen, ohne Hut, Profil, nach unten schauend, wohl eins von den beiden früheren, da anderes Kleid. Dann ist sehr hübsch das neue ohne Hut. Dann das neue mit Hut, Profil, Blick lebfrisch nach oben, Kopf im Nacken. Dann sehr gut: Hut, en face, Blick nach l., Handschuhe sichtbar u. unbehandschuhte r. Hand lässig über die l. gelegt. Welche ich behalte, weiß ich noch nicht. Die andern sende ich zurück

Also vor dem 8. 9. giebt es keine Tilly? Also werde ich warten. Aber dann! Vergiß mich nicht bis dahin, es sind noch fast 14 Tage!!

Hier ist nichts los. Gestern abend war ich in Dubarry mit Dolores Del Rio; es geht; ganz gut – So sehr eingenommen bin ich nicht von ihr. Außerdem dies ewige Versailles, nun schon genug!

Angekündigt ist: *Hélène*. Darauf warte ich ..

Keine Bekanntschaft.

Kein Flirt.

Keine Schlechtigkeiten.

Gruß gut u lieb für das Tillychen
einen Kuß u will einen
haben: ihr

G
B

Übrigens habe ich Nele geschrieben sie soll eine entsprechende Erklärung an K.[adidja] schicken. Für alle Fälle.

161 [Hannover] 29. 8 [1935]

Gräme Dich nicht, Tillerchen, wegen dieser Schweinehunde. Einmal wäre es ja vielleicht doch zur Sprache gekommen,

also laß es ruhig laufen. Den Kindern schadet ja es keinesfalls mehr, nach dem Gesetz.
Mein Gott, was für eine dreckige Welt. Ärgere Dich nicht, bist doch die süßeste Tilly!

Kuß

G

162 [Hannover] 30. 8 35.

Dank, liebes Tillerchen, für liebe Briefe u Karten! Bitte versuche doch, an Nele noch M. 10. zu bugsieren. –
Herrliches Wetter heute. Spätsommer. Viel Arbeit. Kam erst um 5 h aus Büro. Habe blöden Kopf u. keine Gedanken. Habe Sonntag sehr an Dich gedacht. Ja, trage nur den roten Bademantel, den gummischwammroten, er ist hübsch.
⟨...⟩ – Dr. Klein ist ein fieser Patron, arrogant. – Du bist die Beste u Liebste! –
Sah saublöden Film: »Mein Leben für Maria Isabell« – –
Genug für heute. Bin Dir gut u. küsse Dich zärtlich.

Dein

G

B.

Dr

Heute von Dr. Gescher (Brückenallee) Brief. Sonderbar.

163 [Hannover] 31. 8. 35.

Liebes Tillychen, weißt Du, ich würde an Deiner Stelle ja nicht allzuviel unternehmen in der gewissen Sache. Ich halte es für richtiger, wenn Du Dich ganz ruhig verhältst. Denn tatsächlich haben die Leute ja recht u Du machst nur unnötig viele noch darauf aufmerksam. Ich würde *keinen Schritt* mehr gehn in der Sache. Verhalte Dich völlig ruhig. Ob Pamela das erfährt, finde ich nicht so schlimm. Sie weiß es doch, also muß

sie sich auch damit abfinden. Außerdem soll sie an ihren St.[ernheim] denken. –
Wetter ist nicht gut heute hier. Wird wohl morgen mit Ausflug nicht viel werden. Werde lesen.
Guten Sonntag, liebe süße Tilly.
Unternimm *nichts*, rate ich Dir.

Nimm viele Küsse zum Sonntag u sei umarmt von

Deinem

G

164 [Hannover, September–Dezember 1935]

Mit Dank u. Kuß u Gruß.

G.
Fr
O
St
A
Dr
Pony

165 [Hannover, September–Dezember 1935]

Schönen Sonntag d. lieben u reizenden Frau T.W In Ewiger Treue

O
St
A
B
Dr
G

166 [Hannover] 2.9 35

Liebes Tillerchen, Dank für Brief. War gestern nicht fort. Hatte keine Lust. Sehr schwül auch, fast zu sehr. War nachmittags Stadthalle, um 9 zu Haus u im Bett. –
Sonnabend abend im Mellini-Theater: »Olly Polly« von Kollo. Großer Schmarren, Operette, aber gut gespielt, Blödsinn. –
Also dies wird eine schlimme Woche für Euch! Arme kleine Tilly. Bleibe tapfer. Bald kommst Du her u. wir freuen uns. Kuß u zärtlich

Dein G

167 [Hannover] 4.9.35.

Liebes Tillychen, also heute sitzt Du unter den Glasdächern von Mariendorf u. bist die feine Dame in der II Klasse. Schade, daß man nichts von den Filmen zu sehn bekommt. Ist sicher schrecklich so ein Filmtag! Arme kleine Tilly, tust mir leid!
Was wird an dem reizenden blauen Kostüm repariert? War doch ein sehr schickes Stück, hatte u. habe es sehr gern.
Und nun ist sicher Hochspannung wegen P.[amelas] Premiere. Warst Du auch schon mal im Theater? Wann ist Premiere? Sonntag?
Brauchst also nicht viel zu schreiben, wenn Du so beschäftigt bist. 〈...〉 Wie schläfst Du denn? Gut?
Was ist das für ein Mann, der K.[adidja] ehelichen soll? Erzähle mir davon.
Ich hoffe sehr, daß wir uns bald sehn!
Vergiß mich nicht! Ich Dich nicht.

Kuß u alles Liebe von
Deinem
G
B

168 [Hannover] 6.9 35

Lieber Tiller,
schade, daß Du nicht morgen kommen kannst, Frl Hoppe ist 2 Tage fort .... Aber es geht nicht, ich weiß es. Nächste Woche paßt es mir nun nicht gut. Schrecklich ist das. Einladungen, Arbeit u. einiges andere. Nun, wir wollen sehn. Denke nicht, ich mag nicht! *Im Gegenteil!!* Aber ich muß erst noch sehn, ob es geht.
Nur Gruß u Kuß heute! Habe zu arbeiten angefangen, ein Auftrag aus Frankreich.

Bleibe treu u gut, Du mir wie ich Dir.

Kuß, zärtlicher, von
Deinem
G

169 [Hannover] 7.9 35.

Guten Sonntag, besonders der Abend, süße Tilly! Ich werde den Daumen drücken, damit es gutgeht! Dein Kommen ist diesmal besonders schwierig, so ersehnt es ist. Nächste Woche habe ich mehrere Abendeinladungen, dann Besuch von Herrn Oelze aus Bremen, ferner wenig Monnaie (Geld), das ich erst am Sonnabend bekomme. Der Geburtstag von Nele hat mich ausgeplündert. Eigentlich müßte ich auch selber nach Berlin wegen Uniform u. einiger geschäftlicher Dinge. Aber bei Dir wohnen würde ich *nicht*. Auf keinen Fall. Würde in Pension wohnen. Habe auch einige Patienten von früher, die mich sprechen wollen (Herr Vallentin z. B.) Also was machen wir? Was dachtest Du, wolltest Du lange bleiben oder nur 1–2 Tage? Schreibe bitte, was Du denkst.
Gestern abend war ich im Film »Pygmalion«. Der beste Film seit »Maskerade«. Gründgens ganz erstklassig, besser als je. Auch die Jugo vorzüglich. Sah sie nie. Ist ja große Klasse!

Auch Text sehr gut. Das Stück auf dem Theater mochte ich nicht. Als Film ist es besser.
Leb wohl, Tilly. Hast gewiß den Kopf sehr voll im Moment. Wär schön, Dich abzuküssen! Aber wir wollen vernünftig sein …

Sei sehr zärtlich umarmt
von Deinem
G.
B.

170 [Hannover] 12 9 35.

Liebe kleine Tilly, hast mir diesmal keinen Gruß mehr gesandt, ehe Du Hannover verließest, habe es sehr vermißt, aber Du magst mich halt nicht mehr oder warst enttäuscht, weil ich Dir nicht mehr geboten hatte. Schade!
Am Abend war es über alle Maßen stupide. Um 12½ zu Haus.
Wie war Deine Ankunft? Holte Dich Marthl ab? Und P.[amela]? Strahlend oder bös?
Mit der Wohnung glaube ich werde ich abwarten. Es ist zu teuer!
Wie hast Du geschlafen? Fühlst Dich wohl? Hat kein grünes Gesicht hineingeschaut?
Hast Du ordentlich gegessen? Warst so hungrig hier!
Deine Bluse aus weiss. Spitzen im Bürgerbräu war fesch!

Also, nun fahre nach Haida, Villa Hofmann, Haus Nr 347. Danke für Dein Hiersein u Kommen. Alles Liebe. Gute Fahrt.

Küsse! Dein G.
B
Dr.
O.
St
A.

171 [Hannover] 13.9 35.

Liebes Tillychen, also habe ich doch einen Brief bekommen, ganz vergessen hast Du mich nicht, nur ein bißchen schnuppe bin ich Dir geworden. Schade, schade! Also der Anruf aus Berlin mit Voranmeldung war mein Schneider, der sich das Geschäft mit der Uniform nicht entgehn lassen will. Gestern nachmittag rief er wieder an u ich habe ihm versprochen, bald zu kommen. Das ist das Geheimnis.
Gestern war Oelze hier. Wir saßen im Bürgerbräu, aber an anderer Stelle wie wir. War ganz nett. Er weiß immer allerhand aus der Wirtschaft zu erzählen, von Finanzen u von Übersee, da er die englische »Times« sich hält u. liest.
Wir blieben bis 11^45, dann ging ich heim u er fuhr nach Berlin weiter.
Wie ist denn die Stimmung bei Dir zu Haus? Sind die Töchter guter Laune? Und Marthl? Was machst Du Sonntag?
Die Frickes waren also nicht bei Euch, sondern Ihr wart zum Tee?
Ich denke an Dich, liebe kleine Tilly u sende Dir in Gedanken viele Grüße u Küsse! Ich bin Dir gut u Du sollst ganz ruhig sein. Kuß Dir

G.

172 [Hannover] 14.9 35.

Mein süßes Tillychen, fahre auf jeden Fall fort, 〈...〉Auch allein wirst Du Dich erholen u bist mal in einem andern Land. K.[adidja]s Einwand ist lächerlich. Kein Mensch fragt danach, ob man Verwandte im Ausland besucht. –
Schreibe nicht, daß Du mir nicht gefällst. Du bist so schön u. elegant, das Schönste u. Eleganteste bist Du! Denke doch nicht über solchen Blech nach, wenn ich sage, das neue blaue Kleid gefällt mir nicht. Natürlich gefällt es mir, wenn Du es anhast. Mich reizt kein »Firlefanz« von anderen.

Hast Du Tränchen im Auge gehabt, als Du fortfuhrst? Oh wie schrecklich. Kommst ja bald wieder, kleine Tilly! Und so blaß bist Du? Hast Du Dich überanstrengt hier? Meine Schuld! Verzeih! Soll nicht wieder vorkommen...
In Wohnungssache bin ich nicht weitergekommen. Von der Gasanstalt habe ich keine Nachricht.
Morgen schreibe ich also nach Haida. K. kommt nach, Du kannst Dich drauf verlassen.
Frl. Hoppe ist wieder von heute bis Montag fort. Ich werde morgen in die Nähe fahren, wenn es so schön u warm ist wie heute.
Guten Sonntag. Gräme Dich nicht u. über nichts. Du bist die süßeste u. beste u. schickste Frau, die es giebt. Sei sehr geküßt u. umarmt! Gute Reise. Dein G.

173 [Hannover] 15/16. 9. 35.

Tilly, wo bist Du? In Haida oder in Moabit? Gestern hatte ich gute liebe Briefe, tausend Dank, süßer Mensch, aber nichts steht drin, ob Du eigentlich heute fährst oder nicht. Ich habe infolgedessen gestern nicht geschrieben – wohin? Ich war draußen 20 km ab, Barsinghausen, netter kleiner Ausflugsort, war ja wundervolles Wetter! Kam erst abends heim. Allein, in Gedanken.
In der Wohnungssache nichts Neues. Ich will Dich u. mich gar nicht »entwöhnen«, keineswegs, sollst nicht immer so was reden! Weißt ganz genau, wie sehr lieb Du mir bist u wie ich immer Dein liebes Gesicht gerne sehe u. schmecke in allen Lagen! Aber denke auch mal daran, daß ich innerlich so sehr um meine geistigen Möglichkeiten kämpfen muß, umsonst giebt es das alles doch nicht, was man schreibt u. macht u denkt, und meine innere Notwendigkeit ist eben so, daß ich im wesentlichen allein leben muß, ganz in mir drin. Das bedeutet nicht, daß ich Dich nicht unendlich gut leiden kann, aber der andere Drang ist auch so stark, u. solange ich geistig arbeiten

will u kann, muß ich mein Leben danach ausrichten. Sei also bitte nicht traurig oder bös, bist Du ja auch gar nicht! Bist die süßeste u zärtlichste u. verstehendste Frau, die es giebt. Ich kann mir gar nichts Schöneres denken!
Nun sind ja die neuen Gesetze endlich erlassen, auf die man so lange wartete. Gut so! Eine befreiende Tat! Übrigens steht fest, daß mit J.[uden] die 25 %[igen] *nicht* gemeint sind. Die ersten Kommentare, die schon erschienen sind, lassen es klar erkennen. – Dank für die Zusendung des Schriftstellers! Ein interessantes und kulturell hochstehendes Blatt. Viel Kraft u. Schönheit in dieser Jugend.
Als ich nach Hause kam, fand ich nämlich Deinen Brief, daß Du abgereist seiest, resp. reisen wolltest. – Herzlichen Glückwunsch zur Aufnahme in den R D.S.
Sonntag kommt mein Schneider *her* zu mir nach H.
Das Manuskript Deines Bruders werde ich an K.[adidja] senden.
Nun gute Erholung nach den anstrengenden Wochen, hoffentlich schläfst Du schön u. kriegst zu essen. Zärtlich u treu Dein

G.

174 [Hannover] 17. 9. 35.

Liebes Tillerchen, die Post wird nicht so prompt funktionieren wie zwischen H[annover] u B[erlin]. Aber Du kannst *ideell* mit jedem Postboten einen langen Brief erwarten u. in Empfang nehmen, denn in Gedanken schreibe ich Dir ebenso oft u pünktlich wie nach B.
Bist gut angekommen? Kalt ist es hier geworden, dort hoffentlich nicht. Wie ist Tante L gestimmt? Ist noch mehr Besuch da? Hörst Du Neuigkeiten? Kommt nicht K.[adidja] doch noch nach?
Von hier nichts Neues. In Wohnungssachen nichts geschehn. Habe Inserat aufgegeben, aber noch keine Antworten.

Ende der Woche bin ich leider 2 x eingeladen, so daß ich Deinen Bruder K[arl] vielleicht nicht sehn kann.

Alles Gute u Liebe.

Immer unverändert

Dein

G

175 [Hannover, 18.9.1935]

L.T. Sonntags kommt wohl keine Post in H[aida]? Wie geht es? Schläfst Du besser? Heute abend mein Schneider, wirklich u. wahrhaftig! Kommt mit dem bekannten Zug um 5^{32} u. fährt um 7½ zurück. Ich habe Nachricht aus B.[erlin] daß ich definitiv *hier* u. O.[ber] St.[abs] A.[rzt] bin ab 1 X. Wohnung ist nicht zu finden. Habe jetzt eine Speditionsfirma beauftragt. Auf die Annonce hin nur 2 schlechte Angebote.

Endlich kam die Kostenberechnung der Heizung für Osterstr. 81, Adresse Frau Dr. B..

Dank, Tillerchen. Enorm teuer! Pro Monat etwa 40–50 M. Gott sei Dank, daß ich nicht gemietet hatte! Der gute Wirt hatte geschwindelt, als er von 15. M. sprach, resp. er hatte nur 2 Z.[immer] berechnen lassen. Und wenn *Vergnügungsreisende* kommen, muß es doch überall warm sein!

Ich werde morgen an Dich denken u übermorgen u heute u wünsche Dir zärtlich alles Gute u. Erholende.

Vergiß mich nicht ganz. Kuß

G.

176 [Hannover] 19.9.35.

Liebste T. Dank für Brief! Ja, mein Schneider kommt wirklich her. Warum sollte ich solchen Blödsinn sagen, wenn es nicht stimmt? An K.[adidja] habe ich geschickt u. geschrieben. Ihr auch gesagt, sie solle noch nach H.[aida] nachfahren. – Ich

freue mich unendlich, daß es Dir da gutgeht u. Du gut versorgt bist. Nur das Wetter! Kläglich u kalt.
Ich bin auf Wohnungssuche, finde aber nichts. Ich werde wohl übers Jahr auch noch bei Frl H.[oppe] wohnen. Ich hatte annonciert, aber nur 2 ganz blöde Zuschriften bekommen. Gestern schrieb ich nicht an Dich, da ich mir einige Wohnungen ansah. Alles unmöglich. Die Osterstraße ist noch frei..
Deine mir geschenkten Blümchen stehn noch im Zimmer. Was schreibst Du für Unsinn.. Du, die Du von allen Seiten *so* geliebt wirst! Die *Vergnügungs*reisen nach H. – eine feine Person bist Du! Eine Nummer! Ich werde mit Dir ins Kabarett gehn, in den Faun, damit Du hier Vergnügen hast!
Erhole Dich, Tillerchen. Schlaf süß, iß schön.

Immer bist Du geliebt u. umarmt von
Deinem
XYZ

177 [Hannover] 20 IX 35.

Liebes Tillerchen, wenn der elende Schnupfen vorbei ist, dann werde wieder gute Laune! Es ist schlimm mit dem stummen Spiel u. dem Vorüberschweben, skandalös, aber da Du nicht blond u. vollbusig u. germanisch-thusneldahaft bist, kannst Du die Luise offenbar nicht spielen. Dein Busen ist so richtiger u. Du auch. Gräme Dich nicht. Alles Dreck! Was soll man machen. 300 M. *überbehalten* in 2 Monaten, ist doch eine ganze Menge Geld u. zu Weihnachten angenehm. Denke nicht, daß ich die Sache nicht auch mit Deinen, nämlich mit ablehnenden Augen ansehe, aber es hat das eine *Positive:* Du bist anerkannt als A..[rierin]. Denke, wie Du zerschmettert warst vor 6 Wochen! Dies ist eine Legitimation. So allein mußt Du es ansehn u – schweben..
Was Sardou angeht, so quatschen die Franzosen berufsmäßig über die Liebe u. die Frauen, ohne daß viel Erkenntnis dahin-

tersteckt. Verführen – mein Gott! Wie ein Streichholz jemandem anbieten für eine Zigarette! Warum denn nicht, wenn man gerade rauchen will. Aber auch nichts Tieferes. (Ich bin ja fast Nichtraucher, habe immer *eigene* Streichhölzer, die Lessingstr 50. in Berlin Depot haben..)
War gestern abend in der Oper: »Maskenball«. Ist ja billig für Soldaten! Schöne Musik. Die Hauptsängerin allerdings sehr schwach. Frl. Gura sang nicht
Mieses Wetter! In welchem Stück Marthl eigentlich spielt, hast Du noch nie geschrieben. Aber ich werde in der »Nachtausgabe« nachsehn.   Du hast recht: man hat gar keine Bekannten mehr in Berlin oder sonstwo. Ein anderes Volk wächst heran u. füllt die Sessel u. Foyers u *wie* sie es füllt!
Heute vor 1 Woche – wie herrlich war der Tag. Die roten Hagebutten liegen auf dem Schreibtisch u trocknen allmählich ein, die ich im Knopfloch trug. Es regnet u. ist gestern abend plötzlich sehr kalt geworden.
Nun bin ich sehr neugierig, in welchen Städten Ihr spielt u ob ich mal hinkommen kann.

Komm, laß Dich abküssen u. streicheln, süßer Mensch!

Immer Dein G. B

178 [Hannover] 23 9 35.

Lieber Tiller, hast so liebe Briefe geschrieben, Kuß u Dank dafür!
War gestern in Steinhude, war ein heißer herrlicher Tag. Sah aber Marion nicht... Abends tolles Gewitter.
Passiert ist hier nichts. Keine Wohnung! Denke viel an Dich, bin gut u. brav. Mache Traubenkur.. für die U....[nif]orm.
Was hörst Du aus Berlin?
Dein Bruder hat sich nicht gemeldet. Fährst Du noch woanders hin?

Vergiß mich nicht.

Immer
Deine Elfriede.

179 [Hannover] 24 9 35.

L.T. Kühl u sachlich müssen Briefe sein, die ins Ausland gehn. Innerhalb des Landes ist das anders, gnä' Frauchen muß das doch verstehn. –
Keine Wohnung, auch keine Andeutung davon. –
Dank für Brief vom Montag. Kam schon heute Dienstag nachm. an. Stimmt schon alles, was Du schreibst. Stimmt genau, aber im Moment nicht zu ändern. Wer ist der Leidtragende? Ich genauso wie Du. *Netter* wäre es doch bestimmt für mich, wenn Du hier wärest, aber es handelt sich ja nicht um nett.
Schrieb ich Dir eigentlich, daß ich vorige Woche in »Episode« war. Ein Machwerk! Da war doch Henny Porten tausendmal besser. Leb wohl. Schlafe süß. Träume gut. Ich bin lieb u gut u

Dein

G.

180 [Hannover] 26.9 35.

Liebe kleine Konfirmandin: so sind nämlich Deine Briefe, aber sie sind sehr lieb. Vielen Dank für den Grünen-Wagen-Brief! 1) werdet Ihr in H.[annover] spielen. 2) in Städten, wo ich hinkommen werde. 3) Habt Ihr moderne Stücke im Programm u. Du spielst nicht jeden Tag. 4) Kannst Du zwischendurch auch nach H. kommen. 5) ändert sich überhaupt nichts weder bis Dezember. Du schreibst das ja auch alles nur, um Dir den Rücken zu decken, da Du unterwegs natürlich fremdgehn willst. Ich durchschaue das deutlich. Wahrscheinlich gehn gewisse junge Lautenschläger mit u sw. Aber ich sage Dir, ich warte auf Dich u. schlage Dich, wenn Du zurück bist. Ich werde *alles* erfahren. Und ich werde wie bisher artig u. ohne rechts u links zu blicken auf Dich warten. Tilly, rede kei-

nen Unsinn. Es ist an sich schrecklich, daß Du rumziehn mußt, eine so wunderbare einzigartige Frau, Milch und Honig, Pfirsich u. Marzipan – ein einzigartiger Fall, unerreichbar in jeder Hinsicht, aber so wie die Zeiten sind, sollst Du nicht so unzufrieden darüber sein. Auch aus ganz bestimmten Gründen, die Dir in letzter Zeit viel Sorgen machten. Das ist auch für *uns* sehr wichtig, Du verstehst. Also, liebste Tilly, sei nicht so unglücklich. Ich bin u bleibe Tillist, Tillyanhänger, unentwegt. Du kannst Dich drauf verlassen. *Natürlich sehn wir uns vorher*, wenn *Du* willst. Du bist überhaupt *skandalös*, daß Du gewissermaßen Abschied nimmst. Das *läßt tief blicken*, Du, willst eben nicht mehr. Ich weiß es schon aus Deinen letzten Briefen. Aber ich sitze hier und bin wehrlos. Frau Oberhofmarschallin: *meines* Hofstaates bestimmt, sei nicht böse u. traurig. Wir haben schon so viel überstanden, wir werden auch das überstehn. Aber fremdgehn, *darfst Du nicht*. Schreibe *sofort*, daß Du das nicht tust. (*Frankfurt*: gleich am ersten Abend wolltest Du einen anderen nehmen. Das habe ich *nie* vergessen können.)
Viele Küsse, liebste Tilly! Ich bin schrecklich erkältet, habe Augenentzündung, muß Tropfen reintröpfeln lassen, alles aus Kummer über Dich. Bleibe süß! *Mir.* Immer von Dezember bis Dezember u von Oktober zu Oktober Dein G

181 H.[annover] 27/9/35.

L. T.
Das Pferdchen, das im Traum immer hinter Dir herlief, war doch *ich*. Ein Pony, sanft zu sehn u. gut zu leiden, Name: Friedchen.
Oh, habe ich eine Erkältung, rotes Auge rechts; Husten u. Schnupfen überall. Nehme Tabletten u. trank gestern abend Glühwein. Das Wetter ist ja aber auch infernalisch.

Also Anfang der Woche ist Tillerchen wieder in Lessingstr. Sei guter Laune, liebste kleine Ti. Freue mich schon sehr auf Wiedersehn.

Gruß.
Kuß.
Dein O
St A Dr B G.

182 [Hannover] 28.9.35.

Liebes Tillerchen, wann kommst Du heim? Heute ist noch mal hier ein so wunderschöner Tag, wäre es doch bei Dir auch so herrlich. Morgen fahre ich früh nach *Berlin*, bin mittags beim Schneider, treffe Reiss u. fahre zurück. Am 1. X. muß ich mich ja hier prächtig melden …
Wärst Du doch in B! Eine halbe Stunde hättest Du doch vielleicht für mich Zeit? Ich komme bald wieder hin in U…[niform] Wohnung nix.

Guten Sonntag, liebste T.
Immer Dein
G

183 [Hannover] Sonntag abend 7 h. [29.9.1935]

Melde der lieben Tilly folgendes: fuhr früh nach Berlin, total erkältet, l. Auge zugeschwollen, voll Tränen u Eiter. Probierte an = tadellos = aß im R. auf dem Bahnhof Friedrichstraße etwas zu Mittag, fuhr mit dem Tilly-Zug um 2 zurück, um 5½ hier, um 6 im Bett. Keinen gesehn, nicht telefoniert. Schwere Erkältung! Zug ungeheizt, Skandal.
Morgen mehr. Gruß u Kuß

Friedchen.

184 [Hannover] 1 X [1935]

Liebes Tillerchen,
gar keine – »chens«! Du kriegst Schläge, wenn ich Dich sehe!
Willkommen in Berlin!
Ach die Uniform! Prächtig. Meine Erkältung ist immer noch nicht fort. Ich bin ein armes Hascherl.

Kuß u Zärtlich[keit]

G

185 [Hannover] 3 X 35

O Tillerchen,
wie ist das schön, *Zivil* anzuhaben, Mensch unter Menschen zu sein u sich ¼ Butter und ⅛ Leberwurst einkaufen zu können! Nix mehr davon, wenn ich mittags vom Dienst komme! Steif u. ehrbar u streng wie ein Zinnsoldat gehe ich daher ..
Wie bist Du gereist? Und angekommen? Waren die Kinder froh, die einzigartige Mutter u Frau wieder bei sich zu sehn? Aus Honig u Marzipan, ehrlich gesprochen, aus Aprikosen u. Erdbeerfleisch?
Warst Du heute schon auf dem Bühnenbetrieb? Weißt Du die Städte, wo Ihr spielt?
Die Sache mit dem Krieg halte ich für *sehr* gefährlich! Kommt nix Gutes für uns heraus. Was sagt Dein Bruder dazu?
Ist die Wohnung schön warm u. habt Ihr zu essen?
Würdest Du noch *ein einziges* Mal an Nele senden? Ich sende morgen. Bitte, bitte, dann werde ich es anders arrangieren, nur sie ist so in Not momentan.
Eben kommt Dein letzter Gruß aus Haida u. erster aus Berlin, Dank, süße Tilly.
Es war eine ungewöhnlich hartnäckige, erst gestern beendete Grippe, die ich hatte.
Bin Dir immer zärtlich u gut u treu.

Viele Küsse Dein

G

(Friedchen.)

186 [Hannover] 4 X 35.

10. M für Nele u 1000 Küsse für Tilly u nächsten Sonnabend/ Sonntag sehn wir uns
Immer Dein
Friedchen

Dank!

Schon wieder oder immer noch *rasend* erkältet.

187 5/X 35. H.[annover]

Bittet um weiteres Wohlwollen der schönen, begehrenswerten Frau T.W. Er weiß, daß er ein unwürdiges Objekt dieses Wohlwollens immer war und immer nur sein wird u vor der stillen strahlend süßen Knospe ihrer Güte nicht bestehn kann.

Ferner hat er schon wieder u. immer noch einen so grausamen Schnupfen, daß er fast lebensüberdrüssig ist. Wenn man 20 Jahre lang eine Weste getragen hat u. nun plötzlich einen Uniformrock ohne Weste trägt, muß man ja wohl krank u. grippig werden.
Einen guten Sonntag, liebstes Tillerchen! Wo wollen wir uns denn am nächsten treffen?
Und die Blumen nimm an Dein Herz oder in Deine Arme.
Kuß
G.

188 [Hannover] 7 X 35

Liebes Tillerchen, mir geht es besser. Die Erkältung ist besser. Bis heute früh habe ich im Bett gelegen. Seit heute früh geht es besser. Heute abend bin ich eingeladen. Am Donnerstag gebe ich einen Herrenabend im *Weinhaus Wolf*, Große Ägidienstr 32, gegenüber von mir, Du weißt. Zur Feier

meines Wiedereintritts in die Armee. Das ist so üblich. Bier u Korn u kaltes Abendbrot. In Uniform. Am 17. muß ich nach Kassel. –
Swinemünde liegt weit ab. Wo wollen wir uns Sonntag treffen? Sonnabend. Bitte schreibe.
Ich bin klein, mein Herz ist rein Ich möchte aber lieber *ohne* Uniform sein.
Küsse an Dich, liebe süße Tilly

Dein G

189 [Hannover] 7/X [1935]

Ja, liebes Tillerchen, komm Freitag mit dem bekannten Zug. Bestelle Dir aber ein *anständiges* Zimmer, am besten *das mit einem Wohnzimmer*, damit wir den Sonntag gemütlich da zubringen können. Zu Frl Johanna M.[undt] gehst Du *nicht*. Das ist nun Schluß mit dem Theater! Dagegen gehn wir eventuell Sonnabend abend ins Theater. Schreibe an *Rasch*. Sonst bekommst Du wieder das grüne Gesicht!

Gruß u Kuß.

Bekamst Du die M. 10 im Brief für Nele?

Dein

G.

Ja, bestelle ein Zimmer mit Wohnzimmer, damit wir da uns aufhalten können.

190 [Hannover] 8 X 35

Liebes Tillerchen,
bitte schreibe mal an Deine Weinhöppels nach Köln u. bitte sie um folgendes: sie möchten im Telefonbuch von Köln feststellen die Adresse von Prof. Dr. *Stürtz*, Universitätsprofessor u. Spezialist für Lungenkrankheiten. Ich brauche seine

Adresse für bestimmte Zwecke, ich war mit ihm im Krieg zusammen. Ich erzähle Dir davon, weswegen.
Kommst Du Freitag? Ich bin immer noch erkältet u. etwas krank.

Wiedersehn, Tillerchen! Kuß u Liebes.

Dein

G.

191 [Hannover] 9 X 35

L. T. also Freitag zur gewohnten Stunde. Ich werde gebrochen auf dem Bahnsteig stehn, denn Donnerstag wird eine lange Nacht ....
Von Frl. J. M.[undt] habe ich nichts gesehn und gehört. Nur, wie ich schon sagte, sie ist keine Klasse. Lassen wir sie, wo sie ist. Ziehn wir sie nicht in unsere geweihten Kreise ...

Kuß!

Dein

G

192 [Hannover] 17 X 35.

Fuhr heute 7^{05} früh ab, kam abends 6 h zurück. Landschaftlich hübsche Fahrt. Nette Gegend. Alles gut verlaufen. Etwas anstrengend. Fand Brief – Dank! Trinke mehrere Biere ....
Kann den Namen des Züricher Herrn nicht lesen??

Herzlich immer G. B.

193 [Hannover] 18 X 35.

Liebes Tillerchen, nun wünsche ich Glück u Mut zur ersten Probe, wenn es auch also Gräfin Voss ist. Sei nicht mißgestimmt darüber. Ich werde immer an Dich denken u. Dir helfen, wenn Du traurig bist.

Gestern in Kassel verlief alles programmmäßig. Bei der Rückkehr fand ich Deinen Brief. Armer Mensch, so allein anzukommen! ⟨...⟩ (Wie gefiel denn K.[adidja] das Hauptmannstück?)
Jetzt gehe ich die Uniform anprobieren. Hoffentlich wird sie besser.
Einverstanden, daß Du den Hut ändern läßt!
Deine Veilchen u Rosen sind noch da u. schaun mich an.
Viele Küsse, liebe kleine Tilly.
Heute wurden mir 3 neue Wohnungen
mitgeteilt, aber ich gehe nicht.
Die Gegend ist mir zu abseits.

Dich küßt zärtlich
Dein
G
B
Dr

194 [Hannover] 19 X 35.

Liebes kleines Mädchen! Dank für Deine lieben Briefe! Tut mir schrecklich schrecklich leid, daß Du krank bist oder warst. Doch nicht schlimmer geworden? Hast Dich auf der Fahrt erkältet, warst so müde wieder von den Tagen, warst überanstrengt durch mich, wirst gar nicht mehr wiederkommen.. ich armer Schlucker; Pferdchen, von dem Du träumst, aber ich werfe Dich *nie* ab. – Warst Du heute zur Probe? Und wie war es? Bist Du auch wieder ganz gesund? Bei Dir dauert das doch immer so lange, bis Du wieder ganz heil bist. Zartes Porzellan, Filigran, Mandelblüte! Guten Sonntag! Bleibst zu Hause? Oder gehst zu Deinem Karl Bruder? Was hat P.[amela] in Leipzig gemacht?
Der Intendant Pape hat sich für meinen Brief bedankt. Der Kölner Prof. St.[ürtz] leider noch *nicht* geantwortet. Ärgert mich.

Scheint schlechtes Wetter zu werden zum Sonntag, kein Sommertag wie der 13. X. Jetzt wird's vorbei sein mit den schönen Touren. Frl Hoppe ist wieder fort über Sonntag. Kläglich u. allein hause ich daheim. Deine Nüsse nähren mich noch immer, aber sie sind nicht gut, kein gutes Nußjahr.
Tillerchen, sei bitte nicht traurig, sei sonnig! Du bist mein süßes kleines Tillerchen, *immer* denke ich an Dich u. freue mich auf das nächste Wiedersehn u. erwarte es sehnsüchtig. Behalte mich lieb (wenn es möglich ist) u. lebe u. träume gut.
Dein Friedchen, Ponny, O St A mit zahllosen Küssen u. Zärtlichkeiten.

195 [Hannover] 21/X 35

Gute Besserung, süßes Kindchen!
Wie ist die Temperatur? Wie schliefst Du?
Gestern, Sonntag, war trübe in jeder Hinsicht. Abends Kino: »Königswalzer«. Ähnlich wie »Frühjahrsparade«, das wir im Kino am Anhalter Bahnhof sahn im Frühjahr 35.

Küsse Dich, Tillerchen!
Dein
G.

196 [Hannover] 23 X 35.

Liebe süße Tilly, heute keine Nachricht von Dir u. Du nicht von mir. Bist doch nicht wieder kränker? Gewiß nur die Proberei! Und ich war auf Wohnungssuche gestern, konnte keine Zeit finden. War in der »Südstadt«, d h. hinter u. jenseits dem Schauspielhaus. Nette 4. Z W. für 100 M, sofort beziehbar, aber sehr unbequem gelegen. Müßte umsteigen u außerdem noch je 5–6 Minuten Fußmarsch am Anfang u. am Ende. Das im Winter, bei Regen, in Uniform, das erscheint mir nicht ver-

nünftig. Auch kein Kino, Restaurant u s w in der Nähe, also nichts für den Garçon.
Nebenbei: Du hast keine Streichhölzer in Verwahrung, sondern einen Feuerzauber. Das ist das Geheimnis u. darum kann Sardou quatschen, soviel er will, *uns* braucht er nicht zu stören.
Denke mal, der Prof. in Köln hat auch auf meinen 2. Brief, vom Sonntag, nicht geantwortet. Mir schleierhaft, was los ist. Ich erinnere mich dunkel, daß damals in Brüssel nach seinem Fortgang ich mit einigen Leuten aus seinem Kölner Kreis, die auch in Br. waren, sehr schwere dienstliche Krachs hatte, aber ich kann mir kaum denken, daß sich heute noch jemand daran erinnert u daß er deswegen nicht schreibt. Mir völlig rätselhaft, daß er schweigt. Was soll ich tun? Ihn antelefonieren? Ich möchte durch Weinh.[öppels] feststellen lassen (durch einen getarnten Telefonanruf), ob er in Köln ist u. Sprechstunde abhält. Sollte er vielleicht nicht ar.[isch] sein u. alles hassen u schädigen wollen, was zum Staat gehört? Wie gesagt, seltsame Sache! Verdirbt mir etwas die Laune.
Wie waren die ersten Proben?
Denke viel an Dich. Bist so süß, Tillerchen!
Wann reist Ihr ab? Denke gut an mich!

Dich küßt
Dein
G.

Jetzt wieder auf Wohnungsuche!

197 [Hannover] 24/X 35.

Lieber süßer Tillermensch,
habe eingehend Deinen Reiseplan studiert, 2 Monate ist etwas zu lang, das finde ich bestimmt auch. Einige Städte sind finster, einige sicher recht hübsch (Friedrichroda, Ilmenau,). Du mußt eben krank werden, wenn Du im Dezember nicht mehr magst. Dann muß Kadidja dafür spielen!

Dein erster freier Tag ist *der 17. XI* Da treffen wir uns also in Magdeburg oder Halberstadt. Eventuell schon Sonnabend d. 16. abends, wenn Du nach der Vorstellung noch fortkannst. Ihr schließt sicher früh. Von da nach Torgau geht Montag vormittag gut. Bis zum 17. müssen wir es *aushalten*. Ohne Zigarettenrauch!
Dann haben wir uns wohl nach »Frühjahrsparade« im Hofbräu getroffen? Ich werde alt u. mein Gedächtnis wird schwach.
Der Prof. aus K.[öln] hat nicht geantwortet. Ich habe nun die Sache ohne ihn machen müssen.
Jetzt wieder Wohnungssuche.
Kalt ist es hier! Dich küßt zärtlich u. energisch
Dein treuer
G
O
St
A
B Dr Fr. Pf.

198 [Hannover] 25. X 35.

Zum Sonntag nimm viele Grüße u viel Liebes, Tillerchen! Dein Brief heute klingt nicht froh, ach, ich verstehe es so gut! Tut mir ja auch so sehr leid, daß Du so auf Reisen mußt statt gemütlich zu Haus zu sitzen. Nimm es, Tillychen, nicht schwerer als es ist. Die Tour mit George ist auch herumgegangen u dauerte auch so lang. Wenn *Du* magst, sehn wir uns ja sicher, vielleicht 2mal in der Zeit, vielleicht 3–4mal. Am Mittwoch geht's los – wann? Wo ist Abfahrt? *Wer* geht eigentlich mit? Sind die Programms schon gedruckt? Gefällt Dir jemand überdurchschnittlich darunter?
Morgen 12–1 mache ich nun meine Besuche beim General u. sw. Hoffentlich ist niemand zu Haus u. nimmt mich niemand an. Zum Kotz..

Sonst werde ich arbeiten. Kino: Jack Mortimer – werde ich wohl gehn.

Sei nicht traurig, Kleine! Dich küßt zärtlich

Dein

G

O

St

A

Dr

B

Fr.

Berlin

Hannover

München

Graz

199 [Hannover] 25 X 35.

(Nachm. u. wieder im Büro.)

(in Zivil)

Süße Tilly,

bist also wohl wieder gesund? Schön!

Die französische Notiz ist ja blöd!

Schreibe morgen ausführlicher, heute in Eile.

Liebe u. küsse Dich immer.

Dein

G

200 [Hannover] 27 X. 1935

Süßer Mensch,

Wetter zum Heulen! Richtiger November. Grau u dreckig. Dank für Sonntagsbrief. Die Buchstaben waren nicht mehr kenntlich. Futterte sie anonym auf zum Kaffee. – Machte heute Besuche in großer Gala. Niemand war zu Haus. Gott sei Dank. Ein Dusel. Der Scherz dauerte 40 Minuten im ganzen einschl. Abfahrt u. Rückkehr, hatte ein Auto genommen. – Der Rest des Tages zu Hause, schreiben, arbeiten abends Bier.

Sah gestern: »[Ich] war Jack Mortimer«, Film mit Wohlbrück, der sehr gut ist. Das Ganze recht unterhaltend u. spannend. Klöpfer fesselnd.
Schreibe mir doch bitte mal, wieviel Ihr im Wagen seid u. wer die Hauptrollen spielt, die weibl. u. die männlichen. Ist Gefahr da für Dich resp. *mich* ?? Gelegenheit macht Diebe! Irre Dich nicht in der Tür abends u. nachts!
Bitte schreibe nun noch für die ersten Tage die *Post*adresse,
also Dahme
Annaburg
Liebenwerda
das ist wohl die Reihenfolge? Eigentlich ein tolles Unternehmen, zwei Monate zu zigeunern, wo laßt Ihr denn Eure Wäsche waschen? Macht Ihr das selbst? Soll ich Dir was schicken? In den Orten giebt es doch weder Seife noch Zahnpulver zu kaufen, da herrscht das reine deutsche Gemüt....
Wie gefällt Dir denn das Stück eigentlich? Ist es Quatsch oder was Besseres? Hat es das hohe Niveau vom »Goldenen Kranz«??? (Hannover 12 X 35)
Was macht K.[adidja]? Arbeitet sie? Ist sie zufrieden? Hat P.[amela] neue Rolle vor sich?
Sei tapfer, süße Tilly. Wenn Du traurig bist, schreibe mir u. schilt ruhig auf das Leben u. auf mich u was u wen Du willst.

Dich küßt immer zärtlich
Dein
G.

201 [Hannover] 28/X 35

Lieber Tillerl, den Tränenfleck habe ich geküßt, so leid es mir tut, daß Du eine Träne weintest. Weißt Du, das mit Manisch u. Nicht-Manisch mußt Du nicht so genau betrachten, das schwankt doch, es ist doch nicht gesagt, daß das immer so rhythmisch wechselt. Du wirst jetzt nicht melancholisch. Wenn aber, dann ist es die richtige Zeit: für die Tour brauchst

Du nicht lustig zu sein. Später wieder, wenn Du Zeit hast für Dich u. mich u für Berlin u. Hannover.
Nun schreibe ich also noch morgen nach Berlin. Dann Dahme i[n der] M.[ark] u s w.
Dank für die Karte von Frl. Weinhöppel. Der Inhalt beruhigt mich sehr. Nett von ihr, da anzurufen. *Getrieben*..?? o Tilly! Du denkst an *Mops*, aber Du irrst Dich!!
Ein feines Wetter! Man kann es säuisch nennen!
Heute mein General geradezu überströmend liebenswürdig! Ob er sich erlauben dürfe, mich demnächst zum Abendbrot einzuladen.. Er hat *sonst niemanden* eingeladen, hält sich völlig zurück u. alle giepern so auf ihn. Mir ist es schnuppe u. mich lädt er ein.
Ja, süße Kleine, ich werde Dir alle Züge zusammenstellen u ein Taschentuch für Dich mitbringen und einen Schwamm u. dann schrubbe ich Dir das Gesicht ab, wenn Du kommst zur Unkenntlichkeit vom Staub der Landstraßen entstellt. Und wenn Du hübsch sauber bist, gebe ich Dir einen Kuß u s w.
Verliere nicht den Mut, kleine Grazerin! Sei umarmt u geküßt u. zärtlich gestreichelt.

Dein

G

202 [Hannover] 29 X. [1935]

Liebe süße Tilly, nimm zur Fahrt alle meine liebsten Grüße! Wirst nun lange nicht im schönen eigenen Bett schlafen, dem breiten süßen. Aber vielleicht schläfst Du doch ganz gut?
Du hast nicht viel Zeit zum Lesen von Briefen morgen, darum nur Gruß u Kuß. Und ich habe auch nicht viel Zeit, sitze nachmittags wieder im Büro, wo ich jetzt bin, Zivil.
Werde nun eifrig Wohnung suchen, damit Du kommen kannst.
Gestern u heute gastiert Goetz hier in *Towarisch*, alles ausverkauft.

Tilly, verliere nicht den Mut, bleibe ein bißchen guter Laune. Schreibe mir, sooft Du Zeit hast. Ich werde immer an Dich denken u Dich in jeden Ort begleiten. Viele Küsse, alle Liebe Dein

G

203 [Hannover] 30 X 35

Liebes Tillychen,
nun bist Du schon ein paar Stunden unterwegs u. heute abend spielt Ihr zum erstenmal. Meine Gedanken haben Dich sehr begleitet. Das Wetter war ja überraschend schön heute, zum Fahren gut. Gestern, Dienstag, war sicher ein sehr schlimmer Tag für Dich. Armes Kind! Wie hast Du geschlafen im Goldenen Löwen? Allein oder mit einer Dame zusammen? Wann fängt die Vorstellung an, wann ist sie aus? Hinterher ist erst Abendbrot u. Bier oder vorher?
Ich suche Wohnung. Sah wieder eine 3 Z., die mir *privat* gefiel: (miese Straße, mieses Haus, alles so richtig à la Bellealliancestr, aber in Uniform ist es doch wohl nicht möglich, in solch unwohnliches, ja proletiges Haus zu ziehn. Werde weiter suchen müssen.
Nicht viel Neues zu erzählen: Viel Arbeit mal wieder im Büro.
Denke viel an Dich. Werde mich bei Frl Weinhöppel bedanken für ihre Bemühungen. Resultatlos, aber lieb von ihr.
Hoffentlich habe ich morgen eine Nachricht von Dir.

Sei umarmt u geküßt.

Dich vergißt nicht u. liebt

Dein

G

204 [Hannover, um den 30.10.1935]

Herzlichen Gruß der schönen Gräfin.

205 [Hannover] 31 X 35.

Liebste kleine Tilly, erwartete Deinen ersten Brief von der Tour mit größter Spannung! Erwartete trotz Uniform den Postboten in der Breitenstraße u. fischte Deinen Brief. Ja, das Wetter gestern war für die Fahrt schön u. Gärten u Wälder werden bei gutem Wetter noch lange schön sein, aber wenn es gießt u schlabbert, wird es schlimm werden. Hast Du denn Gummischuhe mit? Und Pelz? Wie schliefst Du in dem dicken Bett? Hast Du abends noch was getrunken? Und wie war der Morgenkaffee heute? Schlechter wie Frl. Hoppes kann er auch nicht sein.

Ich *war* bei Goetz, Towarisch! Bekam eine zurückgegebene Karte, als ich versuchsweise um 7. an die Kasse schlenderte. Fand ihn ja charmant! Die ganze Aufführung reizend u. reizvoll. So eingespielt u sicher. Ihn fand ich ja seit langem einen der blendendsten Könner in dieser Richtung des Nonchalanten u dabei Scharfen, des Überlegenen u Präzisen. Es gehn vielleicht von ihm keine dämonischen Wirkungen aus, aber interessante u. geistreiche, ein für Deutschland so seltener Fall. Das Stück – nun, ja. Die Martens auch sehr sicher u. gut, desgl. Stahl-Nachbaur u. Ehepaar Junkermann. Ferner ein besonderes Glück: Frl. Mennard, schick! so süß u charming! Die Roma Bahn exzellent als englische Zynikerin. Es war *Berlin*. Meins, unsers!

Was schreibst Du für Unsinn mit *vorbei* (Rangsdorf, Kreuzberg). Nicht vorbei! Ich komme doch zurück nach Berlin! Und jetzt ist vorhanden u. nicht vorbei: *Bürgerbräu, Stadthalle, Georgengarten, Knickmeyer, Gildebräu, Breitestr* 28, *Raschplatz, Rodental, Hameln,* u. *Banken* u. *Weserbrücken*. Ist das nicht genug?

Pyramidon u. s. w. sende ich. Was willst Du denn lesen? Romane? Du liest doch nicht gerne? Hast Du denn Zeit?

Schreibe immer schön, was passiert u. was die Dörfer zu Euch sagen u. die Wochenblätter über Euch schreiben. Was machen eigentlich die übrigen Damen u. Männer die ganze

Zeit so lange mit ihren, resp. ohne ihre Männer, Freundinnen Gschpusis, Verehrer u s w? Wer ist Frl Grete Lange-Kosack? Nie gehört! Nett? Und Grazer Freunde sind auch schon wieder da!
Addio für heute! Denke viel an Dich, bin Dir treu ergeben u verehrungsvoll!

Kuß, Kuß, Kuß.

Dein G O B.
Dr St Pf.
Fr. A Pony.

206 [Hannover] 1. XI 35..

Liebes Tillergirl, Die Schilderung vom Dahmer Kunsttempel klingt ja vielversprechend! Aber war das *Publikum* denn wenigstens nett? Hat es applaudiert? War es denn voll?

Hoffentlich ist heute in Torgau Brief u. Drucksache angekommen?
In Breitestr 27 ist eine Wohnung frei sofort, 5 Z. Vielleicht nehme ich sie. Ich habe sie noch nicht gesehn. Hörte zufällig davon, bemühte mich, werde sie Montag besichtigen. Das Haus geht in neue Hände über u. dadurch werden mehrere Wohnungen frei, zum 1. 4 eine elegantere. Ich werde schaun. Satt habe ich das Suchen ja sehr. Wenn sie einigermaßen ist, werde ich sie nehmen. Nr. 27. ist runter Richtung Altstadt, Nr. 29 ist das Lebensmittelgeschäft, Haus, wo Frl Gura wohnt u. ohrenbetäubend singt.
Bin durch Arbeit sehr in Anspruch genommen, habe gar keine ausschweifenden Gedanken.. Bin, glaube ich, völlig »gefühlskalt« geworden. Weiß gar nicht mehr, »wie das ist«.. Weißt Du es noch?? Ich schreibe also noch 2 Tage nach Elsterwerda.

Dich küßt u. umarmt u. streichelt dein gutes

Fr.

207 [Hannover] 2 XI 35.

Liebe kleine Tilly,
wenn es so schwer u. anstrengend ist, gieb es auf u fahr heim. So abschinden sollst Du Dich nicht. Arme Kleine! Ich schrieb Dir nach Torgau u. sandte auch Neuramag dahin. Ich hoffe, es ist Dir nachgeschickt. Es ist schwierig, immer den Tag u das Hotel zu berechnen, da ich nicht weiß, wann Ihr abfahrt.
Guten Sonntag, Tillerchen! Ich werde schlafen u. ruhn. Bin furchtbar müde. Weiß nicht wovon. Habe ein paar Bierkorn genehmigt die letzten Abende, aber nicht so viel, daß sie mich so müde machen können. Migräne habe ich auch viel. Mutter Natur fehlt offenbar.
Mit Wohnung noch nicht entschieden.
Heute von dem Prof. aus Köln endlich Antwort. Sehr liebenswürdig, leider zu spät. Habe mein Gesuch so absenden müssen.
Schöne Tage jetzt noch hier. Warm. Aber nächste Woche soll es Regen geben. Liebe süße Tilly, fahr heim, wenn es so nicht geht. Daß es abends so lange dauert! Und Herr Schuster u. Eberhard u Wahlberg u Allmeyer – wie sind sie??

Dich küßt zärtlich sonntags u alltags Dein
G

208 3/XI/35. H.[annover]

Ein Sonntag ohne Brief von Tilly, das ist wohl sehr traurig! Aber in den Örtern geht wohl nur einmal am Tag die Post ab u. wenn der Moment verpaßt ist, ist es halt zu spät. Ist es so oder ist es anders? Hast Du absichtlich nicht geschrieben? Ich schrieb jeden Tag. Geht's Dir so schrecklich, daß Du gar nicht schreiben magst? Liebe süße arme Tilly, schreibe doch bitte!
Sonntag voll dicker Nebel, sehe den Ägid.[ien]torplatz kaum

vom Fenster aus. Ging gestern früh schlafen, fühlte mich nicht wohl. Heute besser. Langweiliger Sonntag. Sah gestern noch eine Wohnung an: Georgstr 5, dicht am Steintor. Reizende 3.Z.W. aber 4 Treppen u. was für Treppen: Wendeltreppen wie in einem Aussichtsturm! Jede 22 Stufen! Zuviel für mich! Preis 90 M. Schade, sehr schade. Könntest Du die steigen? Eure i. d. Lessingstr sind dagegen niedrig.
Hast Du heute Brief von mir?
Schreibe, wie es Dir geht! Gestern in d. »Nachtausgabe« Kritik von Kad.[idja] über das Scalaprogramm. Sehr nett. Sie wird Reporter à la Nele.
(Frl. Gura grölt.)
Stupider Sonntag. Im Kino nichts Berauschendes.
Bist sehr böse auf mich, weil ich Dich auf Tour habe gehn lassen? Wußte doch nicht, daß das solche Schinderei ist! Mach Dich doch frei, wenn es so schlimm ist. Wenn Du es körperlich nicht aushältst, darfst Du es nicht fortsetzen.

Denke heute den ganzen Tag an Dich. Umarme Dich, küsse Dich.

Zärtlich immer Dein
G.

209 [Hannover] 5/XI 35

Liebes Kind,
ich finde, Ihr habt das sehr schlecht organisiert, wenn Euch Eure Briefe über Berlin nachgesandt werden. Dann habe ich auch gar keine Lust zum Schreiben mehr.
Auch nach Merseburg schreibe ich auf gut Glück. Weiß gar nicht, ob Du morgen dabist.
Dank für Briefe. Sehr lieb. Elendes Leben, nicht das Atmen wert.
Keine Wohnung, alles Bruch. Hab's satt, das Suchen.
Nichts Neues. War ohne Brief von Dir von Sonnabend morgen

bis Montag nachmittag 5½ Uhr! Schlecht! Ich werde jetzt bösartig. Pferdchen, das beißt u schlägt.
Donnerstag muß ich im *Stahlhelm* antreten, morgens 7^{30}. Auch ein Spaß. Hissung der neuen Reichskriegsflagge vor der ganzen Garnison.
O Tillerkindchen, von wo kommst Du am Sonnabend d.16.? Wenn Du bis 12½ spielst, wirst Du wohl gar nicht kommen können?

Kuß, in grimmiger Laune!
Dein Friedchen.

210 H.[annover] 7 XI 35.

Liebes Girl, nun bist Du also böse! Aber weißt Du, ich bin sicher sehr ruppig u. Deiner zarten Schönheit unwürdig, aber allmählich wird man wegen der Wohnung wütend. Wenn ich müde u. abgespannt nach Hause komme um 3 h., dann keine Ruhe u. Bequemlichkeit, dann diese elende Stube, wo man seine Sachen gerade über die Stühle hängen kann, schlechter Kaffee, nichts zu essen u. dann wieder auf, um Wohnungen zu suchen. Z.K.. allmählich. Also sei nur wieder gut, Tillerl!

Heute früh im Stahlhelm los. Sieht interessant aus, ist aber furchtbar schwer u drückt, daß man Migräne kriegt. Kalt war's auch, man fror. Soldatenlos! Schauspielerinnenlos! Zwei arme Waisen im Sturm der Zeit!
Am 15. abends ist hier im Kasino eine große Feierei, Dienst, rein militärisch, nur Männer d.h großer Suff u. die halbe Nacht geht drauf. Es ist Befehl u. ich muß hin. Werde also Sonnabend d.16. nicht sehr aktiv sein können. Ich werde hier auf ein Reisebüro gehn u. mir sagen lassen, wie u. wohin Du fahren kannst. Mit Auto nachts um 12 Uhr – das wird wohl nichts werden. Und ob ich am Sonnabend nachm. bis Hettstedt kommen kann, weiß ich auch so noch nicht. Hettstedt ist auch gerade ein so kleines Nest. Aber sehn tun wir uns, das ist bestimmt.

Mit Frl Hoppe mache ich jetzt viel Zank. Sie ärgert mich. Ich habe zum 1. XII auf jeden Fall gekündigt. Sie rechnet pro Monat:

Miete	50 M.	
Duschen	3.M	
Morgenbrötchen	3 M	
Heizung u Licht	15	Das ist zuviel für die schofle Stube
	71 M.	und die mangelhafte Bedienung usw.

Liebes Tillerchen, sei wieder gut u so sonnig wie heute der Morgen ist! Vergnüge Dich nicht zu sehr an reizendem Bayern, der Dir so gefällt! Wohl Erinnerungen an München, die dabei aufsteigen, die Nach-Kriegszeit in München!?

Kuß u Wiedersehn!
Zärtlich
Dein
G

211 [Hannover] 8/XI 35

Liaber Tiller, auch ich schrieb täglich, auch nach Eilenburg.
Ferner Allstedt a d Helme u sw.
Friedrichroda ist sicher hübsch.
Also muß ich am 23. nach Torgau kommen ..... Eine ganz schöne Strecke! Wohne in einem andern Hotel.. mit Dir. Schrecklich, diese Schwierigkeiten allerseits!
Aber halte nur aus, Tillerchen, wenn's geht. Hier ist es auch nicht rosig.
Daß K.[adidja] so viel schreibt, ist lieb von ihr!
Frühlingstage hier. Etwas unzeitgemäß.

Sei umarmt u geküßt, lieber Kleiner!
Dein
G.

212 [Hannover] 9 XI 35. (Büro)

Liebes Tillychen, Gruß zum Sonntag!
Ich sende den Brief mittags ab in der Hoffnung, daß er dadurch wahrscheinlicher morgen in Deine Probstzella-Hände gelangt.
Thüringen ist schön! Gehe durch den Wald, sei lieb u gut! Hier schönes Wetter, sehr frühlingsmäßig.
Süße Tilly, habe wenig Zeit, viel Arbeit. Abends unendlich müde! Mit Frl Hoppe spreche ich schon seit 3 Tagen kein Wort. Sie läßt alles so verkommen, muß mir alles selbst besorgen.

Viele Küsse, Zärtlichkeit!
Dein
G OstA

213 [Hannover] 10 XI 35.

Liebes Tillerl,
in das reizende Ilmenau geht dieser Brief, in den Gasthof Z. Löwen, wo Goethe seinen letzten Geburtstag feierte! Ich war damals vor 3–4 Jahren dort mit R.[eiss], als wir in Schwarzburg waren, wir fuhren im Auto hin u. besahn es uns.
Danke für die Butter! Mußt Du nicht machen! Schicke sie nach Berlin, hier giebt es welche u. ich brauche nicht viel. Dank, süße Tilly!
Dank für Telegramm! Verschwenderin! Lag im Bett noch, als es kam, sehr lieb von Dir!
Schönes Wetter heute, aber ich unternehme nichts. Bin auch sehr erschöpft u. die beginnende Woche wird wieder anstrengend. Bin halt doch schon ein alter Mann, der sich schonen u. »einteilen« muß!
Das Telegramm kam aus Friedrichroda u. ist nachts um 1^{30}

aufgegeben. Stimmt das? Habt Ihr wieder so lange gespielt? Sehr gut, daß Du das Gespenst nicht mehr machst!
Hier alles beim alten. Nichts Wohnung! Heute wieder Eintopf, wie im Rodental bei dem kleinen Affen u. Waschbären.

Alles Liebe u. Zärtliche. Kuß

G

214 [Hannover] 12/XI 35.

Schrieb gestern nicht, süßer Mensch, hatte keine Zeit. Eine sehr besetzte Woche. Dank für Briefe u Programm. Interessiert mich sehr! Hübsches Bild von Dir.
Was den Bußtag angeht, so wäre Berlin ja Blödsinn. Weite Reise für uns beide. Wo spielst Du eigentlich am 19. abends? In Torgau?
Und am 21.? In Delitzsch?
Wenn das Auto nach Berlin fährt, fahre Du bis *Magdeburg* mit, dort treffen wir uns am Sonntag. Wenn nachts noch ein Zug von Torgau nach Magedbg. geht, kommst Du schon nachts hin. Das ist vielleicht das beste. Sonst muß ich nach Torgau kommen... Ziemlich weiter Weg... Kein Weg zu weit zu Tillerchen!
War Sonntag nicht fort. Sah mittags Wohnungen an u. abends Kino: »Der grüne Domino«, wo mich eine mir unbekannte Schauspielerin recht entzückte: Alice Treff. Wer ist das? Sehr reizend – künstlerisch. –
Wetter wunderbar schön!
Nimm Küsse u. Zärtlichkeiten in jeder Form! Sei umarmt von

Deinem

G.
O
St
A

215 [Hannover] 13.11.35

Was macht die Erkältung, kleiner Mensch? Eine Schande, die ganze Sache!
Das Haus des Volkes in Probstzella sieht gut aus. Dank für Bild!
Anstrengende Woche jetzt hier.
Keine Wohnung.
Nichts Neues.
Ein Bad hast Du genommen? Wie großstädtisch! Exzentrisch fast.
Nimm viele Küsse in Eile, sei umarmt u. liebgehabt.

Dein

G

216 [Hannover] 15/XI [1935]

Süßes Kindchen,
zwei Tage großer Arbeit hinter mir u heute abend noch vor mir (ins Kasino). Dank für Briefe. Also werde ich wohl nach Torgau kommen, am Mittwoch, wenn einigermaßen Zugverbindung ist. Will mich umsehn. – Natürlich alles furchtbar was Kunst u Erfolg u sw angeht. Unsagbar schrecklich alles in dieser Hinsicht. Sei nicht traurig. Morgen mehr!

Dich küßt zärtlich in Liebe

Dein

G

217 [Hannover] 16 XI 35.

Süße Tilly,
Guten Sonntag! Heute nacht wurde es spät, aber weder war ich betrunken noch unsolide, artig wie immer. Lag um 3 im Bett, allein.
Schreibe morgen mehr. Heute nur liebe zärtliche Küsse.

Dein G.

Schön, daß Du zwei anständige Hotels hattest! Kuß.

218 [Hannover] 17 XI. [1935]

Liebe kleine Tilly, Dank für die Karten aus Eisleben. In einem noblen Haus ist unser großer Reformator gestorben, offenbar hat die Reformation auch Einkünfte abgeworfen. Ich persönlich mag den Luther absolut nicht. Ist mir völlig uninteressant, zu bäurisch, grob, direkt u. seine Gewissens- u Seelenkämpfe stellen sich als höchst unnütz heraus u. wären besser privat geblieben, statt eine Religionsbewegung daraus zu machen. Er ist der Zerstörer der mittelalterlichen Kultur u. einer der schlimmsten Deutschenverderber aller Jahrhunderte.
Also höre, Tillerl, nach Torgau komme ich *nicht*. Kann nicht, ist zu kompliziert. Ich könnte erst Dienstag spätnachmittag fortfahren, muß in Magdeburg warten, käme abends in T. an, während Du spielst, u. müßte am nächsten Mittag wieder fortfahren. Sei nicht böse, aber das ist zu anstrengend (für Dich u mich) u zu teuer. Es ist ja eine weite Reise, *weiter als Berlin*, u keine Sonntagsfahrkarte dahin. Allein das Billett kostete über 30. M. Es wäre eine Hetze u. trotz der Schönheit, Dich zu sehn, eine schwierige Unternehmung. Sei damit einverstanden, Tilly. Ich kann warten, tu Du es auch, ich meine, da es nicht anders geht, müssen wir nicht böse u. unzufrieden sein. Ich bin zumal in einem Zustand großer körperlicher Abspannung,

ja Erschöpfung. Das ganze Jahr *nicht ein* Tag Ferien, dann die ganze Umstellung, das merke ich jetzt. Ich bin erschöpft. Manchmal so hochgradig, daß es mir etwas Sorge macht. Bin gereizt, vergeßlich u.sw. Muß Weihnachten eine Woche in den Schnee, in Deine Nähe.

Denke darüber nach u. Du wirst zugeben, daß es so vernünftiger ist. Bezweifle bitte nicht, daß ich gerne zu Dir käme, aber ich kann nicht gut. Dieser Zustand ohne Wohnung, Pflege u s.w. ist enervierend. Enorme Arbeit im Büro! Kann sie kaum bewältigen.

Sei bitte nicht traurig. Auch Du bei Deiner vielen anstrengenden Arbeit könntest im Moment keine Freude an unserm Zusammensein haben.

Sei lieb u. schreibe mir.

Viele zärtliche Küsse überallhin

Dein G

219 [Hannover] 18. XI [1935]

Lieber Tillerl, wirst enttäuscht sein, daß ich nicht komme. Aber unmöglich. Habe auch gerade im Büro viel Arbeit u Ärger. Sonntag muß ich dienstlich nach Nenndorf wegen Lazarett u sw Sachen. Zum Kotzen alles.

Vielleicht geht *Luckenwalde* – 23/24 XI

In Eile Kuß u

Liebe

Dein

G

220 [Hannover] 19./XI 35.

Liebste Tilly,

also Bußtag ohne Kuß u Liebe! Arme Leute wir! Siehst Du ein, Tillychen, daß es so richtiger ist? Für uns beide. Habe heute keine Nachricht von Dir, bist vielleicht nicht in Stimmung zu

schreiben. Will auch gar nicht viel reden, nur Grüße u Küsse Dir schicken. Nach Deinem Plan paßt am besten Havelberg, dorthin ist bessere Verbindung von hier, über Stendal. Sieh mal, ich bin auch hier so angebunden u. muß über jede Stunde Rechenschaft geben, wo ich fortbin.
Bitte sei nicht traurig, sieh es nicht falsch.

Sei umarmt u zärtlich geküßt, immer nur Du.

Dein

G.

221 [Hannover] 21.11 35

Liebes Tillychen,
ich sehe keinen Grund zu so traurigen u bitteren Karten! Enttäuscht bin ich auch, daß ich nicht kommen konnte, aber Du siehst die Gründe zu einseitig. Dagegen muß ich Einspruch erheben. Warte nur ab, es wird schon gut werden.
Was ist das mit Leipzig? Warum hast Du denn den Autobus verpaßt? Was triebst Du denn? Das tut mir ja wahnsinnig leid, daß Du solche Scherereien hattest. Arme kleine Tilly!
Diesen Sonntag muß ich dienstlich nach Nenndorf. Keine interessante Sache. Nur langweilig u. anstrengend.

Sei gut, Tilly, u schreibe wieder ein bißchen nett.

Einen Kuß von

Deinem G.

Eben Dein Brief. Ist ja entsetzlich! Anbei Eure Beschwerde zurück, Sehr gut! Noch viel zu sanft! Saubagage! Armer Tillerl!

Viele Küsse

Dein

G.

222 [Hannover] 22 XI 35.

Liebste Tilly,
spielst Du nun die Königin? Ich bin sehr neugierig, darüber zu hören. Mußt Du nicht erst noch anstrengend lernen und proben? Ist denn die Königin tatsächlich schon fort? *Lohnt* denn eigentlich die ganze Tour? Kommt Publikum? Kommt Kasse ein? Oder ist es ein reines Zuschußunternehmen? Interessiert mich!
Ich las, daß man von Bonsels *fast alle* Bücher verboten hat. Ich denke, er war so gut angeschrieben oben? Was macht er nun? Geschäftlich doch sehr schlecht für ihn!
Es geht rüstig aufwärts in den künstlerischen Dingen, endlich die Säuberung von Unrat u. Ersatz durch wahrhaft wertvolles Schrifttum!
Ich bin erkältet u huste. – Muß Sonntag früh nach Nenndorf. – Wetter so dunkel u. mulmig. – Sehr langweilig alles u. überall. – Weiter auf Wohnungssuche.

Dich küßt immer zärtlich u. lieb
mit vielen Küssen
Dein
G.
Dr.
Friedchen

223 [Hannover] 23/XI 35.

Liebes Tillychen, die Sache mit *Leipzig* klingt sehr unwahrscheinlich! Du hast Dich natürlich ansprechen lassen u. bist mit einem Herrn geschlendert u. hast die Zeit versäumt, da sie im Traum verflog u. im Flug verging u. dann war der Autobus fort. Liebe muß man immer bezahlen, 12 M. ist nicht viel, aber doch sehr ärgerlich. Armes Tillergirl! Wer hat Dir denn Geld geborgt? Armes Kind, Du!
Wie ist es denn nun mit der »Königin«?

Sauwetter hier. Dunkel, dunkel! Ja, selbst am Sonntag muß der Soldat manchmal arbeiten u kämpfen. Ich tue es sogar freiwillig, da ich am Alltag zuviel von meiner Büroarbeit versäumen würde..
Nicht blond, nicht braun –
nichts von Fraun.
(Tilly thront allein bei mir)

Also die Kinder sind morgen da! Das ist ja sehr sehr reizend für Euch alle. Berlin – Luckenwalde ist ja auch nah, 1 St. Fahrt. Sicher verpaßt K.[adidja] den Zug u Pamela steigt gedankenversunken in einen falschen u. kommt in Rügenwalde an. Hoffentlich nicht.
Früher waren es die Patienten, jetzt ist es der Dienst. Ich will Deine Briefe im Moment nicht allzu pedantisch lesen, sonst würde ich böse werden. Sondern immer nur die süße reizende Tilly dahinter sehn, die entzückendste Frau des Dritten Reichs u. Mitteleuropas.
An die tausend Küsse zum Sonntag u zum Wochenbeginn u. immer.

Dein
Fr.

Ich streiche meinen
Namen aus, falls
ein Brief verloren-
geht. Affe!

224 [Hannover] 25.11.[1935]

Liebe Frau von Tilly, Dank für Brief. Pamelas Brief war mir eine große Freude. Habe sofort geantwortet. Ihr Brief, gnädige Frau, mir ein großer Genuß.
Nenndorf war abscheulich. Kalt, regnerisch, anstrengend. Kam tief erkältet zurück. Huste wie ein alter Walfischfänger. Schrieb gestern nicht.

War Marthl auch da?
Sollst so zauberhaft aussehn, »spanische Marquesa« ....., ich weiß; willst gewiß die jungen Kerls verrücktmachen, die Schauspieler, u im Parkett die Männerwelt der Provinzen. Wird Dir auch gelingen, wie sagt K: »unübertreffliche Schönheit«, ich denke oft daran! Wohnungssuche!

Viele Küsse an Dich überall. Dein

G

225 [Hannover] 27 11 35.

Liebste Tilly,
Dank für Briefe u eingelegte Karte. Nett! Anbei zurück. Interessantes Milieu, Ihr! – Bin tief melancholisch seit langem. Das Leben hier ist furchtbar. Öde, leer. Keine Wohnung u. vor allem die Zeit! So völlig ausgebootet u vorbei u. zu einer vergangenen Epoche gehörend, alles, was man war u. einst dachte. Wie vergeblich alles. Jetzt muß man froh sein, wenn man in der Provinz ein Auskommen hat u. schluckt Ärger im Dienst u. Stumpfsinn u. Müdigkeit herunter. Ein Elend, hoch zu Jahren gekommen! Ich bin schrecklich parterre, auch körperlich. Müde, müde. Seit Wochen. Vielleicht komme ich Sonntag, weiß noch nicht, ob ich kann. Arme liebe kleine Tilly, daß Du so rumfahren mußt! Schreckliches Leben, alles ist furchtbar. Niemandem geht es gut, alle müssen sich schinden. Einen schönen lieben Kuß

von

Deinem

G.

Fr

226 [Hannover 29.11.1935]

kann nicht kommen brief in kyritz innige grüße

227 [Hannover] 29/11. [1935]

Liebes Tillerchen,
ich habe Karte u Kursbuch genau studiert: es ist ja unmöglich für Dich, Dich am Sonntag so zu überanstrengen. Du kommst aus *Kyritz*, bis Rathenow weit, u mußt nachmittag nach *Pritzwalk* eine Riesenstrecke! Du schreibst am 26. XI., Du müßtest nach *Havelberg*, das wäre näher, aber nach Deinen beiden Plänen mußt Du nach *Pritzwalk*. Das schaffst Du gar nicht. Ich werde daher nicht kommen, süßer Tillerl. Es hat ja keinen Sinn für 2 Stunden. Warten wir bis Weihnachten, wenn es denn sein muß. Deswegen bleiben wir doch zusammen u Du mußt nichts Böses denken. (Ich meinerseits schreibe mit dem Othellobleistift.) –
Fand gestern eine Wohnung – ideal! Hochherrschaftlich, einsam, ein Traum u. finanziell erschwinglich. Leider der Hauswirt *Jude* u ich darf *nicht* mieten!!
Nun muß ich weiter suchen.
Sei geküßt u geliebt u zärtlich umarmt.

Dein
G

228 [Hannover, vermutlich 30.11.1935]

L.T.
Du schreibst so hartnäckige Briefe, kommst immer auf dieselben Sachen zurück, daß ich gar nicht weiß, was ich antworten soll. Ich werde es mir überlegen u dann antworten. Bis dahin Gruß u Kuß

G.

229 1. XII 35 H.[annover]

Liebste Tilly,
heute kein Brief von Dir, aber wenigstens gestern mit der Nachmittagspost. Dank!
Bekamst Du in Kyr.[itz] meine Sache? Hoffentlich! Morgen

bist Du in Prenzlau, wo ich 1912 meine militärische Laufbahn als Unterarzt begann, schreckliches Nest, aber schöner großer See – u. wo heute ein Bruder von mir, Stephan, Pfarrer ist! Wenn Du ihn siehst, grüße ihn. Aber wir stehn uns nicht so großartig. Ich weiß seine Adresse nicht, sonst könntest Du ihn besuchen. Vielleicht ist er im Theater u. schaut Dir zu.

Am 22 XII. endest Du in Vetschau u. am 27 bist Du in Calau, stimmt das noch? Und am 30. endet Ihr für immer in Sorau, ja? Schreibe bitte, ob es so ist.

Und die Haut an den Händen? Ursache wohl zu kalkhaltiges Wasser oder innere Ursachen, Nerven, Hastigkeit des Lebens, unregelmäßiges Essen u sw. Arme Kleine! Irgendeine Salbe, vielleicht am besten Byrolin wird vielleicht helfen.

Ich hatte eine wunderbare Wohnung in Aussicht bei 1 Juden, darf nicht hinziehn, verboten. Wirklich elend, dieses ewige Suchen.

Bekam heute von Max Halbe Dank für Geburtstagsglückwünsche. Name von mir war auf dem Telegramm verdruckt, daher Verspätung.

Liebes Tillychen, ich gehe auf manches, was Du schreibst, nicht ein, weil alles Unsinn ist, was Du denkst u schreibst. Aber im Augenblick kann ich nichts dazu sagen.

Jetzt fährst Du ans Meer u. das ist sicher herrlich! Würde Dich beneiden, wenn ich Dich nicht noch mit ganz anderen Sachen als Ostsee bedenken u. beschenken wollte, wenn ich könnte.

Einen Gruß in das kleine Prenzlau! Dort war ich, als meine Mutter starb, u war sehr traurig.

Viele Küsse in Liebe

Dein

G

Waren die Veilchen noch
etwas frisch?

230 [Hannover] 2/XII [1935]

Liebe Tilly,
Dank für Pamelas Brief. Anbei zurück. Schön, wie Dich Deine beiden Töchter anbeten u. verehren.
Dann die 2 Reisepläne anbei, auf denen steht, daß Du am 1. XII. in Pritzwalk spielen mußtest. Ich glaubte, Dir die Anstrengungen am Sonntag einfach nicht zumuten zu dürfen.
Was soll ich nach dem Ganzen sagen? Du schreibst: »Der Herr hat gegeben u der Herr hat genommen« u. verabschiedest Dich in jedem Brief von mir mit: »Lebe wohl« u sw. als ob ich Dir die tiefsten Wunden geschlagen hätte u. Dich aufs schnödeste behandelt hätte, während ich einfach mich schwer hier frei machen kann, um für 2 Stunden mit Dir zusammen zu sein. Ich bin innerlich u. äußerlich etwas erschöpft, kein Wunder nach dem Jahr, das hinter mir liegt u. kann nicht mehr so herumspringen, ich muß die Sonntage oft sehr mich ausruhn u. erholen. Du mußt Dir einen Jüngeren suchen, der besser fliegen u. springen kann. Offenbar.
Ich finde mich auch ganz u gar nicht zurecht, wo Du nun eigentlich nächsten Sonnabend bist. Sonntag in Pritzwalk – u. Sonnabend? Wo? Es tut mir unendlich leid, wenn Du umsonst Urlaub genommen hast, sehr leid. –
Die Veilchen – kamen sie nicht in Kyritz an? Dein
B.

231 [Hannover] 4 XII [1935]

Liebste Tilly,
weder verlobe ich mich meines Wissens mit der Tochter eines Vorgesetzten – sie ist 12 Jahre von meinem General – noch beschäftigen mich die Nürnberger Gesetze. Es ist so, wie ich Dir so oft schon schrieb, ich bin etwas marode u. mute mir am

einzigen freien Tag, dem Sonntag, keine Reisen zu, da ich dann zu müde zum Arbeiten bin u doch arbeiten muß. Aber wenn Du noch viel davon schreibst, werde ich mir selber einbilden, daß ich verlobt bin, u. mir einen Trauring kaufen u. anständig werden.
Hast Du wirklich in Prenzlau meinen Bruder angerufen? Drollig, das!
Von hier ist wenig zu erzählen. Kaltes Wetter wird jetzt, winterlich. Sicher war es in Swinemünde sehr kalt. Geht denn Euer Auto nicht zu heizen? Ist ja ein wahrer Skandal!
Gestern abend war ich bei meinem General eingeladen, allein, in Zivil, ganz intim, nur Familie. War ganz nett. Gab Fasan u. gutes Trinken u. es war fast gemütlich. Große Ehre für mich!
Ich will Dich so gerne wiedersehn, weißt Du wann? Nächsten Sonntag, Wittstock, ist technisch unmöglich. Ich habe das Reichskursbuch genau studiert.

Lebe wohl u. sei nicht von falschen Gedanken erfüllt. Dich küßt u umarmt

Dein

G

232 [Hannover] 7/XII 35.

Süße Tilly,
wie denkst Du eigentlich über Weihnachten? Willst Du alle Tage in Berlin sein oder wollen wir uns sehn? Oder willst Du erst noch die letzten Tage zu Ende machen u. dann herkommen?
Ich habe vor, etwa vom 22. XII an die Woche über in den Harz zu fahren oder nach Thüringen. Überlege Dir Deine Pläne. Heiligabend mußt Du natürlich bei Deinen Töchtern sein.
Nun ist wieder Sonnabend/Sonntag Kyritz/Pyritz. Armes Tillychen, so weite Fahrten. Aber die Männer sind ja nett u gefal-

len Dir, da ist ja alles nicht so schlimm ..... Verlobst Du Dich vielleicht??
Nichts Neues zu erzählen – keine Wohnung. Bin auch müde vom Suchen.

Küsse Dich u umarme Dich zärtlich
Dein
G

233 [Hannover] 7 XII 35.

Liebe kleine Tilly, ich schrieb: daß Deine Töchter Dich *anbeten* u verehren, nicht: an*s*ehn. An*sehn* ist gar nichts. Es bedurfte ferner nicht erst Pamelas Brief, um mich an die Seltenheit u. Kostbarkeit Deiner Person zu *erinnern*, sie waren mir immer *gegenwärtig*. *Mißfallen* hast Du mir nicht einen Augenblick, vielmehr immer *ausnehmend gefallen*. Aber offenbar darf ein Mann nie in negative u. ermüdete Perioden fallen, dann ist er gerichtet. Es ist Euch Frauen vorbehalten, in Depressionen zu geraten u. sich von uns zu entfernen resp. uns nach Hause zu schicken. Genug! Also ich bin völlig unverlobt u. der abgefeimte Junggeselle meiner besten Jahre. Vielleicht ist es Dir so recht?
Ach ja: Nikolaus! Norddeutschland kennt das ja nicht. Bin gespannt, ob, wenn ich mittags nach Hause komme, von Dir was da ist.
Schreibe wegen Weihnachten!
Höre: soll ich eine Wohnung nehmen, neu hergerichtet, 3 Z., dicht am Ägidientorplatz, gutes Haus, gute Straße, I Etage. Ofenheizung, Räume nicht groß, aber gemütlich, *aber*: alle nach hinten in einen nicht sehr angenehmen Hof? Mich nimmt ein: die Lage hier in der Nähe. Die ganz neue Herrichtung. Das Höhlenartige, Abgeschlossene, sehr für sich Seiende der Räume. Die I. Etage. Mich macht bedenklich: der Blick aus den Fenstern, das etwas Dunkle aller Räume, kein Ofen im Badezimmer, auch nicht in der Küche. Preis: etwa 90. M Was sagst Du dazu? U. A. w g.

Ja, mittags lag Dein schönes Paket hier! Tausend Dank! Reizend von Dir! Küß die Hand! Habe gleich feste gefuttert. Esse ja so gerne Pfefferkuchen!
Dein Hotel morgen in Pr.[itzwalk] kann ich kaum lesen. Hoffentlich kommt der Brief an! Guten Sonntag, alles Liebe! Kuß u Zärtlichkeit! Dein G

234 [Hannover] Eintopfsonntag 8/XII 35.

Liebe kleine Tilly, Anni *Gura* habe ich noch nicht in der Oper singen hören, war noch nicht wieder in der Oper, nur manchmal über die Straße (große Ägidienstraße) höre ich sie üben u. singen. Dagegen habe ich seinerzeit Frl. Änne *Weinhöppel* eine Ansichtskarte gesandt u. mich für ihre Bemühung bedankt. Ich habe ihr Schmeicheleien über ihre Handschrift geschrieben, die ich *generös* nannte.
Mit dem Herrn Allgeyer stehst Du Dich wohl sehr nahe? Scheint mir so. Ich hörte auch, daß Du mit *ihm* in Swinemüde so weit auf die Mole hinausgegangen bist, bis der Gischt u. der Nebel Euch für eine halbe Stunde den Blicken der übrigen entzog.... Das wirst Du mir büßen, Verräterin!
Fährst Du am 23 XII. morgens nach Berlin? Ist Yella in Berlin über Weihnachten u. Marthl? Bist Du am 25. XII startbereit, um mich zu treffen resp. in den Harz zu kommen? (Ich habe bisher nur Absagen von dort. Seit Wochen alle Hotels besetzt)
Ich schrieb Dir nach Pritzwalk gestern, konnte aber das Hotel nicht lesen in Deinem Brief, kam er kann? Freienwalde u. Fürstenberg sind nette Orte, auch warme Hotels. In *Crossen* gehe doch an Klabunds Grab. Dort hielt ich am 6. IX. 28. die so berühmt gewordene Totenrede auf ihn bei der Beisetzung, die ihm seine Vaterstadt arrangierte. (Die es auch auf Schallplatte giebt)

Kuß, Tillerchen, u. Dank nochmals für Pfeffernüsse u. Herzen! Zärtlich

Dein

G

235 [Hannover] 9 XII. [1935]

Liebste Tilly, so geht es also einem einfachen Mann, der sich in eine Mutter mit 2 Töchtern unglücklich verliebt: immer gehn die Kinder vor u. der Mann muß ein bescheidenes Schattendasein fristen.

Selbst an den christlichen Feiertagen, wo das Gemüts- u Familienleben sein Recht beanspruchen kann, wird er ausgeschaltet, kaltgestellt, muß die 2. Rolle u die 5. Geige spielen! Berlin lockte Dich gewiß diesmal auch *besonders*, da sind die *neuen* Bekannten von der Tournee u. die *alten* werden wohl auch dasein von München bis London und Wladiwostok - also frohes Fest voll Erinnerungen u. neuen Hoffnungen, der Herr hat's gegeben, der Herr hat's genommen u vom Himmel hoch da kommt es her, also falten wir die Hände!

O Tilly, diesmal rückst *Du* aber unser Wiedersehn hinaus, das muß ich festhalten! Aber ich sehe leider ein, daß es nicht anders geht, Du kannst nicht am 25. XII schon wieder auf Reisen gehn. Nein, bleibe in Deiner schönen warmen Wohnung, erhole Dich, genieße die Liebe und Anbetung Deiner Töchter, die Verehrung Deiner Geschwister und meine aus der Ferne kommende Sehnsucht nach Dir, einem Weihnachtsbaum u. einer Familie die mich nicht störte u wo ich nicht störte u wo ich hingehörte. Aber das giebt es nicht.

Wo ich hingehe, weiß ich heute noch nicht. Nele fährt zu ihren Vizeeltern. Ja, wenn Du ihr noch M. 10 schicken könntest, wäre es sehr lieb von Dir. Sie schrieb schon wieder, sie müsse zur Diebin werden, wenn ich nicht vor Weihnachten noch senden könnte. Soll ich die M. 10 an Pamela senden? Da Dich der Geldpostbote unterwegs wohl kaum erreicht? Hast Du Deinen Paß mit? Adresse:

Nele B. *Kolding,*
Dyrehavegaardsveg 7
Dänemark.
17 Kronen.

Also wir sehn uns dann wohl Anfang Januar. Vielleicht miete ich morgen die Wohnung in d. Arnswaldtstr. 3, von der ich schrieb, neu, klein, I. E.[tage] alles nach hinten liegend, etwas dunkel, Ofenheizung, aber die Lage mir sehr angenehm, ganz nah von jetzt, u alles in allem mehr eine kleine Höhle für Menschenfeinde u. Flüchtlinge als ein Renaissancepalast.

Kuß u. Liebe von
Deinem G.

236 [Hannover] 10 XII 35.

Liebes Tillerchen, Dank für Brief aus Angermünde. Hoffentlich ist der Wagen nun geheizt?

Was Weihnachten angeht, wollen wir es nun so lassen, daß Du bei Deinen Kindern bleibst. Es ist wirklich gut, wenn Du Dich mal ein paar Tage erholst u ausruhst – aber tue es auch: Du kommst dann nach Beendigung der Tour her u. hilfst mir entweder einrichten oder Wohnung suchen. Bleibe also zu Haus zum Fest. Wirklich, ich schreibe es aus *Liebe*, nicht als ob ich nicht gerne oder lieber mit Dir zusammen wäre, aber es ist auch schwierig mit dem Unterkommen, da ja alles besetzt ist u. kein Zimmer für den 25 od. 26 XII freigehalten werden wird.

Deine Träume sind Schäume, soweit sie mich betreffen, nichts von ihnen stimmt zu mir.

Ich meinte u dachte übrigens:

Fürstenberg i *Mecklenburg*. Das an der Oder kenne ich nicht.

Z. Z. singt Frl. Gura wieder, die Wand bebt von ihrem Pathos.

Adjö, Tillerchen. Feiere guten Geburtstag mit Pamela. Ich werde ihr ein Buch senden, gleich zu Weihnachten mit.

Kuß u Zärtliches Dein
[nicht deutbares Zeichen]

237 [Hannover] 12 XII 35

Liebes Tillychen,
heute P.[amela]s Geburtstag – herzlichen Glückwunsch! Sind sie bei Dir heute? In Fürstenwalde? Ach, wenn doch Weihnachten wäre u Du endlich Ruhe hättest!
Bin müde, sende heute nur viele Grüße u Küsse. Dank für Briefe! Laß das nun mit dem, »daß ich nicht gekommen bin in zwei Monaten«, wirklich, so ist das nicht!

Kuß u alles Zärtliche
Dein
G

238 [Hannover] 13 XII [1935]

Liebste Tilly, wie geht's bei der Kälte? Ist der Wagen jetzt geheizt? Sonst steige aus u fahre heim. Ich schreibe jedes ärztliche Gutachten mit bestem Gewissen, daß Du solche Schinderei nicht länger aushalten kannst.
Mir geht's soso lala. Wo ich hinfahre zu Weihnachten, weiß ich noch nicht. Vielleicht an die Nordsee. Hier ist viel Grippe. Hoffentlich kriege ich sie nicht, oder hoffentlich doch, dann brauche ich keine Reisepläne zu machen.
Montag abend ist Feier der Dienststelle im »Neuen Haus« (an der Eilenriede.) Wird schön langweilig werden. Nur Männer, mit dem Unterpersonal.
Waren die Kleinen bei Dir oder kommen sie noch? Nach Fürstenwalde – das wäre am 12. gewesen, waren sie da? Du schriebst gar nichts darüber? Wer war noch da?? Ich weiß alles!!
Schlechte Tilly! Verschweigst mir alles! Kriegst Schläge im Januar! Ich merke alles.

Kuß, Du! Zärtlich
Dein
G

239 [Hannover] 15 XII [1935]

Liebste Tilly, Dank für Deine Briefe aus Markritz! Schrecklich, daß Ihr keinen warmen Wagen habt. Ein Grund zum Abbrechen. –
Was Nele angeht, so mag ich es Deinen Töchtern nicht zumuten, sie haben jetzt vor Weihnachten auch wohl viel zu tun u. vergäßen es vielleicht. Ich werde sehn, es anders zu arrangieren.
Ob ich Weihnachten überhaupt verreise, weiß ich noch nicht. Vielleicht bleibe ich hier u. spare mein Geld zum Einrichten der Wohnung, denn ich brauche doch eine ganze Menge neue Sachen. Ja, ich werde die Wohnung Arnswaldtstr 3 I. nehmen.
Hier fängt es an zu schneien u. es ist Frost. Wahrscheinlich giebt es weiße Weihnachten. Dann ist es ja überall schön.
Morgen abend ist Feier der Dienststelle. Heute abend kommt Herr Oelze aus Bremen durch.
Besonders guter Laune bin ich nicht, aber auch nicht besonders schlechter.
Arme Tilly, die so frieren muß! Wirklich, ich bedaure Dich unendlich, denke immer an das elende Leben, das Du führst.

Viele Küsse! Zärtlich

Dein

G

240 [Hannover] 17 XII [1935]

Liebste T. Dank für liebe Briefe! Nun hatte ich schon P.[amela] 10 M. für Nele geschickt, ob sie es aber weitergeschickt haben??
Mit Oelze war es leidlich nett. Er ist natürlich 90 % doch nur Snob. – Die Feier gestern abend war erträglich. Ich blieb bis 12½, die Unentwegten, wie ich höre, bis 5 u 6 morgens. –

Sehr betrübt bin ich über Deine Erkältung. Wie mag es gehn?
Ob ich etwas fortfahre, weiß ich noch nicht. Schließlich ist es ja im Zimmer bei sich selbst am ausruhendsten. Ich habe Urlaub erbeten, um den Einladungen u. Fragen zu entgehn, aber bleibe wohl hier.
Die Ar.[nswaldt]straße geht *nicht* von der Hildesheimerstr ab, sondern oberhalb des Äg.[idien]t[or]pl.[atzes]; r:

↗ *Arns*waldtstr

Breitestr Marienstr.

← →

↘ Hildesheimer

Kuß!
Dein
G.

241 [Hannover] 19 XII [1935]

Spremberg, Tillychen, muß ein furchtbares Nest sein. Da kommt der schlechteste deutsche Anzugstoff her!
Dank für Briefchen.
Der Bruder von Klabund war ein großer Taugenichts u Schlot. Hast Du ihn gefragt, wo Carola jetzt ist?
Nun noch 4 Tage, dann geht's heim! Wird das eine Freude sein! Im schönen Tillybett! Freue mich auch auf die Feiertage zum Ausruhn. Bin müde u. abgespannt. Laufe rum zu Installateuren u. Dekorateuren wegen Wohnungseinrichtung u.s.w. Ist kleine Veröffentlichung erschienen von mir, ein paar Gedichte, werde Dir senden.
Oelze gewidmet, dem Bremer Snob.
Kuß u alles Zärtliche
Dein alter Herr
G. O St A. Fr

242 [Hannover] 20 XII 35.

Liebes Tillychen,
das ist also nun wohl der letzte Brief auf die Tournee, I. Teil. Am Montag früh geht's heim? Freut mich so für Dich! Aber nun geh schon die paar Tage hinterher auch noch hin, dann ist es ja für immer vorbei. Hierher kommst Du erst Anfang Januar. Vorher bin ich zu sehr im gröbsten Reinmachen u. Anmachen in der Wohnung, nicht angenehm.
Die Feiertage fahre ich in den Harz, Herr Oelze sitzt in Hahnenklee, vielleicht fahre ich auch hin. Mir recht gleichgiltig, dieses Weihnachten. Schenken tue ich Dir nichts. Muß alles für die Wohnung ausgeben, es kostet ja alles enorm viel, – viel mehr als ich dachte.
Also nun ziehe Dein Aschenbrödelkleid aus u. ziehe Deine purpurnen Gewänder u. die Seidenschuhe an, ich freue mich mit Dir, daß es vorüber ist.
Schnee soll liegen in Berlin, hier nicht.

Nimm Gruß u Kuß u. Liebe
von
Deinem
G.
B.

243 [Hannover] 22 XII 35.

Liebes Tillychen, willkommen zu Haus! Ich werde aufatmen, morgen früh, wenn ich erwache, in dem Gedanken, daß Du endlich wieder daheim bist. Hoffentlich seid Ihr ohne Panne zurückgekommen. Gehst Du dann nochmals fort oder hast Du aufgegeben?
Nun ruhe Dich aus u. schlafe u. dann gehe in die Stadt u freue Dich an Berlin u Deinen reizenden Töchtern.
Ich werde am 24. abends hier sein, allein für mich, Gott sei Dank, am 1. Feiertag früh will ich eine Tagestour in den Harz machen, um dagewesen zu sein u. davon erzählen zu können.

Er ist ja nah, es geht gut an einem Tag hin u. zurück. Vielleicht im Autobus.
Wann sehn wir uns? Wo?
Schreibe, wo Ihr am 24. abends seid, ob bei Euch oder bei Marthl.
Sei umarmt u geküßt und gestreichelt von

Deinem guten sanften
Friedchen Pony
G.

244 [Hannover] 23 XII 35

Liebes Tillerchen,
Dank für Brief u Pfefferkuchen! Du bist verschwenderisch u. zu lieben, wie soll ich Dir danken. Du kriegst nichts von mir. Ich bin innerlich u. äußerlich zu müde, um zu gehn. Stehe in der Wohnung rum u. muß alles zusammenholen, Gas, Elektrisch, Kunstschloß, Telefon, Kohlen.
Rufe Dich morgen abend an, wenn Du zu Hause bist. Werde hier sein. Du wirst mir ja wohl schreiben, wo Du bist. Bin so froh, daß Du zu Hause bist! Was Du über die Gedichte schreibst, ist richtig. Tragisch. Ich bin zerstört, werde es immer mehr, bin nicht zu retten. Will es ja auch so. Was *nicht* tragisch ist, was ist denn *das*? Es ist zum Kotzen!
Grüße Deine Töchter –.
Ich danke Dir für alle Liebe und Zärtlichkeit, die Du mir geschenkt hast, und küsse Dich zärtlich

Dein
G.

245 [Hannover, um den 24.12.1935]

Gruß vom
Fremdenlegionär!

Merrie Christmas and
Happy New Year

[Hannover, 24.12.1935]

FROHES FEST RUHE ERHOLUNG WÜNSCHT HERZLICHST = BENN +

247 [Hannover] 26 XII 35.

Liebste Tilly,
habe nun nochmals herzlichen Dank für die Pakete aus Spremberg! Das Bäumchen stand u. steht auf meinem Tisch, mit den zarten kleinen weißen Lichtern, die ich nicht anzustecken wagte, um nicht den ganzen kleinen Kerl zu verbrennen! Sehr süß. Sonst hatte ich nichts Grünes oder Tannenartiges im Zimmer.
Und dann der schöne schöne Pfefferkuchen von Haeberlein, Pfeffernüsse, Pfirsiche, alles so herrlich. Dank!
Was Du sonst schreibst: von »auch in Englisch« – verstehe ich nicht, ist nicht gekommen, kommt hoffentlich auch nicht, Du sollst mir ja nichts schenken.
Hoffentlich habt Ihr die Tage friedlich u in guter Verfassung verlebt. Gehst Du nun morgen wieder auf Tour? Wie ist denn eigentlich das finanzielle Ergebnis? Hast Du richtig ausgezahlt bekommen u ist was übrig geblieben? Oder ist alles für Grogs u. Hotels draufgegangen?
Ich war gestern in Hahnenklee. Morgens um 5 fort. Es war nicht sehr nett. Tauwetter, Glatteis, mieses Publikum. Ich war froh, als ich abends wieder hier war. Der Harz hat mich immer nur sehr enttäuscht, sooft ich da war, sommers u winters.
Ich werde nun in der nächsten Zeit mit Einrichten der Wohnung usw viel zu tun haben. Wenn sie fertig ist, werde ich Dich einladen, sie Dir anzusehn. Vorher hat Dein Kommen keine Freude für mich, da ich sehr beschäftigt sein werde. Denke bitte nicht, Du könntest mir helfen. Das kannst Du nicht, ich mache es lieber alleine. Was ich Dir schon vor einigen Monaten einmal so offen schrieb, ich wiederhole es: ich kann u will

mich u. meine Existenz nicht umgestalten, auch nicht umgestalten lassen durch Dich. Ich lebe allein, die »Mauer aus Hieroglyphen«, von der Du schreibst, sie ist da, sie besteht. Ich muß innerhalb ihrer leben, niemand kann es sonst. Wenn es für Dich zu schwer ist, immer wieder dieses Nichtweiterwollen u. Nichtweiterlassen bei mir zu spüren, so sage es in aller Freundschaft. Ich bleibe, der ich war u. bin, für mich u für Dich. Mir ist es weit lieber, wir sprechen uns darüber offen aus, als daß ich weiter diese Stimmung – Mißstimmung von Dir gegen mich empfinde, die in den letzten Wochen aus allen Deinen Briefen sprach. Du mußt Dir immer wieder sagen, daß ich für mein Leben keine Frau brauche, das ist *meine* Natur, das ist für mich genauso *natürlich*, wie es für Dich *natürlich* ist, daß Du zu Deinen Kindern gehst. Natur des Mannes, Natur der Frau.
Daß Du trotzdem die gütigste, schönste, in jeder Hinsicht bezauberndste Frau bist, die es überhaupt giebt, ändert nichts an der Konstellation. Deine Einzigartigkeit als Frau u Mensch steht für mich außer jeder Diskussion, aber der Weg, den ich gehe, den gehe ich allein, ohne mich zu eröffnen, u. ohne Frau. Ich wollte, es wäre anders u. ich könnte Dir Besseres schreiben.

Schreibe bitte, ob Du nach Calau, Senftenberg u Sorau fährst.

Sei gegrüßt u umarmt in
Dankbarkeit u. Liebe,

G.

248 [Hannover, 29.12.1935]

gratuliere zur letzten station herzlichst

benn

249 [Hannover] 29 XII 35

Liebste Tilly,
nun ist also diese schreckliche Tournee zu Ende. Hoffe, Du hast mein Glückwunschtelegramm bekommen.
Dank für Briefe, Liebe, Rosenblatt. Bitte dränge nicht im Moment. Ich kann während des Umzugs nicht schreiben, denken, Dich aber auch nicht hierhaben. Ich kann doch unmöglich mit einer Dame, die keine Verwandte von mir ist, u. bei mir wohnt, in 3 Zimmern, dort einziehn. Das ist unmöglich in H, wo mir alle möglichen Leute helfen, meine Feldwebel vom Büro u s.w., die Dich sehn würden, auch der Hauswirt kommt dauernd an kurz: unmöglich.
Sylvester muß ich auch mit der Clique feiern, da ich hier bin, wir gehn in ein Hotel, mehrere Ehepaare zusammen u. ich.
Ich bin ja sehr dafür, Dich zu sehn, aber bitte überlasse den Zeitpunkt mir. Es wäre sehr freundschaftlich von Dir, wenn Du mir nicht so dringend zuredetest. Ich denke ja selber über alles nach, auch über Dich.
Also, fahre von Sorau nach Berlin, dorthin schreibe ich nun ..

Gruß u Kuß !

G.

250 [Hannover] 30 XII 35.

Willkommen daheim! Tut mir ganz unendlich leid, daß Du allein zu Hause bist. Wo ist denn Marthchen? Deine Töchter..
Ich feiere also mit meinen Off[iziers]leuten im Hotel Ernst August. Bescheidene Feier. Anrufen bei Dir kann ich nicht. Aber denken werde ich an Dich, liebes Tillerchen, an Deine unvergleichliche einzigartige, wunderbar schöne Liebe u. Freundschaft zu mir, so schwer sie auch ist für Dich u. war.

Dunkle Zeiten – helle Zeiten. Trennung – Liebe – Träne – Kuß – So geht es u so wird es wieder alles schön u. glücklich werden.

Sei umarmt u geküßt in
Dankbarkeit u. Liebe
Dein
G.
Fr

251 [Hannover] 31 XII 35.

Alles Liebe u. Wünsche in der Richtung, die Du Dir wünschst!
Dank für Maiglöckchen. Heute wahrhaft Maitemperatur. Von Kadidja lieben Brief aus Steinhude.
Kuß
G.

252 Telef: 39324.
[Hannover] 2 I 36.

Liebe Tilly,
Kein Brief von mir am Neujahr? Das kann nicht stimmen!
Nun laß mal das Geklage, Tillerl! Bist ja eine richtige Trauerweide u. Schleiereule geworden in Deinen Briefen! Die fescheste Frau der Lessingstraße, das Aparteste an weiblichem Wesen des Nordwestens, NW. 87, die bezauberndste Diva u. unerreichte Schönheit von Graz bis Charlottenburg – was sind das für Sachen! Packe Deine Koffer u. komme ein paar Tage her. Wäre reizend. Die Wohnung ist zwar nicht fertig, aber zum Besuchen langt es. 2 Tage kannst Du hier wohnen, wenn es Dir genügt. Komm Sonnabend oder Sonntag, wie es Dir paßt. Schreibe wann. Du kommst vom Bahnhof allein her, ich hole Dich *nicht* ab. Klingelst an der Tür, wo mein Schild unten dran ist, dann öffne ich von oben. Braucht im Haus niemand zu sehn, daß Du hier wohnst.

Also überlege. Aber, Tillerl, Du mußt damit als ganz feststehend rechnen, daß Du nur 2 Tage hier wohnen kannst. Länger geht es nicht, wie Du sehn wirst.

Kuß u Wiedersehn!

Dein

G.

253 [Hannover] 9.I.36.

Liebes Tillerchen,
habe vielen Dank für Deinen lieben Besuch u. alle die Arbeit, die Du geleistet hast. Krank gearbeitet hast Du Dich, armer Mensch. Ich wollte, ich könnte Dir statt 50 M. 500 M. geben für eine Robe u. ein Paar Schuhe u. einen Fächer, oder 5000 M. für ein Haus am Tegernsee.
Nun erhole Dich u bleibe lieb u. artig.

Kuß

G.
O
St.
A
Fr
Pony

254 [Hannover] Sonntag [12.1.1936]

Lieber Tillerl,
geheizt, Kaffee gekocht, saubergemacht – der alte Herr mußte sich wieder tummeln. Buddha mußte vom Thron steigen und Hauswirtschaftschaft betreiben. Sein Lächeln behielt er aber, ich sah es deutlich. Sein Lächeln, schwer aufzubringen u schwerer zu verbergen, ein Lächeln aus Ja und Nein, eine Besonderheit der *Asiaten.* Das *Grazer* Lächeln ist auf dem Gesicht der Prinzessin von Urbino, die auf dem

geschwärzten Schrank zwischen den Leuchtern steht, weltlicher und näher an den Dingen..

Kein Teppich. Mansfeld aus Berlin hat noch keinen festen Bescheid gegeben. Die beiden Stiche sind *nicht* von Daumier, von einem weniger Großen, hübsch, aber viel zu haben u. nichts wert.

Der Sturm hat sich gelegt. Gestern brannten die Öfen nicht, heute brennen sie.

Die Besichtigung gestern ist gut verlaufen, resp. wir sind kaum in Erscheinung getreten, nur die Großen unter sich haben sich berochen.

Die beiden kleinen Sessel sind gekommen, niedlich, ersetzen aber keine Couch.

Gute Besserung, liebe kleine himmlische Tilly, für Dein Leiden! Schlafe gut u. iß schön, trinke auch ein Bockbier.

Die Backpflaumen habe ich aufgegessen.

Kuß an Dich.

Dein

G

255 [Hannover] 14 I 36.

Liebes Fräulein Newes, wie geht es Dir? Bist Du wieder ganz gesund? Kannst Du wieder alles essen?

Die Kinder sollen froh sein, wenn Du mit ihnen gehst statt umgekehrt. Mißratene Nachkommenschaft!

Spielt also doch Gründgens den Hamlet?

War in »Schwarze Rosen«. Ganz nett. Der *Birgel* ein fescher Mann!! Schau Dir an! Wie der die Treppe im Palast raufspringt – das ist wohl elegant! Lilian alt u scharfe Züge, spielt aber gut.

Nichts Neues in der Wohnung, außer daß ich einen Behälter für Mostrich kaufte.

Was erzählt P.[amela]?

Einen schönen Kuß

von Deinem Pony.

256 [Hannover] 16 I 36.

Lieber Tiller,
Dank für Brief. Also Du fängst an Dich zu amüsieren! Mit jungen Leuten! Für die hattest Du ja immer viel übrig. Bechstein ist wohl *P*echstein?
Gestern hielt P. Fechter hier einen Vortrag, aber ich war nicht da. Über die »Lage der modernen Kunst«. Provinzgewäsch sicher. Heute ist Premiere von Kolbenheyer, aber ich habe dienstlich in einen Vortrag zu gehn über Militärsachen. Momentan sehr viel Arbeit u. besonders wenig Lust dazu. Nächste Woche ist ganz schlimm.
In der Wohnung hat sich nichts verändert. Deine Couch aus A. will ich Dir nicht nehmen.
Frau Schild macht ihre Sache sehr nett. Kocht auch ganz gut. Proletarisch halt, aber es ist mir schon egal. Wenn ich nur in meiner Wohnung bin. Sei froh, daß Du eine Wohnung hast u. klage nicht über einsame Sonntage. 1) sind wir alle einsam. Es ist menschenwürdig. 2) hast Du allerlei Verkehr u. Familie u. jetzt kommen noch die jungen Leute dazu. 3) Ferner kannst Du lange Briefe schreiben nach London, Wien, Hannover, lauter elegante Städte, wo die Briefe mit Gefühl u. lebhaftem Empfinden erwartet u. aufgenommen werden. 4) bist Du gewesen u. wirst Du hoffentlich sein manchen Sonntag in Hannover, sofern es die Lage zuläßt.
Liebe kleine Tilly, bleibe gesund u schlafe schön u schreibe mir liebe Briefe.

Dich küßt zärtlich
Dein
G

257 [Hannover] 18 I 36

Lieber Tillerl,
Dank für Buchstaben u Brief. Die Buchstaben entzifferte ich als A Z O – was heißt das?

Ich bin sehr für innere Werte, aber gerade die inneren Werte kleiden die äußeren so besonders gut. Ihre Vereinigung schafft das Glück. Ihre Vereinigung, wie sie vollendet in Ti We aus Gr[az] z Z in Be[rlin] sich darstellt.
Gott sei Dank fällt nächste Woche am 24. unser Essen mit Ball aus. Eine Wohltat! Aber am 25. muß ich ran. Zum K..
Es wird Winter... Morgen muß ich wieder heizen..... Stubenmädchen G. B. Werde mir eine Latzschürze vorbinden u. mir selber in die Backen kneifen (in Ermangelung).
Nein, die Couch möchte ich momentan *nicht* haben. Ich könnte sie höchstens abarbeiten, und wie soll ich das machen?
Ist morgen Hamlet-Premiere?
Guten Sonntag, leidlichen, Tilly. Nicht *zu* guten, von wegen Junge Leute.. Das führt zu nichts. (Aber Zeitvertreib ist auch schon was wert in Anbetracht des Jahrhunderts) Nein, das ist eine laxe Moral, moralischer Unrat! Also ehrbarer Marthl u Yella Sonntag. Das Ganske-Milieu war immer etwas lasziv!
Ich habe Migräne...
Kuß, liebe kleine Tilly. Hast Du Deinen zerrissenen Ärmel gestopft, resp. angestrickt?

Dein

O StA Friedchen

258 [Hannover, 19.1.1936]

L. T.
obschon Du abscheulicher Mensch mir zum Sonntag nicht geschrieben hast, will ich Dir doch melden, daß ich gestern abend den Schlafanzug eingeweiht habe, Dein fürstliches Weihnachtsgeschenk. Schön gebadet bezw. geduscht schlug ich ihn um mich. Er saß prachtvoll, ist warm u schön. Trotzdem schlief ich greulich schlecht. Schlief erst um 2 h nachts ein – allein! – wahrscheinlich hatte mich »Henker, Frauen u

Soldaten« so erregt. Er tut ja wieder allerlei darin, der Hans! Und Charlott Susa, dies köstliche Weib, sowohl liebendes Gefühl wie charakterfeste Patriotin, alles in einem ein Erlebnis. Also, ich war von 6–8 drin, dann im Gildebräu essen. Um 9½ im Bett, vergeblich. Heute wieder geheizt u. Kaffee gekocht – ich hab's satt. Entweder kommt die Frau sonntags oder ich suche mir eine andere. Und Sie, Madame? Waren Sie in der Premiere, wo Ihre Frau Tochter auf den Brettern stand? Und wie war es?
Hamlet auf der Bühne ist ja sehr langweilig! Da geh' ich bestimmt lieber ins Kino! Wo steckst Du heute? Mußt Du kochen?

Kuß u liebe Grüße.
Dein
G.

259 [Hannover] 23 I 36.

Liebste Tilly,
habe dieser Tage sehr viel Arbeit, Dienst, Vortrag, – kann nicht schreiben. Dank für Brief.

Kuß u alles Liebe
Dein
G

260 [Hannover] 25 I 36

Guten Sonntag, Tillerl.
Morgen werde ich vielleicht zum Schreiben kommen, falls es heute nicht zu lange dauert.
Hamlet war wohl *nicht* ganz der große Erfolg?
Gehst morgen zu Yella essen?

Alles Liebe.
Dein
G

261 [Hannover, 28.1.1936]

Liebe gnädige Frau, habe so sehr viel zu tun, daß ich nicht zum Schreiben komme. Sitze vorm. u. nachm. im Büro. Wie geht's Ihnen? Von hier nichts Neues zu erzählen. Von der Galerie Mans[feld?], aus Berlin über die Bilder noch immer nichts gehört. – Wie war Hamlet? Sind Sie gesund?

Viele herzliche Grüße Ihr alter Be

262 [Hannover] 29 I 36.

Liebes Tillerchen,
Dank für Briefe. Habe sehr viel im Dienst zu tun. Bin fast immer nachmittags da u. komme abends müde zurück. In diesen Monaten findet die Hauptarbeit für bestimmte Gebiete meiner Tätigkeit statt, immerzu Besichtigungen, Prüfungen etc.
Die Wohnung ist unverändert. Noch kein Teppich, keine Couch. Von Hofer bekam ich ein wundervolles Bild geschickt. Öl. Landschaft aus Italien. Herrlich in den Farben u im Aufbau. Hängt anstelle der Madonna, die jetzt zwischen den beiden Fenstern im Eßzimmer hängt.
Sonst ist nichts passiert. Am Sonnabend war Essen u. Ball. Sehr stupide. Ich tanzte nicht. Traf einige alte Kameraden von vorm Krieg. Einer nannte mich: »Du«. Sehr komisch!
Warst Du im »Hamlet«? Warst Du sonstwo? Schreibe in die Provinz ein Wort, was sich in Berlin tut. Schrecklich ist es hier.

Kuß! Dein G.

263 [Hannover] 31.I 36

Liebes Tillychen, Danke schön für lieben langen Brief. Warst ja viel im Kino u sw, *bummeln* ! Hast recht, was sollst Du zu Hause sitzen. Ich war im Leni-Riefenstahl-Film von der Wehr-

macht, fand ihn aber nicht so interessant, hat man doch schon öfter im Film gesehn. Hinterher gab's »Der höhere Befehl«. Diehl, fand aber den Stoff sehr langweilig, ging nach der ersten Hälfte.
Fühle mich gesundheitlich nicht ganz wohl. Gallensteinschmerzen, Appetitlosigkeit, schlechte Laune. Wohl das Ende. Gott sei Dank!
Habe mehr Arbeit, als mir lieb ist.
Finde Arbeit gar nicht schön. »Untätigkeit bei günstigen äußeren Lebensbedingungen....« erklärte ich ja als mein Ideal, dazu die taubstumme Frau.. Nein, taubstumm wäre doch wohl nicht richtig ... Ein bißchen quasseln dürfte sie vielleicht manchmal ....
Ist denn nun Kad.[idja] ausgezogen? Kommt sie nicht aber den ganzen Tag rüber u. ißt bei Euch?
Nein, die Vorhänge am Bett sind nicht gemacht. Nichts ist gemacht.

Gruß u Kuß, liebes Tillychen!
Dein
G. P. Fr

264 [Hannover] I. II 36.

(Todestag von Lili Breda 1929.
bei 20° Kälte.)

Liebes Tillychen, Auerbachs Keller kenne ich, war in früheren Jahren öfter da, ist aber nicht mein Geschmack. Ich finde Keller so dumpf u. schlechtriechend immer.
Dank für lieben Brief. Bin schrecklich melancholisch schon die ganze Woche, hatte Schmerzen in der Gallengegend, esse vegetarisch, trinke keinen Alkohol (seit 3 Tagen), bin ein Heiliger
das seit je. Mir gefällt es halt hier nicht.
Keine Stimmung, keine Freud'.

Heute bekomme ich Besuch aus Berlin: Reiss! Er fährt Mitte des Monats für lange fort, U.S.A., will mich noch mal sehn. Nett von ihm. Ich esse mit ihm hier in der Wohnung, muß alles selber machen, da Frau Schild ja um 5 geht.
Von der »Welt«, der Literatur, der Kunst höre ich nichts mehr. Mein einziger Schreibgefährte ist Herr Oelze. Mit dem ist wirklich so eine Art Freundschaft entstanden, die mir wertvoll ist u anregend. Ich muß ihm dankbar sein, daß er meine Eisbarriere manchmal durch seine Boten u Rufe durchbricht. Ich freue mich, daß R. nachher kommt u. ich mit ihm ein paar Worte reden kann wie aus alter Zeit u. über alte Zeit.

Guten Sonntag, lieber Tillerlmensch!
Kuß
Dein
G.
Fr

265 [Hannover] 3 II 36.

Liebes Tillerchen,
Dank für Sonntagsbrief. Aß G F P T sofort auf! Hoffentlich hat Dir R.[eiss] meine Grüße bestellt. War ganz nett, ihn zu Besuch zu haben. Wohnte im Kasten. Hatte viel Hausfrauenarbeit, da wir hier aßen u Sonntag war mit Heizen u Kochen. War sehr traurig, als er wieder abgefahren war u ich allein zurückblieb in dieser infernalisch grauen dummen Stadt!
Bin immer noch heilig, ohne Fleisch u Bier. Bekommt mir ganz gut, giebt mir innere Dunkelheit u Dämonie. (Als ob ich nicht schon genug davon hätte). Bekam heute einen Brief aus Mexiko oder Pennsylvania mit Programm einer Vortragsfolge vom 6 XII. vom Deutschen Club in Pennsylvania, wo Sachen von mir vorgetragen waren. Sonderbare Sachen, z B. das Gedicht: »Dir auch –« (»Liebe ist Wein ins Feuer aus dem Opferkrug«) Das in Mexiko! Die Deutschen sind ein sonderba-

res Volk! – Wie war es auf dem Presseball? Du bist beobachtet worden mit einem *sehr feschen Mann*, graue Schläfen, warst sehr intim mit ihm. Wer war es?

Schlecht bist Du! Kuß Dein

G

266 [Hannover] 5 II 36.

Lieber Tillerl,
bummelst Du immer noch so arg? Bis morgens um 4? Ich gehe um 10 schlafen. Gestern abend wollte ich mal ins Mellini-Theater, Zarewitsch, Léharoperette, bekam aber keinen mir zusagenden Platz, schob wieder heim. Heute will ich es mal im Schauspielhaus versuchen, Kolbenheyer: »Jagt ihn – ein Mensch«. R.[eiss] sagte, daß in Berlin alles so schlecht im Theater wäre, außer Staatstheater. Er hatte Krauß gesehn u die Bard, fand sie so mäßig.
Nach dem Schweizer Vorfall werden jetzt wohl neue Maßnahmen gegen die J.[uden] getroffen werden! Aber Du liest ja keine Zeitung u. verwechselst einen Leitartikel mit einer Speisekarte.
(Trinke immer noch kein Bier, keinen Wein. Heilig!)
Und Du? Womit sündigst Du? Giebt es überhaupt Sünden? Hier nicht.

Kuß Dein

G
Fr
P
O
St
A
Dr

267 [Hannover] 6 II 36.

Liebes Tillychen, die Stoffproben sind alle bildschön. Trägt sie eine bildschöne Frau, kommt eine bildschöne Sache heraus. Besonders die grauen sind alle herrlich. Aber sehr empfindlich. Die schwarzen praktischer u auch seriöser. Die Stoffe wären da, aber das Geld für sie u. ihre Verarbeitung?
Dein Vergnügungsprogramm interessiert mich. Den Namen des Professors kann ich nicht lesen.
Gestern war ich in dem Kolbenheyerschen Stück. Großer Dreck! Tiefsinn von 1890, soziale Problematik, Erfinderschicksal, nirgends auch nur im entferntesten ans Interessante streifend. Aufführung schlecht.
Ich habe am 15 II. nachm. 6–8 eine Sitzung abzuhalten, die mir kolossal viel Arbeit u. Vorbereitung kostet. Sämtliche mir unterstellten Ärzte des ganzen Bereichs, soweit sie Militärs sind, habe ich zusammengerufen, und soll sie fortbilden: moralisch!!, militärisch, kriegswissenschaftlich u.s w. Hinterher »Kameradschaftliches Zusammensein«. Ehrenvoll, anstrengend, zeitraubend.

Sende Dir viele Küsse, liebste T.
Sei umarmt
Dein
G.

268 [Hannover] 8 II 36

Liebes Tillerchen, einen guten Sonntag wünscht Dein devotester Diener und Knecht. Wo wirst Du essen? Wie ist die Stimmung, die Depression? Liest Du vielleicht zufällig das Buch, das ich P.[amela] schenkte u. das ihr nicht imponierte? Lies es mal u sage, wie es Dir gefällt.
Geistreiche Briefe schreibt die gnädige Frau über Sünde u. dergl! Hier ist aber noch nichts passiert
»Victoria« von Hamsun als Film ist sehr reizend. Die Ullrich

sehr sehr süß, u Wieman großartig. Werde arbeiten morgen. Mein General ist krank, vielleicht muß ich hin.
Schreibe, was Du triebst, heute u. morgen. Wie war der Professor u »Donna Diana«? Dein Geschmack? Er u. sie?
Frau Schild spricht von »Ihre Bekannte«. Ihre Bekannte hat kein Ei in die Speise genommen. Das hat Ihre Bekannte mir rausgegeben. Du lebst u. webst in der Arnswaldtstr. 3!

Dicken Kuß u. Zärtlichkeit.

Dein G.

269 [Hannover] 10 II [1936]

Liebes Tillerchen, Die Depressionen werden vergehn u. Du wirst herrlich auferstehn! Dank für Briefe u. braunes Zeug, das ich immer sofort verzehre!
Nun ist Frost u man kann in Berlin Olympiade machen. Lächerlich dieser Klaumauk aus Garmisch mit den goldenen u silbernen Medaillen. Verkommene Schneeschuh- u. Bobschweine veramerikanisieren diesen Erdteil, der Teufel hole sie alle.
Bin gestern still u milde eine Stunde im Schnee gegangen im Georgengarten. Sonst habe ich fast den ganzen Tage im Bett gelegen. War müde, melancholisch, vergiftet, parterre.
Trinke immer noch kein Bier.

Kuß, liebste kleine Tilly.

Dein

G.

270 [Hannover, vermutlich 13. 2. 1936]

L. T.

Bin gestern u heute erst 4 h von der Firma nach Haus gekommen. Sehr müde und erschlagen. Von wegen und so ist nichts, Du falsche Schlange! Morgen schreibe ich ausführlich.

Kuß

G.

271 [Hannover] 14 II [1936]

Liebes Tillerchen, hatte leider keine Zeit zum Schreiben, habe auch heute keine, auch morgen vielleicht nicht. Bin so überlastet mit Arbeit.
Hast Proben, kleine Tilly?
Vielleicht, wenn ich es einrichten kann, komme ich Sonnabend 22., aber noch unbestimmt. Sonst erst im März kommst Du her. Für Untreue, Honig- u. Hochzeitsflüge hier bei mir keine Zeit zur Zeit wegen Zeit – u auch sonst.

Kuß, liebste kleine Tilly!
Dein G.

272 [Hannover] 15. II .36.

Guten Sonntag, liebe kleine Tilly! Denke an Dich u würde gerne mit Dir spazierengehen u. von Dir erzählen lassen.
Wie gehn die Proben? Bist Du bei Frau Knüpffer?
Jetzt muß ich eilen, um erzieherisch u. moralisch auf einen Kreis von Ärzten zu wirken! Kuß u Zärtlichkeit

Dein G

273 [Hannover] 17 II. [1936]

Liebes Tillerchen, die braunen Kuchen sind sehr schön. Ich esse sie jeden Sonntag mit Genuß herunter. Schicke nur ruhig, wenn Du hast. (Aber kaufe nicht.) Ist denn K.[adidja] nun ausgezogen?
Meine Sonnabendveranstaltung verlief gut. Dauerte auch nicht zu lange. ich war Chef u. hörte um 12 h auf.
Was giebt's Gehalt vom Rundfunk? Heute ist Sendung, ich drücke den Daumen. Schicke mir bitte Kritik.
Denke Dir, diese elende Galerie Matthiesen hat mir Sonnabend ohne jedes Wort dazu die Bilder zurückgeschickt.

Eigentlich unerhört pöbelhaft. Einen Brief der Erklärung dazu hätte ich doch erwarten dürfen, da der Herr M. doch spontan an mich geschrieben hatte, ob er sie verkaufen solle. Pack alles.

Kuß u auf baldiges Wiedersehn!

Dein

G

274 [Hannover] 19 II. [1936]

Lieber Tillerl, was spielst Du für eine Rolle in der Saarlandstraße, so nahe an der Bellealliancestraße? Wann ist Premiere?
Freut mich, daß Rundfunk gut war. 100 M. ist sehr anständig. Was bekommst Du dort Gage?
Was für ein Kleid läßt Du Dir machen? Schwarz oder grau? Kostüm?
Mich kotzt momentan der Dienst ganz unsäglich an. Möchte ausbrechen. Hab's hier satt. Zu trostlos alles. Wetter, Stadt, Dienst, alles elend.
Denke oft Deiner! Kuß u Liebe

Dein

G

275 [Hannover] 22 II [1936]

Liebes Tillerchen, Frau Kramer..!
Einmal vor 30 Jahren sah ich das Stück, mit *Sauer* als Kramer, damals fand ich es wunderbar. Aber wird wohl jetzt erledigt sein. Wegener ist auch sicher nicht gut darin. Eher Klöpfer.
Ich werde morgen mehr schreiben, bin heute zu müde.
Denke an Dich u sende Dir Küsse u. alles Zärtliche (wie oft hast Du mich betrogen??)

Dein G.

276 [Hannover] 24 II. [1936]

Liebes Tillerchen, die braunen Kuchen sind schöner. Die anderen kamen zerkrümelt, als Staub an u. schmecken auch keineswegs vortrefflich...

Hast viel zu tun, Kindchen! Immer Probe u. das für ein schwaches Stück. Nun, dann geht es nicht lange u. Du kannst herkommen. Jetzt im Februar – um Deine Frage zu beantworten – war ein zu arbeitsbelasteter Monat für uns beide. Erst muß ich *Kassel* hinter mir haben, dann bekomme ich Luft. Adresse in Kassel: Hotel Schirmer, Friedrich Wilhelmsplatz 5. Abreise hier am 1. III morgens, Wiederkehr am 7. III abends. Sonnabend 29 II. noch hier wieder meinen Ärzte-Erziehungskurs von 6–10 abends.

Was ist denn mit den Kindern? Ungestillter Ehrgeiz bei Pamela? Bei K.[adidja] Liebe oder was dahin u. dazugehört? Arme Mami!

Gestern war schönes Sommerwetter hier. Prachtvoll. War mittags im Zoo bei den blöden Tieren. Die Leute saßen auf den Bänken u sonnten sich.

Anbei 10 M. für N.[ele] Bitte sende ihr die! Dank dafür!

Ja, es wird Zeit, daß wir wieder mal zusammensind. Hoffentlich bekommst Du nicht wieder Gallenschmerzen?

Hals- u Beinbruch für Proben u s w

Dich küßt Dein G

277 [Hannover] 26 II [1936]

Hals- u Beinbruch für Premiere! Bin neugierig, wie die Aufnahme ist.

Adresse in *Kassel*: Hotel Schirmer, Friedrich-Wilhelmsplatz 5. Fahre Sonntag mittag, bin Sonnabend abend zurück.

Dank für Sendung an N.[ele]

Anbei Karte Plietsch zurück.

Hier geschieht nicht viel. War weder auf Faschings- noch sonstigem Ball. Bin anständig.
Werde morgen abend sehr an Dich denken.

Viele Küsse u Zärtliches

Dein

G

278 [Hannover] 27 II. [1936]

Lieber Tiller, drolliger Mensch! Kein Wort über die Premiere! Wie war es denn?
Am Sonntag früh möchte ich noch Gruß von Dir hier entgegennehmen. Fahre gegen Mittag.
Wenn Du Sonntag keinen Gruß von mir hast, so, weil ich morgen kaum Zeit finden werde.

Dich küßt zärtlich

Dein

G.

279 [Hannover] 1. III. [1936]

Lieber Tillerl, gratuliere zu dem großen Erfolg! Du wirst noch Karriere machen im 3. Reich! Erste Staatsschauspielerin! Der V.[ölkische] B.[eobachter] wieder an der Spitze! Freut mich sehr.
Anbei die Kritiken mit Dank zurück.
Schön Wetter heute. Bin sehr müde. Bliebe lieber hier. Dank für braune Kuchen.
Also, Tillychen, wenn ich auch 300 km. weiter ab bin, mein Auge ruht auf Deinen Wegen u. wenn Du vom Wege abweichst.., straft Dich mein Zornesblick.
Kuß, liebe Kleine!

Dein

G.

280 [Kassel] 2 III 36

Kuß! Geht alles gut.
Gut Wetter. Dank für Brief! Sehr lieb von Dir! Komme nicht viel zum Schreiben. Herzlich Kuß

G

281 [Kassel, 3.3.1936]

Tausend Grüße aus dieser reizenden Stadt. Interessanter Kurs! Den halben Tag im Gelände. Bald mehr! Ihr

Benn

282 [Kassel, 5.3.1936]

Liebe hoch verehrte teuerste gnädige Frau, um 8 morgens fort, um 6 abends zurück, müde und ausgepumpt. Schreiben werde ich erst aus H.[annover] können. Dank für Brief. Herr Birgel soll sich nur in acht nehmen vor mir! Othellobleistift noch in meinem Besitz. Ihrer oft gedenkend mit tausend herzlichen Grüßen Ihr alter treu ergebener B.

283 [Hannover] 7 III 36.

Liebes Tillerl,
bin wieder daheim. Gott sei Dank. Aber die Ereignisse! Was wird werden? In *Fach*kreisen ist man sehr ruhig gestimmt, glaubt nicht an Krieg. Aber *kann* denn Fr.[ankreich] das hinnehmen?
Guten Sonntag. Morgen mehr. Kuß u. alles Liebe! Dein

G

284

Liebes Tillerchen, Dank für Sonntagsbrief u Kuchen. Schöne Lage, in die wir uns bugsiert haben! Ich bin ganz pessimistisch. Übrigens auch im Fall der Fälle!
ich bleibe hier in H., komme *nicht* fort.
Habe viel Arbeit vorgefunden, da keinen Vertreter. Wie lange spielst Du noch M.[ichael] K.[ramer]?
Dank für Bild. Kuß

Dein

G

[Hannover] 9 III [1936]

285 [Hannover, vermutlich 10.3.1936]

L.T. Bild mit Sohn Ladegast sehr hübsch. Ist P.[amela] fort? Glückliches Kind. Könnte die Mami doch dorthin mit ihrem Leibarzt u Sklaven. Taormina ist mein Lebens- u Todestraum.
Wie lange geht M.[ichael] K.[ramer] noch? Und dann? Nun ist also E.[duard] Stucken tot. War ja schwer herzkrank seit Jahren. Willst Du nicht seine Frau mal anrufen? Ich hatte ihn ja ganz gern.
Wie ist die allgemeine Stimmung??
Hat Dein Schwager hier Stellung gefunden, ich meine in *Kassel*?
Ich war einen Abend in der Oper, sie ist ja großartig; 1909 erbaut, im vollen wilhelminischen Reichtum. Kennst Du sie?
Ist Euer Theater voll?
Was hat G.[ustaf] G.[ründgens] eigentlich beim Führer gemacht? Nur aus Eitelkeit, um empfangen zu werden?

Kuß, kleine Tilly, zärtlich

Dein G.

286 [Hannover] 16 III [1936]

Liebes Tillerl, ich würde der Schweizer Firma *bestimmt* den Stoff verkaufen. *Haensel* will doch nur seinen eigenen dreckigen Stoff anbringen, er schmiert doch Film-texte. Ich rate unbedingt zu. Rücksichten würde ich nicht nehmen. Außerdem sehe ich nicht ein, wieso daraus ernstere Komplikationen entstehn können.
Viel Besuch, den Du hast: Aenne W[einhöppel] hast Du doch sehr gern. Nett, daß sie da ist.
Und Frau Husler wird Dich einladen – zu wann?
Von H.[anns] J.[ohst] liegt mittels eingeschriebenem Brief ein Aufruf zum 29. III. vor, den ich unterschreiben soll. Alle Mitglieder der Akademie der Dichtung. Natürlich muß ich es tun ....
Ja, ja. Es giebt manches zu erzählen, wenn wir uns wiedersehn!
Der gestrige Sonntag war sehr kalt u regnerisch. Die Öfen heizten schlecht. Ich arbeitete.
Also, *verkaufe* den *Lulustoff*! Und davon kaufe Dir ein Häuschen zum Wohnen.
Dank für braune Kuchen.

Zärtlichen Kuß.
Dein G.

287 [Hannover] 20 III 36

Liebes Tillychen,
die Zeiten sind so schlecht, daß man gar keinen Mumm mehr hat, zu schreiben, zu denken, zu sprechen. Trotzdem ich alles das, was heute schon vorliegt, nur für den Anfang von viel viel Schlimmerem halte.
Wie geht es Dir? Sind die Besuche alle wieder fort? Hat Dich Aenne W.[einhöppel] wieder nach Köln eingeladen? Wie lebst Du in der einsamen Wohnung? Wir dürfen im Moment

die Garnison nicht verlassen, ich kann also nicht kommen. Täte es so gern, um Dich zu sehn u. ein paar Leute zu sprechen. Wie lange geht Mich.[ael] Kramer noch? Ist es schon zu übersehn?
Schön Wetter – das einzige, was schön ist!

Lebe wohl. Vergiß mich *nicht ganz*!

Dich küßt

Dein

G

288 [Hannover] 23 III. [1936]

Liebes Tillychen, Du sollst dich nicht quälen u. einsam sein. Wenn Du es für besser findest, Dir einen Schatz zu nehmen u. Du hast auf einen Dein Auge geworfen, so folge der Stimme Deines Herzens.
Wenn Du schreibst, daß ich hier alles habe, so stimmt das zwar nicht, aber das ist meine Sache. Kein Grund, daß Du nicht alles haben sollst, wonach Dein Herz begehrt. Also, avanti, Tilly, es ist wieder Frühling, März, April!
Was soll ich sagen? Muß ich nicht so schreiben?
O Tilly, – schreibst Du, Du bist viel *dünner* oder viel *schöner* geworden? Schöner ist unmöglich!
Morgen bin ich in Kassel, früh hin, abends zurück.
Vorläufig küßt Dich noch zärtlich in alter Liebe: *ich*,

Dein

G.

289 [Hannover] 25/III 36

L. T.
Deine Briefe sind immer reizvoll, aber ganz besonders anregend, wenn Du so was schreibst wie, daß ich in Kassel einen Schatz hätte. Du naive Seele, oder Du verderbte, keine

Ahnung hast Du von meiner Existenz, der Arbeit, dienstlichen Inanspruchnahme, Schinderei, die momentan uns auferlegt ist. Also in Berlin habe ich auch keinen Schatz mehr, da der alte so einen Blödsinn schreibt. Kassel: um 5 h auf. 3 Stunden Fahrt, 5 Stunden Besprechungen, im Galopp zurück zur Bahn u wieder 3 Stunden Rückreise ohne Zeit zu Essen u Trinken. So sieht die Liebesfahrt nach Kassel aus.

In Eile Kuß. Muß wieder traben zum Dienst.

Dein

G

Sende doch bitte noch einmal
Nele 10 M. Sende morgen
Postanweisung: Sie schreibt so verzweifelt.

290 [Hannover] 28 III. [1936]

Guten Wahlsonntag, liebstes Tillychen! Vorigen Sonntag hatte ich keinen Brief von Dir, weil Strafporto drauf war u. der Postbote wohl vergeblich geklingelt hatte, ich schlief u. hörte nichts u bekam Brief u braune Kuchen erst Montag früh. Tausend Dank für Kolding. Hoffentlich bekamst Du von mir.

Werde ich Dich nun mal wiedersehn? Welches sind Deine Pläne für den Geburtstag.... Spielst Du Dienstag zum letztenmal?

Wann kommt Pamela zurück?

Wieviel Pfund u. Zentimeter bist Du »dünner« geworden?

Schreibe über Deine Pläne! Ob Du kommen möchtest oder nicht. Viele Küsse!

Dein G

291 [Hannover] 31. III. [1936]

Liebe Tilly,
Dein Brief von gestern ist schon wieder so unzufrieden und mißgestimmt, daß es vielleicht besser ist, Du kommst Sonnabend nicht her. Ich kann Dir Deine Mißstimmung nicht nehmen u. andererseits kann ich die Verfassung, in der Du Dich offenbar auch mir gegenüber befindest, nicht lieben. Es ist daher vielleicht besser, ich komme Ostern nach Berlin, wo ich sowieso was zu tun habe.
Du würdest doch Sonnabend/Sonntag hier sofort wieder sagen, daß ich Dich nur wieder loswerden wolle u. daß Du nie länger hierbleiben könntest, alle die Sachen, die Du doch die letzten Male auch schon gegen mich auf dem Herzen hattest. Ich aber meinerseits kann nichts daran ändern, daß meine inneren u. äußeren Verhältnisse so sind, wie ich nun mal bin.
Ich bin also dafür, daß Du in Berlin bleibst u ich Dich an Deinem Geburtstag oder Ostern besuche.

Herzliche Grüße u. einen Kuß
G

292 [Hannover] 1. 4. [1936]

Also, Tillerl, ich erwarte Dich Sonnabend! Dank für Eilbrief. Warum willst Du Raschplatz wohnen, ist Hospiz nicht angenehmer? Aber wie Du meinst.
Sollte ich nicht auf der Bahn sein, erwarte ich Dich hier, Arnswaldtstr.

Kuß u Wiedersehn
Dein G

293 [Hannover] 7.4.36.

Liebes Tillychen, wie geht's Dir denn, wie war die Fahrt u. die Heimkehr? Ich hatte gehofft, heute nachmittag eine Karte zu bekommen mit Nachricht, aber es war nichts. Hast Du viel ausstehen müssen von Deinen Leuten? Haben sie geschimpft, daß Du nach H.[annover] gefahren bist?
Mir geht's so la la.
Besser, was die Erkältung angeht, schlechter, was das Allgemeinbefinden betrifft. Müde, kaputt, alt, verbraucht, nichts für junge Damen aus Graz. Stimme ist tief u rauh, heiser u. krächzend wie von Huren u. Säufern.
Gute Besserung, liebe kleine Tilly. Hast mir so leid getan.
Grüße Kad.[idja]

Kuß.
Dein
G

294 [Hannover] 9.4.36.

Lieber Tillerl,
einen guten Karfreitag! Wo? Noch im Bett? Was essend?
Dank für ersten Brief!
Bin immer noch nicht wieder 100%ig! Fehlt noch viel dazu!
Erst in einem Viertel- bis Halbjahr werde ich wieder aufgerüstet haben!
War gestern im Kino: »Kurier des Zaren«. *Wohlbrück* in einer *Albers*rolle, die er als *Christus* mimte. Passiert viel, aber alles sehr schundig. Wann kommt Marlene? –
Bist Du noch gelb? Wo wirst Du Ostern sein? Ich werde wohl bestimmt *nicht* kommen. Ist mir auch zu anstrengend, muß hier mich erholen.

Kuß, liebes Tillerl. Gute Besserung! Dein Fr. P.

295 [Hannover, 10.4.1936]

Lieber Tillerl, war heute draußen in *Nenndorf*, am Krater. Sende daher nur spärliche schriftliche Grüße, Küsse u Gratulationen! Auf weitere Jahrzehnte u Jahrhunderte!

Dein

G.

296 [Hannover] 11.4.36.

Liebe süße Tilly, gerne wäre ich heute bei Dir u gratulierte Dir mündlich, aber ich kann mit der starken Erkältung nicht reisen. Hoffentlich hast Du einen schönen Tag, einigermaßen ohne Schmerzen, u. Kad.[idja] u. Marthl feiern Dich zärtlich. Doch ein Abschnitt – so 50 Jahre!! Denke den ganzen Tag an Dich, sei nicht traurig, daß ich nicht bei Dir bin.

Heute abend wolltest Du eventuell noch mal anrufen. Hoffentlich klappt es. Ich will nämlich vielleicht in »Traviata« gehn, in die Oper, vielleicht. Da sonst die ganzen Ostertage nichts Fesselndes dort ist.

Gestern Nenndorf ein Reinfall! Kalt u öde. Erinnerst Du Dich nicht an das nette Restaurant, wo wir zu Beginn unserer Fahrt am 13 X. anhielten »Nenndorfer Höhe«, wir gingen noch ein paar Schritt in eine Pappelallee, tranken dann eine Tasse Kaffee innen?

Nimm Gratulation von *Nele* hiermit an, sie vergißt ja doch zu schreiben, zumal sie jetzt in Kopenhagen ist zu Ostern. Sie ist schlecht u. gehorcht ihrem Vater nie.

Frohes Ostern, liebste Tilly! Hoffentlich sehn wir uns bald wieder. Werde gesund.

Gruß an Kad.

Zärtliche Küsse.

Dein

G.

297 [Hannover] 13 4 36.

Liebes Tillychen,
Dank für das schöne Tortenstück! Habe es Tilly gleich gründlich besorgt u. nicht viel von ihr übriggelassen!
Was hast Du die beiden blöden Feiertage gemacht? D.h. blöde nicht in allem, die Ruhe u die Arbeitslosigkeit ist ja doch sehr angenehm. Ich habe absolut gefaulenzt, viel geschlafen, war so über alles müde u marode, hatte neue Neuralgien im Ohr u. sw. War im Albersfilm, Savoy 217. Na. Er hat eine neue dichte Tolle u sieht jung aus. Die neue Partnerin ganz lieb. Sehr sicher für den Anfang. Eine zweite Paula Wessely, aber mit mehr Möglichkeiten, nicht so bieder u. stur.
Habe die Gegend des Ägidientorplatzes nicht verlassen.

Daß der Blumenmann Rosen geschickt hat statt 3 blauer Orchideen finde ich schokant!
Wie geht's Dir? Bist gelb oder blaß oder rot?

Schreibe bitte bald.

Viele Küsse
zärtlich
Dein
G

Das hübsche Kistchen, in dem die Torte lag, sehr reizend. Dank! Und die Stiefmütterchen!

298 [Hannover] 15 4 36.

Lieber Tillerl, ist ja scheußlich daß Du einen neuen Anfall hattest. Zarte Blüte, Mimose, armes Kindchen! Ja, mußt sehr vorsichtig sein.
Las von Kad.[idja] in der D.A.Z, Osternummer, vom Großherzog von Baden – nett.
In Traviata war ich nicht am Sonnabend. War doch zu Haus, als Du anriefst um 10^{15}. Vorher essen im Gildebräu. Das war alles.

Würde gerne hören, was Else erzählt!
Gute Besserung. Habe jetzt nach Ostern viel Arbeit, da alles liegenblieb.

Kuß u gute Gesundheit!
Dein
G.

299 [Hannover 17.4.1936]

Herzlichen Gruß! Kann vor Arbeit nicht viel schreiben. In A. war ich einst, liegt dicht bei Bordeaux. Alles Liebe u Gute! Ihr
Be

300 [Hannover] 18.4 36.

Liebe kleine Tilly,
schönes Sauwetter hier! Erkälte Dich nur nicht wieder! Zieh Warmes an, hohe Gummischuhe! Ist noch geheizt in der Wohnung?
Am Montag ist Parade, sollen *ohne Mantel* antreten. Ist doch skandalös. Wenn das Wetter so bleibt, streike ich, werde flüchtig.
Wird stiller Sonntag werden morgen. Arbeiten – und Du? Sind Newes zurück?
Vorm Jahr war Ostern u. Du kamst am 2. Ostertag her. (Hotel Kaiserhof u Central)
Guten Sonntag, liebe kleine Tilly.

Einen schönen Kuß
Dein
G
Fr

301 [Hannover] 19.4 36

Liebes Tillerl, Dank für Blümchen u. Kuchen! Ich schreibe Dir sofort, daß Du die Mittelmeerreise *unbedingt mitmachen* sollst. Es wird Dir guttun u Du siehst so viel Herrliches. Ich werde Urlaub nehmen Ende Juli bis Ende August. Da bist Du ja zurück u. wir können uns treffen u. zusammen uns erholen. Schreibe, wohin die Mittelmeerreise gehn soll, mit welchem Schiff. Ich halte die politische Lage für *sehr gefährlich* im Hinblick England – Italien, also gerade in Richtung Mittelmeer. Aber das wird sich sehr bald, ich glaube: *diese* Woche entscheiden.
Mit Nele treffe ich mich nur 1.–3. V in Hamburg. Sie hat keine Zeit u. am 9. hat Onkel Christen in Kopenhagen 60. Geburtstag, da muß sie dahin.

Kuß! Ob P.[amela] zurück ist?

Arme Tillymami!

Dein G

302 [Hannover] 20 4 36

Liebste Tilly,
bitte schreibe auf den Brief an Fechter seine Adresse, die ich nicht weiß. Es ist das kleine Gedichtbuch, das jetzt erschienen ist u dem ich noch eine gewisse freundliche Aufnahme sichern möchte.
Dir anbei ebenfalls ein Exemplar.

Gruß u Dank u Kuß
Dein
G.

303 [Hannover] 23 4 36

Liebes Tillerl, Dank für Deine lieben Zeilen. Aber Du schreibst nicht, wann die Reise losgehn soll? Ich käme gerne

mit, aber es geht im Mai nicht. Auch fürchte ich ja *ernstlich* die Seekrankheit. Der setze ich mich nicht aus. Wenn Ihr in Genua einsteigt, wollt Ihr nicht vorher paar Tage in der Nähe den Frühling der Riviera atmen?
Wie geht's mit P.[amela]? Was probt sie denn? Ein neues Stück? Wie geht's mit Deiner Gesundheit?
War heute in Braunschweig, Dienstfahrt im Auto. Ganz nett u. harmlos. Die Straßen waren trocken u. die Sonne schien u ich war allein mit dem Chauffeur. Nette alte Stadt. Wilhelm Raabe (mir äußerst unsympathisch), Wilhelm Busch (auch nicht mein Schwarm), Ina Seidel, sind die 3 literarischen Größen Braunschweigs. Ferner hat Eulenspiegel hier gelebt u. war Bäckergeselle. Er hat einen Brunnen da, ein Clown u. Eulen u. Affen hören ihm zu. Sonst habe ich nichts gesehn. Alle diese in Norddeutschland gelegenen mittleren Städte sind mir widerlich, unangenehm. Mittelalterlicher Dreck überfallen von Fabriken und modernen »Anlagen«, krankhaft, unanständig, zwitterig.
Morgen abend eingeladen. Harmlos, in Zivil. Jetzt gehe ich mir einen *Flunder* kaufen, zum Abendbrot. Flunder esse ich gerne.

Kuß, liebe Tilly! Dein
G
Fr
P

Was macht Galle?
Warst Du bei Lulu?

304 [Hannover] 25/4/36

Dr. med.
Gottfried Benn
wünscht der schönen süßen Tilly guten Sonntag! Ist arg verkatert heute, war gestern eingeladen, dauerte lange (war aber anständig u. streng solid!)

Wie geht's denn mit P.[amela]?
Wo ich in Hamburg wohne, weiß ich noch nicht. *Nichts* wirst Du schicken, hörst? Sonst sehr böse!!

Kuß, liebe Kleine.
Dein
G

305 [Hannover] 25 4 36

Liebe Tilly, wieder ein Sonntag ohne Brief von Madame! Hast Du nicht geschrieben oder wieder schlecht frankiert oder zu spät eingesteckt –? Du! An Sonntagen ohne Brief von Dir werde ich poussieren gehn u. ausschweifen. Heute allerdings werde ich nur in einen Film gehn: »Heißes Blut«!
Wie ist's mit der Reise? Marthl ist Dir wirklich weit über mit Franzl u. nun noch einem Reeder! Diese Newes! Eine Vielseitigkeit ohnegleichen! Begabte Familie!
Hat Dir eigentlich Nele geschrieben? Ich habe es ihr so sehr geschrieben. Aber vielleicht hat sie kein Geld für Marken.
Heute steht in einer Hannov. Zeitung eine Verlobungsanzeige von einem Fräulein *Stiefel* mit einem Herrn *Vogelei*. Das ist wohl Naturalismus!
Böse Tilly, nicht zu schreiben!

Kuß u Zärtliches. Dein
G.

306 [Hannover] 27/4/36.

Liebes Tillerl, Dein Brief kam ganz gemütlich heute früh an, kein Strafporto, nur zu spät eingesteckt!!
Dank für Blümchen u. Kuchen, die diesmal *ganz* waren. Blieb trotzdem gestern anständig, war im Kino u früh im Bett. Ja, wer küßt mich?
Der »Querschnitt« – was ist denn das jetzt? Großer Dreck wohl? Oder zahlt er gut?

Falckenberg..., die Münchener Tage stehen auf mit all ihren lieben Erinnerungen...!?
Ein jüdischer Übersetzer? Pfui!
Ich werde in Hbg mit Nele wohnen: Pension Heiling. Holzdamm 4. Mir empfohlen von hier, Freitag-Sonntag mittag.

Kuß
Tillerl
Dein
G.

307 [Hannover] 29.4 36

Liebes Tillerchen, wie geht's denn gesundheitlich? Mußt Du wieder die ganze Wirtschaft allein machen u kochen u. arbeiten? Arme Magnolienblüte, Du, so zart u. schön!
Am 1.V giebt's keine Post. Dafür »Freut euch des Lebens«, wir haben ja auch allen Grund dazu.
Las im B.[erliner] T.[ageblatt] den Schmus, den Herb.[ert] Ihering zu G.[ustaf] G.[ründgen]s' Rückkehr fabriziert hat. Ein schamloser Bursche, dieser H.I.
Die ersten Kritiken über mein neues Buch kamen heute. Sehr vorsichtig, aber ganz nett. Was sollen sie auch schreiben! Diese kleinbürgerlichen Biederkeiten, die man jetzt der öffentlichen Welt als deutsche Kunst einredet, verbietet ja jede Diskussion ernsthafter Art. Mögen Sie. Mich berührt es nicht mehr. Bleibe gesund, liebes Kindchen!

Kuß u alles Zärtliche. Ich habe *keine* 2 Damen mitgenommen, nicht mal eine. Dein Traum täuschte Kuß Dein G

308 [Hannover] 30.4.36.

Liebe kleine Tilly, als ich heute früh die Orchideen bekam, war ich schon entsetzt. Als ich aber mittags nun noch den Kuchen fand u. die Schokoladenpackung – noch nicht geöff-

net, nehme ich mit zu Nele – wurde es ganz schlimm. Du *sollst* es doch nicht tun, Tillerchen!
Dank, tausend Dank für die Liebe, die aus den Geschenken u aus Deinen Zeilen spricht, liebe gute süße Tilly!
Und nun gratuliere ich mir zu Dir u. danke Dir für alles Zärtliche u. Süße!

Kuß
Dein
G.
Fr.
P.
O
St
A
Dr.

309 [Hannover, 30.4.1936]

DER FÜNFZIGJÄHRIGE

GOTTFRIED BENNS GEDICHTE

Gottfried Benn wird Sonnabend fünfzig Jahre alt. Darum erscheint eine Auswahl seiner Gedichte (Deutsche Verlagsanstalt, Stuttgart-Berlin). Es ist ein schmaler Band, aber ein Buch, angefüllt mit der grossen Problematik dieses Mannes, die er selbst am besten und klarsten erkannte, als er in seiner Essay-Sammlung „Kunst und Macht" 1934 den Aufsatz über Expressionismus erscheinen liess. „Lebt im Schatten, macht Kunst" heisst es da. So mag es den Jungen des Jahres 1936 vorkommen, wenn sie Gedichte dieses Mannes lesen, von denen als das wenigste gesagt werden muss: er machte sich sein Leben nicht leicht. Die Melodie seiner späten Gedichte schwingt zwischen Swinburne und George, der innerste Rhythmus, die tiefste und dunkelste Melancholie klingt zu beiden hin. Er, Gottfried Benn, bleibt für die junge Generation ein Rätsel, um dessen Auflösung sich freilich niemand kümmert; der Bildungsunterschied ist zu gross und zu ausschlaggebend. Rilke lässt sich ohne humanistische Bildung begreifen, George ohne sie lesen; Benn, der keineswegs ganz zufällig in illustre Gesellschaft gekommen ist, bleibt ohne Bildung kaum zu erahnen, geschweige zu verstehen. Ob es nötig sei, so zu schreiben, zu dichten: „Bild, Vers, Flötenlied", wird mancher fragen. Stellt man solche Frage dem Maler van Gogh, Cézanne?, oder will man so das Geheimnis Breughels oder Rembrandts ergründen? Besessen von sich und der Welt ihrer Gedanken waren jene; wie ein Typus vom Range Benns es von sich, von seiner durch das Gehirn schmerzvoll filtrierten Welt ist. Schmerzvoll, weil er alles und jedes unendlich schwer nimmt und wägt. Darüber darf nicht die Eleganz des Verses, die weltmännische Art, etwas durch Fremdworte äusserst präzis und preziös sagen zu können, hinwegtäuschen.

Gottfried Benn hat ein schweres Schicksal auf seine Schultern genommen: mit Worten und Klängen, mit Tönen und Begriffen, mit verschwebenden Zartheiten und dissonnanter Ueberdeutlichkeit die Beziehung zu einer Umwelt herzustellen, die andere Worte und Klänge kennt und braucht, um wirklich angegangen zu werden. Es gibt bildende Künstler in Deutschland, im Alter Benns etwa, die viele Bedingungen des deutschen Heute erfüllen, die eine Bedingung aber nicht: jünger und voraussetzungslos zu sein. Daraus ergibt sich jene Tragik, die auch die Dreissigjährigen zum Teil schlägt: zwischen den Zeiten zu stehen. Diese Tragik mindert nicht den Wert der Leistung, über die endgültig die Zukunft zu Gericht sitzen wird. Es gehört aber Mut und Reinheit dazu, diese Lage einzusehen, aus ihr nicht profitliche Folgerungen zu ziehen, was Benn, indem er seine Vergangenheit verleugnete und seine Gegenwart gegenwärtiger stimulierte, leichtfallen würde. Bleibt auch dem dringend Bemühten mancher Vers, ja manches Gedicht dieser neuen Sammlung durchaus orphisch, so stehen auf den hundert Seiten des schwarzsilbernen Bandes genug Zeugnisse klarsten kristallinischen Empfindens und lyrischer Begnadung, die dem Aufgeschlossenen von der Mühsal und dem Ernst des Bennschen Lebens sprechen; den Januskopf dieses rück- und vorwärtsgewandten Daseins, die tiefe Tragik des Mannes von fünfzig Jahren heute steht bedeutend und ergreifend auch an jenen Wegen seiner Kunst und Kunstdeutung, die zu beschreiten uns aus diesen oder jenen Gründen unmöglich ist. *Pfeiffer-Belli*

Herrlich, nicht? G

310

Dank u Grüße! Es ist alles nett u reizend. Morgen abend bin ich wieder in Hannover.

Ihr Benn.

[Hamburg] 2 V 36

311 [Hannover] 4. V 36.

Liebster Tillerl, tut mir wahnsinnig leid, daß Du keine Nachricht aus Hamburg hattest. Wir haben Sonnabend eine Karte geschrieben, die Nele angeblich in den Kasten gesteckt hat, mittags 13^{30}. Wer weiß, was sie damit gemacht hat! Ich werde sofort fragen.
Es tut mir ganz unendlich leid, daß Du krank bist u. so hohe Temperaturen hattest. Es ist *bestimmt* Gallenblasenentzündung. Hat mit Niere u. Rippenfell *nichts* zu tun. Schrecklich schade, arme Tilly, daß nun die Reise nichts werden wird.
Hamburg war nett. Mit Nele habe ich ja keine unmittelbare Fühlung. Der erste Tag reizend, der zweite nervös, der dritte reif zur Abreise. Bei ihr wie bei mir. Sie will für 6 Monate nach Deutschland oder Ausland gehn. Ist mir ganz recht, sie ist entschieden dort in mäßiger Gesellschaft. Dauernd nur Flirts im Kopf u. Blödsinn. Sie verludert etwas, scheint mir.
Hier bei der Rückkehr allerlei Post, aber nichts Erregendes. Natürlich von keiner offiziellen Seite das geringste. Von Johst ein nettes *Privat*telegramm. Von der Dichterakademie: nichts. Alles in allem nicht viel Glanz, den ich vorzeigen kann. Einzelne nette Briefe.
Morgen muß ich Dienstreise im Auto nach Bad Harzburg machen in Sachen Res.[erve-]Lazarette im Kriegsfall. Früh fort, abends spät zurück.
Bitte danke vorläufig Du Kad.[idja] u P.[amela] sehr für ihre so lieben u. reizenden Briefe. Werde bald selber alles nachholen.

Bei Frau Wolf bin ich fast nie. Wein trinke ich absolut nicht häufig. Bin anständig!!
Bitte Adresse an Yella aufmalen u. senden. War ganz besonders lieb von ihr, mir zu gratulieren!
Gute Besserung u. nochmals tausend Dank für alles Liebe, alles Gedenken, Geschenke, Zärtlichkeit.

Viele Küsse Dein

G.

312

Schönes Wetter u alles blüht, ein angenehmer Tag. Leider allein, ohne Sie. Wie geht es? Wünsche Ihnen so sehr baldige Erholung.

Ihr

Be.

[Bad Harzburg] 5 V 36

313 [Hannover] 7. 5. 36.

Liebes Tillerchen, ich bin zufrieden, daß Lulu bei Dir war. Ja, es wird ein paar Wochen dauern, ehe Du erholt bist. Inzwischen werde ich mich umschaun, wo Du zur Genesung hingehn kannst.
Was soll man zu G.[ustaf] G.[ründgens] sagen?? Ein smarter Bursche! Ein doller Streber. Kann er als Staatsrat noch Intriganten spielen?? Abgefeimte Politiker? Selbstsüchtige Volksbetrüger??? .....
Gute Besserung, süße Tilly. Selbst sonntags bin ich im Dienst u. fahre nach *Nenndorf*, dienstlich, zum Kotzen, da meine Ärzte, mit denen ich dort zu verhandeln habe, nur sonntags Zeit haben.

Kuß u. viele gute Gedanken!

Dein

G.

314 [Hannover] 8 V 36.

Liebes Tillerchen,
der Baumkuchen war wirklich exzellent! Ich muß nochmals dafür danken!
Denke Dir, im »Schwarzen Korps« schlimme Pöbelei gegen mich, wegen Geburtstag u. dem Gedichtband. »Ferkelei« »Nachfolger jener, die man wegen ihrer widernatürlichen Schweinereien aus dem Hause jagte« u. sw. Mir zugeschickt mit einem Zettel dran: »geiler Mistfink«, anonym.

In meiner jetzigen Situation natürlich sehr schlimm u ich weiß im Moment nicht, was ich unternehmen soll. Kann mich Stellung u. alles kosten. Am besten wohl, ich ignoriere es, aber wenn es jemand liest, was dann?
Das ist das Vaterland!

Gruß u Kuß u. bald mehr u. gute Besserung.

Dein

G

315 [Hannover] 9/V 36.

Lieber Tillerl, tut mir so leid, daß Du noch immer so schwach! Wirst nicht vor 2–3 Wochen reisefähig sein!
Bei mir sehr peinliche Situation, da V.[ölkischer] B.[eobachter] die Sache aus dem »Schwarzen Korps« aufgegriffen u. weiterverarbeitet hat. Dienstliche Meldung heute von mir beim Gen.[eral] erfolgt. Sehr möglich, daß ich verabschiedet werde! Diese Lumpen u. Stinktiere hätten dann wieder einen der so verhaßten Künstler umgelegt: Ich bin in einer scheußlichen Lage. Habe mich an H.[anns] J.[ohst] gewendet, ob er mir eine Ehrenerklärung abgeben will. Sonst unweigerlich Ehrengericht gegen mich (3 alte Majore oder so) mit fraglichem Ausgang. Ich habe große Zweifel, daß J. reagiert. Er ist ja vom selben Schlag. Also wieder von vorne anfangen, aber mit der peinlichen Belastung der Entlassung aus der Armee.

Was soll ich machen? Habe Nenndorf abgesagt, melde mich Montag vielleicht krank. Hab's satt.
Guten Sonntag, Tilly. Bitte grüß P.[amela] sehr. Ich danke ihr morgen für den reizenden Geburtstagsbrief.

Große Depression! Ekelhaftes Leben.

Kuß, Tillerl!

Dein

G

316 [Hannover] 10 5 36.

Liebes Tillerl, das war sehr lieb von Dir, anzurufen! Wenngleich dieses Lausepack es ja nicht verdient, daß man ihretwegen telefoniert, die Feder anrührt, sich Sorge macht. Allesamt – eine Herde von Stinktieren, die sich sicher fühlen, weil man gegen ihren Gestank nicht ankann. Ich warte nun, ob J.[ohst] mir eine entsprechende Erklärung sendet. Sehr sicher bin ich in der Richtung nicht. Er ist zu sehr verbunden u. verbandelt mit allen, namentlich mit Ro.[senberg] Im übrigen bin ich ja in der schwierigen Lage, daß mich die führende Schriftstellergilde alten Schlags (:Strauß, Kolbenheyer, Schäfer, Münchhausen, Blunck u sw.) *genauso* abfallen ließen u. zugrunde richten würden wie diese andere Richtung. Völlig isoliert; auf das Wohlwollen von Herrn J. angewiesen, so verbrachte ich ja schon die letzten Jahre. Nun, bekomme ich das Telegramm nicht, lasse ich die Sache ihren dienstlichen Lauf nehmen. Beantrage gegen mich eine ehrengerichtliche Untersuchung, ob meine persönliche Ehre dadurch angegriffen ist u. ich gehn muß. Nun stelle Dir vor: Ein Ehrengericht von 3 alten Majoren, die über Lyrik, meine Gedichte, zu Rat sitzen. Was soll da herauskommen? Doch nichts Gutes! Im günstigsten Fall erklären sie, daß meine *persönliche* Ehre unangetastet ist, aber daß es besser sei, ich gehe, da ein Offizier sich solchen Angriffen nicht aussetzen kann. Darin haben sie meiner Meinung nach auch recht. Ich werde bestimmt gehn müssen. Ich werde nur es so einzurichten suchen, daß ich unfreiwillig gehe, d.h. man mir Pension geben muß, event., wenn ich Glück habe, eine neue Zivilstelle. Ich habe mich heute noch durch Eilbrief an meinen Berl.[iner] Bekannten im Kriegsmin.[isterium] gewandt, der mich vor 1½ Jahren reaktiviert u hierhergesandt hatte, ein alter Studienkamerad von mir, der maßgeblichste San.[itäts] Offiz.[ier] der Armee. Auf seinen Rat werde ich warten. Aber in solchen Fällen sind alle sehr vorsichtig u. behandeln einen schon wie Kadaver!

Das alles nimmt mich sehr mit, natürlich. Bin kaputt, schlafe schlecht. Aber nichts kann mich darin beirren, daß alle jene armselige Schlucker, wenn nicht Lumpen, sind u. die geistige Vertretung, die ich sozusagen übernommen habe, das Gültigere ist. Übrigens sind ja zum Glück aus Anlaß meines Geburtstags ganz erstaunlich viele u *gute* Presse-Aufsätze erschienen, sogar die »Germania« ganz groß, viele Provinzzeitungen, die mir im Moment viel nützen.

Ja, so stehn die Dinge. Kampf, Kampf, Kampf bis zur Vernichtung. Alle diese Schlachten: die Hegemann-sache vor Jahren in Sachen H.[einrich] M.[ann], dann die beiden Münchhausenskandale, Herr Werner Deubel im vorigen Jahr, vorher, als Du mich noch nicht kanntest, Krach mit den Marxisten: Becher u. Kisch – u. entsprechender »Gedanken«austausch – ein Feldzug von Pöbeleien, Angriffen, Hetzen, bald mag ich nicht mehr. Na, weiter! Für wen eigentlich? Für mich nicht. Ich weiß es selber nicht mehr.

Gruß an P.[amela] u Kad.[idja] Sehr freundlich von P., an G.[ustaf] G.[ründgens] zu denken!

Kuß, Tillerl,
Dein
G.

317 Glückwünsche an Yella!

[Hannover] 11./5. [1936]

Liebes Tillerl,

Dank für lieben Brief mit Blümchen!

J.[ohst] hat *nichts* von sich hören lassen.

Dagegen hat sich mein General auf den wirklich großartigen Standpunkt gestellt, der Artikel im S.[chwarzen] K.[orps] sei so niedrig und schmutzig, daß ich mich nicht darum zu kümmern brauchte. Meine Offiziersehre würde beleidigt, wenn ich auf sie reagierte, aber nicht dadurch, daß diese Lumpen mich angriffen. Er hätte aus den anderen ihm übergebenen Zeitungen ersehn, daß ich hoch über dem Staub der Erde stünde u. unerreichbar sei für solche Pöbeleien. Das ist doch großartig.

Immerhin erwartet er auch von J. eine ganz unzweideutig zustimmende Erklärung *für* mich, die auch ihn, den Gen., dekken würde.

Wenn diese nun nicht kommt, was dann? Na, wir werden sehn. J. ist ja neuerdings auch S.S. u. läßt sich immerzu in schwarzer Uniform fotografieren. Also vielleicht findet er den frisch-fröhlichen Ton superb!

Dank für Teilnahme, Anrufe. Kuß, gute Erholung.

318

Dienstreise in nette Stadt, Flieder blüht. Gute Erholung tausend Grüße!

Ihr

G B.

[Göttingen] 13/V. 36

319 [Hannover] 14/5/36

Liebes Tillerl,

nun wie geht es so im allgemeinen u. besonderen? Ißt Du denn gut u. trinkst auch ein bißchen Nahrhaftes, damit Du zu Kräften kommst? Für Gallensteine ist es gut, wenn man dick

ist. Beim Abmagern machen sie immer Scherereien. Trinkst Du schon Mühlbrunnen?
Bei mir giebt es nichts Neues. Aus Berlin habe ich noch keine Nachricht u die erst [ist] entscheidend. Ich bin etwas beunruhigt über das Ausbleiben des Entscheids.
Gestern Dienstreise nach Göttingen. Das Schwarze Korps hängt ja jetzt überall in Kästen aus u. wird viel gelesen. Ich hatte in der Göttg. Universität zu tun, da hing es, es war gerade Pause u. die Studenten standen alle es lesend herum. Hätten sie geahnt, wie nahe ihnen der Teufel in Person stand, sie hätten eine Kerze angezündet. Der Flieder blühte überall, es war reizend, eine nette kleine Universitätsstadt.
Hier der Stumpfsinn geht weiter.
Ein weiteres großes Ereignis ist, daß Nele ab 1. VI von Kolding weggeht u ein halbes Jahr ins Ausland will, am liebsten französ. Schweiz. ‹...› Ich finde die ganze Unternehmung überstürzt u. bedenklich. Aber andererseits habe ich für die Erziehung von ihr ja noch nicht viel getan, also ist es wohl meine Pflicht im Rahmen meiner Möglichkeiten ihr zu helfen. Sie will eine Stellung au pair annehmen u. dabei Französ. lernen. Aber das wird es gar nicht geben. Eine Deutsche! Keinesfalls will sie in Deutschland bleiben. Das erscheint ihr offenbar ehrenrührig. Daneben hat sie aber wirklich einen fabelhaften Auftrieb, Energie, Lerndrang, will sich alles alleine beschaffen, schreiben, anfragen, tüchtig ist sie. Wo hat *sie* das her? Von mir nicht. Ich bin doch ausgesprochen untätig, passiv, asozial u ihre Mutter war alles andere als arbeitsam u. in diesem Sinne eifrig; sie war ausgesprochen auf Amüsieren u Leichtlebigkeit aus.

Gute Erholung, Tillychen! Kuß Dein O St A

320 [Hannover] 16. 5 36.

Liebes Tillerchen,
Deine hannoversche Filiale wünscht einen guten Sonntag! Wenn es nicht kalt ist, liege auf dem Balkon, gehe hin u her auf

ihm, groß ist er ja dazu. Ich werde nun morgen nach Nenndorf fahren, da es vorigen Sonntag nichts wurde.
Gestern kam die Antwort aus Berlin in der bewußten Sache von der Stelle im R.[eichs]Kr.[iegs]Min.[isterium], die für mich so wichtig ist. Nun, von der Großartigkeit meines Gen.[erals] keine Spur! Die Sache ist wohl durch das Telegramm von J.[ohst] erledigt, aber man denkt dort doch sehr kleinlich u sieht bei mir die Schuld, giebt mir ästhetische Vorlesungen über das Schöne in der Kunst (!), gut gemeint, aber ärgerlich dumm. Keine angenehme Tonart aus Berlin. So daß ich mich frage, ob ich nicht doch nach Möglichkeiten Ausschau halte, wieder ins Zivil überzugehn. Kein Wort darüber, daß ich ja beleidigt bin, »es stehn beachtliche Zeitungen gegen andere beachtliche Zeitungen« (!), »Remis«; »Entgleisung«. Dies ist die militär*ärztliche* Dienststelle, nun: Ärzte! Die sind halt überall doof, in Uniform wie in Zivil. –
Ja, wo sollst Du Dich erholen? Ich bliebe ja zunächst noch in Berlin. Bis Du ganz frisch bist. (Hat Marthl ihre Reise begonnen?)
Habe heute auch Dienstbesprechung hier. Knappe Zeit. Kuß u Gedenken.

Dein G.

321

Schön wie diese Segeldschunke verlaufe Ihr Leben in zarten und verschwimmenden Farben. Dies beiläufig, da sie gerade von meinem Kalender fällig ist. Herzlich Ihr

Be. [Hannover] 18/V 36

322

Gestern eine chinesische Dschunke heute Exotik im Heimatland. Schöner Ort hier! Tausend Grüße.
Alles *dienstlich*.

Ihr

[Bad Pyrmont] 19 V 36 Be

323 [Hannover] 20/5/36

Lieber Tillerl, einen guten Himmelfahrtstag wünsche ich Dir. Ich werde erst morgen Zeit finden, mich mit Deinen letzten Briefen zu beschäftigen u zu antworten, hatte zuviel Arbeit u. Abhaltung dieser Tage.

Pyrmont ist einer der allerreizendsten Orte von Deutschland, die ich kenne. War abends wieder [da]heim, offener Wagen, war kalt. Aß auf der Rückfahrt in *Hameln* in Thiemanns Hotel am selben Tisch, wo wir im Oktober abendaßen. Dachte sehr an Dich.

Alles Gute für morgen. Viele Küsse. Dein G.

324 [Hannover] 21/5/36.

Liebes Tillychen, vielleicht ist die Sache in Bayern, 1200 m hoch, das Richtigste. Nicht viel gehn, im Freien liegen, Diät essen, aber wieder ein bißchen anfuttern. Wie heißt der Ort? Das schriebst Du nicht.

Möglich, daß ich Pfingsten komme. Sowohl um dich zu besuchen, wie um den Mann im R.[eichs]Kr.[iegs]M.[inisterium] zu sprechen. Ich wohne aber dann *nicht* bei Dir. Bestimmt nicht, macht zuviel Arbeit. Aber ich besuche Dich eine Weile. Vielleicht bleibe ich auch einen Tag, komme vormittags, fahre abends.

In der »Sache« nichts nennenswertes Neues. Von *privater* Seite einige Briefe, die mich überraschen, soweit einen noch was überrascht. Z. B. von Ina Seidel, die ja im gleichen Verlag ist u. offenbar Angst um ihre Honorare hat, einen geradezu arroganten Brief voll Belehrung u Kritik u. Ablehnung. Ich bin äußerst verärgert darüber, werde aber schweigen, gar nicht antworten. Und noch so einiges halb Verlegenes, halb Angsterfülltes (Angst nicht um mich, sondern um das eigene Gut u. Eigenheim). 2 Männer haben sich großartig benommen: mein General u. Johst. Das muß mir genug sein. Im übrigen: mit niemandem u. nichts mehr sprechen, schreiben, verkehren. Soll ich nach Graz gehn als Arzt..?

Zu wann rüstest Du Deine Abreise?
Ist Marthl wirklich lungenkrank? War sie bei einem Arzt?
Kann sie trotzdem die Reise machen?
Yella, die nette, reizende, tut mir so leid.
Ein ungünstiger Monat, dieser April/Mai. Böse Gestirne!
Dank für die Stiefmütterchen!

Grüße u Küsse! Zärtlich Dein

G.

Pyrmont: E*x*otik.
Dienstlich.
Keine Frau angeschaut.
Es ist leer, die Juden fehlen!
Man klagt.

325 [Hannover] 23 V 36.

Liebes kleines Tillerchen,
guten Sonntag u Dank für Brief. Es sieht so aus, als ob ich Sonntag komme, 1. Pfingsttag.
Also B*o*zen, nicht Boze*r*n Das wäre ja ganz herrlich für Dich. Wie siehst Du denn aus? Noch sehr elend? Armes Kind, aber alles überstrahlt Dein liebes süßes Herz!

Viele Küsse u Zärtlichkeiten. Gruß an K[adidja] u. P[amela].

Dein

G

326 [Hannover] 26/5. [1936]

Dank für Blumen, braune Kuchen, Briefe!
Viele liebe Grüße u Küsse, bin innerlich stark in Anspruch genommen, komme heute nicht zum Schreiben. War ein stummer, kalter Sonntag gestern. Bleibe mir gut u. sei geküßt.
Auf Wiedersehn! Dein G.

327 27/5/36. H.[annover]

Liebes Tillerchen, Dank für schöne Karten u Grüße u. Briefchen. Nun ist Marthl wohl schon fort u. Du bist noch mehr allein u. ohne Wagen, arme Tilly. Machst Du denn schon wieder den Haushalt? Oder wer macht ihn? P.[amela]? Newes fahren doch sicher zu Pfingsten fort! Je schöner jemand Wohnung u. Garten hat, um so weniger ist er drin.
Ich werde wohl dies Jahr kaum reisen können, wenn Nele in Deutschland ist u. ich völlig für sie sorgen muß. Das ist ja doch eine große Aufgabe u. Ausgabe. Am 15. VI. will sie hierherkommen. Was sie sich eigentlich von der ganzen Sache denkt, weiß ich nicht. Aber sie ist wie besessen plötzlich, aus D.[änemark] fortzugehn, will aber am 1. XII wieder zurück.
Wie lange willst Du in Bozen bleiben? 4 Wochen?
Bist also Mitte Juli zurück. Da denke ich zwar Urlaub zu nehmen, aber werde wohl hierbleiben. Eventuell will ich nach Berlin ein paar Wochen, dort in der Staatsbibliothek arbeiten. Wann ich Pfingsten zu Dir komme, weiß ich noch nicht genau. Ich habe mehrere Besuche zu machen.
Schrieb ich Dir eigentlich von meiner jüngsten Schwester, bei der ein so schweres Augenleiden ziemlich plötzlich ausgebrochen ist, das *sicher* zur Erblindung führt? Sie hat nur noch halbe Sehschärfe, ist 34 Jahre alt! Eine Netzhauterkrankung degenerativer Art, Erbkrankheit!, nicht zu bekämpfen. Eine ganz tragische Sache. Ich will sie besuchen u. mich etwas um sie kümmern, auch mit ihrem Arzt sprechen. Soll wahrscheinlich auch noch sterilisiert werden. Ein Glück, daß sie keine Kinder hat.

Überall Sorge u. Kummer.

Dich küßt zärtlich

Dein

G.

328 [Hannover] 29 V 36.

Liebste Tilly,
Dank für lieben Brief. Natürlich mußt Du jetzt verreisen. Wenn Du es irgend machen kannst, wenn Dir Dein Bruder helfen kann, so tue es doch. Es wird Dir so guttun. Und mal raus aus der Atmosphäre! Ich komme vor Ende Juli, Anfang August nicht nach Berlin, auf Urlaub, da ich erst dann einen Vertreter habe.

Wann ich morgen oder übermorgen komme, kann ich im Moment nicht sagen. Es hängt von dem Herrn aus dem R.[eichs]Kr.[iegs]M.[inisterium] ab, den ich sprechen will. Es soll außerdem Sonnabend abend ein Semesterabend stattfinden in der militärärztl. Akademie in d. Scharnhorststraße von den Leuten meines Jahrgangs (1905, Eintritt in die damalige Kaiser Wilh. Akademie), zu denen auch dieser gewisse Herr gehört. Da werde ich ihn sehn, ob aber eingehend sprechen, weiß ich nicht, dies wird vielleicht erst Sonntag stattfinden.

Ferner will ich sehn: meine Schwester, Dr. Pagel vom Verlag D.V.A. Und Sonntag abend möchte ich zurück, um nicht in den Rückfahrttrubel am Montag zu kommen u. mich Montag noch hier etwas auszuruhn. *Ich rufe Dich an*, sowie ich da bin. Wohne aber irgendwo anders, in Hotel od. Pension. *Gebe Deine Telefonnummer hier als Adresse an*, für alle Fälle, falls ich gesucht werde. (Wird aber wohl nichts passieren).

Also Wiedersehn, Tillerchen! Aber bitte sei nicht böse oder traurig, wenn ich nur vorüberkomme u Dir einen Kuß gebe u.s.w. Bist Du denn eigentlich wieder so gesund, daß Du alles tun darfst?? Sollte sich in meinen Dispositionen etwas ändern, telefoniere ich an.

Viele Küsse, zärtliche Gedanken! Dein

G.

Kann ich Sonntag um 1 h. bei Dir frühstücken? Ich rufe Dich Sonnabend 7–8 h. an, ja? Kuß

G

329 [Hannover] 1/6/36.

Liebes Tillerchen,
habe vielen Dank für die schönen Stunden bei Dir u. alle Genüsse. Du sahst prächtig aus, zart, aber wohl, gar nicht etwa ernstlich krank. Hoffentlich hat Dir mein Besuch nicht geschadet?
Fand hier eine Karte von der Schwester Elisabeth vor. Ist ja sehr anhänglich, die Gute. Den Namen des Ortes von wo sie schreibt, kann ich nicht lesen.
Was hast Du heute gemacht? Ich mich ausgeruht u. gelesen. Wetter kühl, aber sonnig.
Waren Deine Töchter böse auf mich? Hat K.[adidja] abends die schönen Pfirsiche aufgegessen? Und Du heute das Frikassee?
Ich bin so unrasiert, daß ich nicht ausgehn kann.
Kuß u Dank, liebste Tilly! Fahre aber, wenn Du kannst, nach Bozen. Es wird das Beste sein.

Kuß nochmals u Liebe

Dein

G

330 [Hannover] 3/6 36.

Liebes Tillerchen, ich wäre sehr dafür, daß Du nach Bozen gehst, weil es so schön da ist. Zur Kur irgendwohingehn hier in der Nähe u. nur halt da sein, weil Du nach H.[annover] kommst oder ich hinkomme, ist vielleicht nicht das Richtige. Ich bin ja auch vom 15. 6. an, wo Nele kommt, hier angebunden.
Denke Dir, ich habe Dir etwas aus der Sache mit meiner Schwester am Sonntag noch gar nicht erzählt, weil ich erst hinterher meinen Bruder noch mal allein sprach. Der Professor hat verlangt, daß sich *alle* Geschwister meiner Schwester, also wir alle, untersuchen lassen, da diese Krankheit mei-

stens »serienweise« auftritt. Einen Teil meiner Geschwister hat er untersucht, ich habe mich hier gestern untersuchen lassen. Alle u. alles völlig gesund. Aber nun denke Dir: *alle unsere Kinder* sind in Gefahr, die gleiche Krankheit zu bekommen, wie meine Schwester hat. Es ist eine Krankheit, die wenn sie auftritt, meistens mehrere Familienmitglieder befällt. Der Prof. hat einem meiner Brüder nahegelegt, keine Kinder mehr zu bekommen. Wir sind also zum Aussterben bestimmt. Das ist kein Schade. Und ich halte diese übertriebene Rassen- u Erblehre von heute für lächerlich, wer hat früher daran gedacht u die Menschheit ist nicht ausgestorben. Immerhin doch eine tolle Sache das Ganze. Ganz unheimlich. Ich werde nun noch mal an den Professor schreiben, ob ich Nele das Heiraten verbieten muß. *Ich* bin nicht mehr gefährdet. Schon zu alt u. habe keine Zeichen dafür. Aber Nele? Eine schauerliche Affäre das Ganze. Besonders sonderbar: wenn man meine Eltern *vor* der Eheschließung untersucht hätte, hätte man ihnen *bestimmt* bei *strengsten Maßstäben* das Heiraten erlaubt, *da beide völlig gesund*! Und trotzdem. Es ist eine ausgesprochene Degenerationskrankheit, an sich sehr selten, am häufigsten bei Verwandtenehen, aber das ist ja bei meinen Eltern ganz u gar nicht der Fall gewesen.
Heute kommt E.[rich] R.[eiss] auf seiner Rückreise hier durch von U.S.A. und wird mich besuchen. Freue mich drauf, mal was zu hören.

Kuß, liebes Tillerchen!

Dein G.

O St A

Die Augenkrankheit heißt:

Pigmentatrophie der Netzhaut,

(dazu kommt bei meiner Schwester noch ein beginnender *Star*, dies letztere gehört aber an sich nicht dazu, verschlimmert die Lage aber noch.)

331 6/6. 36 H.[annover]

Liebes Tillerchen, Dank für lieben Brief u. Teilnahme! Man muß sehn, wie die Sache weiter wird. Ich warte auf Antwort von dem Prof. aus Berlin, auch von meiner Schwägerin in Mainz, die ja Augenärztin ist, Schwester meiner Frau, was sie dazu sagt.
Dunkles kühles Wetter. Sonderbarer Sommer. Noch kein heißer Tag. Morgen wird es eine Woche, daß ich bei Dir war. Geht es Dir ganz gut? Wie steht es mit der Reise?
Nele schreibt mir, daß sie Schritte unternommen hat, Dänin zu werden. Vielleicht das Beste für sie. Sie wird in der Welt weiter kommen, wenn sie keine Deutsche ist, hier kastriert man sie höchstens
Guten Sonntag, lieber Tillerl. Ich wollte, Du könntest bald reisen.
E.[rich] R.[eiss] erzählte aus den anderen Ländern auch nicht viel Gutes.

Viele Küsse. Dein G.

332 [Hannover] 7/6. [1936]

Dank für lieben Sonntagsbrief! Gute Besserung für Hals. Arme kleine Tilly. Finde es richtig, daß Du fahren wirst. Raus! Ich würde das ernstlich überlegen mit den Verlägen. Sprich doch mal mit E.[rich] R.[eiss], der ja jetzt manches gesehn hat.
Heute wollte Herr Oelze aus Bremen kommen, hat aber leider abtelegrafiert. Schade. Ein Sauwetter, es gießt. Selbst ins Kino ist zu weit.

Viele Küsse. Immer in Liebe
Dein
G.

333 [Hannover] 9/6/36

Liebes Tillychen,
Dein Brief ist ja sehr traurig. Sowohl an sich, wie insonderheit für mich. Bonsels willst Du heiraten u. die Liesel W. macht Dich erotisch bewegt u erregt. Tragisch für mich, ich sehe, wie schnuppe ich Dir bin! Wo ist denn Frau W. hingereist? Nach Wien? Sie ist gewiß eine sehr nette Frau, aber sehr östlich mit allem Bedenklichen dran.
Was heißt dies eine Wort, das ich hier anklebe?

Hirtenbube?
*H*iobide?
*N*iobide?

nur noch selten?? U.A.w.g.
Oelze kam Sonntag also nicht. Hat eben telegrafiert, daß er heute um 9 bei Kasten ist. Hoffentlich klappt es heute. Obschon ich nicht gern bei Kasten sitze.
Wann geht die Reise von Berlin los? Warum hast Du Fieber? Immer noch vom Hals aus, ist denn noch Angina da?
Bitte schreibe mir die Adresse von K[adidja]s Zimmer. Und wo eventuell der Schlüssel zu bekommen ist.
Nele kommt Montag oder Dienstag. Bleibt bis wir uns satt haben, was bald sein wird. Ich habe die Chaiselongue aus der Schlafstube in mein Arbeitszimmer gestellt, das Sofa ins Eßzimmer, wie Du es ja schon vorschlugst. Miete einen Schrank, den ich für die Zeit in die Schlafstube für sie stelle. Von hier aus soll sie nach Berlin, ob sie will oder nicht. Ihre Gedanken mit der Schweiz sind Blödsinn. Mein Verlag hat ja die »Deutsche Zukunft« von Fechter-Klein gekauft, also ist ein neues Arbeitsgebiet da, dann kann sie am Berl. Tagebl. einen Monat volontieren, oder D.[eutsche] A.[llgemeine] Z.[eitung]. Zum Herbst hat sie ihre Tante Bally nach Paris eingeladen für 3–4 Wochen. So werden die Monate herumgehn. Finanziell wird es für mich sehr schwierig sein, aber was soll ich tun, ich muß ihr ja mal helfen u. etwas für ihre Ausbildung tun.

Meine Schwägerin aus Mainz schrieb Gott sei Dank nicht so sentimental wie ich fürchtete. Sie hält Nele nicht für wesentlich gefährdet. Nun gut. Von dem Prof. habe ich noch keine Antwort.
Wenn Du zurück bist, komme ich nach Berlin u wir sehn uns längere Zeit mehr, Tillychen. Ich freue mich schon sehr drauf. Du bist u bleibst die süßeste u. einzige.

Viele Küsse Dein G.

334 11/6/36 H.[annover]

Liebe süße Tilly, Dank für die blauen Stiefmütterchen. Daß in diesem Sommer überhaupt was blüht, ist erstaunlich. Es ist doch nur ein Sommer für Würmer und Mollusken.
K.[adidja] soll sich schämen, wieder plötzlich nicht mitzureisen. Diese Kinder!
Mit Oelze war es nett. Trafen uns bei Kasten, gingen aber in mein Weinhaus Wolf, wo man sich besser unterhalten kann. (Frau W. ist 4 Wochen in Wiesbaden, nebenbei!!) Oe. sah extravagant elegant aus. Wirklich ein merkwürdiger ungewöhnlicher Typ, gänzlich undeutsch. Sieht älter aus, als er ist (45 J.), Haar fast weiß, sehr schlank, schmales spitzes Gesicht, Gesichtsfarbe rötlich wie bei Lungenkranken, unwahrscheinlich gut angezogen. Er sieht eigentlich aus wie aus einer Revue, Hoffmanns Erzählungen, am Rand von Wirklichkeit u. Halluzination. Wir saßen bis 12½. Er fuhr nachts weiter. Ich habe ihm aufgegeben, das nächstemal Bilder von seinem Haus, Frau, Sohn mitzubringen, damit ich endlich wüßte, mit wem ich es zu tun habe! Ob er im Unterbewußtsein doch homo.. ist? Ohnedem, ist er eigentlich unerklärlich.
Aber ich rede von einem Mann, statt von einer Frau zu reden, der einzigen, von der es wert ist zu reden, der süßesten: T.W.

Wenn Du reist, wie reist Du u über welche Strecke? München natürlich u. Du fährst durch, nicht wahr, ohne Halt zu machen? Abend ab Anhalter Bhf. u. am nächsten Spätnachmittag in Bozen. Und die Adresse dort? Und Du bleibst 4 Wochen, ja? Mitte Juli kommst Du zurück. Triffst Du Dich mit jemandem, z.B. Liesel Wiltscheks Mann? Natürlich nur, um mit ihm über die reizende L. zu sprechen.
Frau Knüpffer – keine Spur!
Die Russin –: Irina Jegorowa, reizende Studentin, so alt wie Nele, ein paar Jahre älter, onkelhafter Flirt, wäre mir schändlich vorgekommen, mit ihr was zu treiben. Längst verheiratet in Berlin mit einem kleinen Ingenieur, vielmehr Angestellten von Siemens u Halske. Irina Jegorowa Timofejewna, wunderbarer Name! Russinnen waren allerdings immer meine Schwäche, aber nun giebt es ja keine mehr; außerdem giebt es für mich ja nur noch eine Grazerin, die mit Weinflaschen spielte.
Von dem Berl.[iner] Professor keine Antwort. Sonderbar.

Viele Küsse u. Liebe u Zärtlichkeit

Dein

G.

335 [Hannover] 13/6. [1936]

Liebes Tillychen, tut mir so sehr leid, daß Du immer noch so schwach bist. Würdest ja einem Mann jetzt gar nicht gewachsen sein. Aber es wäre schön, Dich am Arm in den Bellevuepark zu geleiten u durch die Sonne zu führen, die heute tatsächlich scheint.
Du schreibst von Baden – das ist ja unausdenkbar, daß wir einmal um diese Zeit baden fuhren. Du sahst so fesch aus in und außer Wasser! Reizend war das alles, süß! Vielleicht kommt es im Juli wieder!
Guten Sonntag! Morgen vormittag kommt Herr Maraun von

[der] Berl.[iner] Börsenz[ei]t[un]g. hier durch. Hat 1½ Stunden Aufenthalt, ich habe ihn zum Frühstück zu Kröpcke eingeladen zu 10½. Er hat so oft so schön über mich geschrieben.

Viele Küsse, Tilly. Wo bist Du
morgen? Zärtlich u liebevoll
Dein G.

336 [Hannover] 15/VI [1936]

Liebes Tillerl, Dank für Sonntagsbrief mit 3 guterhaltenen braunen Kuchen! War ein wassertrüber Sonntag ohne Schwung u. Lust. War zu Hause, nachdem ich Herrn Maraun bei Kröpcke ein Frühstück spendiert u. im Auto eine halbe Stunde Hannover gezeigt hatte, Abreise 12^{07}.
Wie steht es mit deiner Reise? Ja, laß die Möbel von K.[adidja] nur von P.[amela] besorgen, kümmere Dich um gar nichts mehr. Reise u ruhe, süße Tilly.
Von Nele kein Wort, wann sie kommt. Eigentlich wollte sie ja heute hier sein. Zu ungezogen, diese Kinder, ich werde sie hier unter meine Fuchtel nehmen u erziehn!
Morgen Geburtstag von meinem Vater, 78 J.
Er, seinerseits, gesunde Erbmasse.
Deine Adresse wäre also:

Soprabolzano.
Sanatorium Dr. Kuhn.
Alto Adige. (Südtirol)

nicht?
Sonnabend hatte ich zum erstenmal in dem Jahr einen Sommeranzug an. Heute schon wieder kühl. Phantastisch. Dies Jahr möchte man kein Gartenlokal haben..
Süßeste aller Tillerlfrauen u. überhaupt aller Frauen nimm viele Küsse in Dein liebes Gesicht u. überallhin u. bleibe gesund u. mir gut!

Dein treuer G
Fr.

337 [Hannover] 16/6. 36.

Liebe kleine Tilly, also nun wirst Du Billett u Lira haben u. die Koffer sind gepackt. Morgen, nein übermorgen geht's los. Freue mich sehr für Dich, hoffe auf schöne Zeit, Ruhe, Erholung. Es ist ja eine der schönsten Gegenden Europas, wo Du hingehst. Gerade richtig für Dich!
Heute abend kommt Nele. Habe schon eine greuliche Angst. Ich denke, länger wie eine Woche wird sie kaum bleiben. Dann Berlin u. Deutsche Verlagsanstalt, zunächst.
Ich mache nicht vor 1. August Ferien. Du hast also Zeit. Eventuell kommst Du auf der Rückreise hier vorbei?
Heute kam von dem Augenprofessor endlich Antwort. Sie ist die typische Antwort eines Wissenschaftlers: einerseits, andererseits; kann sein, kann auch nicht sein; vielleicht wird niemand weiter davon befallen, vielleicht aber doch. Kurz: damit kann ich gar nichts anfangen u. bin genauso schlau wie vorher. Ich sage Nele auf keinen Fall davon. Muß abwarten, was wird. Wenn man nicht *manchmal* leichtsinnig, leicht, verantwortungslos wäre, käme man doch überhaupt nicht durchs Leben. Meistens ist man ja deprimiert u. schwer genug.
Ich will aufhören, Du hast ja keine Zeit mehr zum Lesen. Schreibe Dir morgen noch einen Gruß. Kuß, süße Tilly.

Immer Dein lieber
guter
G.
Dr.

338 [Hannover] 17/6. 36.

Liebe süße Tilly, gute Reise nun noch schnell! Nele ist angekommen, fidel, sieht nett aus. Läßt Dich u. K.[adidja] grüßen.

Grüße Du München von mir u alle die schönen schönen Orte. Genieße u erhole Dich. Vergiß mich nicht. Schreibe manchmal! Viele Küsse, süße Tilly!

Dein G.

339 [Hannover] *19. 6.* [1936]

Liebste T. tausend Grüße u. Gedanken begleiteten Dich auf der Reise! War gewiß sehr sehr heiß? Hier jetzt auch endlich Sommer.
N.[ele] gefällt es gut bei mir. Bleibt bis 1. VII hier.
Ist sehr nett, für den alten Herrn mal das Kind bei sich zu haben. Gehn abends zu Kröpcke u. Stadthalle. Läßt vielmals grüßen Dich u K.[adidja] Freut sich schon, Euch in B.[erlin] zu sehn.

Kuß

Frieda.

340 22. 6. [1936] H.[annover]

Lieber Tillerl,
Dank für Karten u. Brief, letzter vom 21. 6. abgestempelt u. heute, Montag, nachmittag, schon hier. Freue mich sehr, daß es Dir gefällt. Wie hoch ist es? Bitte Angabe der m.
Hier alles ganz gut. Nele bleibt bis 1. 7. Wir vertragen uns gut. Sie paßt furchtbar auf, daß ich nicht zuviel Geld ausgebe, kein Bier trinke, damit sie Kleider u Bluse u. Schuhe bekommen kann.
Aber sie ist sehr reizend. Hat gestern Sonntag gekocht u. abgewaschen u. alles saubergemacht. Es ist sehr nett, sie ein paar Tage hierzuhaben. Sie schläft auch auf dem Sofa ganz gut.
Da es hier kolossal heiß war, unternehmen wir fast gar nichts,

sondern leben in Schlafanzügen in der Wohnung, die angenehm kühl ist.
Sonst passiert hier ja nichts. Vor dem 1. VIII nehme ich keinen Urlaub. Dann werde ich nach Berlin kommen, wohl in der Wohnung von E.[rich] R.[eiss] wohnen, der während der Olympiade mit seiner Freundin verreist.
Ja, München, wäre auch mein Geschmack zum Leben. Jetzt fast mehr als Berlin. Ich liebe es ja auch ganz ungemein. Und wenn man nun noch gar so populär da ist, wie Ihr u. soo liebe Erinnerungen hat!
Alles Gute für die Tage! Erhole Dich. Iß u trink gut. Schlafe süß. Grüße K.[adidja]
Nele läßt grüßen.

Viele Küsse, liebste T.

Dein

G.

341 [Hannover] 27/6. 36.

Liebes Tillychen,
Dank für Karten, Briefe, Alpenrosen! Hoffentlich ist der Himmel immer blau, u Du schläfst schön.
Wir waren die ganze Woche ziemlich viel zu Haus, da große Hitze. Am Montag verläßt mich Nele. Zieht nach Berlin, wo sie zunächst in der D.[eutschen] V.[erlags] Anstalt arbeitet, der Berl. Filiale meines Verlages, bei Herrn Pagel, den Du kennst, aus Hofbräu, Anhalter Bahnhof.
Nele ist sehr reizend. Kostet aber viel Geld. Werden knappe Monate für mich werden. Aber ich bedaure es nicht, sie ist so lernbegierig u klug, es wäre schade, wenn sie in dem kleinen Land u. an der kleinen Zeitung u in dem kleinen Nest Kolding weiter ihr Leben fristen müßte. Sie muß lernen u. weiterkommen. Wenn K.[adidja] erst wieder da ist, hoffe ich, daß sich die beiden jungen Damen öfter sehn.

Sonst giebt es nichts Neues. Wir denken oft an Euch u Nele, die heute außerhalb ist, ein Interview bei Graf Wiser, dem Augenarzt, in Bad Eilsen – läßt grüßen.

Gruß u. Kuß, alles Gute.

Dein

G

342 [Hannover] 1. 7. [1936]

Tausend Grüße aus dem heißen Deutschland. Bin wieder allein. Nichts Neues zu berichten. Hoffentlich geht es Dir gut.
Ja, Kraus †.
Poelzig †. –
Der Kreis löst sich auf, das Leben wird nur noch historisch.

Leb wohl. Tausend Küsse u Grüße.

Zärtlich immer Dein

G

343 H.[annover] 5 7 36.

Liebstes Tillerl, wenn ich wenig schreibe, so deswegen, weil ich vom Sommerstumpfsinn, fehlender Erotik, Mangel jeglicher Anregung so plattgedrückt bin, daß ich wie eine Schildkröte daherkrieche u. zu jeder geistigen Leistung unfähig bin. Kriminalromane sind mal wieder meine Rettung, aber es giebt so wenige. Warum schreibt Kad.[idja] keinen, bei dem man platzt?
Daß Ihr Eure Wohnung verlassen müßt, finde ich nur 50 % schade. Sehr hat sie mir nie gefallen. Ich finde das Arrangement der Zimmer etwas ungünstig. Nur der herrliche Balkon!
Dank für Briefe u. Blümchen! Wenn es billiger ist u Ihr

dadurch etwas länger bleiben könnt, zieht doch zu dem R.schen Ort. Name unleserlich! Kuß u. zärtliches Gedenken, süße Tilly!

Dein G

344 [Hannover] 11. 7. 36.

Liebes Tillychen, Dank für Briefe mit Blümchen drin. Alle Briefe sind geöffnet. Der elegante Fliegeroffizier, der jetzt angekommen ist, erregt natürlich Dein Interesse, das ist bezeichnend!
Hier alles still u ruhig. Sehr solide! Die Wohnung ist eine richtige Sommerwohnung, immer wunderbar kühl u. still. Sie wäre es wert, von Amor u. Psyche bewohnt zu werden. –
Was sagst Du zu Österreich? Nun kannst Du wieder in Deine Heimat reisen! Viele Gedanken, Zärtlichkeit u. Küsse!

Dein

G.

Gruß an K.[adidja]

345 15. 7. 36 H[annover]

Liebes Tillychen, ich schrieb am Sonnabend Brief, muß eigentlich Montag bei Dir gewesen sein.
Sei ruhig, ich bleibe Dir erhalten in meiner Jugendlichkeit, soweit noch was davon da ist, erhole Dich, schlafe süß, iß gut, trinke Terlaner u komm gesund heim. Hier nichts Neues. Sehr kaltes regnerisches Wetter seit 1 Woche.

Kuß, kleine Tilly.

Dein

G

346 18/7./36 H[annover]

Karissima,
Psyche hat keinen Vornamen, dazu ist sie zu allgemein. Hätte sie einen, würde es wohl ein männlicher sein, vielleicht: Gottfried.
Gute Heimreise! Wo macht Ihr noch Station?
Nele sagte: Du sähest aus wie einer der Bäume auf Böcklins Toteninsel, also eine Pinie, so schwarz u. streng u edel! Voilà!

Kuß

G.

347 [Hannover] 26. 7 36.

Willkommen im Vaterlande, liebe kleine Tilly! Deine Reisepläne hattest Du mir noch nicht geschrieben, Du verwechselst mich.
Dank für Buch. Recht unterhaltend!
Also am Donnerstag wirst Du in der Lessingstr. sein.
Wann ich komme, weiß ich noch nicht, da ich keine Wohnung finde. Kuß, liebe süße Tilly! Gute Tage in München!

Dein

G

348 28/7 [1936] H.[annover]

Liebes Tillychen, zur Zeit schwebst Du in der Luft: Planegg, München u. Berlin. Hoffentlich bist Du nicht in den Sturm gekommen, der Montag abend am See tobte? Also nun bist Du wieder in B.[erlin] u in erreichbarer Nähe.
Am Sonnabend beginnt mein Urlaub, aber was soll ich unternehmen? Das Wetter so schlecht. Berlin überfüllt. Die Züge unerträglich voll. Vielleicht fahre ich ein paar Tage an die

Nordsee, kleines einfaches Bad, um mich zu erholen, ehe ich nach B. komme.   Nele wohnt leider nicht bei Marthchen. M. ist fort aus Berlin für immer u. läßt sich in Paris nieder. Ihre Wohnung verwaltet u. vermietet ihr Freund. Vielleicht kann ich da wohnen, ich schrieb ihm, nachdem er mir schrieb. Nele hat ein Zimmer bei einer Bekannten von mir aus alten Jahren, Freundin von Lili Breda, die gleichaltrige Tochter hat: Fr. von Klinkowstroem, alias Elinor Büller. Steglitz, Klingsorstr. 66. Es gefällt Nele da. Sie wird Dich anrufen, habe ich ihr geschrieben. Sie ist viel mit Frau Hindemith zusammen u. hat auch Verwandte ihrer Mutter in Berlin, sie ist immer auf Tour. Es war schwer, ein Zimmer zu bekommen. Meine beiden Musikfreundinnen reisten auch gerade fort u.s.w. Wann sehn wir uns? Über 8 Wochen her!
Schreibe gleich aus Berlin, wie Du angekommen bist.

Zärtlich
Dein
G.

349 30/7/36 H[annover]

Liebes Tillychen,
hoffentlich bist Du gut in der Lessingstraße gelandet nach nicht zu übler Fahrt. Wie war's?
Über Sonntag herkommen? Schön, aber 2 Haken: 1) die so überfüllten Züge, Du kannst Dir nicht zumuten, schon wieder in einen Zug zu steigen.
2) ich muß fort, mich etwas erholen u. brauche dazu alles Geld. Da Nele viel braucht, mit Recht, muß sich der Vater sehr einschränken.
Wenn Du mit Sonntagsfahrkarte kämest – aber das ist wohl zu anstrengend für Dich? Überlege es Dir. Du hast auch so viel Reiseanstrengungen hinter Dir u. wirst Dich erholen wollen zu Hause.

Sollte Nele schon dieser Tage anrufen, sage *nichts* von einer eventuellen Reise hierher. Es ist nicht nötig.
Kuß, Tillerl! Also ich stehe zu Deiner Verfügung, weiß schon gar nicht mehr, was eine Frau ist!

Kuß!
Dein
G.

350 [Hannover] 31. 7 36

Liebe Til, falls Du morgen kommst, mußt Du hier bei mir wohnen. Die Chaiselongue steht jetzt in meinem Arbeitszimmer, Nele schlief da sehr gut. Ich trete Dir mein Bett ab u. schlafe auf dem Ding. Sollte ich nicht auf dem Bhf. sein, komme bitte her. Ohne viel Gepäck. Nimm einen Dienstmann u. laß es hertragen.
Wiedersehn. Kuß (Aber werde nicht wieder krank. Man muß schonend mit Dir umgehn ...).

Kuß Dein
G.

351 3/8/36/H[annover]

Liebes Tillerl, *Seife* brauchst Du das nächstemal nicht wieder mitzubringen, die habe ich, ich bin kein so großes Ferkel, wie Du denkst. Deinen *Reis* habe ich zu Mittag gegessen, mit *Sauce* Gott sei Dank, nicht so trockenes Futter, ich bin kein Heufresser.
Hoffentlich bist Du gut heimgekommen. Gab kein Auto vor der Tür? Skandal.
Ich holte mir Billett nach *Scharbeutz*. Suche mir da was. Wandere sonst ins Nachbardorf: Haffkrug u. Dahme. Schreibe dann meine Adresse gleich.
Dank für Hiersein. War sehr schön.

Kuß, liebes Tillerl. Dein G.

352 [Hannover] 3/8. [1936] abends.

Da ich weitere Absagen aus Scharbeutz bekam, gab ich Billett zurück u nahm nach Malente-Gremsmühlen (Holst.[einische] Schweiz) ganz nah von Lübecker Bucht.
Sommerfrische an großen Seen. Habe viel davon gehört, soll *sehr* hübsch sein. Dahin also morgen früh!

Tausend Grüße.

G.

353

Malente-Gremsmühlen /Holstein

Hotel Luisenhöhe!
Es gießt in Strömen.
Abwarten.

Herzlichst

G

4/8 36

354

Wetter schwankend, aber nicht ganz schlecht. Gratuliere zu P.[amelas] Erfolg! Las B.[erliner] Z.[eitung] Dank für Brief.
Herzliche Grüße

Ihr

B.

[Malente-Gremsmühlen] 6/8/36.

355 [Malente-Gremsmühlen] 7/8 36.

Liebes Tillychen, habe wenig Neigung zum Schreiben, bin faul, auch müde vom Herumlaufen u. Betrachten. Die Pension ist recht nett. Etwas spießig, bürgerlich, aber als Haushalt

sehr gepflegt, alles sehr sauber. Das Essen ist nicht erstklassig, aber sonst geht's.
Das Wetter ist ganz anständig. Gestern war ich nachmittags mit Postautobus an der Ostsee, da, wo ich eigentlich hinwollte: Scharbeutz. Nun–: schauerlich. Gott sei Dank, daß ich nicht hinbin. Kümmerlicher Strand, schlechte Hotels, sehr primitiv, zahllose Kinder, eine fürchterliche Chaussee dicht am Strand, wo Hunderte von Autos sich jagen. Ganz greulich! Und das Meer fett u. faul ohne Wellenschlag.
Die Landschaft hier sehr nett. Nicht aufregend. Habe hübschen Blick aus meinem Fenster.
Die Menschen! Diese Ehepaare! Übrigens die Frauen *alle* vernünftiger aussehend als die Männer, intelligenter, gepflegter! Eine sieht wirklich aus wie Kadidja mit weißem Haar. Sieht sehr gut aus. (nur sehr dick).
Nichts zum Flirten! Gott sei Dank. Wie lange ich bleibe, weiß ich noch nicht. Bliebe gerne lange oder, falls gutes Wetter wird, ginge ich vielleicht gerne noch eine Woche nach Travemünde. Da ist Meer u Strand gut. *P.*[amela]s Erfolg ist ja groß! Freue mich sehr! Bitte grüße sie. Gruß u Kuß! Dein G

356 [Malente-Gremsmühlen] 9. 8. 36.

Liebes Tillerl, Dank für lieben Sonntagsgruß. Bin froh, daß Du wieder besser! Und was macht die linke Hand, bezw. Unterarm? Auch wieder in Ordnung?
Freue mich, daß alle lieb zu Dir. Verdienst es auch. Nur ich habe keine Gelegenheit, es zu sein. Schlimm.
Hier ist es ganz nett. Wetter ganz herrlich. Wolkenlos u warm, gestern u heute. Kein Tropfen Regen mehr. Bleibe diese Woche noch hier. Die Menschen alle sehr doof, wohlhabende Bürger aus Hamburg u. Bremen. Kein Flirt. Gar keine Stimmung dazu. Auch kein Objekt. Bin zu verwöhnt von T…, der süßen. Alles Bruch sonst.

Kuß u Gesundheitswünsche! Zärtlich Dein

G

357

Wegen der Geografie umstehende Karte! Immer noch herrliches heißes Wetter. Dank für Gruß

Gute Erholung. Gruß

G.

[Malente-Gremsmühlen] 11/8/36

358 [Malente-Gremsmühlen] 13.8.36.

Liebes kleines Tillerl, Dank für lieben Briefkartengruß! Liegst Du immer noch im Bett? Warum? Weil Du so schwach bist? Darfst Du nicht aufstehn? War Lulu mal bei Dir? Gut, daß K.[adidja] nun bei Else H. geborgen ist!

Hier ist wieder seit heute schlecht Wetter. Mich stört es allerdings kaum. Ich sitze in meiner Stube, habe meinen kleinen Tisch vor das Fenster gerückt, Fenster auf u sehe in das Land u. höre den Regen rauschen. Ich überlege, ob ich schon Sonnabend nach H.[annover] zurück soll oder erst Montag. Ich denke, ich werde bis Montag bleiben u. Montag nachm. in H. eintreffen.

Dann komme ich nach Berlin, um nach Dir zu sehn u aus anderen Gründen. Mein Verlag schreibt mir heute, daß neue Angriffe gegen mich vorliegen. Schickt mir Abschrift eines sehr üblen Briefes vom Stellvertr.[eter] d.[es] F.[ührers], Überwachungsamt für n.[ational]s[ozialistische] Weltanschauung, gegen mich. Anscheinend wollen sie doch den Gedichtband verbieten (Wäre peinlich für mich wegen Militär!) Im übrigen rühre ich keinen Finger. Fülle die Fragebogen nicht aus, reagiere gar nicht auf die Sache. Sollen sie machen, was sie wollen. Ich verhandele nicht mit ihnen. Werde mich auch nicht mehr an Johst wenden. Keine Lust mehr. Hab's satt. Ich ärgere mich aber auch nicht weiter mehr darüber, habe abgeschlossen mit diesen Dingen.

Wir sehn uns also Ende nächster Woche.

Kuß, liebes Tillerchen!

Dein G. Ost A

359 [Malente-Gremsmühlen] 15.8 36.

Liebste Tilly, das ist ja eine sehr schlimme Nachricht, ich bin ja ganz entsetzt. Gut, daß es vorüber ist. Es ist ja mit diesen Anfällen so, daß sie dann *jahre* lang wieder fortbleiben können. Arme Tilly, tut mir unendlich leid.
Ich fahre Montag nach H.[annover] Komme Ende der Woche nach B.[erlin] Wohne aber *nicht* Lessingstr. Das geht nicht.
Nun verstehe ich auch, warum Nele noch nicht bei Dir war. Sie hat sicher angerufen u. keinen Anschluß bekommen
Guten Sonntag, liebes Tillerchen!
Tausend Grüße, Wünsche u einen
Kuß! Dein G.

360 [Berlin, vermutlich 22.8.1936]

Lieber Tillerl, ich komme heute abend nicht mehr. Ich habe eine ganz furchtbare Migräne u bin unrasiert. Ich hoffe sehr, daß Du wohl bist. Einen »riesigen Charme« hast Du, sagt Nele.

Wir gehn zu Yella zum Mittag. Ich komme vorher zu Dir. Schlafe schön.

Gruß u K. G.

361 [Berlin, vermutlich 23.8.1936]

Auf dem Bahnhof Zoo.
Liebste Tilly, noch mal herzliche Wünsche für baldige Gesundung. Tut mir so sehr leid, daß ich Dir so gar nicht helfen kann.
Fahre deprimiert ab und müde.

Zärtliche Grüße u K.
Dein
G.

362 25/8/36 H.[annover]

Bekamst meinen Brief vom Postamt am Zoo?

Liebes Tillerl, sehr lieb von Dir, mir von Deinem Krankenlager gestern noch einen Gruß zu schicken. Tausend Dank dafür! (Als ich gestern meine Post bekam, war Dein letzter Brief darunter, vom 18. 8 !)

Freut mich, daß ich bei Jella nicht mißfallen habe u. Dich nicht blamierte! Das Essen war großartig. Die Suppe wunderbar, die Hühnchen zart, die Torte herrlich.

Nun bist Du zu Hause. Wie war der Umzug? Sicher ging er gut u. Du wirst nun schnell gesund, die »üppige Schönheit« wieder.

Hoffentlich kommt K.[adidja] bald u. P.[amela] findet Wohnung.

Ein paar Tage ohne Dienst ist mir ganz angenehm hier. Wetter kühl u. wechselnd.

Leb wohl u. gute Besserung.

Grüße P. u die Schwester Anni.

Kuß, liebste T.

Dein

G.

363 [Hannover] 27. 8 36.

Liebste Tilly,

heute keine Nachricht von Dir, aber ich lege es nicht schlecht aus, es wird Dir nicht schlecht gehn. *Sehr* gut wird es Dir gehn, täglich besser! Wann kommt K.[adidja]?

Von hier ist wenig zu erzählen. Eine eigene Wohnung ist doch das Beste, was es noch giebt. Ich verlasse sie kaum. Habe schon etwas Grauen wieder vor der stumpfsinnigen Arbeit, die Montag beginnt, vor dem schrecklich stupiden Winter. Aber was hilft's! Montag fängt die Oper wieder an, da giebt es wenigstens für Stunden Illusion u. Farben.

Iß Dich gesund, Tillerchen. Was sagt denn Frl Dr. G. zu Dir? Leider habe ich vergeblich versucht, sie noch telefon. zu erreichen. Kuß, liebste T.

Dein

G.

364 [Hannover] 28. 8. 36.

Liebes Tillerl, Du brauchst Dich Deiner Ausschweifungen der Vergangenheit gar nicht noch groß zu rühmen, treibst sie natürlich alle weiter u. forderst die Briefe der fremden Herren heraus! Das ist bekannt. Aber was soll ein Soldat, der an seinen Dienst gebunden ist, machen. Schon Wozzeck blieb nichts übrig, als zum Dolch zu greifen. Und das werde ich tun, wenn ich wieder in Berlin bin..

Was Jella angeht, so ist sie reizend. Aber *Du* bist einmalig! Sonderklasse! Ich muß Dir diese Liebeserklärung machen.

Gestern war ich im Autobus fort. Zum Göringschen »Saupark«, wo die Wildschweine in Massen rumlaufen u. hinter Gittern, aber frei im Walde, die großen Wisente, riesige Büffel. Man sah sie gut, war ganz interessant. Herrliches Wetter. Nachmittagstour.

Heute vielleicht Steinhude, ohne Marion.

Weiter gute Besserung, liebe kleine Tilly.

Kuß Dein G.

365 [Hannover] 29. 8. 36.

Liebes Tillychen, eine schreckliche Nachricht das! Es ist gut, daß Prof. v. B. kommen soll. Er ist der bedeutendste Internist Deutschlands u. absolut zuverlässig. Was er sagt, wird richtig sein. Ich hoffe, daß Du mir bald Nachricht giebst, wenn er da war.

Das schöne Wetter u. Du liegst im Bett! Wirklich ein armes Hascherl bist Du diesen Sommer gewesen. Sonderbar, daß es Dir oben in Tirol so gut ging!
Hoffentlich kommt K.[adidja] bald. Das wird Dir guttun.
Guten Sonntag. Ich werde wohl nichts unternehmen, sondern mich innerlich auf den Antritt des Dienstes vorbereiten durch Fasten u Beten um Widerstand gegen Stumpfsinn, Arbeit, Zeitvergeudung.

Grüße Schwester Anni.

Dich küßt zärtlich
Dein
G.

366 [Hannover] 31.8 36.

Liebes Tillychen, ich kenne Prof. Kalk nicht, aber wenn er Assistent von v. B. war u. Dr. L. G. ihn vorschlägt, wird er schon gut, ja vorzüglich sein.
War in Steinhude. War sehr nett. Allein.
Heute wieder Dienst. Keine große Arbeitsfreudigkeit bei mir!
Denke an Dich u. sende Dir viele Küsse.

Dein
G.

367 [Hannover] 1. 9. 36.

Liebste Tilly,
heute wird also wohl Prof K. bei Dir gewesen sein. Ich bin sehr beschäftigt damit, was er wohl gesagt hat. Ich glaube, er wird nicht viel was anderes sagen können, als Dr. G. gesagt hat u. was ich glaube: Gallenblasenentzündung mit Folgezuständen.

Von hier nichts Neues. Herbstliches Wetter; reichlich Arbeit. Stimmung gemischt. Abends immer zu Hause.
Gut, daß P.[amela] ausgezogen ist. Sie wird bald wiederkommen! Glaube ich.
Gruß an K.[adidja]

Kuß u gute gute Besserung.
Dein G.

368 [Hannover] *2/9.* [1936]

Liebes Tillychen, also die Ärzte haben gesagt, was ich vermutete. Ich würde gewiß an Dr. L. G. schreiben, aber sie antwortet mir nicht. Sie hat mir auf 2 oder 3 Nachrichten von hier im Laufe der hannoverschen Zeit nicht geantwortet. Sie hat wohl auch wirklich keine Zeit. Ich werde durch E.[rich] R.[eiss], der sie öfter sieht, mich erkundigen lassen.
Wie geht es denn nun mit dem Essen? Geht es ohne Schmerzen? Geht schon etwas mehr?
In Steinhude war am selben Tag wie ich u anscheinend in dem gleichen Lokal Herr Oelze. Schrieb mir eine Karte von da. Leider sah ich ihn nicht. –
Nele hat aus einer Familienstiftung ihrer Mutter Gott sei Dank etwas Geld bekommen u kann sich Wintersachen kaufen. Ich bin froh darüber. Der Aufenthalt kostet doch eine Menge mit all den Sachen, die sie braucht. Nächste Woche kommt sie her.
Nimm alle guten Wünsche dafür, daß es täglich etwas besser geht! Grüße Schwester Anni u. auch K.[adidja]

Kuß u. zärtliche Grüße.
Dein
G.
(O St.A)

369 [Hannover] 3/9. [1936]

L.T. »Folgezustände« ist eben: Gallenblasenentzündung mit diesen Magendruckbeschwerden, Schmerzen u.sw. Es bedeutet *nicht*: daß es *Folgen hat*. Es bedeutet etwas Gegenwärtiges Akutes. Kleiner Dussel, Du!
Nele wird bestimmt Adieu sagen, ehe sie fährt. –
Dies ist ein Nordseebad, in das ich fahren wollte, aber nicht fuhr. Wann fahren wir zusammen an die See oder ins Gebirge?

Kuß, Tillerchen!

Dein O St. A.

G

370 [Hannover] 5/9. [1936]

Guten Sonntag, mein liebes Tillerchen! Tut mir so leid, daß wieder ein Tag schlechter dazwischenlag. Wenn man nur wüßte, wann u. wodurch so was kommt! Ich vermute, eines Tages, sehr bald, machst Du einen großen Sprung u. alles ändert sich zum Guten.
Der Sommer ist vorbei. Es ist zwar schwül, aber sehr unfreundlich. Krankhaftes Wetter. Gleichzeitig heiß u. kalt.
Ich werde Sonntag nichts unternehmen, da ich sehr sparen muß. Am Mittwoch wird wohl Nele kommen.
Wenig Geschehnisse hier.
Wenig Post.
Keine Liebe.
Ist es nicht Blödsinn, daß sie *Grabbe* feiern u. eine *Grabbe*woche machen? Das war doch wirklich ein Bolschewist, außerdem versoffen u. mit Weibern.
Grüße bitte die reizende liebenswürdige Yella!

Kuß u Zärtlichkeit

Dein

G.

371 [Hannover] 6/9. [1936]

Liebste Tilly, ich werde mich *nicht* nach einer »üppigen Schönheit« umsehn, kein Bedarf. Werde warten, bis Du wieder auf bist u. das wird bald sein. Diese Gallensachen dauern ihre Zeit u dann sind sie vorbei. Ich denke viel an Dich, bedaure Dich so sehr u. sende Dir Gedanken u. Kräfte der Genesung. –

Stiller Sonntag. Kühles Herbstwetter. Schön, zu Hause zu sitzen. Ich döse auch vor mich hin, da ja doch niemand mehr von mir was druckt u bringen will. Arbeiten hat gar keinen Zweck mehr. Es ist schon wieder ein neuer Angriff erschienen »widerliche Schmierereien« u.s w.; wieder gegen alle: ich, Nolde, Hofer, Pechstein u.s.w. Die Folge ist eben, daß selbst mein Verlag in seinen Zeitschriften nicht recht wagt, zur Zeit von mir was drucken. Ich kann es ihm auch nicht verdenken. Na, abwarten.

Grüße K.[adidja] recht von mir.

Leb wohl. Einen lieben Kuß

von Deinem

G.

372 [Hannover] 8. 9. [1936]

Liebes kleines Tillerchen, ich schrieb gestern nicht, da ich völlig einregnete, als ich für Nele das Billet nach Paris im Reisebüro besorgen ging. Ich saß dann 2 Stunden bei Kröpcke, ehe ich heimkonnte. Es ist ja ein tolles Herbstwetter, man könnte schon heizen.

Dank für Deine Nachrichten. Also die Beine waren schon aus dem Bett; damit war ja ein sehr schöner u. wichtiger Teil von Dir wieder zum Leben erwacht.

Es erscheint mir gut, daß Du versuchst aufzustehn. Es wird schwierig sein, sehr langsam gehn, erst ganz allmählich. Kommt eigentlich Lulu noch häufig?

Was für ein Glück, daß Euer Umzug nichts wurde. Es wäre doch jetzt völlig unmöglich gewesen.
Bei mir soll der große Ofen im Arbeitszimmer umgesetzt werden, da er so sehr viel Kohlen braucht. Leider ist es immer herausgeschoben, wird erst übernächste Woche gemacht.
Bei Wolf war ich ein einziges Mal. Es ist so dunkel im Lokal, man kann kaum lesen u. der Wein ist nicht so hinreißend. Ich gehe überhaupt so gut wie gar nicht aus. Lese u. lege Patience. Nun kommt ja Nele wieder ein paar Tage u. es giebt Unruhe. Dann Winterfriede u. Alleinsein, bis sie wiederkommt (Ende Oktober) oder bis *Du* herkommst. – Lies weiter Balzac, er ist sehr interessant. Grüße die Damenwelt.
Ruhe u. iß! Dich küßt zärtlich Dein G.

373 [Hannover] *10.* 9. [1936]

Liebes Tillychen, also nun hattest Du schon Pantoffels hut! Wieder ein Fortschritt! Und Nele sagt ja, K.[adidja] habe gesagt, es gehe Dir doch schon viel besser. Nun, *viel* wird übertrieben sein, aber es geht doch wohl etwas in die Höhe?
Nele kam vergnügt an, sie ist ja sehr gerne bei mir u. es gefällt ihr, den halben Tag die Wohnung für sich allein zu haben u. zu schlafen u. spazierenzugehn. Außerdem nehmen ja anscheinend Kinder von selbst an, daß sie reizend sind u. das höchste Glück der Eltern u. daß es für sie, die Eltern, keine größere Erholung u. Schönheit giebt, als ausgiebig mit ihnen zusammensein. Beneidenswert naiv das alles. Sonnabend fährt sie weiter. Großartiger Zug, hier vorm. 11½ ab, abends 9½ in Paris. F.-D.Zug. Denke, sie hat in Deutschland als *ausländische Journalistin* fast 100 % Eisenbahnermäßigung! Fährt also nahezu umsonst hier. Am 8.9. wurde sie 21 Jahre, wir feiern das jetzt hier nach. Unternehmen werden wir sonst nichts; sie ist von Berlin ziemlich ermüdet u. will schlafen.
Wie gefällt es P.[amela], allein zu wohnen?
Gute Besserung. Alles Liebe. Gruß von Nele.
Kuß vom Vater G.

374 [Hannover] 12. 9. 36.

Liebste Tilly, nun ist Nele schon wieder fort. Heute vormittag abgereist. Lustig u neugierig auf alles, was ihr die Reise bieten wird. Nun, sie kann sich auch freun, bei dieser allgemeinen Lage noch nach Paris zu kommen. Hoffentlich platzt die Bombe nicht, bevor sie zurück ist. Nach den neuen Reden ist ja wohl unvermeidlich, daß .. in absehbarer Zeit u.sw.
Lulu Goldh.[aber] hat mir natürlich *nicht* geschrieben. Sie ist zu unzuverlässig. Ich bin ihr böse.
Schreibe, wie es weitergeht! Was verträgst Du denn an Essen jetzt? Wie schläfst Du?
Werde Sonntag nichts unternehmen. Habe etwas Husten u. Gliederreißen. Wohl erkältet. Nichts Besonderes. Die Stuben, besonders die meinen, sind schon recht kalt. Nele fror immer. Aber man scheut sich, schon zu heizen.
Guten Sonntag, geliebtes Tillymädchen! Dich küßt

Dein

G.

375 [Hannover] 13. 9. 1936

Liebes Tillychen, Nele ist so bald wieder weitergereist, weil Frl. Bally ein Auto hat u. mit ihr, solange es schön ist, noch Touren u. Ausflüge machen will u. wollte, daß sie so bald als möglich kommt. Deine Philosophie oder Psychologie stimmt in dem Fall nicht! Du hast zuviel Balzac gelesen. Aber den Balzac will ich auch mal lesen, er muß ja sehr interessant sein, da er Dich so beeindruckt hat.
Langweiliger Sonntag. Habe Feuer gemacht, aber der eine Ofen rauchte, alle Stuben waren voll Qualm.
Blöder Film: »Inkognito«. Sonst nichts.
Dank für Sonntagsbrief! Ich würde gern zu Frau Husler mal rausfahren einen Sonntag, das Haus war so nett.

Also ein *Wolfshund* soll uns alle ersetzen! Das muß ein vielseitiger Wolfshund sein, hoffentlich kannst Du ihn kaufen.

Kuß, Tillerchen. Werde bald gesund!
Alles Liebe!
Dein G

376 [Hannover] 15.9 36

Liebes Tillychen,
gestern hatten wir erst »Gemeinschaftsempfang« aus Nürnberg u. abends kam Herr Oelze. Daher konnte ich keine Zeit zum Schreiben finden.
Dank für Deinen Brief. Inzwischen hat nun auch Lulu G. endlich geschrieben. Genau das, was ich mir dachte. Also nun stärke Dich, kleine Tilly, u erhole Dich u. komme wieder zu Kräften u. dann ist alles gut. Über Sybille kann ich nicht urteilen. Sie ist äußerlich keine Schönheit. Aber *klug* ist so viel wert u so selten, daß es vieles aufwiegt. Ob allerdings Charme u. Schönheit, das weiß ich nicht!
Ich bin noch nicht ganz wohl. Fühle mich unwohl, ohne bestimmte Symptome, trotz Fasten u Enthaltsamkeit von allen Lüsten u. Lastern..
Nele ist gut in P.[aris] angekommen, schreibt sie. Hoffentlich entsteht da keine Revolution u.dergl, es sieht ja auch gefährlich aus.
Laß es Dir gut gehn, Liebling. Grüße die Damen.
Dich küßt Dein G

377 16/9. 36. H.[annover]

L. T.
fahre morgen Dienstreise im Auto nach Bad Lauterberg: Harz, bin abends wieder zurück. Um es auszusprechen: *allein*, mit Chauffeur, in einem kleinen Hanomag! Und wie

geht es Dir, Tillychen? Versuchte hier den Balzac zu bekommen, der Dich so beeindruckt hat, leider vergeblich. Lese nun Strindberg, den Oelze plötzlich wiederentdeckt hat. Er brachte 2 weiße Nelken mit u. wir saßen im Weinhaus Wolf bei einem Schinkenbrot.
Lubrokal ist mein Lieblingsmittel zum Schlafen, ich nehme es oft.

Viele Küsse, alles Gute Dir. Dein

G.

378

L. T. Die Fahrt gestern war ganz herrlich, das Wetter so schön. Durch den ganzen Harz! *Chauffeur!* Nichts zum Greifen, Küssen, Anbeißen, Anfassen, Scherzen, Fragen, Aufknöpfen, sich in die Büsche schlagen! Nur Dienst! –
P.[amela] hat recht daran getan, nicht hinzugehn. In Prag wird ja »Erdgeist« gegeben, las ich im Wiener Journal, im Lauf des Winters.
2 weiße Nelken v. Oelze sind seltsam, aber wir sind es auch.

Kuß, liebste kleine T.

von Deinem

G. B.

18/9 36 [Hannover]

379 [Hannover] 19. 9. [1936]

Liebes Tillychen, war gestern in »Schlußakkord« u sah Dich. Warst ausgezeichnet, sahst gut aus, hattest so eine tiefe männliche Stimme!
Der Film als Ganzes hat mich recht enttäuscht. Weder in Inhalt noch Spiel sehr interessant. Sah Birgel schon besser. Ist ja auch lächerlich, ihn Furtwängler spielen zu lassen! Die Dagover *sehr* gut. Die Koppenhöfer auch. Aber dummer romanhafter Stoff. (Kinder mag ich weder im Leben noch im Film, doof.).

Las einen Roman von Strindberg. »Am offenen Meer«. Der Mann war doch sicher impotent. Macht ein Geseires um die Dinge, lächerlich! Er muß die Frau »emporziehn« (statt sie auszuziehn) u. ihr imponieren u. das mißlingt. Daher die ganze Tragik. Drollig: die 3 großen Frauenhasser: Strindberg, Nietzsche, Weininger, alle drei gestörte Potenz. So entstehn Philosophien!
Werde über Sonntag Balzac lesen oder Wedekind.
Nichts Neues hier. Nele schreibt sehr vergnügt u. interessiert aus Paris, Chartres u s w, wohin sie die Tante fährt.
Guten Sonntag, liebste Tilly. Wie geht's denn? Etwas besser? Verträgst Du Essen besser? Schläfst Du gut? Kuß Dein G.

380 [Hannover] *21. 9* [1936]

Dank für Deinen langen Sonntagsbrief, der so viel Interessantes enthält. Ein richtiger Kult, den sie um G.[ustaf] G[ründgens] treiben! Hoffentlich kauft er eines der Bilder. Aber es sähe ihm ähnlich, es nicht zu tun.
Der gestrige Sonntag begann mit einem Gewitter von 3 Stunden Dauer, nämlich von 6–9. Dann Wolkenbruch bis Mittag 2 Uhr. Heute ist wieder sonniges Wetter.
Las 2 Kriminalromane u. 1 Balzac: »Vetter Pons«. Schlecht übersetzt. Ganz interessant, überwältigt bin ich nicht davon. Er hat wohl bessere u. schlechtere Romane geschrieben. Dies ist offenbar ein mäßiger.
Bei Euch ist ja viel los. Du lernst gehn, K.[adidja] will nach Italien, P.[amela] hat keine Wohnung, Cuer ist verwundet, allerlei! Hier geschehn alle solche Dinge nur im Film.
Natürlich komme ich nach Berlin, ehe Du zur Erholung fortgehst. Darfst Du eigentlich wieder Butter essen? Und Fleisch? Nur Täubchen?
Eben kommt Dein lieber Sonntagsbrief mit der nicht zu erkennenden u. zu benennenden roten Blume. Dank! Ach, ich knöpfe *nicht* auf. Kuß Dein G.

381 [Hannover] *23. 9* [1936]

Liebes Tillychen, natürlich habe ich alle Briefe gelesen u. studiert. Aber ich will wissen, ob Du schon Eisbein mit Sauerkraut essen kannst u. Gänsebraten, dazu einen ordentlichen Aquavit.
Deine Briefbogen riechen nach Moschus, ist das das neue Parfüm? Eigentlich doch unzeitgemäß, da unarisch!
War hier in »Schmetterlingsschlacht«, die ich nicht kannte. Das ist ja ein Stückchen! Schauspieler waren sehr gut, namentlich Else u. Rosi, die älteste u. die jüngste Schwester. Mal was anderes, dachte ich, als bloß immer Kino. Aber eigentlich ist doch Kino zeitgemäßer.
Lerne weiter gehn u. essen, die zweite Kindheit beginnt! Und dann die Jugend u.sw.. Gute Aussicht. Kuß Dein

G.

382 [Hannover] 24. 9. [1936]

Liebes Tillychen, habe vielen Dank für den Balzac, der heute kam! Eine reizende Ausgabe, schön gebunden, kleines Format, feines Papier. Nur der Druck sehr klein zum Lesen. Übersetzt von Flake. Ein guter Übersetzer. Weit besser als der Übersetzer von »Vetter Pons«. Ich nahm den ersten Band mit ins Büro u. las vormittags drin. (Es ist zur Zeit sehr stumpfsinnig auf dem Büro). Gefällt mir ganz gut. Außerdem liebe ich Bücher, in denen was angestrichen! Man kann sich dann dabei was denken! Ich werde die Bände nach Kassel zurücksenden, wenn ich fertig bin; aber es wird eine Weile dauern. Vielen Dank auch an Ehepaar Müller dafür. Fährt M.[arthl] über Hannover nach Kassel? Wenn ja, werde ich sie hier begrüßen? (vormittags kann ich nicht.) –
Ich war gestern abend schon wieder im Theater! »Rätsel um Beate«. Ein blödes Lustspiel mit dem Haupttrick aus »Lady

Windermeres Fächer« (Eindringen in eine Gesellschaft, wo man abgelehnt wird u. die schlecht über eine Frau spricht u. – natürlich – Erobern dieser Gesellschaft u. des feschesten Mannes. Friedel Mumme in Glanz u. Gloria. Sieht alt aus, aber ich höre ihre Stimme ganz gern. Man wird so anspruchslos hier: ein paar Minuten vorm Schauspieler-Bühneneingang stehn u die Luft der Bühnenfeen atmen, macht mir schon direkt Spaß! O Bühneneingangsatmosphäre u. Warten, wenn die Vorstellung aus ist – früher, einst, long long ago, lang lang ist's her!
Jetzt kommt doch ein neues Armeekorps hierher, zu dem wir vom 1. X. an gehören u ich bekomme einen neuen Korpsarzt (bisher Kassel), der mein Vorgesetzter ist. Es ist ein alter Duzfreund u. Stubenkamerad von mir aus der Studentenzeit, Saufkumpan, Pump- u. Lumpgenosse, aber jetzt in hohem Rang. Er wird mir nichts tun, aber ein Fremder wäre mir lieber.
Kuß u Dank, liebste Kleine!

Dein O. St.A.

383 [Hannover] 26. 9 [1936]

Liebes Tillychen, so viel Briefschaft heute! Reizend. Vielen Dank. Ja, ich werde wohl ein Primaner sein, aber weder Rosi noch Else habe ich erobert, nicht einmal angesprochen, kennengelernt, oder auch nur auf der Straße gesehn. Bin natürlich sehr unglücklich darüber. Weiß nicht mal ihre Wohnung. Bin so ungeschickt. Eben Primaner. Rote Hände, verlegen u. die Schülermütze ist zu klein, der Kopf ist so im Wachsen. Ich werde zum Kino zurückkehren, wo alles nur auf der Leinewand steht.
Wenn G.[ustaf] G.[ründgens] »Rätsel um Beate« gut findet, auch nur vom Intendanten- oder Rollenstandpunkt aus, ist er

viel dümmer als ich dachte. Ein richtiges Kommisstück, wie ich Dir ja schrieb.
Friedel hat Säcke unter den Augen u. ist sehr gealtert, aber sonst reizend, zweifellos. –
Es wäre wohl ganz gut, wenn Du die Schwester Anni bald gehn lassen könntest. Frau Schiller u K.[adidja] könnten vielleicht bald den Haushalt führen?
Dr. Erbe ist mir dem Namen nach sehr gut bekannt. Er hat es leicht, jetzt zu helfen, wo Du in der Genesung bist. Schließlich hat Lulu doch alles ganz ordentlich gemacht u. Du hast keinen Grund, mit ihr unzufrieden zu sein.
Mein neuer Vorgesetzter u. alter Kamerad hat 1 Frau u 1 Tochter u. ist sicher sehr spießbürgerlich geworden. Es besteht keine Gefahr, daß wir uns als Kind zurücketräumen u. tanzen gehn ..
Den Balzac lese ich mit Genuß. Seine Figuren sind mir ziemlich schnuppe u. alles, was geschieht, interessiert mich auch nicht sehr, aber seine Zwischenbemerkungen, Betrachtungen, Lebenserfahrungen sind tief u. großartig. Das sagtest Du ja auch. Ich werde Sonntag mit ihm verbringen.
Guten Sonntag, Tillerl. Nimm Küsse u. Zärtlichkeit. Dein O.St. A. Dr. B.

384 [Hannover] 28.9. [1936]

Liebste Tilly,
Dank für Sonntagsbrief u. 3 Buchstaben. G. u. T. konnte ich lesen. Den 3. nicht.
Las Balzac. War zu Hause. Abend im Gigli-Film »Ave Maria«. Fettes Schwein. Wird als Lilie auf dem Felde dargestellt, die von nichts ahnt. Singt ganz schön, etwas trompetend. Caruso sang vollkommener. Ausverkauft, alles weinte. Hat ihn K.[adidja] oder P.[amela] gesehn?
Sonst nichts Neues. Keine Anknüpfungen u dergl. Bin zu alt u. ernst dazu!

Hast Du gestern Rebhuhn gegessen?
Liebe Tilly, nun bist Du schon so lange krank, ich denke oft daran, wie schrecklich das für Dich ist! Arme Kleine. Aber bald ist es vorüber. Was hat *Erbe* noch veranlaßt oder verordnet?

Dich küßt zärtlich Dein
F.

385 [Hannover] 2/X. [1936]

Liebste Tilly, das Leberpräparat findet meinen Beifall, wenn es auch sehr schlecht schmeckt. Aufstehn würde ich doch *ein klein wenig*, vorausgesetzt, daß Du kein Fieber, auch nicht die leiseste Temperaturerhöhung hast. Ein paar Schritte würde ich jeden Tag machen. Die Zunahme von 4 Pf. ist sehr erfreulich.
So weiter u. bald hast Du mein Gewicht!
Nein, der neue Vorgesetzte ist noch nicht da, kommt Montag. Heute, an Hindenburgs Geburtstag, gab es »Dienstauszeichnungen«, Medaillen für die Brust, je nach der Dauer der Dienstjahre. Ich erhielt: 2, für Dienstjahre über 12 Jahre. »für treue zwölfjährige Dienstjahre in der Wehrmacht«. Mit Dokument im Namen des Führers. Die ältesten bekamen 4 (für 25 Jahre). Eine komische Sache! Nun bin ich 1 Jahr wieder Soldat u. habe insgesamt schon 3 Orden bekommen dafür. Ganz schön. Bei uns heißt es: Orden sind Ersatz für zuwenig gezahltes Gehalt.
War in einem Annabella-Film: »Von Abends bis Morgen«, wo ein Mann eine ganz ausgesprochene Wedekind-Physiognomie hat. Jedenfalls genau so muß man ihn sich vorstellen nach Bildern u. Masken. Kennt ihn K.[adidja]? Interessante Maske. Ein anderer sieht aus wie H.[einrich] Mann, der eigentliche Held. Drollige Sache.
Sonst passiert hier nichts. Nachdem mir nun die Treue auf

einem amtlichen Dokument, von zwei Generälen unterschrieben, bestätigt wurde, ist ja wohl auch jeder Zweifel ausgeschlossen.

Kuß, Tillerl!
Dein
G.
O
St
A

386 [Hannover] 3/X. [1936]

Liebes Tillerl, es war ja reizend, Deine Stimme zu hören u sie klang sehr frisch u. kräftig. Ich hoffe, Du hast meine Briefe bekommen.
Iß *Maizena*, das soll so sehr die Ernährung u. Rekonvaleszenz unterstützen, las ich heute in einer medizin. Zeitschrift u. schmeckt gut.
Mieses Wetter! Trüber Sonntag. Lese Balzac. – Ja, 4 in der kleinen Wohnung, das geht nicht. Aber im Augenblick schwer zu beheben. Ist Marthl fort? Da Du ja so kinderlieb bist, werden Dich die umstehenden entzücken. Guten Sonntag. Kuß u. alles Liebe. Dein G.

387 [Hannover] 4/X 36.

Liebe Tilluschka, Dank für die sämtlich zerbrochenen Herzen, aber auch noch in dem Zustand schmecken sie gut.
Ich melde:
1/ ich hatte *kein* Fernsprechgespräch. Die Telefondame irrt sich. Ich hatte 1/4 Stunde vor Deinem Anruf ein Stadtgespräch mit einem Offizier, einem männlichen.
2) Keine Damen aus der Ferne rufen mich an, gedenken meiner, wollen was von mir. Wenigstens nicht per Telefondraht.

2) Ich habe *kein* Gschpusi. Nicht mal was Angedeutetes zum ins Kino gehn oder abends Essen, trotzdem der Vers doch sagt:

»Ein jeder braucht eine jede,
mit der er ab und zu,
da sonst das Leben zu öde,
sich trifft zum Redezvous.

Hier ist nichts Derartiges..

3) Neuer Witz: Der Negus ist nicht nach Genf gereist, sondern zum Kameradschaftsabend nach Doorn...

4) Ein Brief an Dich muß verlorengegangen sein. Mir unverständlich.

5) Hannover steht »im Zeichen« des Bückeberges, der ja nicht weit ab ist. Dafür weiß ich nicht, welches Stück von Hamsun man aufführt u. wer »Onkel Erik Kr« ist? Wer ist das?

Es stürmt u. regnet. Kuß, liebes Tillerchen.

Dein G.

388 [Hannover] 6/X 36.

L. Tillychen, Dank für Brief. Ja, Menschenfresser lieben auch zerbrochene Herzen, Hauptsache sie haben was zwischen den Zähnen.

Es ist nichts passiert. In Deinem Balzac lese ich von dem Unterpräfekten, der sich in seiner Provinz amüsiert »wie ein Stock in seiner Ecke.« Ja, so ist es. – Heute fielen die ersten Schneeflocken auf meinen Mantel, als ich zum Dienst ging; Unordnung u. frühes Leid!

Was sagen oder tun die Kunsthändler? Ist Aussicht auf Verkauf?

Pamela hatte ja als Arrogantia wieder einen schönen Erfolg. Guter Winter für sie!

Von Nele habe ich einige Zeit nichts gehört – hoffentlich bleibt sie noch den Oktober in P.[aris].

Hamsun war nie N.[ational] s.[ozialist] Das ist doch alles

Gequatsche. Genausogut kann man sagen, er ist Optiker, weil er ein Hühnerauge hat. Ein neuer Roman von ihm erscheint. Ich bin gespannt.
Alles Gute, liebste Genesende. Kuß

Dein

G.

389 [Hannover] 8/X. 36

Liebes Tillychen,
Du redest mich »Liebster Freund« an. Das ist ja überaus keusch u. züchtig u. hoheitsvoll. Schön!
Das Stück von Hamsun ist ja *ur*alt. –
Liegst Du also noch immer ganz fest?
Der Schrift nach: ja. Also hat Erbe es doch so bestimmt gewollt?
Kennt P.[amela] nicht eine Schauspielerin vom hiesigen Theater, an die ich mich auf die Weise mal etwas heranmachen könnte zum Abendessen u. etwas erzählen?
Gestern war Stammtisch meiner Dienststelle mit Damen bei *Knickmeyer*. Schauerlich! Heute ist Stammtisch der alten pensionierten Sanitätsoffiziere von 60–80 Jahren im *Bürgerbräu* (!), Du erinnerst Dich. Das sind Vergnügungen!!
Bekam Einladung, an der Eröffnung der Deutschen Buchwoche in Weimar teilzunehmen! (Johst – Goebbels). Schau, was ich für ein Ehrenmann bin!
Das mit Berlin verstehst Du nicht, willst Du nicht verstehn! Auch in der Bellealliancestr u. im »Wahlstatt« rauscht das Anonyme u. Abenteuerliche dieser Stadt. *Sie ist die Heimat* für mich, die Stadt des Kampfes, der Wunden u. der Liebe.

Kuß

Dein

G.

390 [Hannover] 10 X 36.

Liebes Tillychen, ich war in meinem Brief gar nicht gereizt! Wie könnte ich denn! Du tust mir so sehr leid, daß die Krankheit so lange dauert, daß ich, wenn ich etwas wüßte, was Dir hülfe, bestimmt alles täte. Wie kann ich da gereizt sein! Arme kleine Tilly! Habe doch nur Unsinn geredet mit den Schauspielerinnen. Du brauchst mir wahrhaftig keine Frauen zu liefern, ich will gar keine. –
Gestern besuchte mich Herr Zierold vom Minist.[erium] für Erziehung, der früher die Akad.[emie] d. Künste unter sich hatte. Er hatte hier zu tun. Wir waren abends zusammen. Viel Neues habe ich nicht gehört. Erfreuliches schon gar nicht. Er hat auch kein wichtiges Referat mehr, ist ja nicht P. G.
Hoffentlich geht es K.[adidja] wieder gut? Sicher Erkältung.
Nele hat mal wieder geschrieben. Es gefällt ihr immer noch so gut, aber Ende des Monats kommt sie nach Deutschland zurück. Besucht dann Verwandte u. wird wohl erst Ende November zu mir kommen.
Liebes Tillychen, morgen ist der Sonntag im Oktober, an dem wir vor 1 Jahr den schönen Ausflug machten ins Rodetal, weißt du noch? wie hübsch war das! Wenn es so schön ist wie heute, fahre ich vielleicht alleine los.
Sei nicht traurig. Du hast *keine* schlimme Krankheit. Ich schwöre es Dir. Nur eine langweilige.

Guten Sonntag, süße Tilly
Dein G

391 [Hannover, vermutl. 11.10. 1936]

Liebes Tillychen, Du mußt Dir aber auch nicht einreden, daß Du kränker bist als es der Fall ist. *Operieren* wollten Dich die andern *keineswegs*. Dr. L.[ulu] G.[oldhaber] hat mir ja aus-

führlich geschrieben. Kommt gar nicht in Frage. Bleibe nun ruhig bei Erbe. Nur etwas aufstehn solltest Du vielleicht ruhig.
Dank für braune Kuchen.
Kuß u. Liebe. Ich werde bald mal hinkommen.

Kuß.

Dein G

392 [Hannover] 13/X 36.

Liebste Tilly, Deine Frage nach Lulus Krankheitsbericht habe ich ja schon am Sonntag beantwortet. Du hast *keine* schwere Krankheit. Das wird auch Herr E.[rbe] nicht behaupten können, wenn er auch noch soviel Blutuntersuchungen macht. Eigentlich hat er ja – zum mindesten zunächst – Deinen Genesungsverlauf unterbrochen. Das tut ja die Homöopathie manchmal, daß sie zunächst verschlechtert. Hoffentlich beginnt der Aufstieg bald.
Nun ist P.[amela] wohl schon wieder fort u. es ist etwas mehr Ruhe bei Euch.
Ich war Sonntag nicht fort, sondern las u arbeitete. – Von der bestimmten Stelle ist jetzt ein schriftlicher Bescheid an meinen Verlag gekommen. 4 Gedichte müssen entfernt werden: nämlich D-Zug. – Untergrundbahn. – O Nacht – Synthese. Dann kann das Buch »stillschweigend u. ohne Propaganda« (!) weiter vertrieben werden.
Ich bin nicht sicher, daß ich darauf eingehe. Mir wäre es lieber, sie verböten es ganz.
Im Dienst Spannung u. Gereiztheit, da uns das neue Generalkommando jetzt so nahe hier auf der Pelle sitzt u. alles zittert.

Leb wohl, Tillerchen. Wärest Du doch bald gesund!

Viele Küsse u alles Liebe.

Dein G.

393 [Hannover] 15. X. [1936]

Liebes Tillychen, ich bin gespannt, was Blutbild u. Wiegen ergeben hat. Teile es mir bitte mit.
Querschnitt u. Inn.[eres] R.[eich] sind vom »Schwarzen Korps« angezeigt. In der letzten Nummer las ich Sätze aus beiden angegriffenen Partien. Dem »Qu«. schadet es ja nichts. Das war ja ein reiner Diebstahl an dem früheren Ruf u. Niveau des alten »Qu«. von Fl.[echtheim] u. v. W.[edderkop] Der Herausgeber, obschon ein Freund von K.[adidja], ist sicher ein großer Schieber u. Lump. Am Inn. R. ist interessant, daß der Verlag ja der Verlag von allen den Größen ist: Johst, Grimm, Kolbenheyer u.sw. Der Herr aus Berlin, der vorige Woche bei mir war, Z. sagte, daß gegen die moderne Kunst von neuem die allerschärfste Tonart angeschlagen werden soll. Dagegen ist R.[udolf] G.[eorg] B.[inding], P.[amlea]s Freund, zum Senator der Deutschen Akademie in München ernannt. Der versteht es! Wohl ihm.
Und bei Dir sind Türkinnen eingezogen u. schöne weißhaarige Frauen besuchen Dich, die schöne, schwarzhaarige, charmevolle süße T. W. Nur bei mir ist es still u. dunkel; weder blond noch braun besucht mich. (Gestern hatte ich eine Migräne wie noch nie. Infernalisch.) Bei *Kröpcke* ist es jetzt immer sowohl nachmittags wie abends so voll, daß um jeden Stuhl ein Kampf entsteht. Übervoll. Ein Geschäft ohnegleichen!
Jetzt vor einem Jahr begann Deine schreckliche Leidenszeit im Grünen Wagen. Schrecklich, armer Mensch, Du. Die nächsten Jahre haben viel an Dir gutzumachen. Das kann nur einerseits in Meran u. andererseits in Hannover geschehn.

Kuß, liebe kleine Tilly. Werde nun nicht mehr kleiner, sondern wachse wieder in die Breite u Schwere. Kuß Dein G.

394 [Hannover] 17/X. [1936]

Liebes Tillerl, mit 125 Pfund u. 45 Jahren fängt's bei mir an, was drunter liegt, ist für Anfänger. Du hast also die Normalzahlen wieder erreicht. Freut mich sehr sehr!
Welche Notiz im Herbst meinst Du? Die im J. K. über Dich?
Was heißt das mit der Stellung von Karl? Wenn er sich scheiden läßt? Heißt es das?
Hier viel Krankheit unter meinen Offizieren. Grippe, Ziegenpeter, Zahngeschwüre, alles konsultiert mich u will Hilfe u Rezepte.
Schrieb ich Dir, daß ich eine neue Verehrerin habe? Eine 70jährige Romanschriftstellerin Marie *Diers* aus Oranienburg? Schrieb netten entflammten Brief (über die letzten Bücher), ich antwortete, jetzt fährt sie über H. u will mich sehn. Ich verzichte aber natürlich! Über 45 ist sie, aber mit den 125 Pfund bin ich nicht sicher u. die Katze im Sack mache ich doch nicht zur Taube in der Hand, auch nicht im Wartesaal.
Morgen werde ich hoffentlich hören, wie das Blutbild war u. daß es gut ist.
Verlebe einen netten Sonntag. Bekommst hoffentlich ein bißchen Besuch? Hat Marthl schon aus Kassel geschrieben? Sie wird sich ja komisch da vorkommen!

Leb wohl. Kuß u. Zärtliches. Dein G.

395 [Hannover] 18/X. [1936]

Gratuliere sehr zu dem schönen Blutbild! War ja eine freudige Sonntagsüberraschung, dazu die Kuchen.
Hier ist ein warmer doller Sturm den ganzen Tag. Es rauscht phantastisch u. die Hüte fliegen fort.
Den Stevenson werde ich gelegentlich lesen.

Neue Woche beginnt mit dem alten Leben. Schnell gehn die Wochen dahin, von Sonnabend zu Sonnabend. Der neue Vorgesetzte hat sich schon unangenehm bemerkbar gemacht, ein Schaumschläger u. liebenswürdiger Scharlatan, nichts wert unter Männern.

Kuß, liebe gesunde Tilly. Grüße die Schwester Anni. Dein G.

396 [Hannover] 20/X [1936]

Lieber Tiller, wie war der Abschied von der Schwester? Geht's schwer in den ersten Tagen?
Ich denke viel an Dich. Da ich erkältet oder sonstwas bin, Migräne, Husten, Halsschmerzen, Mißstimmung schreibe ich nur kurz. Das Wetter ist wohl die Ursache für alle diese Erkältungssachen.
Wenig Neues sonst. »Glückskinder« – blöder Film. Pam.[ela] hatte ja doch wieder Erfolg. Meine Glückwünsche.
Werde nicht traurig, wenn Du noch sehr müde u. unlustig zum Aufstehn bist. Es muß ja sein, damit Du wieder ganz kräftig u. herrlich wirst.

Dich küßt zärtlich Dein

G

397 [Hannover] 22/X 36.

Liebes Tillychen, freut mich sehr zu hören, daß Du doch allmählich zu Kräften kommst. 4 Treppen wirst Du Dir allerdings noch nicht zumuten können; besonders da es unangenehme Treppen sind, schwer zu ersteigen. Wer kocht denn jetzt? Ist K.[adidja] tüchtig u. hilft? – Meine Erkältung ist wie-

der gut, erstaunlich bei dem Wetter, das ja als säuisch bezeichnet werden muß.
Gerne wüßte ich, warum Br. u. der Intendant B. verzogen sind. 175?
Herr R. G. B. liest hier aus Anlaß der Buchwoche vor. Ich verzichte aber auf ihn.
Nach dem 1. Bd. »Verlorene Illusion[en]« machte ich eine Pause. Lese jetzt den 2. Das Pariser Leben ist ja unübertrefflich glänzend erzählt. Die Provinz finde ich reichlich langweilig. Dieser David ist zu simpel. Ich las in einer Biografie von Balzac, daß er von 25–27 Jahren durch eine Druckerei, die er gründete u. leitete, frs. 100.000 Schulden machte. Die wurde er nie mehr los. Verdiente enorm; aber als er starb, hatte er 170 000 Frs. Schulden. Oft, sehr oft, hatte er keinen Franc in der Tasche.
Eine sehr seltsame großartige faszinierende Persönlichkeit. Und diese Frau von Hanska dazu ein Stück Malheur, eine lächerliche Gans. B. hat sich übrigens genau wie Lucien selbst den Adel zugelegt, er war ja ein Proletarier von Haus aus, klein, dick, unelegant. –
Also Marthl ist schon wieder in B! Unser aller Heimat, die keinen losläßt! Und wo es Lust u. Liebe giebt.
Ich denke, Helds sind in Südamerika? Sind sie das nicht?
Nele ist noch in Paris, muß aber bald abreisen. Sie möchte dableiben für immer, sie ist verzaubert davon.

Alles Liebe, liebes Tillychen. Sei noch vorsichtig mit Essen u. Anstrengungen.

Dich küßt Dein

G

398 [Hannover] 24/X 36.

Liebes Tillerl, erster Sonntag ohne die Schwester. Wie wird es gehn? Kannst Du schon essen gehn, zu Yella oder sonstwo? Wo wohnt denn Marthl? Ich sah gestern in der »Dame« Bild

von Arrogantia-P.[amela] Drolliges Heft! Der W. von Hollander, einst doch auch ein ehrgeiziger Kunstmacher, ist anscheinend reiner Reklamechef von Schönheitsfirmen geworden. Da ist Oberstabsarzt doch noch besser.
Die Karte von Graz ist hübsch. Was für ein reizender Ort. Da müssen ja schöne u. liebreizende Frauen entstehn u. herkommen.
Was macht Dein Gewicht? Hast du wieder etwas zugenommen? Bist Du wieder die Treppen gestiegen? Schläfst Du ohne Lubrokal?
Sehr sehr schlechtes Wetter hier!
Guten Sonntag. Werde an Dich denken. Ich unternehme nichts als lesen u schlafen.

Dich küßt Dein G.

399 Sonntag. [Hannover] 25 X. 36

Liebste Tilly –: 3 E in Braun, was heißt das diesmal? Jedenfalls wieder verschlungen, ich futtere Dir aus der Hand.
Sei nicht bedrückt, wenn die Genesung nicht so schnell geht, wie Du möchtest. Einen Monat muß Du noch rechnen, ehe Du wieder so frisch bist wie vorher. Aber dann bist Du es in allem. Rede Dir nicht ein, daß nichts los ist mit Dir! Mit Dir ist noch sehr viel los! Schlafen mußt Du natürlich; versuche doch mal etwas anderes als Lubrokal. Phanodorm oder Sedormid, da ja wohl 2 Maß Hofbräu u. ein Aquavit noch nicht gehn.
Hoffentlich bist Du heute auch zu Karl gefahren.
Ich lese teils Kriminal[romane], teils Rilkebriefe.

Dich küßt zärtlich Dein
G.

Liebes Tillychen, ehe ich es vergesse, falls K.[adidja] nach Steinhude fährt, soll sie doch bestimmt einen Zug überschlagen u. mich besuchen, wenn sie Lust zu hat. Sie kann sich Kaffee oder Tee bestellen, Kuchen oder Brot, Honig oder Pflaumenmus, Kognak oder Vermouth. Oder auch alles zusammen. Nur wissen muß ich es vorher.
Was Deine Röntgenaufnahme ergeben wird, ist ja nun sehr interessant. Ich glaube nicht, daß die Aufnahme weitere große Aufschlüsse giebt. Stein oder nicht Stein – das ist hier die Frage u. Konsequenzen werden gar keine daraus entstehn. Höchstens weitere genaue Diätvorschriften. Daß die Ärzte so viel verreisen, ist schändlich. Sie verdienen eben zuviel Geld.
Ich lese ein paar Bände von Rilkebriefen. Was war das für ein weichlicher, verzärtelter, armseliger Bursche. Ich habe immer das Gefühl von männlichem Schmutz, wenn ich das lese. So viel Gräfinnen u. Schlösser u. feine Leute u Edelmänner u. Bilder u. Araberpferde u. so viel Stimmungen u. Eitelkeiten –: Feinheit und Schmus, könnte man sagen, u. daraus machte er ein doch sehr schönes Werk von lyrischer Tiefe. Kanntet Ihr ihn? Ich hätte Lust, ihn in einem Aufsatz furchtbar lächerlich zu machen.
Bei Balzac las ich: »Der Ruhm hat keine weißen Flügel«; wie richtig ist das! Sehr dreckige hat er meistens. Entweder man selbst fettet sie mit den eigenen Niedrigkeiten ein oder die anderen besorgen es für einen.
Hier kommt als nächste Novität »Uta von Naumburg« heraus. Auch so ein Epigonendreck, den es vor Jahren schon mal in Berlin gab. Aber »die Blaue Mazur« im Mellini-Theater ist auch nichts wert.
Ich schlafe auch schlecht. Schwer ein; bin viel wach. Aber man gewöhnt sich selbst daran.
Zum 4. XI. abends bin ich zu meinem General eingeladen! Am 2. XI. muß ich ihn abends bei einer Veranstaltung des Roten

Kreuzes im Rathaus vertreten. Mein Schafspelz deckt alle Wolfszüge zu; Wölfe sollten *nur* in Schafspelzen gehn.

Gruß an K[adidja] u. P.[amela] Zärtlichen Kuß, liebes Grazer Kind!

Dein
G.

401 [Hannover] 29/X 36.

Liebste Tilly, ich war u bin wieder so erkältet u. müde u. kaputt, daß ich gestern nicht schrieb.
Heute bist Du also zum Röntgen. Was hast Du denn nun eigentlich für Pläne? Willst Du wieder, wenn Du es machen kannst, nach Soprabolzano oder Florenz? Ich sehe Dich schon mit K.[adidja] nach Florenz reisen.
Wie ist es mit dem Treppensteigen?
Nicht Frl. Mumme wird die Uta spielen, eine andere. Mir übrigens ziemlich gleichgiltig.
Bin schlecht gestimmt heute. Spät vom Dienst gekommen. Gliederschmerzen. Frau Schild ist auch krank u. kann kaum arbeiten.

Kuß, liebste Du. Dein G

402 [Hannover] 31. X 36.

Liebste Tilly, Dank für Nachricht über die Röntgenuntersuchung. Montag wird also der definitive Bescheid kommen. Er wird wohl auch nichts Besonderes erbringen. Nach Kassel führe ich an Deiner Stelle noch *nicht*. Zu anstrengend, in einem fremden Haushalt zu leben u. in einer fremden Stadt zu sein. Bleibe nur vorläufig noch ruhig in der L.[essing]str.
Auch H.[annover] ist wohl noch gänzlich unerlaubt! Die beiden letzten Male sind Dir so schlecht bekommen, daß ich Furcht habe. Ich werde nach Berlin kommen, wenn Du allein

bist über Sonntag bald. Daß Du »Elfenbein« aussiehst, ist natürlich. Ist übrigens Deine Naturfarbe, Du weißt es ja. Hat nichts mit der Krankheit zu tun. – Was machst Du morgen? Wieder bei Karl?
Es ist wohl besser, K.[adidja] kommt von Heidorn mal rüber zu mir. Auf der Heimreise muß sie doch ihr Gepäck bewachen. Auch habe ich gerade diese Woche elend viel zu tun.
War in einem Film: »Mädchen in Weiß«, eine Sängerin Maria Cebotari singt; sehr schöne Frau, sehr schöne, innerlich reiche Stimme u muß einen Schlager singen, einen Dreck, ein Saulied aus Kitsch u Schmalz, daß es einen jammern kann. Willst Du nicht einen ersten Filmbesuchsversuch machen? Oder ist es noch zu früh?
Die Dame aus Oranienburg habe ich nicht gesehn. Sie ist 71 Jahre. Ich schrieb ihr, daß ich nicht könnte u sie antwortete sehr nett darauf.
Ich mache eine Abmagerungskur mit einem neuen Mittel, von dem man jetzt viel hört u liest: »Adiposetten«, aber es bekommt mir wie alle derartigen Unternehmungen immer sehr schlecht. Reizbar, müde, mißgestimmt, schlaflos wie ein räudiges Kaninchen bin ich. Ich werde es wieder lassen.

Grüße K. Alles Liebe zum Sonntag. (Allerheiligen)
Einen zärtlichen Kuß von Deinem G.

403 [Hannover] 1/XI. [1936]

Liebes Tillerchen, einen Tag geht's einem gut, einen Tag geht's einem mies, immer hin u her, alles nicht mehr das Wahre. Dank für Deinen lieben Sonntagsgruß! Wieder trauriges Wetter geworden für dies Allerheiligen. In Graz ist heute sicher große Prozession u. Feierlichkeit. Ich unternehme nichts. Mich beschäftigt sehr, wie es Dir heute geht. Hast Du wieder Schmerzen bekommen? Wie schliefst Du im Bettchen?

Wann kommt Yella zurück?
Frau Schild ist wieder gesund, kommt jetzt auch sonntags eine Stunde. (für 1. M.)
Dich küßt, liebste Tilly, Deiner gedenkend u Dich zärtlich umarmend Dein

G.

404 [Hannover] 3/XI 36.

Liebes Tillychen, Dein rechtes Beinchen wird auch wieder gut werden, das kann nicht böse sein. Ich habe aus Freundschaft im r. Arm u. Schulter gemeine Neuralgien, ganz verteufelte Schmerzen, ohne Ursache u Erkältung, plötzlich gestern ging es los.
Morgen abend um 7½ bin ich bei meinem Gen.[eral] In Uniform, ganz erstklassig, als einziger von der hiesigen Dienststelle. Der Neid ist schon ungeheuer, denn ich habe es einigen erzählt. Sicher wird es ein sehr schlimmer Abend. Nur Adel u. hohe Militärs. Hoffentlich gieße ich den Wein nicht übers Tischtuch u. die Sauce über meine Uniform u. begehe auch sonst keinen fauxpas. *Ihr* gehört ja zu einer adligen Familie, *ich* bin ja von einfacher Herkunft u. feine Kreise nicht gewohnt.
Gestern abend war Rot.Kreuz Abend, wo ich hinmußte. Äußerst stupide, überfüllt; blöde Sachen zum Anhören.
Daß Du es wieder bist, die schon wieder Mittag kochen muß, finde ich sehr unrecht. Daß K.[adidja] nachmittags ausgeht, finde ich nicht so schlimm. Das tun Kinder wohl mit Recht. Aber die Arbeit sollte sie Dir abnehmen. *Tilly, Du bist etwas zu sehr in K. verliebt u. an sie gebunden. Gieb acht.*
Ich *fürchte* gewiß nicht, daß Du nach H. kommst. Das ist eine schlechte Rede von Dir! Ich habe nur Sorgen aus Gesundheitsgründen Deinetwegen.
Der Dienst ist stumpfsinnig. Ich muß noch 45 Minuten hierbleiben, dann kann ich nach Hause gehn. Ich esse Rest Tomatensuppe von gestern u. ein Schnitzel. Schön. Die einzige

Freude am Tag. Ich habe mir ein paar Stücke Geschirr kaufen müssen, da alles so durcheinander u kaputt war. Blaues.
Bald kommt Nele wieder u. ich freue mich nicht allzusehr darauf. Ich kann diese schreckliche Absolutheit u. Direktheit der jungen Menschen nicht leiden, sie empört mich immer so.

Alles Liebe u. Zärtliche Dir. Einen sehr lieben Kuß
von Deinem G.

Hat Schwester Anni nicht schon mal wieder vorbeigeschaut?

405 [Hannover] 5/XI 36

Liebes Tillerchen, also gestern war der schreckliche Abend bei meinem Gen.[eral]. Alles sehr nett u. liebenswürdig, aber ich bin ja nicht fähig, diesen konventionellen Zwang einen Abend zu ertragen. Ich werde hilflos u. verstumme. Ich zwinge mich, an der Unterhaltung teilzunehmen, aber es gelingt mir nicht sehr. Keine angenehme Lage. Gut, daß es vorüber ist. Der Oberbürgermeister von H. war auch da, ein netter genießerischer Junggeselle.
Nachmittags kam noch Oelze eine Viertelstunde vorbei. – Ich schlief schlecht, solche Abende beschäftigen mich so in ihrer Verlorenheit u. Fremdheit für mein Inneres.
Last Du das Anliegende über Eures Friedel Str..[indberg] Mutter?
Wann reist K.[adidja]?
Das »Innere Reich« teilt heute mit, daß seine Beschlagnahmung wieder aufgehoben ist. Aber der »Querschnitt« bleibt wohl verboten?
Heute ist ein Frühlingstag, so weiche Luft. Ich schlief fast gar nicht, war um 12 zu Hause, lag wach. Bin sehr müde.
Hoffentlich geht es bei Dir gut, liebste kleine Tilly.
Der Dienst ist sehr langweilig, die Stunden schleppen sich hin.

Dich küßt zärtlich
Dein
G.

406 [Hannover] 6 XI. 36.

Liebes Tillychen, K.[adidja] hat sich bisher nicht gemeldet.

Dank für Brief. Höre Dir nun nicht mehr so viel Geschwätz von den Ärzten an. »Blutarmut«, gewiß, aber das ist nicht so schlimm. Das Leberpräparat ist sicher gut, nimm es weiter. – Heute abend bin ich bei dem alten Studentenkameraden eingeladen. – Viel los diese Woche, aber nichts Nettes u. Gescheites.

Kuß in Dein liebes Gesichtchen!

Dein G.

407 [Hannover] 7/XI 36

Guten Sonntag, liebe einsame Tilly! Sei nicht traurig, daß Du ohne K.[adidja] bist. Wir denken alle voll Liebe u. Zärtlichkeit an Dich.

Gestern abend war ich bei dem alten Jugendfreund. Frau nicht hübsch, aber sympathisch u. liebenswürdig.

Anstrengende Woche! Heute mehrere Mollen u. dann zu Bett. Bin müde. Morgen Arbeitstag.

Sei geküßt u. geliebt
von Deinem
O.St.A.
G.
Dr.

408 [Hannover] 9. XI 36.

Liebes Tillerchen,

Dank für braune Kuchen u. Sonntagsbrief. Die Kuchen waren wieder rätselhaft. Wie war Dein Sonntag?

Ich habe Oelze, der für längere Zeit in Berlin ist, geschrieben, er solle Dir einen Gruß von mir bringen. Laß ihn doch mal kommen oder geh mit ihm ins Theater. Er sieht *sehr* gut aus!

Vorsicht! Er würde es mir sofort erzählen, wenn Du schlecht bist u ihn verführst.
Morgen ist Deine Aufnahme. Heute nacht ist Schwester Anni bei Dir.
Sonntag war still u. regnerisch.

Kuß vom
lieben
O StA.
G.

409 [Hannover] 10 XI 36.

Mein liebes Tillychen, ich habe Dir mehrere kleine murkliche Zettel geschrieben, unwürdig einer so berühmten u schönen Frau wie T.W. Ich konnte nicht schreiben; manchen Tag kann ich mit der Hand nicht schreiben, sie rutscht nicht über das Papier.
Heute wird Deine Untersuchung vorgenommen. Die Vorbereitungen sind ja allerlei. Hoffentlich hast Du die Nacht gut überstanden.
Hast Du von K.[adidja] schon was gehört? Wohnt sie bei H.s? Ob sie dort in fremdem Haus sofort wird arbeiten können? Eigentlich kann man doch nur in seiner Wohnung arbeiten.
Was fehlt Dir nun eigentlich noch? Große Schwäche oder Schmerzen? Was machen die Schmerzen im r. Bein? Schläfst Du gut?
Mein Büro liegt jetzt im Parterre desselben Hauses, das Du kennst, nach der Straße zu. Viel Verkehr ist da, viel Lärm. Aber wenn es zu stumpfsinnig ist, schaue ich raus u studiere das »Leben«. Ich brauche nicht mehr 2 Treppen steigen, was mir sehr angenehm. (Ich wollte, ich könnte *Dir* das Treppensteigen abnehmen u. Dir eine Rolltreppe einbauen!)
Ist Marthl noch da? Sie scheint keine große Lust nach Kassel zurück zu haben.
Bald kommt Nele wieder her. Meine Freude ist nicht so riesig darüber.

Grüße P.[amela] An Yella werde ich mir erlauben, eine Karte zu senden, der Tag bei ihr war so nett, sie eine so liebenswürdige Wirtin.
Wie gefällt [es?] Liesel Wiltschek in M.O.?

Kuß, liebste T. Sei umarmt

Dein

G

410 [Hannover] 11.11.36

L. T.erl. Bei Herrn Oe.[lze] ist wohl keine Gefahr, aber wohl sehr bei Dir. Sein Vorname! Was geht Dich sein Vorname an! Friedrich Wilhelm heißt er! Du hast also gleich zwei zum zärtlichen Umbilden und Verschmusen! Wenn Dir das noch nicht genügt, kannst Du noch aus Dr. was machen: Dr. F.W. Oe.
Ist Karl denn schon wieder krank? Was hat er? Du hattest noch nichts davon geschrieben, nur heute von dem Magenschlauch.

Zu Hause. Viel Arbeit im Büro.
Nur schnell einen Kuß auf Dein
Elfenbein u Porzellangesicht!

Dein

G.

411 H.[annover] 13 XI 36.

Liebes Tillerchen, hiermit wird das neue Briefpapier eingeweiht, sozusagen entjungfert, das ich mir habe machen lassen, da ich doch öfter offizielle Sachen, Einladungen u sw. zu beantworten habe.
Es giebt dann noch Briefbogen in größerem Format.
Die Schrift ist etwas zu groß.
Dank für liebe Zeilen!

Kuß u. alles Liebe von
Deinem G.

412 [Hannover] 14 11 36.

Lieber Tillerl, guten Sonntag. Sicher bei Yella?
Hier viel Arbeit im Dienst.
Nächste Woche wird schlimm. Bis 2. XII. viel Unternehmungen, die Arbeit machen.
Ja, Schwestern in Zivil sehn sehr wenig vorteilhaft aus, immer enttäuschend. War Oelze da, hat er telefoniert?
Mit P.[amela] hast Du sicher viel Ärger. Sonderbares Wesen. Sie hat wenig Newessches. Sehr viel W.[edekind]sches.
Ja, die dritte Tochter hast Du versäumt zu schaffen, die stille, häusliche, ungeniale.
Ich bekomme von Rowohlt neue Balzacbände geschickt. Freue mich drauf.

Kuß, Zärtliches, Liebe
Dein
G
O
St
A

413 [Hannover] 15/11. 36.

Liebes Tillerchen, daß die Röntgenaufnahme nichts zeigt, ist nicht so überraschend. Die Entzündung der Gallenblase ist wohl schon abgelaufen, u zwar ohne Spuren zu hinterlassen, u. Steine sind vielleicht im Moment nicht da. Warum macht Dich das unsicher? Es ist doch sehr gut, daß man nichts findet. –
Was Oelze angeht, bist Du sonderbar. Erst warst Du sehr neugierig auf ihn u. jetzt tust Du, als ob es eine Beleidigung wäre, wenn er anruft. Ich werde ihm schreiben, daß er Dich nicht mehr anrufen soll. –
Über Heinrich den Achten weiß ich nichts.

Von K.[adidja] nichts gehört. Ich habe auch nichts hören lassen. Habe im Moment keine Zeit rauszufahren.
Heute hast Du also Verwandtentag. Hoffentlich bekommt Dir Essen u Reden u. das allgemeine Getümmel gut.
Ich lese, abends Einladung.

Kuß Dein G.

Dank für kleine Kuchen, sehr liebe, sehr süße!

414 [Hannover] 17.11.36.

Liebste Tilly, was hast Du denn im Theater gesehn?
Wer ist der neue Freund von P.[amela]? Sehr interessant das! Der Bremer? Ich fürchte allerdings, es wird nicht von Dauer sein. Ein Mann wird sich ihre Überlegenheit, Kälte, Schärfe nicht länger gefallen lassen, als er unbedingt muß. Sie brauchte einen *sehr* überlegenen, sicheren, älteren Mann, kein junges Gewächs.
Guten Bußtag; es wird ein trüber Novembertag sein!
Ich werde ins Kino gehn: »Verräter«, das es hier giebt; Birgel. Wie alt ist er eigentlich?
Am Donnerstag soll Dich Dr. Erbe nun gesundschreiben, finde ich.
Was hat Karli eigentlich? Ist schon eine Diagnose gestellt?

Dich küßt zärtlich.

Dein G.

415 [Hannover] 20 11. 36.

Liebes Tillychen, habe Dank für Deinen Brief vom Dienstag. Ist P.[amela] gut zurückgekommen? Anstrengend so was u. das für eine Taufe, die leerste aller Familienfeiern.
Wie war »Maria Stuart«? Da ich keine Berliner Zeitung halte u.

auch nicht lese, bin ich gar nicht orientiert über die Theater dort.
Wie hat Dir denn nun »Schlußakkord« gefallen? wie fandest Du Dich?
In »Verräter« war ich noch nicht.
Es wird kalt, bald kommt Schnee.
Wie lange bleibt K.[adidja] in Steinhude?
Am nettesten wäre es ja, sie käme her, wenn Nele hier ist. Das wird Mitte nächster Woche sein.
Das Schlafzimmer ist sehr sehr kalt u. geht gar nicht warm zu machen.
Wann ist Dr. Erbe zurück u. Du sprichst ihn?
Bist Du unverändert schön u. süß wie Du es immer warst?

Kuß von Deinem

G.

416 H.[annover] 21.11.36.

Liebe Tilly, Dank für Briefe vom 18 u. 19.11. Deine Briefe kommen alle an, werden intensiv gelesen, interessieren mich in allem sehr, ich denke ja viel an Dich und bin Dir sehr verbunden. Wenn man antwortet, hat man vielleicht nicht immer im Augenblick alles gegenwärtig, daher *könnte* einmal eine Frage gestellt werden, die schon beantwortet war. *Könnte* – aber ich glaube es nicht mal.
Wer ist Dr. Fürth? Ein neuer Verehrer von Dir oder ein alter? Über Oelze bist Du offenbar nicht sehr erfreut. Du bist halt verwöhnt von den Dich umgebenden schönen jungen Männern. Aber es interessiert mich, wie er auf Dich wirkt. Mein Urteil über ihn ist ja getrübt durch die sonderbare Art unserer Beziehungen. Es wird mich sehr freun, wenn Du ihn mal ins Theater mitnimmst. –: 2 Bremer tauchen neu in Familie W. auf! Aber der eine nur mit Grüßen u. als Ausgehersatz, bitte!
Blutsenkung ist ein moderner Begriff, der nicht viel Sinn hat.

Es wird furchtbar was mit hergemacht, aber im Grunde kommt nicht viel bei ihm heraus. Mache Dir keine Sorgen u. Gedanken darüber.
Bußtag war ich zu Hause u. habe in den 12 Bänden Balzac gelesen, die mir Rowohlt geschickt hatte.
Mein Leben ist sehr leer. Kein Aufschwung, kein Aufstieg.
Sprich bitte mit Oe. nicht herabsetzend von mir. Er liebt mich doch halt so, laß ihm das.
An einem der Dezembersonntage komme ich nach Berlin. Weihnachten werde ich wieder hier allein verbringen. Nele wird wohl kurz vorher wieder heimreisen in ihr Vaterland.
Leb wohl. Guten Sonntag. Freue Dich, daß es Dir wieder etwas gut geht, daß Du so schön u. jung aussiehst. Ich freue mich auch darüber für Dich. Ich denke oft an Dich u. sende Dir einen zärtlichen, etwas traurigen Kuß – (ich weiß nicht recht warum).

Immer Dein Dich liebender G.

417 23.11.36.

Liebste Tilly,
Dank für Deinen lieben Brief zum u. am Sonntag.
Die Frauen in Hannover – nun ja, ein kleiner Flirt, eine Unterhaltung über dies und das, aber das ist ja alles nicht so ernstlich. Zeitvertreib; Probieren, ob der alte Herr noch Wirkung hat u. sw..
Eingeladen war ich an jenem Sonntag bei einem Major u. Gattin, die ich ärztlich beraten hatte, zu einer wahrhaft schönen Flasche Chambertin.
Mache Oelze mit P.[amela] bekannt. Er wird sich sehr dafür interessieren. Er schreibt *von Dir*: »welche bezaubernde Frau! Diese innere Ruhe, zu der ich es nie bringen werde«.
Morgen mehr. Viele Küsse, Liebste.

Dein

G.

418 [Hannover] 25.11.36

Liebes Tillychen,
also Freitag kommt K.[adidja] her. Sie schrieb gestern. Ich habe ihr von 12 an die Wohnung zur Verfügung gestellt. Ich wußte noch nicht, wann Nele kam. Nun, sie kommt morgen. Da können sich die jungen Damen ja unterhalten. Hoffentlich ißt K. hier Mittag. Würde mich sehr freuen.
Gedenke also unser.
Hoffentlich geht es Dir gut u. Du kannst das heiße Wasser trinken. Wann wolltest Du nach Kassel? Diese u nächste Woche habe ich ganz besonders viel zu tun u. außerdem ist Nele hier. Sie wird bis Mitte Dezember wohl bleiben.

Kuß an Dich, liebste Tilly.

Dein

G.

419 [Hannover] 27.11.36.

Liebste Tilly,
eben hat uns K.[adidja] verlassen, begleitet von Nele zum Bahnhof. Sie kam um 11., traf sich mit N am Bahnhof, machten Besorgungen, aßen hier Mittag, tranken Kaffee, waren sehr fidel, schwatzen viel. Es war nett u. ungewohnt, junge Leute hierzuhaben. K. sah sehr wohl aus, ist ja etwas voller geworden.
Nele geht es gut. Sie hat viel gesehn, ist überall nett aufgenommen worden. Ist sehr angestrengt, soll sich hier etwas erholen.
Sie lassen grüßen. – Wie war das Theater mit Herrn Oelze?
Morgen von 18.–22 große Sache dienstlich. Anstrengend u. langweilig.
Wie geht es Dir gesundheitlich?

Einen lieben Gruß, einen zärtlichen Kuß. Dein G.

420 [Hannover] 30.11. [1936]

Liebste Tilly, 2 Tage schrieb ich nicht. Sonnabend war der ausgefüllte arbeitsreiche Tag u gestern hatte ich etwas Grippe, auch heute noch, aber nicht schlimm.
Der Sonnabend verlief so so lala.
Dank für liebe Briefe u. Kuchen! Oelze schrieb sehr eingenommen von Dir u. Eurem Theatergang.
Inzwischen war ich mit Nele im Film: »Verräter«. Ist das schwach! Gänzlich uninteressant! Keine einzige fesselnde Figur drin. Auch Birgel äußerst schwach, liegt aber wohl am Manuskript.
Was hat K.[adidja] über ihren Besuch hier geschrieben? Wirst Du nun nach Kassel reisen? Was willst Du bei dem Wetter da?
Wie war es bei Amelang? War W. B. dort?
Einen Herrn Scherber vom Prop.[aganda]min.[isterium] kenne ich *nicht*.
Jetzt muß ich gehn, mit Nele Stoff zu einem Kleid kaufen: schwarzer Rock u. Jacke u. blaue Bluse dazu: Kleines Abendkleid. Dann geht es zur Schneiderin, die uns eine Offiziersdame empfohlen hat. Pflichten des Mannes u Vaters.
Viele Grüße von Nele. Dich küßt Dein

G.

421 [Hannover] 3. XII 36

Liebste Tilly, Dank für Brief. Freut mich, daß K.[adidja] mit der Roulade zufrieden war. Ich habe Oelze nicht mitgeteilt, daß Nele fort sei, das phantasiert er. Sie ist vielmehr durchaus noch hier, hat heute früh mit Vergnügen Brief u. Taschentücher von K. bekommen u. fährt noch ein paar Tage zu meiner Schwester nach Münster, kommt wieder u. wird gegen den 20. XII. nach Dänemark zurückkehren. Übrigens war sie

am Dienstag eine Stunde auf dem Bahnhof, um die durchreisende K zu sehn, aber die kam ja nicht zu der telefonisch angegebenen Stunde.
Natürlich bin ich am liebsten allein, das ist ja nichts Neues; u. ich hätte Herrn Oel. mehr Originalität zugetraut, als solche Banalitäten zu reden. Ich kann nur alleine leben, daran ist nicht zu rühren u ich werde das nie ändern. Ich habe nie etwas anderes gesagt.
Hat übrigens P.[amela] nicht jetzt im Dezember Geburtstag?
Wann u. wie willst Du nach Kassel fahren? Sind Deine Geschwister mit dem Wagen da? Ist der Urlaub von H. nicht längst vorbei? Ich sende den Balzac dieser Tage nach Kassel zurück, wenn Du mir noch mal die Adresse schreiben würdest. In den mir zugesandten Bänden steht leider »Pariser Leben« nicht drin. Nele hat jetzt hier »die Frau v. 30 Jahren« gelesen, sie findet es den unmöglichsten Kitsch, den sie je gelesen hat u. begreift meine Liebe zu Balzac nicht.
Sonst geschieht nicht viel. Nele läßt Dich sehr grüßen, sie spricht oft von Deinem großen Charme.

Dich küßt zärtlich Dein

G.

422 [Hannover] 5 XII 36

Alles Gute zum Sonntag, liebste Tilly. Oder bist Du schon in Kassel?
Morgen hat mein alter Kamerad u. jetziger Chef Geburtstag u. ich feiere bei ihm.
Wie geht es gesundheitlich?
Gestern fuhr Oelze hier durch u. brachte eine rote Nelke in den Briefkasten, selbst sah ich ihn nicht.

Gruß u. zärtlichen Kuß

Dein G.

423 [Hannover] 8 XII [1936]

Liebes Tillychen, Dank für liebe Briefe! Was habt Ihr denn nun über Kassel beschlossen? Hat P.[amela] die 150 Jahrfeier im St.[aats] Th.[eater] mitgemacht? Nein, wie man den G.[ustaf] G.[ründgens] feiert! Das ist ja ganz grotesk! Und der erste Schwiegervater....? Ist ja nun draußen.
Wie sieht es bei Yellas aus? Sind alle wieder gesund? Wer behandelt *Dich* eigentlich jetzt? Dr. Erbe? Und was sagt er? Wie oft mußt Du zu ihm?
Bekommt Dir das Ausgehn abends u. bummeln? Darfst Du Pfefferkuchen essen u. Marzipan? Bei mir sieht es unordentlich aus u. verkramt. Nele hat so viel Sachen u alles liegt herum.
Dich küßt vielmals Dein

G.

424 [Hannover] 12 XII 36.

Liebste Tilly, zum Sonntag von Nele u. mir herzliche Grüße. Wir hocken zu Hause u. lesen u. heizen die Öfen ein u. erzählen uns. Ganz nett. Freitag wird sie wohl abreisen.
Gestern war dienstlich Herrenessen, dauerte lange, kam erst spät nach Hause.
Wir schrieben an Yella eine gutgemeinte Karte. Bitte grüße sie u K[adidja] u P.[amela] Kuß

Dein

G.

425 [Hannover] 15/XII [1936]

Liebes Tillychen, Dank für Deine lieben Briefe. Feine Leute seid Ihr! So vornehme Einladungen! Interessant und nützlich!
Gab es ein Programm von P.[amela]? Hätte es gerne. War

Fechter da? Lest Ihr die D.[eutsche] Z.[eitung] manchmal? Ich nie. Wie ist sie denn? Auch sehr heruntergekommen und muckerisch?
Neles Besuch nähert sich dem Ende. Wir sind traurig u. machen Henkersmahlzeit mit ihren Lieblingsgerichten: Flammeri u. Harzer Käse. Ein Mieder habe ich noch kaufen müssen u. Busenhalter u Strümpfe u Handschuhe u. Crème u Byrolin u sw u.s w.
Bald mehr u. länger.

Kuß u Gruß.
Dein
G.

426 [Hannover] 20/XII [1936]

Liebes Tillychen, Dank für Deinen Sonntagsgruß! Ich hatte Freitag abend von 19–24 Reserve Offiz. Abend, anstrengend, war gestern sehr kaputt. Und gestern abend war die Weihnachtsfeier meiner Dienststelle, wieder etwas ermüdend u. die Nacht beanspruchend. Mit Tanz u Tombola u. so. D. h. *ich* tanze ja nicht.
Ich hoffe, es geht bei Dir gut u. Yella hat keine Komplikationen bekommen. Wo seid Ihr am Heiligabend? Kann Yella zu Hause sein?
Es tut mir sehr leid, daß ich zu diesem Sonntag nicht schreiben konnte, aber war gestern zu müde.

Kuß, liebe gute Tilly!
Dein
G.

427 [Hannover] 23 XII 36.

Liebes Tillychen, soweit es möglich ist, feiere nun ein gemütliches Weihnachtsfest. Ihr seid also zu Hause. Ach, ich weiß, wie schwer alles für Dich ist! ‹...› u. Du bist mit Deinem Kum-

mer u. Deinen Schwierigkeiten allein. Denke nicht, daß ich das nicht wüßte oder nicht bedächte. Ich denke oft daran. Hoffentlich habt Ihr von Euren vielen Bekannten schön was zu essen bekommen u. zu trinken. Aber das letztere darfst Du ja wohl nicht. Hoffentlich kommen meine Blumen zu Dir u. bessere wie an Deinem Geburtstag.
Ich werde allein zu Hause sein. Wo soll ich hin. Ist mir ja am wohlsten zu Hause. Eine Flasche Macon werde ich warmstellen u. Kohlen auf die Öfen, dazu langt es gerade noch. Wäre Frost u Schnee, wäre ich einen Tag per Autobus in den Harz gefahren, aber es regnet ja u. es ist Frühling draußen.
Kürzlich besuchte mich eine kleine Bekannte aus Schanghai, Nichte von meinem Freund Hans v. Rohr, die dort viel mit Euerm Dr. Beek zusammengewesen war u. offenbar viel von ihm hielt. Sie wußte auch, daß er mit Euch sehr befreundet war. Sie war einen Tag hier bei Verwandten u. besuchte mich. 25 Jahre; davon 5 Jahre Schanghai!
Nele ist drüben gut angekommen. Viel schreibt sie nicht, sie wird sich auch erst wieder einleben müssen.
Bitte grüße P[amela] u K.[adidja] Ich schreibe im Fest an Dich u. werde an Dich denken.

Sei umarmt u. geküßt. Du bist nicht allein
mit Deiner Traurigkeit. Alles ist traurig,
alles, das einst war u. das unser Leben war.

Kuß Dein G.

428

mit tausend zärtlichen
Grüßen!

[Hannover] 23 XII 36.

429 [Hannover] 26 XII 36.

Liebste Tilly, habe tausend Dank für den schönen köstlichen Schlips, gerade meine Spezialität, äußerst schick! – u. das Paket. Die Mimosen hatten dann gerade hier ihre einzige halbe Stunde, in der sie aufgehn u. den pompösen Geruch ausströmen, der eine Wohnung füllt. Wie die Menschen, wenn sie Glück oder Produktivität in zu starkem Maße von sich geben, dann zusammensinken, so auch die Mimosen. – Und die schönen Pfeffernüsse, die ich so sehr gerne nasche u. die ich nicht hatte, bevor Dein Paket kam. Dank und Kuß dafür. Und für den Anruf! Ich ging dann noch ½ Stunde spazieren, las eine Stunde u. um 9 lag ich im Bett.

Gestern war ich in »das Mädchen Irene«, das mir Nele empfohlen hatte. Ganz nett. Der Mann ein sturer Bock, der Forster imitiert. Sabine Peters glänzend, sehr talentvoll! Irene selbst etwas zu dick u schwer. (Das sind so Provinzbetrachtungen, über die Ihr Metropoliker lacht.)

Und wie war es bei Euch?

Heute kam Frau Schild nicht u. ich mußte Asche rausnehmen, heizen. Trank in der Küche Kaffee, stehend, werde auch dort Mittag essen.

Habe nochmals herzlichen Dank. Bleibe gesund.

Sei umarmt u geküßt von

Deinem

G.

430 [Hannover] 30 XII 36.

Liebste Tilly, hab Dank für Deine beiden Briefe von Weihnachten! Und nun nimm viele Grüße zu Sylvester und herzliche Wünsche fürs neue Jahr. Wo werdet Ihr sein? Bei Karl u Yella? Oder feiert P.[amela] im Theater?

Ich werde wohl zu Offizieren gehn, die mich einluden, oder ich geh' schlafen, ich mache mir ja aus dem Rummel nichts. Vielleicht komme ich bald nach Berlin. Ich schreibe Dir darüber.
Grüße P u. K.[adidja]

Dich küßt mit allen
guten Wünschen für 1937
Dein
G.

431 1.I 37 H.[annover]

Liebste Tilly,
ich ging schlafend ins neue Jahr, war um 10 zu Bett gegangen. Wohl dem, der schläft, schlafen kann! Hoffentlich seid Ihr alle drei in einigermaßen guter Verfassung hinübergeglitten. Dank für Deinen Neujahrsgruß! Du schreibst, wann Du nach H. kommen magst. Du hast recht, es war immer so sehr schön, wenn Du hier warst, aber jedesmal bist Du mit Vorwürfen fortgegangen, daß Du schon wieder zurück solltest u. daß Du nicht immer hier bliebest. Und von Deinem Standpunkt aus mit Recht. Aber es ging nicht u. es geht weiter nicht u darum möchte ich, daß Du den Gedanken fallenläßt, demnächst herzukommen. Diese Art Beziehung, wo man sich alle Viertel- oder Halbjahr einige Tage sieht, sind für Dein u. sind für mein Leben zu schwierig u. unnatürlich. Für ganz aber geht es nicht, das weißt Du wohl. Man muß sich das Leben einfach u. klar einrichten u. gar nichts mehr erwarten, anders geht es nicht. Ich habe mir hier eine kleine Vertraute herangezogen, die in ihren freien Stunden für mich schreibt, arbeitet, sich um meine Sachen etwas kümmert. Frau Schild ist seit langem leidend, tut nur noch halben Dienst, muß jetzt ins Krankenhaus zur Operation, *ich kann* mich nicht um zerrissene Bettlaken u. alles kümmern, ich brauche jemanden, der anständig ist, u. mit dem ich über meine Dinge sprechen kann. Die Isolierung

hier, die innere u äußere, hat Formen angenommen, die krankhaft sind u. mich auch in geistiger Hinsicht lähmen. Ach, es ist keine Leidenschaft u. keine Sache des Glücks! Reiner Ordnungssinn; Bedürfnis nach etwas Gespräch u. Nähe. Und darum möchte ich zunächst nicht nach Berlin kommen u. möchte nicht, daß Du hierherkommst. Du wirst das verstehn, Tillychen, u. vielleicht sogar mir recht geben. Es ist selbstverständlich, daß *nie*mand in meine Privatdinge hineinsieht u. daß unsere Beziehungen u. Briefe völlig unberührt davon sind u. bleiben. Es kann ja keine Frau Dich ersetzen, Dich verdrängen, sich mit Dir vergleichen. Aber das Leben ist es, das einen zu Schritten u. Entschlüssen bringt, denen man auch Rechnung tragen muß u. die ihr Recht beanspruchen.
Bitte denke über diese Dinge nach u. denke gütig u. freundschaftlich darüber nach.

Dich küßt

Dein

G.

432 [Hannover] 3 I 37.

Liebe Tilly, ich bekam Deinen Brief. Es besteht meiner Meinung nach kein Grund, warum Du mir nicht mehr schreiben solltest, aber tue es, wie Du magst. Ich werde nicht aufhören, an Dich in unendlicher Freundschaft u. Dankbarkeit zu denken.

Dein G. B.

433 [Hannover] 18 I 37

Liebste Tilly, nur einen kurzen Gruß. Ich denke oft an Dich. Ich vermute eigentlich, daß Du in Kassel bist. Ich hätte schon geschrieben, aber ich hatte die Grippe, lag ein paar Tage im Bett.

Dank für Deinen getippten Brief vom vorigen Sonntag!

Gestern war Herr Oelze bei mir u erzählte viel von Dir. Das Leben ist keineswegs schön. Ich wollte, ich wäre nie aus Berlin fortgegangen.

Leb wohl. Sehr zärtlichen Gruß

Dein

G. B.

434 [Hannover] 27 I 37

Liebste Tilly,

Dank für Gruß! Glückliche, die nach Italien kann! Freue mich unendlich für Dich. Wohin? Bitte schreibe mir Deine Adresse. Hoffentlich geht dort die Kälte bald fort. In den Zeitungen steht, daß es auch Frost u Schnee dort hat. Fährt K.[adidja] mit?

Von hier nichts Neues. Ich bin ein Narr, daß ich nach Hannover gegangen bin u. hier ein kümmerliches Leben friste. Idiotischer Gedanke von mir gewesen, ich muß sehn, daß ich wieder weiterkomme.

Habe viel Arbeit. Sonnabend/Sonntag war ich in Göttingen.

Zärtlichen Gruß

Dein

G. B.

435 14 II 37 H.[annover]

Liebste Tilly,

Dank für Deine Nachricht mit Adresse. Wie ist es dort? Schon Frühling? Sicher nicht! Sicher ist Winter, unfreundlich u. kalt, so wie hier.

Ist das der Ort, wo R. war u. wo Ihr im Sommer zu Besuch wart?

Von hier ist nichts Neues zu erzählen. Meine Stimmung wird

statt besser immer schlechter, die Arbeit immer mehr u. immer langweiliger.
Heute ist Sonntag. Wieder etwas Frost. Frau Schild liegt immer noch im Krankenhaus. Ihre Schwägerin versorgt mich, sehr mäßig, geradezu schlecht, aber es paßt zu allem anderen dazu.
Es giebt doch nur ein Glück: im wesentlichen allein sein. Meine alte Melodie.

Dich grüßt sehr u. Dir sendet einen
baiser ton G.

436 [Hannover] 28 II 37

Liebste Tilly,
Dank für lieben Brief. Ich schreibe nicht, weil hier nichts passiert u ich völlig parterre bin. So viel Arbeit u. alles so leer. – Ich denke viel an Dich. Ich wollte, ich wäre auch in Bolzano u. bei Dir. Wie ist das Wetter? Wie hast Du Dich erholt? Das Buch, von dem Du schreibst, von Th[omas] M[ann] interessiert mich sehr. Ich bekam von Kl[aus] M[ann] den neuen Roman, der von G.[ustaf] G.[ründgens] handelt. Du weißt, wir alle kommen vor.
Ich mache jetzt ernstlich Schritte, um von hier fortzukommen. Unmöglicher Zustand.

Tausend Grüße. Alles Liebe!

Dein
G.

437 [Hannover] 24 III 37

Liebste Tilly,
gutes Ostern wünsche ich Dir sehr bei warmem schönen Wetter u. danke Dir sehr für Deine Briefe. Die Nachricht über die

Furunkulose betrübt mich ja sehr. Sind es große Dinger u. wo sitzen sie? Hast Du dabei Fieber? Arme Tilly!
Wenn ich nicht schreibe, so ist der Grund der, daß es kaum was zu schreiben giebt. Alles läuft noch seinen Gang so weiter. Hoffentlich hast Du noch Devisen bekommen u kannst noch dortbleiben, solange Du magst. Jetzt wird es doch erst schön.
Nele hat eine neue Stellung u zwar in Kopenhagen. Sie ist sehr froh darüber, bekommt mehr Geld u. kann wieder in ihren Stuben bei O.s wohnen. Ich freue mich auch, daß sie aus dem Provinznest fort ist.
Frohes Ostern! Dank für den Ölzweig, reizend!

Oft denkt an Dich u. tausend herzliche
Grüße u Gedanken sendet Dir

Dein

G. B.

438 [Hannover] 8.4 37.

Liebste Tilly,
da ich nicht weiß, ob in Italien am Sonntag Post ausgetragen wird, sende ich Dir schon heute meine Grüße zum 11. Ein gutes neues Jahr! Es kann ja wohl nur besser werden, das alte war ja zu greulich. Und nun endet es noch mit Furunkeln, das ist ja besonders scheußlich. Feiere einen schönen Geburtstag! Sicher hast Du nette neue Menschen um Dich, die Dir gefallen u. Dir was bieten u Dir einen schönen Blütenstrauß auf Deinen Tisch stellen »Die Gegenwart im Augenblick des Bedürfnisses..«, wie Du so schön im letzten Brief schreibst..
Du Glückliche da unten! So einen häßlichen Frühling habe ich noch nie gesehn wie hier heuer.
Sonst nichts Neues: Ich arbeite etwas für mich, das hält mich aufrecht. Dienst wird immer schlimmer u. strenger. Um 8. morgens muß man schon antreten! Nichts für mich..

Ich werde Sonntag sehr an Dich denken. Was könnte man schicken, das keinen Zoll kostet? Konfekt? Blumen hast Du.

Tausend Grüße in Freundschaft u.
Zärtlichkeit
Dein
G.

439 [Hannover] 16. 4. 37.

Liebste Tilly,
Dein Geburtstag war ein grauer dunkler Tag hier. Ich habe sehr an Dich gedacht u. Dir in Gedanken noch viele Grüße über das Gebirge in Deinen schönen Ort gesendet.
Diese dummen Furunkel! Eine ganz ekelhafte lästige Krankheit! Durch die Gallenerkrankung sind sicher gewisse Abwehr- u. Schutzkräfte der Haut bezw. des ganzen Körpers stark herabgesetzt. Nimm mal einige Wochen kleine Dosen *Arsen* ein, das hilft manchmal. Und laß den Dr. R Einspritzungen machen von *Opsonogen* oder *Staphax*. Das hilft manchmal sehr schnell u. dauernd.
Vielen Dank für die beigelegten Blümchen! Hier blüht nichts. Ein greuliches Frühjahr. Neulich saß ich einen Abend mit Frl. Hoppe im Weinhaus W.[olf] Sie läßt schön grüßen.
Was machen die Kinder in B.[erlin]?

Gute Erholung. Alles Liebe!
Dein
G.

440 [Hannover] 28. 4 37.

Dank, liebste T. für Briefe u. Glyzinientraube! Schön muß es da sein! Hier immer noch sehr kalt u. regnerisch. Viel Arbeit dazu.
Gruß an die Gastgeber!

Viele liebe Gedanken, immer!
Dein
G. B.

441 12 5 37. H.[annover]

Liebste Tilly, Dank für den weißen Oleander u. Glückwunsch u. Briefe. Ich schrieb nicht nach München, da ich annahm, daß Du nur durchreist. Auch aus Deiner letzten Nachricht ersehe ich nicht, wo Du hin reist u. wo Du jetzt bist. Wahrscheinlich reist Du unter fremdem Namen?
Die Blumen aus Florenz haben den seltsamsten Geruch der Welt. Nach Obst u. Pilzen. Sehr faszinierend! Tausend Dank für den schönen Gruß!
Von hier nichts Neues zu erzählen.
Ich versuche auf die verschiedenste Weise, hier fort u. wieder nach Berlin zu kommen. Aber leider bisher vergeblich.
Ganz enorme Arbeit hier.
Denke oft an Dich, wünsche, daß es Dir gut geht, besser wie mir.
Alles Liebe u Gute zu Pfingsten!
Habt Ihr wieder Familientag?

Gruß u Kuß
Dein
G. B.

442 [Hannover] 12. 5 37.

Liebste T.
Gerade heute habe ich nach Berlin geschrieben, da ich annahm, daß Du nicht mehr in München seiest, dort nur durchgereist seiest. Gratuliere zu dem Engagement! Die Stadt Deines Ruhms u. Deiner Erfolge nach vielen Richtungen!
Vielleicht bekommst Du den Berliner Brief nachgeschickt – es steht nicht viel drin, weil viel nicht geschieht.

Gruß u. Kuß
Dein
G. B.

443 [Hannover] 19.5.37.

Liebste Tilly,
es ist sehr freundlich von Dir, meiner zu gedenken u. mir so schöne Karten zu schicken, auf denen Schlösser, Berge, Seen u. Gestade sind.
Meine Pfingsttour führte mich nur an die Weser, einen trüben Fluß. ‹...›
Wie geht es eigentlich gesundheitlich? Darfst Du essen u. trinken, was Du willst? Sind die Furunkel verschwunden? Trinkst Du ein Maß? München ist doch sicher jetzt ganz herrlich! Im Hofgarten Kaffee trinken u. im Englischen Garten flanieren; schön muß das sein!
Das Wetter ist ja wohl in ganz Europa gleichmäßig schlecht. Und wird so bleiben die nächsten 3 Jahre.
Bitte schreibe mir, wo u. wann Du Premiere hast!
P.[amela] hatte ja im Molière großen Erfolg!

Dank, Gruß, Handkuß!
Dein
G. B.

Sah hier den Film: »zum Tanzen geboren« – (die Spieler von »Broadwaymelodie«) Die Powell ist ja wirklich eine reizende Stepptänzerin!

444 [Hannover] 30.5.37.

Liebste Tilly, herzlichen Glückwunsch zum großen Erfolg! Freut mich ungemein! Auch die Karte mit den verschiedenen Bieren hat mich sehr aufgeregt! Manches wandelt sich, aber der Maßkrug bleibt.
Sehr nett, daß Du zu der Oper fahren willst! Wirst sicher viele Bekannte treffen. Ich las übrigens den Brief von Th.[omas] M.[ann] Unterschreibe jedes Wort.

Mir scheint, als ob ich Aussicht habe, bald hier fortzukommen! Wäre gut! Ganz unmöglicher Zustand hier.

Gute Reise. Alles Liebe u. Zärtliche.

Dein

G. B.

445 [Hannover] 14. 6 37.

Liebste Tilly, Dank für Karte aus Zürich u. Brief. Ich las in der Frankf. Ztg die Kritik, freute mich sehr. Vorgestern kam Herr Oelze durch u. erzählte, daß er in der Londoner »Times« gelesen habe, daß Du bei der Premiere in Zürich warst u. daß es ein sehr großer Erfolg war. (Woran ist eigentlich Alban Berg gestorben?)

Ich fahre heute abend über Berlin nach Kottbus zu meinem Vater, der am 16. 80 Jahre wird u. von seinen sämtlichen 9 Kindern (aus 2 Ehen,) gefeiert wird. *Nele* wird die einzige sein, die fehlt. Aber es ist zu weit. Ich bin am 17. zurück.

In der Kaulbachstr. wohnte ich 1914 als ich heiratete .. .. .. Juni, Juli 1914, ich glaube Nr. 24 od. 48. Eine reizende Straße.

Was macht der Magen u sw.? Bist Du wieder gesund? In Berlin will ich mal sehn, was ich bei meiner Behörde erreiche, ob ich nicht zurückkommen kann.

Hier war große Hitze; aber die Wohnung schön kühl.

Grüße Dich tausendmal! Alles Liebe.

Dein

G.

446 Berlin-Wilmersdorf 24/7/37
Kaiserallee 28^{IV}
bei v. Zeschau.

Liebste T.

am 1.VII. wurde ich plötzlich nach Berlin versetzt in eine, soweit mir scheint, recht angenehme Stelle. Ich hatte mich zunächst einzuarbeiten, was anstrengend war, u. Zimmer u Wohnung suchen usw. nahmen alle freie Zeit in Anspruch. Und Du bist in M.[ünchen] u bleibst noch da? Dank für liebe Briefe! Wann wirst Du nach Berlin zurückkehren?

Herzliche Grüße, alles Liebe
Dein
G.

447 [Berlin] 12.9 37.

Liebe Tilly, habe vielen Dank für Deinen eingeschriebenen Brief mit den reizenden Bildern! Du bist bezaubernd wie je! Und im Kranz – wie interessant!
Es ist sehr unrecht von mir, daß ich nichts von mir hören ließ, aber es hatte seine sehr schwerwiegenden Gründe. Seit 2 Monaten, unmittelbar nach meinem Eintreffen hier begann eine neue Kampagne gegen mich wie im vorigen Frühjahr, nur sehr viel gefährlicher u. bis heute unerledigt. Ich glaube sicher, daß ich abgehn muß. Schauerliche Wochen liegen hinter mir. Ausgangspunkt die bewußte Ausstellung in München. Dazu war in dem sehr berühmten, leider wichtigsten medizinisch-naturwissenschaftlichen Verlag J. F. Lehmann in M.[ünchen] ein Buch erschienen, gewissermaßen als Führer: »Säuberung des Kunsttempels«, Autor ein obskurer Maler. Darin waren die Angriffe vom Schw.[arzen] K.[orps] übernommen u. mit neuen Beleidigungen kombiniert. Exemplare davon gelangten in mein Ministerium. Ich wurde dienstlich gezwungen, dagegen vorzugehn. Es entstand ein furchtbarer Schriftwechsel zwischen mir u. dem Verleger u dem Autor. *Wüste* unerhörte Beleidigungen gegen mich. »Lump«; Skandal, daß ich noch nicht interniert sei; Skandal, daß ich Offizier sei. Der Führer würde aber aufgefordert werden, mich zu verjagen u.sw. Mir blieb nichts übrig, als den gesamten Schriftwechsel meinem Min. vorzulegen. Seit 4 Wochen warte ich auf Antwort u. Entscheidung, aber alles weicht aus, zögert.

Natürlich hat H.[anns] J.[ohst] wieder in nettester Weise mir geholfen, aber offenbar genügt das nicht. Ich kann schließlich nicht weiter darüber Mitteilung machen. Ganz offenbar hält man mich auch für spio..[nage]verdächtig u. beobachtet mich. Ein Künstler – ist ja zu allem fähig, bei dem ist jeder Dreck zu vermuten. Ich hatte sehr sehr dunkle Zeiten, heute sage ich mir, es nützt ja alles nichts, mein Gewissen ist rein. Ich habe das Schicksal meiner Generation auf mich genommen, ohne zu fragen, ob es gut oder böse ist, ob es Ruhm oder Vernichtung mit sich bringt. So habe ich gearbeitet, so habe ich geschrieben u. so habe ich gelebt. Ein Ausweichen giebt es nun nicht mehr. Man hat alle uralten Sachen von mir von vor 25 Jahren herausgesucht u. alles abgeschrieben, was irgendwie »umpassend« oder gewalttätig oder auch »zotig« heute klingt u. hat diese Blütenlese an gewisse Stellen versandt. Ich kann kein Wort zurücknehmen. Es ist der Weg des Geistes u. der Kunst aus so viel Zersetzung u. Nihilismus schließlich doch Gedicht oder Form zu machen. Eine chemisch reine Kunst giebt es nicht, kann es nicht geben.

Ich habe infolgedessen auch keine Wohnung gesucht. Ich weiß ja nicht, was aus mir wird.

Ich bitte *um völliges Stillschweigen hierüber*, auch zu *P.* [amela]. Es soll nichts in die Theaterkreise kommen.

Vielleicht ziehe ich auch nach München. Berlin hat mir den Geschmack hieran [?] verdorben.

Gruß, liebste Tilly! Alles Gute u. Schöne für Dich!

Dein

G.

448 B.[erlin] 19/X/37.

Liebste Tilly,

hab Dank für Deine Zeilen. Es ist mir sehr interessant, daß Du bei J.[ohst] warst. Er hat sich gegen mich sehr anständig benommen, hat tatsächlich sogar den Reichsführer S.S. für

mich in Bewegung gesetzt. Diesmal ist es *meine* Behörde, die sich sonderbar benimmt u. auch heute noch nicht klar ausspricht, ob die Sache erledigt ist oder nicht. Mir persönlich wäre es ja das liebste, ich bekäme den Abschied *mit Pension*. Dann wäre ich frei u. hätte etwas gesichertes Einkommen. Im übrigen ist Berlin ja schön, aber doch anders u. einsam geworden. Die meisten Bekannten fort, die noch vorhandenen teils ihrerseits ablehnend, teils von mir aus mit Vorsicht zu genießen. Wohnung habe ich noch nicht. Ist sehr schwer zu finden.
Spielst Du noch? Was macht die Gesundheit? Ist die Gallensache ganz in Ordnung?

Tausend Grüße. Alles Liebe.

Dein

G. B.

449 11. I 38 Berlin-Schöneberg. Bozenerstr 20.

Liebste Tilly, hab Dank für Deinen Brief aus Tölz! Hoffentlich war es schön u. Du warst in netter Gesellschaft. Sicher! Daß K.[adidja] nach U.SA. fährt, war mir ja eine große Neuigkeit! Zu wem denn? Hält sie da Vorträge?
Dich hat München nun wohl für immer wieder an sich gezogen u. es ist vielleicht gut für Dich, es ist doch die Stadt Deiner schönsten und erfolgreichsten Jahre gewesen u. zum Leben wohl überhaupt die schönste Stadt Deutschlands.
Was mich angeht, so will ich Dir nun eine Mitteilung machen, von der ich Dich bitte, sie freundschaftlich zu beurteilen und anzusehn. Ich habe nun seit Dezember eine eigene Wohnung u. meine Zukunft ist doch so, daß ich unbedingt bei meiner jetzigen Behörde bleiben muß, woanders bekomme ich keine Arbeit mehr u. die Verfolgungen können ja jeden Tag wieder losgehn. Ich muß also mein Leben konsolidieren, nach außen immer mehr abdichten, ich brauche Ordnung, Ruhe u. Hilfe, ich bin alt u. sehr müde u kann allein nicht mehr weiter. Ich

werde mich verheiraten u. zwar jetzt bald. Keine Passion, keine Illusion. Ordnung, Kameradschaft, gegenseitige Hilfe. Ich muß jemanden haben, dem ich die Wohnung überlassen kann, da ich ja doch den ganzen Tag nicht da bin, jemanden, mit dem ich sprechen kann, der mit interessiert ist an der Existenz, der äußeren u. der inneren.

Ich nehme die junge Dame aus Hannover. Sie ist 20 Jahre jünger, kann arbeiten, ist intelligent, stammt aus Offizierskreisen u. kennt das Milieu. Sie kann kochen, ich brauche in der Richtung keine Sorge zu haben.

Dich, liebe u. süße Tilly, kann ich nicht heiraten, Du weißt warum. Also sei so unendlich lieb u. sieh diesen Plan mit Güte u. Freundschaft an. Schreibe mir bitte, daß Du es verstehst. Die Erinnerung an unsere Jahre wird immer ganz unvergänglich in mir weiterleben als ein großes Geschenk des Lebens, das ich nie vergessen kann. Aber die Zeit ist so dunkel geworden u. die Welt so leer, man muß alles für sich allein erleben u. abmachen, eine Kette vor der Tür u. ein Gitter vor seinem Gehirn u. vor seinen Worten. Und das geht nur mit Hilfe eines Menschen, der zu einem auch äußerlich gehört. Mir nützt nur eine Frau, mit der ich auch wirklich verheiratet bin, nur sie kann mich vertreten, mir alles abnehmen, für mich die äußeren Dinge erledigen. Darum muß es sein.

Bitte schreibe mir! Wir beide bleiben unverändert die Freunde, die wir waren. Bitte, ja? Hoffentlich sehen wir uns auch bald wieder! Dich grüßt zärtlich u. dankbar

Dein

G. B.

450 Berlin-Schöneberg 13 II 46.
Bozenerstr 20, pt.

Liebe Tilly,

ein Gruß, den mir heute Kadidjas Mann durch einen in meinem Haus wohnenden, bei ihm arbeitenden Herrn bestellen ließ, ist der unmittelbare Anlaß zu diesem Brief. Das war sehr

nett von Kadidja, vielleicht lerne ich ihren Mann einmal kennen.
Du siehst, ich lebe. Daß Du u. Pamela es auch tun, bin ich gewiß. Es wurde doch bei Euch nicht so grausam gekämpft wie hier; hier war im April u Mai die Hölle. Meine Frau ist tot. Sie nahm sich das Leben, als Anfang Juli die Russen in das Dorf kamen, in das ich sie im April evakuiert hatte u. wo erst englisch-amerikanische Besatzung war, dann kamen die Russen u. alles verlor den Kopf. Mich hielt sie wahrscheinlich für tot, ich hatte ihr keine Nachricht schicken können, kein Bote hatte sie erreicht. Sie war in einem Dorf in der Nähe von Hamburg, ganz allein. Im September war ich dann an ihrem Grab. Es war alles sehr traurig u. es traf mich tief. Vorher hatten wir in Landsberg a[n der] W.[arthe] alles stehenlassen müssen, als wir Ende Januar flohen, mit einer Handtasche über Schneefelder zu Fuß.
Ich bin also wieder allein. Die Wohnung steht. Ich mache meine Praxis, die nicht schlecht geht. Aber alles ist sehr schwierig.
Beziehungen zur Literatur habe ich noch keine aufgenommen, aber ich höre, daß ich bei den jetzigen Kreisen ebenso unerwünscht bin wie bei den früheren. Es berührt mich alles nicht mehr. Ich habe 3 neue Bücher in den letzten Jahren fertiggemacht, ob ich sie drucken lassen kann, weiß ich nicht, es erscheint mir fraglich.
Wie geht es Dir? Ihr werdet ja nun endlich wieder aufgeführt, das freut mich sehr. Wo ist Pamela? Spielt sie? Wie geht es der kleinen Tochter?
Ich lebe allein, bin völlig isoliert. Wenn ich von Dir eine Antwort habe, werde ich ausführlich schreiben. Ich bin etwas erstarrt von all den Erlebnissen des letzten Jahres.
Denke manchmal an mich. Bitte grüße Pamela.

Dir küßt die Hand u grüßt Dich herzlich

Dein altgewordener, müder

u. trauriger

G. Be.

451 Berlin 30. IV. 46.

Liebe Tilly, habe vielen Dank für Deinen Brief vom 9. III, der heute ankam, nachdem er am 17. IV in Freiburg zur Post gekommen war.

Ich freue mich sehr, von Dir gehört zu haben, Deinen letzten Brief vom vorigen Jahr habe ich nicht erhalten.

Dein Leben, wie Du es schilderst, ist sicher auch nicht leicht, vielmehr mit vielen Unannehmlichkeiten sicher für Dich verbunden. Tut mir unendlich leid! Du solltest immer in einem Zimmer voll Rosen sitzen, den Blick auf den See, in einem weißen seidenen Kleid mit violettem Samt besetzt und Anna Karenina oder »Feuer« von D'Annunzio lesen u. abends abgeholt werden zum Hummeressen, dann Obstsalat u. roter Wein. Das wünschte ich Dir u. vielleicht kommt es noch mal wieder!

Daß Pamela, dieser Prototyp der intellektuellen Frau, nun sich ganz auf Kinder konzentriert, finde ich sehr merkwürdig, aber es ist wohl ihr Glück.

An Deinem Geburtstag habe ich an Dich gedacht, wie übrigens jedes Jahr. Übermorgen werde ich nun 60 Jahre, – die Zeit ist rum, aber ich bin einverstanden damit. Ich kann auch nichts bedauern oder gar bereuen, was ich je literarisch publizierte, es war immer echt u. kam aus meinem Wesen. Wenn man immer nur das publizierte und ausspräche, was 15 Jahre später *opportun* erscheint, würde man überhaupt nichts publizieren. In Zeiten wie den unseren giebt es *allgemeine* Lösungen geistiger Fragen nicht. Man kann nur für sich selbst sich entscheiden u. dann die Folgen auf sich nehmen. Das tue ich gern. Ich bin völlig mit mir einig u. brauche von keiner Seite mehr eine Bestätigung. Übrigens erscheinen – nicht in Berlin, aber andernorts – meine neuen Bücher wahrscheinlich doch noch im Laufe dieses Jahres. Ich habe einen gewissen Kreis, der mich hält und sehr schätzt.

Inzwischen habe ich Deinen hiesigen Schwiegersohn ken-

nengelernt. Ein ungewöhnlich kluger u. angenehmer Mensch. Ich hoffe ihn gelegentlich wiederzusehn.
Meine Tochter Nele war ein paar Tage hier. In Uniform als »war correspondent«, wohnte im englischen Hotel u. fuhr ihren eigenen Wagen. Es geht ihr glänzend. Sie ist riesig klug und charmant. Trotz ihrer Zwillinge von 2 Jahren sieht sie wie 18 aus. Sie reist viel u. war auch kürzlich in Zürich. Ihren schäbigen alten Vater behandelte sie sehr gut.
Renée Sint.[enis] kommt oft her, wohnt in meiner Nähe. Elsa W. mochte ich nie, sie stand mir nicht nahe u. ich suche ihre Gesellschaft nicht. Ich suche überhaupt keine Gesellschaft, lebe für mich, bin allen Dingen weit entrückt, erwarte nichts mehr, die meisten sind tot, mit denen ich hier umging.
Lebe wohl. Schreibe bitte einmal wieder. Ich wünsche Dir so viel Gutes außen u. innen.

Immer Dein G. B.

452 16 V 46. Berlin

An Frau Tilly Wedekind
Zürich (Schweiz) 7.
Attenhoferstr 17

Liebste Tilly, alle Deine lieben Briefe sind angekommen u. heute auch die Karte vom 2. V. Habe tausend Dank. Ich antwortete auch zweimal. Dein 1. Brief vom 27 III war 6 Wochen unterwegs gewesen. Ich schrieb auch schon, daß ich den charmanten Herrn Biel kennengelernt habe u. wie gut er mir gefallen hat. Am 2 V. schickte er mir in Deinem Auftrag einen Fliederstrauß – das war bezaubernd nett von Dir u. ihm!
Mein Geburtstag war still, wie ich es liebe. In Hamburg hat man sogar öffentlich an ihn gedacht u. aus einem der neuen Bücher ein Stück Essay gebracht, das unerwarteten Erfolg hatte, wie ich aus Zuschriften ersehe. Mir genügt, wie ich

schon schrieb, zu wissen, daß ich mich geistig gehalten u. in der Einsamkeit der letzten Jahre fortgebildet habe.
Das Leben hier ist nicht einfach, aber das ist überall das gleiche. Ich habe in der Praxis viel zu tun, eine Hausangestellte, die tüchtig ist, und Schlafmittel, um nicht wachzuliegen in der Nacht. Was das Leben als Ganzes nun eigentlich war, sein Sinn ist mir weniger klar als je –, was ist das Letzte: die Träne oder die Lust, – ich weiß es nicht, wenn ich alles überblicke und zurückdenke.
Meine Gedanken sind oft bei Dir. Für Kinder interessiere ich mich ja nicht, auch nicht mal für die meiner Tochter, aber ich freue mich, daß Esther Carola bei Dir ist u. Dich glücklich macht.

Tausend Dank nochmals u herzlichen Gruß.

Immer Dein

G. B.

453 B.[erlin] 5 V 47.

Liebe Tilly,
habe tausend Dank für Deine reizende herrliche Sendung, die Blumen waren verwelkt, erholten sich aber noch mal in der Vase u. im Wasser; der Speck auf meinem Brot war köstlich u. der Kaffee labte den ermatteten alten Herrn, das war wirklich ein großes Geschenk von Dir. An Deinen Geburtstag habe ich natürlich, wie jedes Jahr, auch lebhaft gedacht, aber ich dachte Dich noch in der Schweiz u. dahin sind ja Briefe das Unsicherste und Langwierigste von allen Ländern, – nun Du wieder an Deinem See bist, werde ich mir erlauben öfter zu schreiben.
Im Januar war ein junger Schweizer Dichter bei mir, der schon früher einmal hier war: Herr Hürsch aus Winterthur bezw. Zürich. Ich bat ihn, Dich zu besuchen und Dir Grüße von mir zu bringen. Aber vielleicht warst Du schon fort oder er hat es vergessen, er ist wohl sehr unzuverlässig. Er sollte Dir auch

erzählen, daß ich mich gerade wieder verheiratet habe; es ging nicht ohne Frau. Alles verkam, die Wohnung, ich selbst, die Hausangestellte schleppte alles fort, die Praxis nimmt mich völlig in Anspruch u ich konnte es nicht allein schaffen. Meine Frau hat einen eigenen Beruf, ist Zahnärztin, Dr. med. dent., hat eine große Praxis, verdient – und wenn ich morgen tot bin, kann sie weiterleben. Ob es richtig war, weiß ich heute, nach mehreren Monaten, nicht. Meine Frau ist sehr jung, hat noch nie einen eigenen Haushalt gehabt u. interessiert sich mehr für die eigene Praxis als den Haushalt, u ich muß im wesentlichen meine Dinge alleine weitermachen. Aber es ging auch anders nicht mehr –, meine andere Frau, an der ich ja sehr hing, war nun schon 2 Jahre fort. Aber das Leben hier in Berlin ist an sich so problematisch, gefährlich u. beinahe unerträglich, daß man sowieso nur von einem Tag zum andern lebt u. nur das Nächstliegende tun kann. Ich bin auch innerlich so still u. für mich geworden, daß ich nichts mehr erwarte. Dies, bitte, ganz unter uns! Aber meine Frau ist sehr reizend u ich muß ja zufrieden sein, wenn sie mit einem griesgrämigen alten Herrn, wie ich es bin, auskommt.
Aus Deinen letzten Briefen aus Zürich, die ich voriges Jahr bekam, klang etwas so Ehrwürdiges, ja Religiöses heraus, daß ich verblüfft war. Wie lebst Du u. was tust Du nun wieder in St. H.[einrich]? Besser wie Berlin wird es ja auf jeden Fall dort sein, aber schwer ist es gewiß auch u. auch keine Aussicht auf eine entschiedene Besserung der Lage. Wie geht es Pamela u. Anatol? Von Deinem Schwiegersohn B.[iel] habe ich nichts mehr gehört, er spielt aber wohl politisch eine große Rolle hier; kann Kadidja nicht bald einmal zu Dir kommen?
Ich bekomme viele Briefe aus U.S.A., teils sind sie glücklich, teils voll großer Sehnsucht nach Berlin.
Habe nochmals vielen herzlichen Dank für Dein Gedenken. Ich vergesse Dich nie.

Dein G.B.

454 [Berlin] 26 V 47.

Liebste Tilly, tausend Dank für die Enziane, die hier im Glas wieder auflebten u. meinen Schreibtisch zierten. Wo hast Du Enziane her? Am See wachsen doch keine?
Ich sah Dein Bild in der »Neuen Zeitung«, die ich halte. Erbärmlich – so eine Rückkehr mit Koffern auf einem Handkarren, ein Chrysler oder Austin hätte Dir besser gestanden, aber Du siehst gut aus, elegant!
Wie hast Du Dich eingelebt? Wer wohnt jetzt alles im Malvenhaus? Kommt Kadidja nicht bald, Dich zu besuchen?
Mir geht es einigermaßen.
In der Züricher »Weltwoche« vom 9. V. war ein langer, recht guter Aufsatz über mich: »Hinweis auf G. B.« von einem mir unbekannten Autor.
Auch hier lichtet sich manches, aber ich bin gleichgiltig u. will für mich leben, – der Mönch unter Trümmern.
Bleibst Du jetzt definitiv dort?
Spielt Pamela? Bitte grüße sie.

Dankbar u. herzlich grüßend

Dein G. B.

455 [Berlin] 11. VI. 47.

Liebste Tilly, – eine freudige Überraschung heute am Telefon! Bitte besuche uns zu Mittag oder Kaffee oder abends, wann es Dir paßt, aber bitte vorher telefonieren (712097). Ich bin entzückt, Dich wiederzusehn!
Meine Frau läßt sich empfehlen.

Herzlichen Gruß

Dein

G. B.

456 Berlin 21. 9. 47

Liebe Tilly,
habe verspätet tausend-Dank für Deine beiden Briefe vom Sommer nach Deiner Reise. Ich hoffe, Du hast den Rest der heißen Zeit gut verlebt u. Ihr alle seid gesund. Deinem braunen Hut hier bei mir geht es zufriedenstellend, wir betrachten ihn öfter.
Was Du von Euerm U.[lrich] B.[iel] schriebst, hat mich sehr überrascht. Es paßt eigentlich gar nicht zu dem klugen Homme du monde, der er doch ist. Ich vermute, daß sehr persönliche Momente da mitsprechen, die sein hiesiges Leben privat betreffen. Ist er noch hier? Oder wo ist er hingekommen?
Daß mich Pamela völlig aus ihrer Liste gestrichen hat, tut mir aufrichtig leid. Es wird mich aber nicht bestimmen, sie nicht weiter freundschaftlich zu verehren u. in ihr eine der intelligentesten Señoras des einstigen Berliner Kreises zu sehn.
Uns geht es einigermaßen – bis auf die allgemeine Lage, die wohl recht düster aussieht. Meine Frau Ilse lag 4 Wochen im Krankenhaus, Blinddarmoperation, arbeitet aber jetzt wieder.
Kürzlich sah ich, daß selbst Herr Paul Fechter (in Hamburg) wieder schreiben darf, der doch wahrhaftig alle die Jahre hindurch unentwegt hier tätig sein durfte. Ich freue mich aber für ihn, denn er ist ein anständiger Mann.
Die Wüst hat man nicht entnazifiziert, so sind die Schicksale verschieden..
Bitte laß wieder von Dir hören. Bleibe gesund, bringe die Öfen in Ordnung, der Winter soll wieder kalt werden. Von der Ilse viele Grüße.

Einen Handkuß von Deinem
alten G. B.

457 [Berlin] 27 XII 47

Liebste Tilly, ein gutes neues Jahr wünsche ich Dir u Deinem Haus. Einzelne Wünsche nenne ich nicht, sei einigermaßen zufrieden mit dem, was die Zukunft bringt. – Ich hoffe, Ihr habt Weihnachten friedlich verlebt. Wann kommst Du wieder nach Berlin?

Uns geht es ganz gut. Ich las an den Weihnachtstagen von H. Mann: »Ein Zeitalter wird besichtigt«. Es kommt viel von Frank W.[edekind] vor. Alles in allem ist es aber ein zwiespältiges Buch, aus dem man nicht recht klug wird. Auch Kadidja wird erwähnt: sie begrüßte ihn, als er das Schiff in New York verließ. Ferner bekennt er sich plötzlich an vielen Stellen als restloser Bewunderer von – Bismarck.

Schreibe mir bitte bald einmal wieder Oft denke ich an Dich. Meine Frau läßt vielmals grüßen.

Immer Dein G.B.

458 [Berlin, 30.12.1948]

Herzlichste Neujahrswünsche in alter Freundschaft

Gottfried Benn

459 [Berlin] 5 VIII 51.

Liebste Tilly,

Dank für Deinen letzten Brief u. tausend Dank noch für die Geburtstagglückwünsche. Ich saß so in neuen Arbeiten, daß ich gar nicht zum Aufblicken kam.

Ich weiß nichts davon, daß ich nach München komme. Die Bayer.[ische] Akademie der Schönen Künste, deren Mitglied ich ja seit 1½ Jahren bin, lud mich zwar wiederholt ein, aber ich habe nicht zugesagt. Dagegen fahre ich Ende August nach Marburg a[n der] L.[ahn], wo ich in der Universität zu einem internat. Ferienkurs eine Vorlesung über Lyrik halte. Fahre

aber sofort wieder zurück zum Bayerischen Platz, Schöneberg, – kann keine Ferien machen.
Uns geht es gut, soweit es einem im Sommer in einer staubigen, zerstörten Stadt gut gehn kann. Sonntags fahren wir zum Wannsee ins Freibad. Die engen russischen Grenzen um Berlin verhindern ja jeden Ausflug u jedes Weekend im weiteren Umkreis. Tausend Grüße u einen Handkuß. Immer Dein

G. B

Gute Erholung in Österreich!

460

Liebste Tilly, ich habe so sehr viel zu tun, daß ich schwer zum Schreiben komme, kann handschriftlich auch nicht gut schreiben u. habe keine ständige Sekretärin. Aber im Frühjahr komme ich nach München u. besuche St. Heinrich.
Uns geht es einigermaßen. Ich werde immer schrulliger, und Ilse ist sehr unglücklich mit mir. Berlin ist nicht mehr schön u. ich erwäge ernstlich, nach Westdeutschland zu ziehn. Hier stirbt alles ab.
Nimm herzliche Grüße u. Handkuß von mir. Dein alter

G Benn

[Berlin] 28 XII 51

461 [Berlin] 4 V 55.

Liebste Tilly, ja es ist traurig, daß wir so lange nichts voneinander hörten – meine Schuld, aber, um es gleich zu sagen, ich war u bin nicht krank, aber von einer krankhaften Müdigkeit u. Apathie, es gibt Tage, wo ich nur auf der Couch liege u. selbst einen Federhalter oder Kugelschreiber nicht in der Hand halten kann. Ilse hält den Betrieb aufrecht, ich meine das nicht finanziell, aber menschlich u. gesellschaftlich, ich

kümmre mich um gar nichts mehr, u. Ilse ist keine Briefschreiberin.
Du bist umgezogen? Neue Adresse? Das überrascht mich sehr! Wieso? Habt Ihr das Haus in *St. Heinrich* aufgeben müssen? Lebst Du allein oder mit Enkeln (oder mit einem Jüngling .., verzeih, aber es wäre ja gar nicht schlecht!)
Voriges Jahr war ich viel auf Reisen u Vorlesungen. Dies Jahr habe ich alles abgesagt, selbst Rom, Florenz, Basel, Zürich. Ich mag nicht mehr. Erfolg habe ich ja genug, aber es bedeutet mir alles nichts mehr.
Ilse ist lieb zu mir, aber sie amüsiert sich auf ihre Weise. Ich kann es ihr nicht verdenken, ein oller Kerl, der nicht tanzt u. nie ausgeht – der ist langweilig. Aber wir halten zusammen.
Nele hat mich im Herbst einige Tage besucht. Es war reizend. Sie ist ja geschieden, aber es geht ihr wirtschaftlich gut, sie hat die Kinder – u. – natürlich – eine unglückliche neue Liebe – die Benns sind ja alle in diesem Punkt sehr anfällig!
Daß Mops Sternheim im vorigen Herbst qualvoll an Darmkrebs gestorben ist, habt Ihr wohl gehört. Stoisy war sehr sehr unglücklich.
Dein Schwiegersohn Ch.[arles] R.[egnier] ist ja groß geworden. In »Canaris« war er auch wirklich vorzüglich. Und die Töchterchen? Was machen sie? Wir hier in dem isolierten Berlin hören ja nicht viel von der westlichen Welt. Berlin ist eine traurige Heimat geworden, aber wo soll man hin.
Leb wohl, liebste Tilly. Von Dir sprechen tun wir oft. Und an Dich denken, tue ich noch öfter. Altwerden ist doch grausig! Man geht richtig ein.

Kuß u Umarmung!
Dein alter
G Benn.

Mit Paul Fechter bin
ich öfter zusammen. Der
ist auch noch aus der
guten alten Zeit!

NACHTRAG

462 Berlin [vermutlich 21.9.1930]

Tausend herzl. Grüße, frohen Sonntag Ihr
Benn

463 [Berlin, vermutlich um den 24.12.1931]

Frohen Weihnachtsabend, liebe Frau Tilly, für Mutter u Kind je eine Flasche »Gegenüber« mit herzlichem Gruß!

Ihr
Benn

464 [Berlin, vor dem 30.3.1935]

Tausend Dank!
Also heute abend.
Ich gehe jetzt ins Wahlstatt.

G B

TILLY WEDEKIND AN GOTTFRIED BENN

465 [Berlin?] 10.8.33

Ich liebe Dich, Benn! Mit 2 mit 3 mit 4 mit 5 mit 6 mit 7 mit 8 mit 9 mit 10 Fingern, mit beiden Händen, mit Kopf und Herz, mit Leib und Seele, mit meinem ganzen Sein – bin ich Dein!

Tilly

Liebes Fr. P.!, ist mir eine schreckliche Enttäuschung, wenn Du nicht kommst! Dann freut mich weder Geburtstag noch Ostern.
Ich denke, es würde Dir guttun, raus aus H.[annover] u. Deinen 4 Wänden u. Dich hier bissel umzuschauen.
Aber ich kann Dir freilich nicht viel bieten, ein angenehmes, ruhiges Unterkommen, Unbehelligtsein – aber das hast Du auch dort. Also wozu? Nur um T. eine Freude zu machen? Das kann man nicht verlangen.
Man kann überhaupt nichts verlangen.

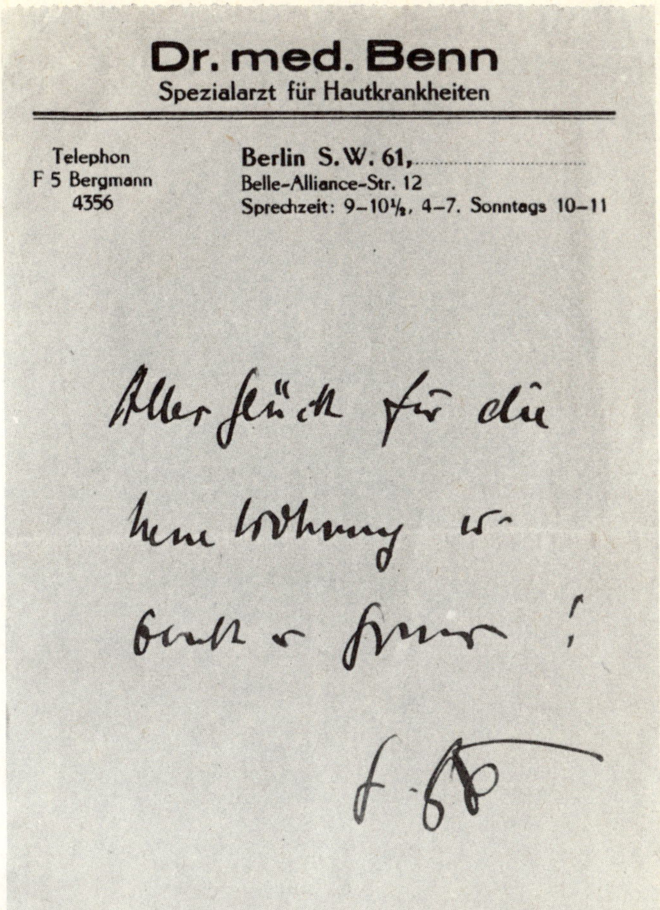

Dr. med. Benn
Spezialarzt für Hautkrankheiten

Telephon
F 5 Bergmann
4356

Berlin S.W. 61, ...
Belle-Alliance-Str. 12
Sprechzeit: 9–10½, 4–7. Sonntags 10–11

Alles Glück für die
neue Wohnung u.
Arbeit u. Sommer!

G. B.

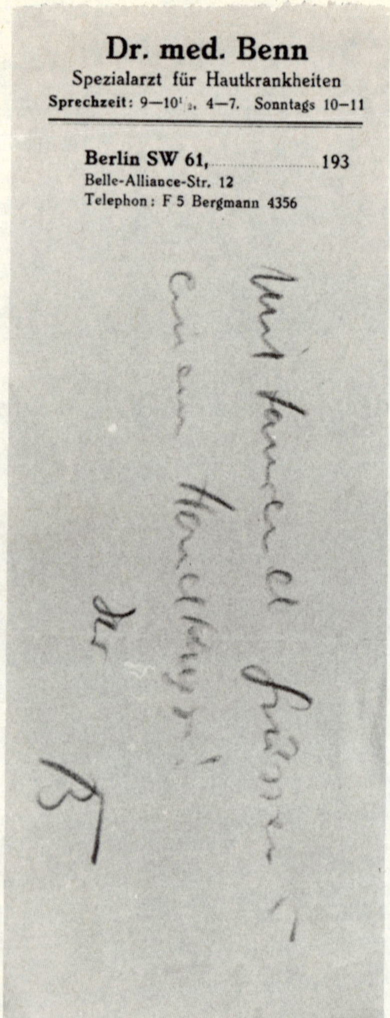

Dr. med. Benn
Spezialarzt für Hautkrankheiten
Sprechzeit: 9—10½, 4—7. Sonntags 10—11

Berlin SW 61, ... 193
Belle-Alliance-Str. 12
Telephon: F 5 Bergmann 4356

ANHANG

EDITORISCHER BERICHT

Mit dieser Publikation werden erstmals vollständig die Briefe Gottfried Benns an Tilly Wedekind veröffentlicht, soweit sie erhalten sind. Bewahrt werden die Originale im Rahmen des Wedekind-Nachlasses in der Monacensia-Sammlung der Münchner Stadtbibliothek. Der dort gezählte und archivierte Bestand beläuft sich auf 485 Mitteilungen. Achtundzwanzig Briefe und eine Postkarte wurden noch zu Lebzeiten Tilly Wedekinds veröffentlicht – in dem von Paul Raabe und Max Niedermayer herausgegebenen Band *Gottfried Benn, Den Traum alleine tragen. Neue Texte, Briefe, Dokumente*, Wiesbaden 1966. Tilly Wedekind schrieb dazu eine Einführung. In dem hier vorgelegten Band werden insgesamt 464 Briefe und andere Mitteilungen Benns an Tilly Wedekind veröffentlicht, außerdem die beiden einzigen erhaltenen Gegenbriefe. Es handelt sich also praktisch um eine Gesamtpublikation des vorhandenen Bestandes. Ganz bewußt wurden auch kurze und scheinbar belanglose Mitteilungen einbezogen, denn eine Auswahl der »schönsten« oder der »bedeutendsten« Briefe könnte niemals das Auf und Ab einer jahrelangen engen menschlichen Beziehung widerspiegeln. Nicht aufgenommen wurden lediglich eine Reihe von Grußbotschaften, die weder inhaltlich noch chronologisch zugeordnet werden konnten. Zwei Beispiele stehn als Faksimiles vor dem Anhang.

Die Bennschen Originale sind, von den Telegrammen abgesehen, sämtlich handschriftlich (im Zustand als hs. vermerkt). Sie sind überwiegend mit Tinte, teilweise mit Bleistift und vereinzelt auch mit Buntstift geschrieben. Vielfach schrieb Benn seine Mitteilungen auf Rezeptblätter, meist benutzte er einfaches Schreibpapier wechselnder Sorten und Formate, bedruckte Briefbogen nur selten. Bei der Abschrift wurde versucht, das Schriftbild der Vorlagen weitgehend zu erhalten und nur typografisch unumgängliche Vereinheitlichungen vorzunehmen. So hat jeder Brief in dieser Edition eine Nummer, die links oben steht. Daher mußten Ort und Datum einheitlich nach rechts gerückt werden, sofern nicht diese Angaben im Original unten stehn. Benn schrieb häufig das Datum in zwei oder drei Zeilen untereinander, die er durch horizontale Striche trennte. Aus typografischen Gründen wurde auch auf diese Eigenheit verzichtet: Das Datum steht jeweils auf einer Zeile und ist an den Stellen, an denen Benn horizontale Striche setzte, durch Schrägstriche gegliedert. Die Anrede steht in dieser Edition immer linksbündig, die Brieftexte sind ohne Einzüge gesetzt. Dagegen wurde bei der abschließenden Grußformel versucht, den Befund der Handschrift typografisch wiederzugeben.

In den Originalen finden sich häufig innerhalb einzelner Textzeilen verschieden große Sprünge. Meist bedeuten sie eine Art von Gliederung, ersetzen also den üblichen Absatz beim Wechsel des Themas. Wo diese Absicht eindeutig erkennbar war, wurde mit einem größeren Wortabstand als normal gesetzt; es mußte jedoch darauf verzichtet werden, diese Sprünge in der jeweils exakten Dimension wiederzugeben, da sonst ein zu unausgeglichenes Satzbild entstanden wäre.

Alles von der Herausgeberin Hinzugefügte steht in eckigen Klammern, Auslassungen, die an wenigen Stellen aufgrund des Persönlichkeitsschutzes nötig schienen oder verlangt wurden, sind durch drei Punkte in spitzen Winkeln gekennzeichnet.

Generell wurde die Orthografie, um die sich Benn selten Gedanken machte und die er vielfach wechselnd gebrauchte (z. B. cerebral/zerebral o. ä.), dem modernen Sprachgebrauch angepaßt, außer in Fällen, wo dies einen Eingriff in den Lautbestand bedeutet hätte (z. B. gieb statt gib). Auch gewisse persönliche Eigenheiten der Schreibweise wurden normalisiert; so steht zum Beispiel im Druck paar statt par, doof statt dow, kaputt statt kaput, Kaffee statt Café oder Kafé (für das Getränk), Thron statt Tron und Couch statt Coutsch. Zu dieser Normalisierung sieht sich die Herausgeberin durch Benn selbst autorisiert, der im Zusammenhang mit der Drucklegung der in den fünfziger Jahren bei Limes erschienenen Werke dies Vorgehen ausdrücklich billigte. (»Bitte achten sie weiter auf Orthographie und Interpunktion – beides ist nicht meine Stärke.« Brief vom 10. 1. 1950.) Die Interpunktion jedoch wurde in dieser Edition weitgehend originalgetreu wiedergegeben, um den vielfach spontanen Duktus des Briefstils zu bewahren. Nur gelegentlich wurde ein Komma oder Punkt eingefügt, um einen sonst nicht ohne weiteres erkennbaren Sinnzusammenhang deutlich zu machen.

Die zahlreich vorkommenden Abkürzungen blieben erhalten und sind, soweit nicht ohne weiteres verständlich, in eckigen Klammern aufgelöst.

Benns Handschrift ist nicht immer leicht zu entziffern, ganz abgesehen davon, daß man bei fast täglichen Mitteilungen an einen vertrauten Partner ohnehin keine Schönschreibübungen erwarten kann. Vielfach sind Buchstaben verschliffen, oder es fehlen Endungen. Häufig auch ähneln Groß- und Kleinbuchstaben einander so sehr, daß kaum zu entscheiden ist, ob ein Wortanfang als klein oder groß zu deuten ist. Generell wurde bei Satzanfängen für Großbuchstaben entschieden, im übrigen nach der größtmöglichen Wahrscheinlichkeit. Vielfach läßt sich die richtige Lesart nur ahnen, so zum Beispiel bei Eigennamen Unbekannter, bei flüchtig hingeworfenen Ortsnamen oder Medikamenten, die heute nicht mehr im Handel sind.

Hinter nicht mit einiger Sicherheit zu entziffernden Wörtern steht ein Fragezeichen in eckigen Klammern.

Simple Schreibversehen und Flüchtigkeiten wie fehlende Wortendungen und die vielfach falsch geschriebenen Eigennamen wurden stillschweigend korrigiert. Erhalten hingegen wurden Dialektwendungen wie zum Beispiel »zu Ihrem Brief... habe ich mich sehr erfreut« (18.10.30) und grammatikalische Eigenwilligkeiten (»über solchen Blech«, 14.9.35).

Von Benn einfach Unterstrichenes wurde kursiv gesetzt, zweimal oder mehrfach Unterstrichenes kursiv und spationiert.

Die Brieftexte sind chronologisch geordnet. Drei Mitteilungen, deren Datierung erst unmittelbar vor dem Druck gelang, stehn im Anhang. Den Abschluß bilden die beiden Briefe von Tilly Wedekind.

Die Anmerkungen zu den Briefen sind für ein breites Publikum gedacht und versuchen insbesondere die politisch-historischen Anlässe und Hintergründe bestimmter, teils nur andeutender oder verschlüsselter Äußerungen auch für solche Leser deutlich zu machen, die das tägliche Leben in Deutschland während der Jahre der nazistischen Herrschaft nicht aus eigenem Erleben kennen. Grundsätzlich werden zu den einzelnen Anmerkungen Verweisungen gegeben, so daß der Leser nicht gezwungen ist, sich an die chronologische Folge der Brieftexte zu halten.

Vor den Anmerkungen steht jeweils die Beschreibung des Briefzustandes: Nach Ort und Datum und dem Vermerk hs. (= handschriftlich), beziehungsweise ms. (= maschinenschriftlich) bei einem der Briefe von Tilly Wedekind, folgen Angaben über Art und Zahl der Schriftstücke, das Format und die Art, in der die Blätter oder Karten beschrieben sind; schließlich der Hinweis darauf, daß die Mitteilung bislang unveröffentlicht ist oder aber zu den obenerwähnten zweiundzwanzig bereits früher veröffentlichten gehört. Hinsichtlich der Formate ergaben sich gewisse Schwierigkeiten aus Benns Gewohnheit, von Schreibblocks abgetrennte Blätter auf Doppelbogen kleineren Formats zu falten oder große Briefbogen durchzuschneiden oder durchzureißen, wobei sich vielfach arithmetisch »schwimmende« Werte ergeben.

In den Anmerkungen häufig wiederkehrende Buchtitel stehn dort mit folgenden Kurztiteln:

Gottfried Benn, *Gesammelte Werke* in vier Bänden, hrsg. von Dieter Wellershoff, Wiesbaden 1958 ff. (= GW)

Gottfried Benn, *Den Traum alleine tragen. Neue Texte, Briefe, Dokumente*, hrsg. von Paul Raabe und Max Niedermayer, Wiesbaden 1966 (= Traum)

Gottfried Benn, *Briefe an F. W. Oelze*, hrsg. von Harald Steinhagen und Jürgen Schröder, 3 Bde., Wiesbaden, München 1977 ff.

Gottfried Benn, *Lebensweg eines Intellektualisten*, in: *Kunst und Macht*, Stuttgart und Berlin 1934.

Gottfried Benn, *Doppelleben*, Wiesbaden 1950.

Tilly Wedekind, *Lulu. Die Rolle meines Lebens*, München, Bern, Wien 1969 (= Lulu)

Die Namen Gottfried Benn und Tilly Wedekind werden mit GB und TW zitiert, die Töchter Pamela und Kadidja Wedekind im späteren Verlauf mit P.W. und K.W.

ANMERKUNGEN

1
Berlin, vermutl. Ende April 1930. Hs., 1 Bl., 14 x 20,3 cm, im Hochformat einseitig beschr. Unveröff.

in Tillydorf: TW wohnte damals in dem zu den Berliner Randbezirken gehörenden Stadtteil Steglitz.

2
Berlin 2.5.1930. Hs., 1 Briefkarte, 10,4 x 14,8 cm, im Hochformat beidseitig beschr. Unveröff.

3
Berlin, nach dem 2.5.1930. Hs., 1 Bl., 14 x 20,4 cm, im Hochformat beidseitig beschr. Unveröff.

4
Berlin 30.5.1930. Hs., 1 Bl., 11,2 x 16,4 cm, im Hochformat einseitig beschr. Unveröff.

Reiss: Der Verleger Erich R. (1887–1951). Er war derjenige unter den Verlegern des Bennschen Frühwerks, den eine jahrzehntelange Freundschaft mit dem Dichter verband. Diese Freundschaft bestand auch nach dem erzwungenen Abbruch von Reiss' verlegerischer Tätigkeit, seiner Verschleppung ins Konzentrationslager (1938) und seiner Emigration unverändert fort. GB erwähnt R. zu Anfang von Kap. I *Schatten der Vergangenheit* von *Doppelleben.*

5
Berlin 27.6.1930. Hs., 1 Briefkarte, 10,4 x 14,8 cm, im Hochformat beidseitig beschr. Unveröff.

Ihren Wagen: TW hatte den Führerschein gemacht und sich ein Opel-Kabriolett gekauft (vgl. *Lulu,* S. 243).

6
Berlin 8.7.1930. Hs., 1 Bl., 14 x 22 cm, im Hochformat beidseitig beschr. Unveröff.

7
Berlin 11.7.1930. Hs., 1 Bl., 14 x 20,9 cm, im Hochformat einseitig beschr. Unveröff.

Ich fahre nicht morgen abend: GB fuhr zu seiner Tochter Nele nach Dänemark (vgl. Anm. zu Nr. 22).

8
Klampenborg 14. 7. 1930. Hs., 1 Ansichtspostkarte (Klampenborg – Parti fra Dyrehaven), 13,5 x 8,7 cm, d. Raum f. d. Text im Hochformat beschr. Unten Gruß der Tochter: »Herzlichen Gruß Nele Benn« (vgl. Anm. zu Nr. 22). Unveröff.

9
Klampenborg 18. 7. 1930. Telegramm. Unveröff.

10
Berlin 20. 7. 1930. Telegramm. Unveröff.

11
Berlin 12. 8. 1930. Hs., 1 Bl., 14 x 20,4 cm, im Hochformat beidseitig beschr. Unveröff.

Sternheims: TWs älteste Tochter Pamela (1906–1986) hatte im April 1930 den Schriftsteller Carl Sternheim geheiratet und lebte seitdem mit ihm in Brüssel. Nach St.s Zusammenbruch im Dez. 1928 hatte sie in Seeheim am Starnberger See eine Wohnung gemietet, die später der Familie als Sommerwohnung diente. Dorthin war TW im August 1930 gefahren.
»die schöpferische Persönlichkeit«: Es handelt sich um den Essay *Das Genieproblem* (1930), den Benn als ersten Vortrag der Reihe *Schöpferische Persönlichkeiten* im Berliner Rundfunk las. Die Sendung erfolgte dann offenbar schon am 3. 9. (vgl. Nr. 14), Presseberichte darüber erschienen am 4. u. 5. 9.
nicht so deprimiert: TW litt zuweilen unter Depressionen (vgl. *Lulu*).

12
Berlin 23. 8. 1930. Hs., 1 Briefkarte, 10,4 x 14,6 cm, im Hochformat beidseitig beschr. Unveröff.

St..[ernheims]: Vgl. Anm. zu Nr. 11.
C. N.: Es könnte hier die Schauspielerin Carola Neher (1905–1942) gemeint sein (vgl. Anm. zu Nr. 241). Die Ziffer 3 hinter *C. N.*: ist nicht mit Sicherheit zu lesen. Dasselbe Zeichen findet sich in Nr. 159.
»Phaea«: Komödie von Fritz v. Unruh (1930).

13
Berlin 30. 8. 1930. Hs., 1 Bl., 14 x 20,4 cm, im Hochformat beidseitig beschr. Unveröff.

Poccischloß: TW, die während des Sommers einige Zeit in München und in Seeheim am Starnberger See verbrachte (vgl. Anm. zu Nr. 11),

hatte Benn eine Ansichtskarte vom Poccischloß in Ammerland am Ostufer des Starnberger Sees geschickt.
Sind St.[ernheim]s noch dort?: Vgl. Anm. zu Nr. 11.
Sous les toits de Paris: Soc. des Films Sonores Tobis, 1930. Regie: René Clair, Buch: René Clair; mit Pola Illéry, Albert Préjean, Jane Pierson, Gaston Modot, Edmond T. Greville.
Die Saison kurbelt sich an: Anspielung auf Benns Prosastück *Saison* aus dem Band *Fazit der Perspektiven*, Berlin 1930.
englisches Recht: Die Bemerkung bezieht sich auf den mit TW befreundeten Juristen Karl Loewenstein, der auf Englisches Recht spezialisiert war. Im Familienkreis hatte er den Spitznamen »der Ritter« (vgl. *Lulu*, S. 236).
Lautenspiel: Anspielung auf den mit TW befreundeten, sehr attraktiven jungen Schauspieler Karl John (1905–1977), gen. Johnny, der ausgezeichnet Wedekind-Lieder zur Laute sang. Bei Benns erstem Besuch in TWs Wohnung hatte er sich, das Haus verlassend, als ihr Sekretär vorgestellt, was Benn mißfiel (vgl. *Lulu*, S. 241 f.).

14
Berlin 7. 9. 1930. Hs., 2 Bl., 14,2 x 22,3 cm, im Hochformat beidseitig beschr. Unveröff.

In Ihren eigenen Räumen: Vgl. Nr. 12.
Ihre Tochter: die jüngere Tochter Kadidja (geb. 1911).
Mein Rundfunkvortrag am 3.: Vgl. Anm. zu Nr. 11.
Hier sind welche: Im Wedekind-Nachlaß fanden sich bei den Briefen von GB Berichte über den Vortrag im Rundfunk aus folgenden Blättern: *Berl.Börsen-Zeitung* (4. 9.), *Berl.Tageblatt* (5. 9.), *Vorwärts* (4. 9.), *12 Uhr Mittag* (5. 9.), *Vossische Zeitung* (6. 9.), B. Z. (4. 9.).
seines Katechismus: *Kleiner Katechismus für das Jahr 1930/31. Für die in Verwirrung herangewachsene deutsche Jugend aber auch für Ältere beiderlei Geschlechtes die ihn brauchen können*, Seeheim 1930. Mit dieser aus dem Briefwechsel zwischen Rousseau und Voltaire »gewonnenen« und von ihm mit »zeitgenössischen Anmerkungen« versehenen Schrift versuchte Sternheim die Linie seiner aufklärerischen Aufsätze und Pamphlete fortzuführen.
den Arzt entlohnt: Nach einem im Dezember 1928 erlittenen schweren Nervenzusammenbruch hatte Sternheim zunächst längere Zeit in Sanatorien zugebracht, ehe er im Oktober 1929 mit einem Pfleger in eine von seiner zweiten Frau Thea (von der er seit Dezember 1927 geschieden war) für ihn eingerichtete Wohnung übersiedeln konnte. Die noch erforderliche ärztliche Betreuung übernahm GB.

15
Berlin 21.9.1930. Hs., 1 Bl., 14 x 20,2 cm, im Hochformat beidseitig beschr. Unveröff.

Wandlung in die manische Periode: Vgl. Anm. zu Nr. 11.

16
Berlin 26.9.1930. Hs., 1 Doppelbl., 14,2 x 22,1 cm, im Hochformat die 1.–3. S. beschr. Unveröff.

dort: Vgl. Anm. zu Nr. 11.
Erna Morena: E. M. (1885–1962) war zunächst Krankenschwester, dann Schauspielerin bei Max Reinhardt und später eine gefeierte Diva des Stummfilms. Zu ihren berühmtesten Filmen gehört *Lulu* (mit Harry Liedtke, 1917).
Sie gehörte zu den engen Freunden von Frank und Tilly Wedekind. In späteren Jahren betrieb sie in München (von 1938 ab in der Königinstr., von 1955 an in der Kaulbachstr.) eine elegante Pension, die vorwiegend von Künstlern und Intellektuellen frequentiert wurde.

17
Berlin 7.10.1930. Hs., 1 Doppelbl., 14,1 x 22 cm, die 1. u. 3. S. im Hochformat, die 4. im Querformat beschr. Unveröff.

von Seeheim fort: Vgl. Anm. zu Nr. 11.
Mein 2. Rundfunkvortrag: Der Essay *Der Aufbau der Persönlichkeit* (*Die neue Rundschau* XLI, 11 ‹1930›).

18
Berlin 18.10.1930. Hs., 1 Bl., 14 x 20,4 cm, im Hochformat beidseitig beschr. Unveröff.

Ihre kleine Tochter: Kadidja W.
dort: Vgl. Anm. zu Nr. 11.

19
Berlin 20.10.1930. Hs., 1 Bl., 14 x 20,4 cm, im Hochformat einseitig beschr. Unveröff.

Ihre Tochter: Kadidja W.

20
Berlin 24.12.1930. Hs., 1 Briefkarte, 10,4 x 14,7 cm, im Hochformat einseitig beschr. *Traum*, S. 92.

21
Berlin, vermutl. 10.7.1931. Hs. am oberen bzw. unteren Rand der S. 29 aus einem Rundfunkprogramm. Nach der Bemerkung »Drollige

Sache« weist ein Pfeil auf den unteren Teil der 2. Spalte, in dem GB die Sendungen von 21.00 bis 22.10 mit einem größeren roten und einem kleinen blauen Block umrandet und die Namen Benn, Wedekind und Goethe mit Rot, Blau und Grün unterstrichen hat. Unveröff.

22
Berlin 27.7.1931. Hs., 1 Bl., 14 x 20,4 cm, im Hochformat beidseitig beschr. Unveröff.

Karte aus Gera: Auf dem Weg in die Ferien in der Sommerwohnung der Familie in Seeheim am Starnberger See hatte TW, die gemeinsam mit der Tochter Kadidja im Auto reiste, zunächst in G. Station gemacht (vgl. *Lulu*, S. 84).
meine Tochter: Die Tochter Nele (geb. 1915) aus GBs erster Ehe mit Edith Osterloh lebte seit dem frühen Tod der Mutter 1922 in Dänemark bei dem GB befreundeten Ehepaar Christen und Ellen Overgaard. Chr. O. widmete GB die 1. Ausg. des Bandes *Der neue Staat und die Intellektuellen,* Stuttgart, Berlin 1933; E. Otilia O. geb. Simmelkjaer, eine bekannte Wagnersängerin – u. a. sang sie in Bayreuth eine der Walküren –, ist gemeint mit dem Gedicht *Die Dänin.*
Hi[ndemith]s.: Mit dem Komponisten Paul H. (1895–1963), für den er den Text zu dem Oratorium *Das Unaufhörliche* geschrieben hatte (Uraufführung am 21.11.1931 in Berlin durch den Philharmonischen Chor und das Philharmonische Orchester unter Otto Klemperer), und seiner Frau Gertrud (1900–1967) verband Benn eine jahrzehntelange, auch Emigration und Krieg überdauernde Freundschaft. Das Ehepaar H. hatte die damals fünfzehnjährige Tochter Benns zu einer Reise nach Bad Tölz eingeladen, wo sie längere Zeit Ferien machen wollten.

23
Berlin 4.8.1931. Hs., 1 Bl., 14 x 20,4 cm, im Hochformat einseitig beschr. Unveröff.

dort: TW machte Ferien am Starnberger See, wo die Familie in Seeheim eine Sommerwohnung hatte.

24
Berlin 19.8.1931. Hs., 1 Bl., 21,1 x 28 cm, im Hochformat beidseitig beschr. Unveröff.

am Würmsee: Früher gebräuchlicher Name für den Starnberger See im bayerischen Alpenvorland, der durch die Würm zur Amper entwässert wird.
Hi.[ndemith]s.: Vgl. Anm. zu Nr. 22.

wieder Radio: Vgl. Anm. zu Nr. 27.
Erich Reiss: Vgl. Anm. zu Nr. 4.
Sternheims: Vgl. Anm. zu Nr. 11.

25
Berlin 25. 8. 1931. Hs., 1 Bl., 14 x 20,3 cm, im Hochformat einseitig beschr. *Traum*, S. 92 f.

Reiss: Vgl. Anm. zu Nr. 4.
Sternheim: Der Schriftsteller Carl St. (1878–1942), seit der Heirat mit TWs ältester Tochter Pamela im April 1930 ihr Schwiegersohn. (Die Ehe wurde Anfang Oktober 1934 geschieden.)

26
Schwarzburg 30. 8. 1931. Hs. auf der Vorderseite (Jahreskalender) einer Touristikwerbekarte des Hotels Weißer Hirsch, Schwarzburg, Thüringen, 14,9 x 10,5 cm. Auf der Rückseite hat Erich Reiss ironisierend einige Passagen des recht hymnischen Werbetextes unterstrichen, einiges angekreuzt und oben vermerkt: »× Ist das einzige was stimmt E. Reiss.« (so z. B. ›ohne *schroffen Wechsel der Temperatur*‹× oder ›anderswo die *Wege nur schlecht*× gangbar‹). Unveröff.

27
Schwarzburg 4. 9. 1931. Hs., 1 Bl., 20,9 x 29,7 cm, im Hochformat einseitig beschr. Unveröff.

Diese Reise: Vgl. Nr. 24, 25, 26.
Der letzte Radiovortrag: *Die neue literarische Saison*. Gehalten am 28. 8. 1931 in Berlin. *Die Weltbühne* brachte den Abdruck in ihrer Nr. XXVII, 37 (1931).

28
Berlin 11. 9. 1931. Hs., 1 Bl., 14 x 20,4 cm, im Hochformat beidseitig beschr. Unveröff.

mit dem Kinde: Kadidja W.
Ihre Schwester: Martha Maria Newes, genannt Marthl, TWs jüngste Schwester (1894–1984), war ebenfalls Schauspielerin. Sie war verheiratet mit dem Schauspieler und Regisseur Hans Carl Müller.
»Junge Liebe«: Komödie in 3 Akten v. S. Raphaelson (1896–?).
»Intimitäten«: Komödie in 3 Akten v. Noel Coward (1899–1973), dt. v. Bruno Frank. Urauff. 1930, dt. Erstauff. 30/31 am Berliner Renaissance-Theater.
»Mitternachtsliebe«: Braunberger-Richebé/Carl Froelich, 1931. Regie: Augusto Genina, Carl Froelich, Buch: Georg C. Klaren, Mau-

rice Kroll, Carl Behr; mit Daniela Parola, Hans Adalbert Schlettow, Pierre Batcheff, Alfred Loretto, Josselyne Gael.
Ihr großer Albers: Der Bühnen- und Filmschauspieler Hans A. (1892–1960) begann mit Filmrollen im Gesellschaftsmilieu bereits im Stummfilm; später spielte er vorwiegend Abenteuerrollen.
»Bomben auf Monte Carlo«: Ufa, 1931. Regie: Hanns Schwarz, Buch: Hans Müller, Franz Schulz (nach Motiven von Jenö Heltai u. d. gleichnam. Roman von Friedrich Reck-Malleczewen); mit Hans Albers, Anna Sten, Heinz Rühmann, Ida Wüst, Kurt Gerron, Peter Lorre, Otto Wallburg.

29
Berlin 19. 2. 1932. Hs., 1 Bl., 15 x 8 cm, im Querformat einseitig beschr. Unveröff.

à la très belle: GB variiert hier die erste Zeile der Schlußstrophe von Baudelaires *Hymne* aus den *Fleurs du Mal, Les Epaves* X.

30
Berlin 28. 2. 1932. Hs., 1 Bl., 14 x 20,5 cm, im Hochformat beidseitig beschr. Unveröff.

München… ….: Im Rahmen einer längeren Tournee mit Strindbergs *Fräulein Julie* (TW spielte die Köchin und Heinrich George den Diener Jean) und Wedekinds *Der Kammersänger* (TW spielte die Helene) gastierte TW auch in München. Vgl. *Lulu,* S. 246 f. Benns Anspielung mit den vielen Punkten bezieht sich vermutlich auf den mit TW befreundeten Juristen Karl Loewenstein (vgl. Anm. zu Nr. 13).

31
Berlin 3. 3. 1932. Hs., 1 Bl., 14 x 20,5 cm, im Hochformat beidseitig beschr. Unveröff.

Herr Loerke: der Dichter und Essayist Oskar L. (1884–1941). Er war von 1927 bis 1933 Senator und ständiger Sekretär der Sektion für Dichtkunst der Preuß. Akademie der Künste. GB wurde im April 1932 in die Akademie aufgenommen.
die ganze Tournee: Vgl. Anm. zu Nr. 30.

32
Berlin 5. 3. 1932. Hs., 1 Bl., 14 x 20,4 cm, im Hochformat einseitig beschr. Unveröff.

33
Berlin 15. 3. 1932. Hs., 1 Briefkarte, 13,7 x 10,4 cm, im Querformat einseitig beschr. Unveröff.

das Theater: Bezieht sich auf die Tournee mit Heinrich George (vgl. Anm. zu Nr. 30).
Reiss: Vgl. Anm. zu Nr. 4.

34
Berlin 16.3.1932. Hs., 1 Briefkarte, 14,7 x 10,4 cm, im Querformat beidseitig beschr. Unveröff.

zu meiner Tochter: Vgl. Anm. zu Nr. 22.

35
Dansk Dampfaergen/Warnemünde (Poststempel) 23.3.1932. Hs., 1 Ansichtspostkarte (Gedser, Dampfaergen »Danmark«), 14,8 x 10,2 cm, der Raum f. d. Text im Hochformat beschr. Unveröff.

Ihrem Töchterchen: Kadidja W.

36
Charlottenlund 25.3.1932 (Poststempel). Hs., 1 Ansichtspostkarte (Eremitagen, Klampenborg), 13,7 x 8,7 cm, der Raum für den Text im Hochformat beschr., unten Gruß der Tochter Nele: »Tausend Dank für das schöne Osterei Ihre Nele«. Unveröff.

Mutter und Tochter: Gemeint ist die jüngere Tochter Kadidja.

37
Berlin 3.4.1932. Hs. auf der Rücks. eines Werbeplakats für das Kurbad Bad Elster, 21 x 29,4 cm, das in der Mitte gefaltete Plakat in Form zweier nebeneinanderliegender Seiten im Hochformat beschr., wobei der Text auf der rechten S. beginnt. Unveröff.

im Sinne Amphitryons – Alceste: GB verwechselt hier zwei Frauengestalten der griechischen Sage und schreibt Alceste statt Alkmene. Diese war die Gattin Amphitryons, ihr nahte Zeus in dessen Gestalt. Unmittelbar darauf kehrte der wahre Amphitryon als Sieger vom Feldzug heim. Alkmene gebar Zwillinge, vom Gott den Herakles, vom Menschen den Iphikles. Alkestis hingegen war die Gemahlin des Admetos, Königs von Pherai, die ihr Leben zu opfern bereit war, damit die Moiren auf des Admetos Tod verzichteten. Euripides schrieb nach dieser Sage eine Tragödie.

38
Berlin 11.4.1932. Hs., 1 Briefkarte, 14,8 x 10,4 cm, im Querformat einseitig beschr. Unveröff.
ein gutes neues Jahr: TW hatte am 11. April Geburtstag.

39
Charlottenlund 9.8.1932. Hs., 1 Bl., 14 x 20,4 cm, im Hochformat beidseitig beschr. Unveröff.

aus diesem schönen Danmark: GB besuchte seine Tochter Nele in Charlottenlund (Kopenhagen). Vgl. Anm. zu Nr. 22.
Ihre Tochter: Kadidja W.

40
Charlottenlund 12.8.1932. Hs., 1 Bildpostkarte (Miss Europa, Danmark), 9,2 x 13,8 cm, der Raum f. d. Text im Hochformat beschr., unten Gruß der Tochter Nele: »Viele Grüße von Nele.« Unveröff.

den ... Damen: Gemeint sind TW und die jüngere Tochter Kadidja.

41
Berlin 14.9.1932. Hs., 1 Bl., 14 x 20,4 cm, im Hochformat einseitig beschr. Unveröff.

Hier sehn Sie: Dem Brief liegen 2 Billetts für das Deutsche Theater, Berlin, für den 9.9.1932 bei, von denen nur eines benutzt wurde. (Vgl. Nr. 44.)

42
Berlin 31.10.1932. Hs., 1 Bl., 14 x 20,3 cm, im Hochformat beidseitig beschr. Unveröff.

in der fremden Stadt: Im Spätherbst des Jahres 1932 besuchte TW ihren Schwiegersohn Sternheim (vgl. Anm. zu Nr. 25) in Brüssel, während ihre ältere Tochter Pamela, die ihren Mann nicht längere Zeit allein lassen mochte, in Berlin im Kabarett der Komiker mit Liedern zur Laute gastierte.
in das »Morellenviertel«: GB assoziiert das M. in seinem zu dem sogenannten Rönne-Komplex gehörenden Prosastück *Der Geburtstag* (1916).
Das Buch: *Nach dem Nihilismus,* Berlin 1932.

43
Berlin 4.11.1932. Hs., 1 Bl., 14 x 20,4 cm, im Hochformat einseitig beschr. Unveröff.

Das hängt nicht vom Brom ab: Vgl. Nr. 44.
das Objekt ist im Ausland: Vgl. Anm. zu Nr. 42.
das Morellenviertel: Vgl. ebd.

44
Berlin 12.11.1932. Hs., 2 Bl., 14 x 20,4 cm, im Hochformat jeweils einseitig beschr. Unveröff.

Theaterbilletts: Vgl. Anm. zu Nr. 41.
St.[ernheim]: Vgl. Anm. zu Nr. 25.
Viertel: Der Regisseur und Schriftsteller Berthold V. (1885–1953) war ein Bahnbrecher expressionistischer Dramaturgie, auch Regisseur und Autor des dt., engl. und amerik. Films. 1945 inszenierte er in New York Bertolt Brechts *Furcht und Elend des Dritten Reiches*.
Besuche von Nordwesten: TW war einige Zeit in Brüssel bei ihrem Schwiegersohn Carl Sternheim. (Vgl. Nr. 42 sowie *Lulu*, S. 245 f.)

45
Berlin 14. 11. 1932. Hs., 1 Bl., 14 x 20,2 cm, im Hochformat beidseitig beschr. Unveröff.

das Buch: *Nach dem Nihilismus*, Berlin 1932.
St.[ernheim]: Vgl. Anm. zu Nr. 42. Die am Ende des Briefes ausgesprochene Vermutung, St. kontrolliere möglicherweise TWs Post, wird gestützt durch einen Vorfall mit einem zeitweilig scheinbar verschwundenen Brief Benns an TW, der dann zwischen St.s Büchern wiederauftauchte. (Vgl. *Lulu*, S. 245.)
H.[einrich] Manns Werk: Der Schriftsteller H. M. (1871–1950) war seit 1930 Präsident der Preußischen Akademie der Künste (Sektion für Dichtkunst); 1933 zwangen ihn die Nationalsozialisten zum Rücktritt. Er emigrierte noch im gleichen Jahr über Prag nach Frankreich und floh 1940 über Spanien nach den U.S.A. GB hatte am 28. 3. 1931 die Festrede auf dem Bankett gehalten, das der Schutzverband deutscher Schriftsteller für H. M. zu seinem 60. Geburtstag veranstaltete. Er wurde auch später nicht müde, H. M. als »den Meister, der uns alle schuf«, zu feiern.

46
Berlin 17. 11. 1932. Hs., 1 Bl., 14 x 20,3 cm, im Hochformat einseitig beschr. Unveröff.

auf der Heimfahrt: TW hatte einige Zeit bei ihrem Schwiegersohn Carl Sternheim in Brüssel zugebracht (vgl. Anm. zu Nr. 42).
»Caesar aut nihil«: Sternheims letzte Komödie *Aut Caesar aut nihil*, 1931 geschrieben, jedoch erst 1976 in der Gesamtausg. publiziert. Vgl. Manfred Linke, *Sternheim*, Reinbek bei Hamburg 1979 (»rowohlts monographien« 278), S. 135 u. 137.

47
Berlin, nach dem 17. 11. 1932. Hs. auf einem Rezeptvordruck der Krankenkassen, 8,1 x 18,9 cm, im Querformat einseitig beschr. Unveröff.

48
Berlin 23.11.1932. Hs., 1 Doppelbl., 10,6 x 17,4 cm, im Hochformat die 1. u. 3. S. beschr. Unveröff.

Ihr Schwarm für St.[ernheim]: Vgl. Anm. zu Nr. 46.
von dem Erdbeben: In der Nacht zum 21.11.1932 (gegen 0.40 Uhr deutscher Zeit) registrierten die Erdbebenwarten in den Niederlanden und in Westdeutschland ein tektonisches Beben, dessen Herd in der niederländischen Provinz Nordbrabant lag. Seine Stärke wurde nach der Erdbebenskala mit »3–4, vielleicht sogar 4–5« angegeben, es dauerte 3–4 Min. Zeitungsberichten vom 21. und 22.11. zufolge war das Beben in Köln weniger stark spürbar als beispielsweise in Düsseldorf und Dortmund.
Wird Hitler: Im November 1932 war die von H. geführte NSDAP infolge des Stimmenrückgangs bei den Wahlen und finanzieller Schwierigkeiten in einer Krise. Reichskanzler Schleicher versuchte, Spaltungstendenzen auszunutzen und den »linken« Flügel der Partei um Strasser in eine von den Gewerkschaften unterstützte Regierungsfront aller Parteien bis hin zu den Sozialdemokraten einzubauen. Hitler behielt jedoch in dem Parteikonflikt die Oberhand. Nach einem Wahlsieg in Lippe im Januar 1933, der die innere Krise der NSDAP verdeckte, berief schließlich Hindenburg unter dem Druck seiner Berater am 30.1.1933 Hitler zum Reichskanzler.

49
Berlin 24.12.1932. Hs., 1 Briefkarte, 14,5 x 10,5 cm, im Querformat einseitig beschr. Unveröff.

Tochter: Kadidja W.

50
Berlin, vermutl. Ende Dezember, vielleicht Silvester 1932. Hs., 1 Briefkarte, 11,5 x 7,4 cm, im Querformat einseitig beschr. Unveröff.

51
Berlin 20.6.1933. Hs., 1 Doppelbl., 14,2 x 22,4 cm, die 1. u. 4. S. im Hochformat beschr. Unveröff.

über die Aufführung: Das Neue Deutsche Theater, Kleine Bühne in Prag brachte am 20.6.1933 und an zwei weiteren Abenden Frank Wedekinds Stück *Lulu* zur Aufführung. TW war dorthingefahren.
Was macht Tante Engländer?: TWs Tante Luise E., geb. Hofmann, lebte in Haida in der Tschechoslowakei.
das Kind: vermutl. die jüngere Tochter Kadidja.

52
Berlin 23. 6. 1933. Hs., 1 Doppelbl., 14,2 x 22,4 cm, im Hochformat die 1. S. beschr. Unveröff.

Lulu: Dr. med. L. Goldhaber, lange Jahre hindurch GBs Ärztin. (Vgl. seine Äußerung in Kap. I *Schatten der Vergangenheit* von *Doppelleben*.)
bei Hull: Heinz Hull war das Pseudonym des Verlegers und Schriftstellers Heinz Ullstein (1893–1973). Er war ein Enkel des Verlagsgründers Leopold Ullstein und gehörte mit seiner Frau Änne zum Freundeskreis um GB in Berlin. In seinem Erinnerungsbuch *Spielplatz meines Lebens* (München 1961) porträtiert er Heinrich Mann und GB, deren Bekanntschaft er vermittelt hatte.

53
Berlin 11. 9. 1933. Hs., 1 Bl., 14,2 x 22,4 cm, im Hochformat einseitig beschr. Unveröff.

Nannis Herrin: Anspielung auf TWs damaliges, sehr hübsches Dienstmädchen.

54
Berlin 27. 11. 1933. Hs., Visitenkarte, 8,9 x 5 cm, im Querformat a. d. Rücks. beschr. Unveröff.

55
Berlin 9. 12. 1933. Hs., 1 Briefkarte, 10,5 x 14,8 cm, im Hochformat einseitig beschr. Unveröff.

56
Berlin, vermutl. 13. 12. 1933. Hs. am unteren Rand der ersten Seite des 1. Beiblattes – *Kunst und Unterhaltung* – des *Berliner Tageblatts* (Abend-Ausg.), auf der rechts unten eine auf die folgende Seite überlaufende Vorbesprechung von Edit v. Coler zur Berl. Aufführung von Hanns Johsts Drama *Propheten* (1923) steht. Die Besprechung stellt J.s Trilogie (*Der junge Mensch*, 1916, *Der Einsame*, 1917, *Der König*, 1920) das spätere Stück gegenüber. Nach einer Bemerkung über die zögernde Aufnahme des Stückes bei der Dresdener Uraufführung gipfelt der Artikel in dem Satz: »Unter der Führung Adolf Hitlers wird dieses Stück seine Neugeburt erleben und wird nach dem *Schlageter* als Markstein der werdenden neuen Theaterentwicklung seine Wirkung unter Beweis stellen.«

57
Kopenhagen 27. 12. 1933. Hs., 1 Ansichtspostkarte (Kobenhavn – Koncertsalen i Tivoli), 14 x 9 cm, der Raum f. d. Text im Hochformat beschr. Unveröff.

58
Kopenhagen 29.12.1933 (Poststempel). Hs., 1 Ansichtspostkarte (Skovshoved Kirke), 13,9 x 8,7 cm, der Raum f. d. Text im Hochformat beschr. Links unten Zusatz von Benns Tochter: »Gruß Nele.« Unveröff.

Wir senden Ihnen: Benn war über Weihnachten zu seiner Tochter nach Kopenhagen gefahren (vgl. Anm. zu Nr. 22).

59
Berlin 22.1.1934. Hs., 1 Bl., 22,3 x 28,4 cm, im Hochformat einseitig beschr. Unveröff.

auf Ihrer Reise: TW reiste im Januar 1934 in die Schweiz und traf dort u. a. auch mit ihrer ältesten Tochter Pamela zusammen.
eine sehr böse Sache gegen mich: Die Nr. 33 v. 21.1.1934 der Zeitung hatte auf S. 2 einen *Europäische Makulatur* überschriebenen und mit »kl.« gezeichneten Artikel gebracht, in dem GB wegen seiner im *Börsenblatt für den Deutschen Buchhandel* Nr. 5 v. 6.1.1934 veröffentlichten Antwort (*Die Dichtung braucht inneren Spielraum*) auf eine Umfrage scharf angegriffen wurde. Dabei hat der Verfasser des Artikels GBs Ausführungen entweder böswillig oder aus Unkenntnis der Verhältnisse in Deutschland mißverstanden. Der Sinn von GBs Antwort war, nach einer Captatio benevolentiae gegenüber den Machthabern deutlich zu machen, daß Dichtung von Rang in einem Klima totaler Gängelung nicht gedeihen kann.

60
Berlin 23.1.1934. Hs., 1 Bl., 22,3 x 28,3 cm, im Hochformat einseitig beschr. Unveröff.

wie damals in Brüssel: Vgl. Nr. 42.
wenn man die geliebten Franzosen angreift: GB nimmt hier Bezug auf die Veröffentlichung seiner Antwort auf eine Umfrage des *Börsenblattes für den Deutschen Buchhandel* in Nr. 5, 1934 (6.1.) u. d. T.: *Die Dichtung braucht inneren Spielraum* (Vgl. Nr. 59). Im Hinblick auf die moderne französische Literatur apostrophiert er darin den alten Gide als einerseits kalvinistischen Puritaner und andererseits pedantischen Exhibitionisten und Valéry als gesellschaftliche Arabeske und nennt Jules Romain und Roger Martin du Gard als Beispiele für Könner, die selbst in diesem Können Zwerge bleiben, gegen die Flaubert ein Troglodyt war.
Lenzburg: Die L. liegt an der Strecke Zürich–Bern nicht weit von Aarau. Frank Wedekinds Vater, der als Arzt in den USA ein Vermögen gemacht hatte, erwarb sie bald nach seiner Rückkehr nach Europa. Frank W. verbrachte dort wichtige Jahre seiner Kindheit und Jugend.

61
Berlin 26.1.1934. Hs., 1 Doppelbl., 14,2 x 22,4 cm, im Hochformat die 1. S. beschr. Unveröff.

die böse Betty Sp!: B. Spinner, eine Schweizer Verwandte, vgl. Nr. 62.
Konferenz bei H.[anns] J.[ohst]: Der Dramaturg und Schriftsteller H. J. (1890–1978) hatte sich nach expressionistischen Anfängen vom Pazifisten zum Vorkämpfer neuer heldischer Ideale entwickelt und folgerichtig den Weg zum Nationalsozialismus gefunden. Er war zunächst Präsident der Union nationaler Schriftsteller (GB wurde im Januar 1934 deren Vizepräsident, legte aber sein Amt bereits im Herbst 1934 nieder) und seit 1935 Präsident der Reichsschrifttumskammer. Ungeachtet seiner eigenen politischen Überzeugung half er in diesen einflußreichen Positionen zahlreichen Kollegen aus politischen Schwierigkeiten, so wiederholt aufs loyalste GB (vgl. Nr. 315 sowie FWO, Nr. 79).
Wie lange hat Pamela Urlaub?: Vgl. Anm. zu Nr. 59.

62
Berlin 27.1.1934. Hs., 1 Doppelbl., 14,2 x 22,4 cm, im Hochformat die 1. u. 2. S. beschr. Unveröff.

Die Sp.: Die Familie Spinner gehörte zur Wedekindschen Linie. Vgl. Nr. 61.
bei ihrer Tochter: Vgl. Anm. zu Nr. 59.
E. L. S.: Die Dichterin Else Lasker-Schüler (1869–1945), in zweiter Ehe mit dem Verleger Herwarth Walden verheiratet (1901–1911), war u. a. mit den Dichtern Peter Hille, Theodor Däubler, Georg Trakl und Gottfried Benn befreundet. 1933 emigrierte sie nach Zürich, später nach Jerusalem, wo sie in Armut starb. GB nannte sie »die größte Lyrikerin, die Deutschland je hatte«. Vgl. seine *Rede auf E. L.-Sch.* (1952).

63
Berlin 10.4.1934. Hs., 1 Bl., 10,5 x 15,2 cm, im Hochformat einseitig beschr. Unveröff.

gutes Jahr: Vgl. Anm. zu Nr. 38.

64
Berlin 15.8.1934. Hs., 1 Bl., 22 x 27,1 cm, im Hochformat einseitig beschr. Unveröff.

Ist Tante Luise gut in Stimmung?: Im August 1934 war TW auf Besuch zu ihrer Tante L. Engländer, geb. Hofmann nach Haida (Tschechoslowakei) gefahren.

65
Berlin 17.8.1934. Hs., 1 Bl., 22 x 27,2 cm, im Hochformat einseitig beschr. Unveröff.

66
Berlin 19.8.1934. Hs., 1 Bl., 22 x 27,2 cm, im Hochformat einseitig beschr. Unveröff.

Kritik an Postkarte: Vgl. Nr. 65.
Was macht Ihr dort sonntags?: Vgl. Anm. zu Nr. 64.

67
Berlin 22.8.1934. Hs., 1 Bl., 22,1 x 27,2 cm, im Hochformat einseitig beschr. Unveröff.

68
Berlin 26.8.1934. Hs., 1 Bl., 22,1 x 27,2 cm, im Hochformat einseitig beschr. Unveröff.

der Bruder aus Troppau: Dagobert, gen. Bertl Newes (1888–1940) war Bankdirektor und lebte in der Tschechoslowakei, wo im August 1934 TW in Haida ihre Tante Luise besuchte.
habe Korrektur gelesen: vermutlich für den Essayband *Kunst und Macht*, Stuttgart, Berlin 1934.
Schmeling-Boxkampf: Max S. (geb. 1905) war 1930 Weltmeister im Schwergewicht geworden. Er galt als der ideale Sportler der dreißiger Jahre und wurde vielfach von Künstlern dargestellt (u. a. von Rudolf Belling und George Grosz).

69
Berlin 28.8.1934. Hs., 1 Bl., 11,2 x 14,4 cm, im Hochformat einseitig beschr. Unveröff.

noch nach Troppau: Dort lebte TWs Bruder Bertl (vgl. Anm. zu Nr. 68).
in H.[aida]: TW war zu Besuch bei ihrer Tante Luise Engländer in H.
Ritter Toggenburg: GB spielt hier an auf die bis in den Tod hoffende, doch unerfüllte Liebe des Ritters T. aus Schillers Ballade *Ritter Toggenburg* (1797).

70
München 24.9.1934. Hs., 1 Kunstpostkarte (Deutsches Museum, München – Astronomische Kunstuhr), 8,9 x 14 cm, der Raum f. d. Text im Hochformat beschr. Unveröff.

Die Wohnung Prinzregentenstr 50: ehemalige Wohnung der Familie Wedekind in München.

71
Oberstdorf 25. 9. 1934. Hs., 1 Ansichtspostkarte (Hotel zum Löwen), 14 x 8,9 cm, im Hochformat die ganze Rückseite beschr. Auf der Vorderseite über der Abb. hat GB in den weißen Rand geschrieben: »alt, aber sehr gut. Einige Hotels haben schon geschlossen.« Unveröff.

Bei J.[ohst]...: Benn hatte Hanns J. auf dessen Besitz in Oberallmannshausen am Starnberger See besucht (vgl. Anm. zu Nr. 61).

72
Oberstdorf 27. 9. 1934. Hs., 1 Bl., 14,2 x 18,1 cm, im Hochformat beidseitig beschr. Unveröff.

73
Oberstdorf 30. 9. 1934. Hs., 2 Bl., 14,2 x 18 cm, im Hochformat das 1. Bl. beidseitig, das 2. einseitig beschr. Unveröff.

mit dem illegalen Franzl: Kohlenmagnat mit internationalen Verbindungen.
Cilly: Im Orig. statt des hier gesetzten Sterns ein schräg nach unten zu der Erläuterung »Serviererin-Saaltochter« verlaufender Strich.
Barbara von Sch.: B. v. Schillings (gest. 1959), die Witwe des Komponisten Max v. S., der seit 1932 das Amt des Präsidenten der Preußischen Akademie der Künste innegehabt hatte. Benn hielt die Totenrede auf ihn bei der Trauerfeier der Akademie am 27. 7. 1933.

74
Oberstdorf 3. 10. 1934. Hs., 2 Bl., 14,2 x 18 cm, im Hochformat das 1. Bl. beidseitig, das 2. einseitig beschr. Unveröff.

Gamsblümel: bayer. mundartl. für Gamsblumen, die Blütenstände des Arnica.
um so näher dem Schöpfer: Die Wendung klingt an an Str. 1 und 2 des 4. Gedichts aus dem Zyklus *Am Brückenwehr*, der während des Aufenthalts in Oberstdorf entstand (Niederschrift in schwarzer Kladde am 4./6. 10. 1934): »Bist du auf Grate gestiegen,/ sahst du die Gipfel klar:/Adler, die wirklichen, fliegen/schweigend und unfruchtbar.// Kürzer steht es in Früchten,/früher, daß es verblich,/ nahe am Schöpfer züchten/wenige Arten sich«. (Ein noch früherer Hinweis auf das im Entstehen begriffene Gedicht in FWO, Nr. 14 v. 28. 9. 1934: »aus dem Bereich der Adler, die schweigend steigen«.)
die Proben: Sehr wahrscheinlich handelte es sich um das Schauspiel *Heimat* von Hermann Sudermann (ersch. 1893).

75
Kopenhagen[?] 24.12.1934. Hs., 1 Bl., 21,9 x 27,5 cm, im Hochformat einseitig beschr. Unveröff.

76
Kopenhagen[?] 27.12.1934. Hs., 1 Ansichtspostkarte (Bellevue set fra Luften), 13,7 x 8,8 cm, im Hochformat die ganze Rückseite beschr. Unveröff.

hier: Benn hatte die Weihnachtstage bei seiner Tochter in Dänemark verbracht. Vgl. Anm. zu Nr. 22.

77
Kopenhagen 29.12.1934. Hs., 1 Bl., 14 x 20,3 cm, im Hochformat beidseitig beschr. Unveröff.

Ich komme Montag abend zurück: Vgl. Anm. zu Nr. 76.
»Glen mei ikke«: Die korrekte dänische Floskel ist: for glem ig mei.

78
Berlin 19.1.1935. Hs. auf einem Bl. eines Abreißkalenders der Temmler-Werke, Berlin-Johannisthal, 10,5 x 15,4 cm, im Hochformat beidseitig beschr. Im gedruckten Text oben auf der Vorderseite hat GB in der 1. Zeile die beiden Wörter Tante Tilli unterstrichen, desgl. in seinem hs.Text das y in Tilly. Unveröff.

79
Berlin 6.2.1935. Hs., 1 Visitenkarte, 9 x 5 cm, die Rücks. im Querformat beschr. Unveröff.

80
Berlin 14.3.1935. Hs., 1 Bl., 17,7 x 22,6 cm, im Hochformat einseitig beschr. Unveröff.

giebt es weißen Flieder: vermutlich Anspielung auf den seinerzeit vielgesungenen Schlager *Wenn der weiße Flieder wieder blüht* aus der Revue-Operette *Im Weißen Rössl* von Ralph Benatzky (1887–1957).
Frau Oberst Schwartze: Bezieht sich auf das Schauspiel *Heimat* von Hermann Sudermann, in dem damals TW die vergleichsweise unbedeutende Rolle der Frau des Oberstleutnants S. spielte.

81
Hannover 30.3.1935. Hs., 1 Bl., 21 x 28,4 cm, im Hochformat einseitig beschr. Unveröff.

ganz nette Stadt: Aufgrund der zunehmenden politischen Schwierigkeiten und Schikanen gegen ihn, die seine Situation in Berlin als auf Dauer unhaltbar erscheinen ließen (vgl. die Darstellung in *Doppelleben*, II. *Leier und Schwert*), hatte GB den Entschluß gefaßt, sich reaktivieren zu lassen. Der Wiedereintritt ins Herr (von GB als die aristokratische Form der Emigration bezeichnet, a. a. O.) war verbunden mit seiner Kommandierung zur Wehrersatz-Inspektion nach Hannover. Er verließ Ende März Berlin und trat am 1. 4. 1935 seinen Dienst an. Nach einer Probezeit von 6 Monaten, in denen er als Oberarzt in Zivil Dienst tat, wurde er am 1. 10. 1935 definitiv mit dem Rang eines Oberstabsarztes übernommen.
zur Yella: Gabriele (gen. Yella oder Jella) Newes (†1979), die Frau von TWs Bruder Karl.
Bergmann 4356: Vgl. Anm. zu Nr. 90.

82
Hannover 31. 3. 1935. Hs., 1 Bl., 10,5 x 15,1 cm, im Hochformat einseitig beschr. Unveröff.

Else: Benns ehemalige Hausgehilfin in der Berliner Wohnung, Belle-Alliance-Str. 12.
beginnt der Dienst: Vgl. Anm. zu Nr. 81.

83
Hannover 1. 4. 1935. Hs., 1 Bl., 21 x 28,4 cm, im Hochformat beidseitig beschr. Unveröff.

Yellahouse: Gemeint ist die Wohnung von TWs Schwägerin Y. (vgl. Anm. zu Nr. 81).
der erste Tag im Dienst: Vgl. Anm. zu Nr. 81.
von der Dienststelle: Die Wehrersatzinspektion Hannover befand sich in der Adolfstr. 2 (Ernst-August-Palais).
mit den Dirnen ist es nicht so schlimm: Am 5. 8. 1935 schreibt GB an F.W. Oelze: »Kröpcke u. die Huren – ja Sie haben recht! Entweder Hure oder sofort geheiratet werden – das ist die Provinz.« (FWO, Nr. 32).
Der Name Sternheim: Vgl. Anm. zu Nr. 25.
Hickethier: Thekla Hicketier ist die weibliche Hauptfigur in Carl Sternheims Komödie *Bürger Schippel* (1913).

84
Hannover 4. 4. 1935. Hs., 1 Bl., 20,9 x 29,7 cm, im Hochformat beidseitig beschr. Unveröff.

unter einem Zelt der Wüste ...: Vielleicht Anspielung auf Antoine de Saint-Exupérys *Terre des hommes* (dt. *Wind, Sand und Sterne*, 1939).

Herr Stucken: Der Schriftsteller Eduard St. (1865–1936), neuromantischer Erzähler, Lyriker u. Dramatiker, Freund Oskar Loerkes, befaßte sich in seinen Werken mit der Mythos- und Sagenüberlieferung der Alten und Neuen Welt. Er war vor allem bekannt geworden durch die Romantrilogie *Die weißen Götter* (1918), in bezug auf die GB *im Börsenblatt für den Deutschen Buchhandel* vom 24.1.1934 in einer Anzeige des Verlags Paul Zsolnay mit der Äußerung zitiert wird: »Hunderte von Figuren führt Eduard Stucken durch seine Bücher, Epochen, Erden, Flotten und Heere, Gründungen und Zusammenbrüche, durch das homerische Epos der ›Weißen Götter‹. Grenzenlose Welt!« Seine kunstvoll gereimten Gralsdramen hatten in der Inszenierung Max Reinhardts großen Erfolg erlangt. GB erwähnt St. gegen Ende von Kap. I *Schatten der Vergangenheit* in *Doppelleben.*

85
Hannover 6.4.1935. Hs., 1 Bl., 20,9 x 29,7 cm, im Hochformat einseitig beschr. Unveröff.

die Maschine: TW hatte Benn eine kleine Kaffeemaschine geschickt.
Zigeunerbaron: Operette in 3 Akten von Johann Strauß-Sohn (1825–1899).
Giebt es Gage?: Vgl. Nr. 84.
Gehst Du noch zu Platen?: Emil P., Kaffeerösterei, Berlin-Steglitz, Albrechtstr. 23/24 (Berliner Adreßbuch v. 1935).

86
Hannover 7.4.1935. Hs., 1 Bl., 20,9 x 29,7 cm, im Hochformat einseitig beschr. Unveröff.

»es ist schon spät«: So lautet die 4. Zeile der ersten Strophe des dreiteiligen Gedichts *Das späte Ich*. Levkoien verwendet Benn außerdem noch in den Gedichten *Entwurzelungen, Levkoienwelle, Der Traum* und *Radio I.*
»Zigeunerbaron«: Vgl. Anm. zu Nr. 85.
im Kröpcke: Vgl. Nr. 83.
2 Stunden im Zoo: Unter dem gleichen Datum schreibt GB an Elinor Büller: »Die Tiere machen einen ja nachdenklich. Wir gehn doch noch außerdem zum Friseur u. begaunern die Kundschaft, sonst alles ebenso. Sich lausen u. wichsen, – Kinder, Kinder! Das nennt sich Schöpfung!«

87
Hannover 9.4.1935. Hs., 1 Bl., 11,2 x 16,5 cm, im Hochformat einseitig beschr. Unveröff.

88
Hannover 9. 4. 1935. Hs., 1 Bl., 20,9 x 29,7 cm, im Hochformat einseitig beschr. Unveröff.

in diesen ... Übergangszeiten: Vgl. Anm. zu Nr. 81.

89
Hannover 10. 4. 1935. Hs., 1 Bl., 21 x 28,5 cm, im Hochformat einseitig beschr. Unveröff.

Yella: Vgl. Anm. zu Nr. 81.

90
Hannover 12. 4. 1935. Hs., 1 Doppelbl., 10,4 x 14,8 cm, im Hochformat die 1., 2. u. 4. S. beschr. Unveröff.

Bergmann 4356 u 4019: die Berliner Tel.nummern von GB bzw. TW.
im Wahlstatt: Bierlokal in der Blücherstr. in Berlin-Kreuzberg. Der preußische Generalfeldmarschall Fürst Blücher (1742–1819), der volkstümlichste Heerführer der Freiheitskriege, war Fürst von W. (seit 1814).
Eva Correns: Tochter von Frank Wedekinds älterem Bruder Dr. Armin W., Arzt in Zürich. Die Familie C. lebte in Berlin. (GB schreibt den Namen teils mit C, teils mit K.)
bei meinem Chef: Oberfeldarzt Prof. Dr. Hippke, Standortarzt von Hannover, später Generalstabsarzt (1888–1969).

91
Hannover 13. 4. 1935. Hs., 1 Bl., 10,5 x 15,1 cm, im Hochformat beidseitig beschr. Unveröff.

92
Hannover 16. 4. 1935. Hs., 1 Bl., 20,9 x 29,7 cm, im Hochformat einseitig beschr. Unveröff.

Bei Haensels: Der Jurist Dr., später Prof. Carl H. (1889–1968) war der Anwalt der Familie W. Neben seiner juristischen Tätigkeit schrieb er Romane und Erzählungen, die ihn weithin bekannt machten (z. B. den Bergsteigerroman *Der Kampf ums Matterhorn*, Stuttgart 1929). Nach dem II. Weltkrieg wirkte er drei Jahre als Verteidiger von SS und SD vor dem Internationalen Militärtribunal beim Nürnberger Prozeß und nachfolgenden Verfahren mit.
Dein Film: *Schlußakkord* (Ufa, Bruno Duday), 1936. Regie: Detlev Sierck, Buch: Kurt Heuser/Detlev Sierck; mit Willy Birgel, Lil Dagover, Maria v. Tasnady, Maria Koppenhöfer, Erich Ponto u. a. TW spielte in diesem Film eine unangenehme Sozialfürsorgerin.
bei meinem Chef: Vgl. Anm. zu Nr. 90.

93
Hannover 17. 4. 1935. Hs., 1 Bl., 20,9 x 29,7 cm, im Hochformat einseitig beschr. Unveröff.

94
Hannover 18. 4. 1935. Hs., 1 Bl., 20,9 x 29,7 cm, im Hochformat einseitig beschr. Unveröff.

nach Deinem Film: Vgl. Anm. zu Nr. 92.

95
Hannover 18. 4. 1935 (2. Brief). Hs., 1 Bl., 20,9 x 29,7 cm, im Hochformat einseitig beschr. Unveröff.

von der Vollmondmacht: Vgl. Nr. 92.
Juristen u. Lautenschläger: Bezieht sich auf den Juristen Karl Loewenstein und den Schauspieler Karl John (vgl. Anm. zu Nr. 13).
mit Deinem Film: Vgl. Anm. zu Nr. 92.
Yella: Vgl. Anm. zu Nr. 81.
Martha: TWs Schwester Marthl (vgl. Anm. zu Nr. 28).
Dein Schwager: Vgl. ebd.
Dorsch u. Liedtke: Die Schauspielerin Käthe D. (1889–1957) wirkte 1937–1940 vorwiegend am Berliner Staatstheater, später am Wiener Burgtheater und war auch im Film erfolgreich; während des Dritten Reiches setzte sie sich vielfach für Bedrohte und Verfolgte ein, wozu ihr eine persönliche Beziehung zu Göring die Möglichkeit gab (vgl. Anm. zu Nr. 109); Harry L. (1881–1945) kam über verschiedene Theaterstationen – u. a. New York und Mannheim – an die Reinhardt-Bühne Berlin und spielte in Stumm- wie Tonfilmen Liebhabertypen, so als Partner von Pola Negri in mehreren Filmen von Ernst Lubitsch.

96
Hannover 20. 4. 1935. Hs., 1 Bl., 20,9 x 29,7 cm, im Hochformat einseitig beschr. Unveröff.

97
Hannover, nach dem 22. 4. 1935. Hs., 1 Bl., 10,4 x 15,1 cm, im Hochformat einseitig beschr. Unveröff.

gut gestimmt angekommen: TW hatte GB an Ostern in Hannover besucht.

98
Hannover 28. 4. 1935. Hs., 1 Bl., 20,9 x 29,6 cm, im Hochformat einseitig beschr. Unveröff.

mit dem Film: Während eines Besuches bei GB in Hannover war TW durch ein Telegramm »Sonnabend 11 bis 12 Filmabschluß kommen« nach Berlin zurückgerufen worden (26. 4. 35).

99
Hannover 29. 4. 1935. Hs., 1 Bl., 20,9 x 29,6 cm, im Hochformat einseitig beschr. Unveröff.

Ist Pamela nun nach Dänemark?: P.W. nahm an einem Gastspiel des Staatstheaters Berlin mit *Hamlet* von Shakespeare teil. Sie spielte die Königin im *Spiel auf dem Theater*.
Deine Filmaufnahme: Vgl. Anm. zu Nr. 98.

100
Hannover 29. 4. 1935. Hs., 1 Postkarte, 10,4 x 14,7 cm, im Hochformat einseitig beschr. Unveröff.

Melde ... Einzug: GB hatte zunächst in Hannover in der Hohenzollernstr. 11 möbliert gewohnt, sich aber dort so wenig wohl gefühlt, daß er schon Ende April wieder wechselte (in die Breitestr. 28).

101
Hannover 1. 5. 1935. Hs., 1 Bl., 20,8 x 29,6 cm, im Hochformat beidseitig beschr. Unveröff.

Marschieren Sie mit ...?: 1889 war in Paris der 1. Mai als sozialistischer Feiertag festgelegt worden. Die Nationalsozialisten versuchten ihrerseits, den 1. Mai ideologisch zu usurpieren, und erklärten ihn zum von der Volksgemeinschaft zu feiernden Tag der Arbeit. Die Betriebe waren gehalten, mit der gesamten Belegschaft an den Umzügen teilzunehmen.
bei Newes: TWs Bruder Karl und seine Frau Gabriele gen. Jella oder Yella.
Frau Husler: Marion H., geb. Grizely, war noch zu Lebzeiten Frank Wedekinds mit der Familie bekannt. In den zwanziger Jahren hatte sie den Gesangspädagogen Fred H. geheiratet; sie lebten in Berlin und hatten außerdem ein schönes, romantisches Haus in Steinhude am SO-Ufer des Binnensees Steinhuder Meer nordwestlich von Hannover.
»Ihr größter Erfolg«: T.K. Tonfilmprod. u. Cine Allianz Tonfilm, 1934. Regie: Johannes Meyer, Buch: Hanns H. Fischer, Hertha v. Gebhardt, Ernst Marischka; mit Marta Eggerth, Aribert Mog, Leo Slezak, Gustav Waldau, Theo Lingen.
Die Dorsch: Vgl. Anm. zu Nr. 95.
Harrys wegen: H. Liedtke (vgl. Anm. zu Nr. 95).
»Regen u Wind«: Stück von Merton Hodge; dt. Bearb.: Detlev Sierck.

102
Hannover 2. 5. 1935. Hs., 1 Bl., 20,8 x 29,6 cm, im Hochformat einseitig beschr. Unveröff.

neuer Kommandeur: Generalmajor (später Generalleutnant) Ferdinand v. Zepelin, geb. 1886, 1945 v. d. Russen verschleppt, 1950 25jähr. Zuchthausstrafe, 1956 aus Bautzen entlassen, gest. 1959 [?].

103
Hannover 3. 5. 1935. Hs., 1 Bl., 20,8 x 29,6 cm, im Hochformat einseitig beschr. Unveröff.

104
Hannover 5. 5. 1935 Hs., 1 Bl., 20,8 x 29,6 cm, im Hochformat einseitig beschr. Unveröff.

Frl. H.[oppe]: Benns Vermieterin in der Wohnung Breitestr. 28; sie betrieb ein Schneideratelier (vgl. Nr. 94).
Haensel: Vgl. Anm. zu Nr. 92.
Jacki: Jackie d. i. Jakob Klucker (Künstlername: Jakob Bauhofer), Schauspieler und Darsteller bei den Oberammergauer Passionsspielen. Sein Entdecker und Förderer war der mit der Familie W. befreundete Schauspieler Wolf v. Beneckendorf.
Wiltschek: Der Galerist Rudi W. gehörte zu TWs guten Freunden. Er wurde von den Nazis ermordet.
Wegen Johanna ?: Bezieht sich auf eine Bekannte von TW (J. Mundt), die sie vermutlich GB für Schreibarbeiten empfohlen hatte.
der Film: »Johanna«: *Das Mädchen Johanna* (Ufa), 1935. Regie: Gustav Ucicky, Buch: Gerhard Menzel; mit Gustaf Gründgens, Angela Sallocker, Heinrich George, René Deltgen, Erich Ponto, Willy Birgel, Veit Harlan, Bernhard Minetti, Maria Koppenhöfer.

105
Hannover 6. 5. 1935. Hs., 1 Bl., 14,7 x 10,5 cm, die Vorderseite im Querformat, die Rückseite im Hochformat beschr. Unveröff.

2 Stunden im Zoo: Vgl. Anm. zu Nr. 86.

106
Hannover 7. 5. 1935. Hs., 1 Bl., 20,8 x 24,7 cm, im Hochformat einseitig beschr. Unveröff.

Familientag: Die Familie Wedekind pflegte alle 5 Jahre mit mehrtägigen Festlichkeiten in Hannover (in dessen Nähe das Stammgut des adeligen Zweiges der Familie liegt), einen Familientag zu begehen. Frank W. selbst, der zeitweise als schwarzes Schaf der Familie galt, hatte nie an diesem Fest teilgenommen. Vgl. die Schilderung des Fam.tages von 1935 in *Lulu*, S. 259 f.

107
Hannover 10. 5. 1935. Hs., 1 Bl., 20,8 cm breit; die Höhe nicht genau anzugeben, da das Blatt unten abgeschnitten wurde. Der Briefschluß – offensichtlich nur ein Teil des abgeschnittenen Textes – fand sich an anderer Stelle; im Hochformat einseitig beschr. Unveröff.

bei Correns: Vgl. Anm. zu Nr. 90.
die Yellas: Vgl. Anm. zu Nr. 81.

108
Hannover 11. 5. 1935. Hs., 1 Doppelbl., 10,5 x 14,9 cm, im Hochformat die 1. S., beschr. Unveröff.

Eloesser: der Schriftsteller, Literatur- u. Theaterkritiker Arthur E. (1870–1938).
»und habe lange nicht erfahren ...«: verändernde Anspielung auf die zwei letzten Zeilen der 1. Strophe eines der Lautenlieder (*Ilse* betitelt) von Frank Wedekind (*Lautenlieder*, 53 Lieder mit eigenen und fremden Melodien, Berlin o. J. [1920], S. 27). Die ganze Strophe lautet: »Ich war ein Kind von fünfzehn Jahren,/Ein reines, unschuldsvolles Kind,/ Als ich zum erstenmal erfahren,/Wie süß der Liebe Freuden sind.« Das Lied war in den zwanziger und frühen dreißiger Jahren als Chanson weit verbreitet.

109
Hannover 12. 5. 1935. Hs., 1 Bl., 20,8 x 29,6 cm, im Hochformat einseitig beschr. Unveröff.

Ist W. F auch im Sanatorium?: Die verschlüsselte Bemerkung bezieht sich auf die von Goebbels verfügte Schließung des von Werner Finck (1902–1978) gegründeten und geleiteten Kabaretts »Die Katakombe« und die Inhaftierung W. F.s und weiterer Ensemblemitglieder am 10. 5. 35. Am 18. 5. wurden die Inhaftierten auf Anweisung vom Amt Goebbels in das Konzentrationslager Esterwegen eingewiesen. Auf Intervention von Käthe Dorsch (vgl. Anm. zu Nr. 95) bei Göring wurden am 8. 6. vom Generalstaatsanwalt beim Landgericht Berlin die Akten der Inhaftierten angefordert mit der Begründung, daß ein Bericht höheren Ortes »erfordert« sei. Am 25. 6. erging durch den persönlichen Referenten des Preußischen Ministerpräsidenten (Göring) die Anweisung an den Leiter des Geheimen Staatspolizeiamts Heydrich, die Schutzhäftlinge aus der Haft zu entlassen und ein ordentliches Verfahren gegen sie einzuleiten. Die Entlassung aus dem Lager Esterwegen erfolgte am 1. 7. 1935. Am 26. 10. 1936 fand vor dem Sondergericht des Landgerichts in Berlin die Hauptverhandlung gegen die vormals Inhaftierten statt (»wegen Vergehens gegen das Heimtückegesetz«). Nach über zehnstündiger Verhand-

lung wurden alle Angeklagten mangels ausreichender Beweise freigesprochen. (Vgl. Nr. 131.)
die andere Firma: Gemeint ist das Kabarett »Tingeltangel«, das ebenfalls am 10. 5. von den Nazis geschlossen worden war. Auch hier wurde eine Reihe von Ensemblemitgliedern verhaftet.
Grüße Kadidja für den Schrecken: TWs jüngere Tochter K. war befreundet mit Werner Finck (s. o.), in dessen »Katakombe« sie 1932/33 in mehreren Programmen mitgewirkt hatte. Vgl. *Lulu*, S. 251 u. 255.
Yellas Geburtstag: Vgl. Anm. zu Nr. 81.

110
Hannover 14. 5. 1935. Hs., 1 Bl., 20,8 x 29,6 cm, im Hochformat einseitig beschr. Unveröff.

im »Johanna«Film: Vgl. Anm. zu Nr. 104.

111
Hannover 23. 5. 1935. Hs., 1 Briefkarte, 9,5 x 14,9 cm, im Hochformat einseitig beschr. Unveröff.

Frl Hoppe: Vgl. Anm. zu Nr. 104.

112
Hannover 25. 5. 1935. Hs., 1 Bl., 14,6 x 20,5 cm, im Hochformat einseitig beschr. Unveröff.

Frl Hoppe: Vgl. Anm. zu Nr. 104.
Das Paket: TW hatte allem Anschein nach an GBs Vermieterin Stoff für ein Kleid oder ein Kleid zur Änderung geschickt (vgl. Nr. 114).

113
Hannover 27. 5. 1935. Hs., 1 Briefkarte, 9,6 x 14,8 cm, im Hochformat einseitig beschr. Unveröff.

114
Hannover 29. 5. 1935. Hs., 1 Briefkarte, 9,6 x 14,8 cm, im Hochformat beidseitig beschr. Unveröff.

Odysseus steckte sich Wachs in die Ohren: Benn variiert hier den Mythos. Der über die Meere irrende Odysseus entrann der tödlichen Gefahr des Sirenengesanges, indem er seinen Gefährten die Ohren mit Wachs verstopfte, sich selbst aber mit offenen Ohren am Mast festbinden ließ, so daß er dem wundersamen Gesang der göttlichen Mischwesen aus Vogel- und Mädchenleib lauschen konnte. (Vgl. das Schiffermärchen bei Homer, *Odyssee*, 12, 37–54 u. 153–200).
Zum Familientag: Vgl. Anm. zu Nr. 106.

115
Hannover 1. 6. 1935. Hs., 1 Bl., 11,2 x 16,5 cm, im Hochformat einseitig beschr. Unveröff.

116
Hannover 4. 6. 1935. Hs., 1 Bl., 20,8 x 29,5 cm, im Hochformat einseitig beschr. Unveröff.

R.[eiss]: Vgl. Anm. zu Nr. 4. R. hatte GB übers Wochenende besucht (det.Bericht in den Briefen vom 30. 5. und 2. 6. 35 an Elinor Büller). *Frau von dem San.[itäts]offiz.[ier]*: die Frau des Oberfeldarztes Prof. Erich Hippke, der bis Ende April 1935 Standortarzt von Hannover gewesen und dann versetzt worden war.

117
Hannover 9. 6. 1935. Hs., 1 Farbpostkarte (Porträt Blücher), 8,8 x 13,8 cm, der Raum f. Text u. Adr. im Querformat beschr. Unveröff.

118
Hannover 10. 6. 1935. Hs. auf einem Kopfdruck-Bogen des Hotels Rheinischer Hof, 14,2 x 20,9 cm, im Hochformat beidseitig beschr. Unveröff.

die Stadthalle: Am 11. 6. 1935 schreibt GB an Elinor Büller: »War beide Feiertage nachmittags in der *Stadthalle*. Ganz bezaubernde große Anlage, Springbrunnen, Rhododendrenbeete, großer Cafégarten, Weinterrasse. Geradezu eine Entdeckung.« Und am 17. 7. 1935 an F.W. Oelze (vgl. Anm. zu Nr. 169): »[...] wie jetzt fast jeden Abend, in der Stadthalle, meiner neuesten Schwärmerei. Links Wein-, r. Bier Terrasse, in der Mitte eine Kapelle, wenig Menschen, vor einem ein bisher völlig unveränderliches Gemälde: ein Bassin mit 2 Schwänen, eingefaßt von Blumenbeeten ›in die Ferne sich verlierend‹, weiträumige Perspective, jeden Abend atme ich auf, wenn ich mich niederlasse.« (FWO, 31.)Das Lokal ist gezeichnet in GBs Gedicht *In einer Stadt* (Erstveröff. in *Zweiundzwanzig Gedichte*, Privatdruck, 1943); das Gedicht wurde vertont von Hermann Heiß.
vom Tisch Ihrer berühmten Schwägerin: Erika Oschwald, geb. Wedekind (1868–1944), Schwester Frank Wedekinds und gefeierte Sängerin (1905 Königl. sächsische Kammersängerin zu Dresden).
Ich sah Sie alle auf der Treppe stehn: Vgl. Anm. zu Nr. 106.

119
Hannover, vermutl. zwischen 11. u. 13. 6. 1935. Hs., 1 Bl., 10,5 x 15,1 cm, im Hochformat einseitig beschr. Unveröff.

120
Hannover 14. 6. 1935. Hs., 1 Bl., 20,7 x 29,4 cm, im Hochformat einseitig beschr. Unveröff.

in Köln: TW fuhr vermutlich auf Besuch zu ihren Freundinnen Weinhöppel-Hackenberg, der Witwe des Frank Wedekind eng befreundeten Komponisten Hans Richard Weinhöppel (Pseud. Hannes Ruch, 1867–1928) Aenne W., und deren Schwestern Marie und Paula Hakkenberg.

121
Hannover 16. 6. 1935. Hs., 1 Briefkarte, 10,4 x 16,3 cm, im Hochformat einseitig beschr. Unveröff.

Frl. Hoppe: Vgl. Anm. zu Nr. 104.

122
Hannover 19. 6. 1935. Hs., 1 Briefkarte, 10,4 x 16,3 cm, im Hochformat beidseitig beschr. Unveröff.

Deine werten Freundinnen: die Schwestern Weinhöppel-Hackenberg (vgl. Anm. zu Nr. 120).
Frl. Hoppe: Vgl. Anm. zu Nr. 104.
Kriminalromane: *Hinter jenem Vorhang* von Earl Derr Biggers (Orig.: *Behind that Curtain*; dt. v. Curt Thesing), Berlin 1930; *Die graue Ratte* von Ottwell Binns (dt. v. Helm.Polt), Salzburg 1932.
»Natascha«: frz. Titel: *Les nuits moscovites* (nach dem gleichnam. Roman von Pierre Benoit), G. G. Film, Paris, 1934 (dt. 1935). Regie: Alexander Granowsky, Buch: Hermann Kosterlitz (al. Henry Koster).

123
Hannover 21. 6. 1935. Hs., 1 Briefkarte, 10,4 x 16,3 cm, im Hochformat einseitig beschr. Unveröff.

124
Hannover Dienstag, vermutl. 25. 6. 1935. Hs., 1 Briefkarte, 10,4 x 16,3 cm, im Hochformat beidseitig beschr. Unveröff.

Frühlings Erwachen: Frank Wedekinds erstes Bühnenwerk, geschrieben 1890/91.
Stadthalle: Vgl. Anm. zu Nr. 118.

125
Hannover 27. 6. 1935. Hs., 1 Briefkarte, 10,4 x 16,3 cm, im Hochformat beidseitig beschr. Unveröff.

Werner: Die verschlüsselte Anfrage bezieht sich auf W. Finck und seine Inhaftierung im Konzentrationslager Esterwegen (vgl. Anm. zu Nr. 109).

126
Hannover 28. 6. 1935. Hs., 1 Briefkarte, 10,4 x 16,3 cm, im Hochformat beidseitig beschr. Unveröff.

P.g.: Parteigenossen (Mitglieder der NSDAP.).

127
Hannover 2. 7. 1935. Hs., 1 Briefkarte, 16,3 x 10,4 cm, im Querformat einseitig beschr. Unveröff.

128
Hannover 6. 7. 1935. Hs., 1 Bl., 14,6 x 20,5 cm, im Hochformat einseitig beschr. Unveröff.

die Rose von Jericho: Anastatica hierochuntica, eine exotische winterharte, einjährige Pflanze, die im Wüstengürtel Südpersiens und Marokkos wächst und 10–20 cm hoch wird. Sie ist ohne Zierwert, aber interessant, da sich, wenn sie trocken wird, die ganze Pflanze kugelförmig zusammenrollt und, in Wasser gelegt, sich wieder entfaltet.
Die Firma Hoppe: Vgl. Anm. zu Nr. 104.

129
Hannover 11. 7. 1935. Hs., 1 Briefkarte, 11 x 15,7 cm, im Hochformat einseitig beschr. Unveröff.

bei Kröpcke: Vgl. Nr. 83.

130
Hannover 13. 7. 1935. Hs., 1 Briefkarte, 11 x 15,7 cm, im Hochformat beidseitig beschr. Unveröff.

Hast Du an Nele gedacht?: Bis zum Juni 1935 hatte GB eine Sondergenehmigung, die es ihm ermöglichte, seiner in Dänemark lebenden Tocher über der Devisenfreigrenze von RM 10 liegende Beträge zukommen zu lassen. Nachdem sie nicht verlängert wurde, mußte er Freunde bitten, ihrerseits im Rahmen der Vorschriften Freibeträge an Nele Benn zu überweisen, die er in Inlandswährung rückerstattete. (Vgl. Anm. zu Nr. 151.)
Stoisy: St. Sternheim, die zweite Frau von Carl St., hat nach der Scheidung von ihm (1927) nicht wieder geheiratet.
die erste Frau von St: Eugenie Hauth. Sternheim hatte sie im November 1900 geheiratet. Die Ehe wurde im Juli 1906 geschieden.
Die Firma Hoppe: Vgl. Anm. zu Nr. 104.

131
Hannover 14. 7. 1935. Hs., 1 Bl., 20,8 x 29,5 cm, im Hochformat einseitig beschr. Unveröff.

Stadthalle: Vgl. Anm. zu Nr. 118.
Neleerledigung: Vgl. Anm. zu Nr. 130.
Ich wüßte gern mal, was der F.[inck] erzählt: Bezieht sich auf die Inhaftierung Werner F.s nach dem Verbot seines Kabaretts »Die Katakombe« (vgl. Anm. zu Nr. 109).

132
Hannover 16. 7. 1935. Hs., 1 Briefkarte, 11 x 15,7 cm, im Hochformat einseitig beschr. Unveröff.

zu Pamelas großem Erfolg: Unter der Regie von Traugott Müller († 1944) spielte P.W. die Marei in *Florian Geyer* von Gerhart Hauptmann.
M. H.: Vermutlich ist Margarete Hauptmann (1875–1957) gemeint, die zweite Frau des Dramatikers Gerhart H.

133
Hannover 18. 7. 1935. Hs., 2 Bl., 14,7 x 20,6 cm, im Hochformat die 1.–3. S. beschr. Unveröff.

Haensel: Vgl. Anm. zu Nr. 92.
Frl. Mundt: Vgl. Anm. zu Nr. 104.
in der Stadthalle: Vgl. Anm. zu Nr. 118.
die Sache mit Pamela: Vgl. Anm. zu Nr. 132.
Nun noch der Film…: Eine Filmgesellschaft hatte Interesse an der Verfilmung von Frank Wedekinds Stück *Frühlings Erwachen* gezeigt.
der gute Werner: Vgl. Anm. zu Nr. 125.
»Englische Heirat«: *Die englische Heirat*, nach dem Roman von Ludwig v. Wohl (Cine-Allianz), 1934. Regie: Reinhold Schünzel; mit Adele Sandrock, Georg Alexander, Renate Müller, Adolf Wohlbrück, Hilde Hildebrand, Hans Richter.
ein kolossal langer Aufsatz: Werner Milch, *Das Nichts und die Form. Bemerkungen zum Werk Gottfried Benns. Preuß. Jahrbücher*, Bd. 240, 257–271. An F.W. Oelze schreibt GB am 17. 7. 35: »..lesen Sie doch bitte, wenn es Ihre Zeit erlaubt, im Juniheft der ›Preußischen Jahrbücher‹ den langen Aufsatz über mich von Werner Milch. Er scheint mir sehr interessant. Allmählich wird man tatsächlich historisch, ›eingestuft‹, Lach- u. Kuriositätenkabinett. Castan's Panoptikum der Deutschen Geistesringer, wie lächerlich das alles ist!« (FWO, Nr. 31.)

134
Hannover 19. 7. 1935. Hs., 1 Briefkarte, 11 x 15,2 cm, im Hochformat beidseitig beschr. Unveröff.

Die Sache mit Café Bristol: Das Bristol war ein Café mit Wintergarten in der Nähe der Uraufführungskinos am oberen Kurfürstendamm in Berlin.
Kurzfilm mit W. u. Platte: Vermutlich Werner Finck (vgl. Anm. zu Nr. 109) und der Schauspieler und Komiker Rudolf Platte (1904–1984).

135
Hannover 20. 7. 1935. Hs., 1 Bl., 14,7 x 20,5 cm, im Hochformat beidseitig beschr. Unveröff.

Frl. Mundt: Vgl. Anm. zu Nr. 104.
»Ein Lied für Dich«: Cine-Allianz, 1933. Regie: Joe May, Buch: Irma v. Cube u. Ernst Marischka; mit Jan Kiepura, Jenny Jugo, Ida Wüst, Paul Kemp, Paul Hörbiger.
Kiepura: der polnische Sänger Jan K. (1902–1966), der auch Hauptrollen in Sängerfilmen spielte (u. a. *Ein Lied für Dich* (s. o.), *Ich liebe alle Frauen* (1935), *Das Land des Lächelns* (1952). Es gab zwar einen Film m. d. T. *Ich sehne mich nach Dir* (1934), doch war der Hauptdarsteller nicht J. K., sondern Louis Graveure. Offenbar hat GB hier die Titel verwechselt.
Café Bristol: Vgl. Anm. zu Nr. 134.
Erna Morena: Vgl. Anm. zu Nr. 16.

136
Hannover 22. 7. 1935. Hs., 1 Bl., 20,8 x 29,5 cm, im Hochformat beidseitig beschr. Unveröff.

Knickmeyer: Speiserestaurant mit Bräucharakter. »Las heute: Knickmeyer war das Stammlokal von Herrn Reichspräsidenten v. Hindenburg!« schreibt GB an Elinor Büller am 25. 4. 35.
Frl. M.[undt]: Vgl. Anm. zu Nr. 104.
Kiepura: Vgl. Anm. zu Nr. 135.
Das Wedekind-Buch samt Familientagsache: TW hatte Benn eine *Das Wedekindbuch* betitelte Publikation geschickt (Hrsg. u. m. e. Monografie v. Joachim Friedenthal, München, Leipzig 1914); sie enthielt Beiträge von Hermann Bahr, Franz Blei, Paul Block, Lovis Corinth, Richard Dehmel, Franz Dülberg, Fritz Engel, Herbert Eulenberg, Bruno Frank, Max Halbe, Carl Hauptmann, Wilhelm Herzog, Alfred Kerr, Artur Kutscher, Max Liebermann, Heinrich Mann, Thomas Mann, Kurt Martens, Erich Mühsam, Walther Rathenau, Wil-

helm v. Scholz, Werner Sombart, Carl Sternheim, Jakob Wassermann, Stefan Zweig sowie im Anh. Äußerungen bekannter Bühnenkünstler. Zum Familientag der W.s vgl. Anm. zu Nr. 106.
Marthl: Vgl. Anm. zu Nr. 28.
Franzl: Vgl. Anm. zu Nr. 73.

137
Hannover 24. 7. 1935. Hs., 1 Bl., 14,7 x 20,6 cm, im Hochformat beidseitig beschr. Unveröff.

das Frl M.[undt]: Vgl. Anm. zu Nr. 104.
Mops: Carl und Thea (Stoisy) Sternheims Tochter Dorothea (1905–1954), genannt Mopsa oder Mops. Sie war eine sehr begabte Bühnenbildnerin und hat viele Aufführungen von Stücken C. St.s ausgestattet. Wie ihre Mutter war sie nach Paris emigriert, war dort während des II. Weltkriegs Offizier in der Widerstandsbewegung, wurde nach der Gefangennahme und Folterung durch die Gestapo in das Konzentrationslager Ravensbrück verschleppt und dort bei Kriegsende von den alliierten Truppen befreit. Sie kehrte dann nach Paris zurück.
»Frühlings Erwachen«: Vgl. Anm. zu Nr. 124.

138
Hannover 26. 7. 1935. Hs., 1 Doppelbl., 15,9 x 10 cm, im Hochformat alle S. beschr. Unveröff.

Johanna: Vgl. Anm. zu Nr. 104.
für Kolding: GBs Tochter Nele absolvierte eine journalistische Ausbildung bei der *Jydske Tidende* in dem an der Ostküste Jütlands gelegenen Städtchen.

139
Hannover 27. 7. 1935. Hs., 1 Doppelbl., 15,9 x 9,9 cm, im Hochformat allseitig beschr. Unveröff.

Joh.[anna] M.[undt]: Vgl. Anm. zu Nr. 104.
Was die Lily von R wollte: Möglicherweise Lily (oder Lilly) John, eine jüdische Jugendfreundin von Elinor Büller aus deren Leipziger Zeit. Mit R ist zweifellos Erich Reiss gemeint (vgl. Anm. zu Nr. 4).
bei Kröpcke: Vgl. Nr. 83.
Tschechow: Der russische Schriftsteller Anton Pawlowitsch T. (1860–1904) gilt als Meister der europäischen Kurzgeschichte und der novellistischen Erzählung. Als Dramatiker schuf er einen eigenen, neuen Typus des »impressionistischen« Stimmungsdramas. GB bewunderte T.s Meisterschaft (vgl. Nr. 141).
Onkel von Olga: Die Schauspielerin Olga Tschechowa geb. v. Knip-

per (1897–1980) war verheiratet mit Michail Tschechow, dem Neffen von Anton T. (s. o.). 1921 ging sie nach Deutschland und war seitdem Filmschauspielerin mit internationalem Ruhm. Vgl. Nr. 142.

140
Hannover 29. 7. 1935. Hs., 1 Bl., 20,7 x 29,5 cm, im Hochformat einseitig beschr. Unveröff.

141
Hannover 30. 7. 1935. Hs., 1 Doppelbl., 15,9 x 10,1 cm, im Hochformat allseitig beschr. Unveröff.

»Die Gräfin von Monte-Christo«: Ufa, 1932. Regie: Karl Hartl, Buch: Walter Reisch; mit Brigitte Helm, Lucie Englisch, Rudolf Forster, Gustaf Gründgens, Mathias Wieman, Oskar Sima, Theo Lingen.
Brigitte Helm: Die Filmschauspielerein B. H., eigentl. Schittenhelm (geb. 1908), war zuerst – von Fritz Lang entdeckt – 1927 in dem Stummfilm *Metropolis* in einer Doppelrolle hervorgetreten. Im Film der dreißiger Jahre verkörperte sie meist zwielichtige Frauengestalten, insbes. des Vamp-Typs.
Forster: der Bühnen- und Filmschauspieler Rudolf F. (1884–1968).
Gründgens: Der Schauspieler, Regisseur und Theaterleiter Gustaf G. (1899–1963) hatte sich schon früh durch bedeutende Regieleistungen einen Namen gemacht. 1932 spielte er mit großem Erfolg den Mephisto in beiden Teilen von Goethes *Faust*. 1934 hatte er die Intendanz des Staatlichen Schauspielhauses am Gendarmenmarkt in Berlin übernommen, wo es ihm gelang, Schauspielkunst weitgehend unberührt vom Nationalsozialismus zu zeigen. Klaus Mann stellte ihn in seinem 1936 im Exil veröffentlichten Roman *Mephisto* (Amsterdam 1936) als Typus des intellektuellen Mitläufers und als Exponenten und Symbol »eines durchaus komödiantischen, zutiefst unwahren, unwirklichen Regimes« dar, als hemmungslosen Karrieristen, der für immer seinen Pakt mit dem Teufel geschlossen hat. (Vgl. Nr. 436.)

Tschechow: Vgl. Anm. zu Nr. 139.
Marthl: Vgl. Anm. zu Nr. 28.

142
Hannover 1. 8. 1935. Hs., 1 Doppelbl., 15,9 x 10 cm, im Hochformat die 1., 3. u. 4. S. beschr. Unveröff.

Olga Tschechowa: Vgl. Anm. zu Nr. 139.
»Hélène«: frz. Titel: *L'Ordonnance* (Capitole Film u. Films R.P., 1933, dt. 1935). Regie: Victor Tourjansky, Buch: Victor Tourjansky,

Boris de Fast (nach der gleichnam. Novelle von Guy de Maupassant).
Gründgens ... in Monte-Christo: Vgl. Anm. zu Nr. 141.
Tante Ellen: E. Overgaard (vgl. Anm. zu Nr. 22).
Yella: Vgl. Anm. zu Nr. 81.

143
Hannover, vermutlich 2. 8. 1935. Hs., 1 Bl., 14,4 x 9,9 cm, im Querformat einseitig beschr. Unveröff.

144
Hannover 3. 8. 1935 Hs., 2 Bl., 14 x 20,6 cm, im Hochformat die 1., 2. u. 3. S. beschr. Unveröff.
definitiv ernannt: Vgl. Anm. zu Nr. 81.
Frl. Hoppe: Vgl. Anm. zu Nr. 104.
Faulkner: Der amerikanische Schriftsteller William F. (1897–1962) stand in der Nachfolge von Herman Melville, James Joyce und Joseph Conrad. *Licht im August* gehört zu seinen bedeutendsten Büchern. 1950 erhielt er den Nobelpreis für Literatur. Benn preist ihn in dem 1937 datierten und *Thomas Wolfe* überschriebenen Stück aus *Figuren* mit den Sätzen: »Der Roman, Europas Schöpfung ..., drüben gewinnt er noch einmal großen Stil, in Faulkner, Dos Passos, Wolfe-: jede ihrer Seiten rafft und splittert in hohen Pressen und Fontänen die Erde, das Geweb aus Erde, noch einmal zusammen, dann lassen sie es sinken über Gräber, über Glücke, in Schatten.«
»Zum schwarzen Walfisch«: nach dem Bühnenstück *Fanny* von Marcel Pagnol. Riton, 1934. Regie u. Buch: Fritz Wendhausen; mit Emil Jannings, Angela Sallocker, Franz Nicklisch, Käthe Haack.

145
Hannover 5. 8. 1935. Hs., 1 Briefkarte, 10,9 x 15,7 cm, im Hochformat beidseitig beschr. Unveröff.
Ks. Geburtstag: Die jüngere Tochter Kadidja ist am 6. August geboren.
Klabunds »Krankheit«: *Die Krankheit. Eine Erzählung von Klabund*, Berlin 1917.
Dein Bruder: TWs Bruder Karl Newes (1891–1964).

146
Hannover 7. 8. 1935. Hs., 1 Bl., 20,8 x 29,5 cm, im Hochformat einseitig beschr. Unveröff.
Dein Bruder: Vgl. Anm. zu Nr. 145.
Johanna M.[undt]: Vgl. Anm. zu Nr. 104.
Raphael: Vgl. Nr. 142.

147
Hannover 9. 8. 1935. Hs., 1 Bl., 14 x 20,7 cm, im Hochformat beidseitig beschr. Unveröff.

Francke: Im Berliner Adreßbuch von 1935 ist eine Weinhandlung Arthur F. eingetragen, Berlin-Tempelhof, Kaiserkorso 55; offenbar wurde dort auch eine kleine Restauration betrieben.
Yella: Vgl. Anm. zu Nr. 81.

148
Hannover 12. 8. 1935. Hs., 1 Bl., 20,8 x 29,5 cm, im Hochformat einseitig beschr. Unveröff.

von meinem Besuch: Von diesem Besuch berichtet Benn in seinem Brief an F.W. Oelze (vgl. Anm. zu Nr. 169) vom 20. 8. 1935 (vgl. FWO, Nr. 34).
Mein General: Vgl. Anm. zu Nr. 102.

149
Hannover 13. 8. 1935. Hs., 1 Bl., 20,8 x 29,5 cm, im Hochformat einseitig beschr. Unveröff.

Stadthalle: Vgl. Anm. zu Nr. 118.
Felixmüller: Der Maler und Grafiker Conrad F. (1897–1977) gehörte zu den 1933 von den neuen Machthabern als »entartet« bezeichneten und verfemten Künstlern.
Regen, Regen, Regen: Viele Jahre später drückt Benn diese Stimmung aus in dem Gedicht *Finis Poloniae* (4,2/3): »Vielleicht an einem Regentag, wenig beliebt,/ doch für den vorliegenden Fall ein Geräusch von Glücken.«
Das Geld für Nele: Vgl. Anm. zu Nr. 130.

150
Hannover 14. 8. 1935. Hs., 1 Doppelbl., 15,9 x 10,1 cm, im Hochformat die 1. u. 3. S. beschr. Unveröff.

Ihre Elektra: in dem gleichnamigen Drama von Euripides.

151
Hannover 17. 8. 1935. Hs., 1 Bl., 17 x 26 cm, im Hochformat einseitig beschr. Unveröff.

jemand, der einen Paß besitzt: Gemäß § 13 (1) des Gesetzes über die Devisenbewirtschaftung v. 4. 2. 1935 durften Zahlungsmittel nur mit Genehmigung ins Ausland versandt oder überbracht werden. Ausgenommen waren Beträge unter Reichsmark 10. Die Freigrenze durfte jeweils nur einmal monatlich in Anspruch genommen wer-

den, sie galt nur für Zahlungen aus eigenen Mitteln. Erwerb, Überweisung oder Übersendung von Zahlungsmitteln ins Ausland im Rahmen der Freigrenze waren nur zulässig bei Eintragung von Betrag und Datum in den Reisepaß des Zahlenden.
Frl. Hoppe: Vgl. Anm. zu Nr. 104.

152
Hannover 17. 8. 1935. Hs., 1 Briefkarte, 11 x 15,7 cm, im Hochformat beidseitig beschr. Unveröff.

Felixmüller: Vgl. Anm. zu Nr. 149.

153
Celle 18. 8. 1935. Hs., 1 Ansichtspostkarte (Luftkurort Fallingbostel – Sieben Steinhäuser b. Fallingbostel), 14 x 8,9 cm, der Raum f. d. Text im Hochformat beschr. Unveröff.

154
Hannover 22. 8. 1935. Hs., 1 Doppelbl., 15,9 x 10,1 cm, im Hochformat die 1., 2. u. 3. S. beschr. Unveröff.

155
Hannover 23. 8. 1935. Hs., 1 Doppelbl., 15,9 x 10,1 cm, im Hochformat die 1. u. 3. S. beschr. Unveröff.

mit dem Paß: Vgl. Anm. zu Nr. 151.
bei W.: Vermutlich Werner Finck (vgl. Anm. zu Nr. 109).
Gratuliere zu R. D. S.!!: Vermutlich handelt es sich hier um eine Verschlüsselung. Der Reichsverband Deutscher Schriftsteller, der noch im selben Jahr aufgelöst wurde, kann wohl nicht gemeint sein.

156
Hannover 24. 8. 1935. Hs., 1 Bl., 17 x 25,9 cm, im Hochformat einseitig beschr. Unveröff.

Marthl: Vgl. Anm. zu Nr. 28.
Charlottenhof: Gaststätten Betriebs-GmbH, Berlin NW 87, Händelstr. 22 (Berliner Adreßbuch von 1935).
Stadthalle: Vgl. Anm. zu Nr. 118.

157
Hannover 25. 8. 1935. Hs., 1 Bl., 17 x 25,9 cm, im Hochformat beidseitig beschr. Unveröff.

die Proben von P.[amela]: Vermutlich zu dem Drama *Elektra* des Euripides, in dem P.W. die Titelrolle spielte.
»Episode«: Film, 1935. Regie: Walter Reisch; mit Paula Wessely u. a.
Yella: Vgl. Anm. zu Nr. 81.

158
Hannover (Poststempel) 25. 8. 1935. Hs., 1 Ansichtspostkarte (Steinhuder Meer – Blick auf Seesteg Moorhütte), 14 x 9 cm, der Raum f. d. Text im Hochformat beschr. Unveröff.

159
Hannover 28. 8. 1935. Hs., 1 Bl., 17 x 26 cm, im Hochformat einseitig beschr. Unveröff.

»Liselotte v d. Pfalz«: Film, 1935. Regie: Carl Froelich; mit Renate Müller, Eugen Klöpfer u. a.
Renate Müller: Die an der Reinhardt-Schule ausgebildete Schauspielerin (1906–1937) wurde 1928 von Reinhold Schünzel zum Film geholt, wo sie bald einen neuen Typ (das »Urbild des sauberen jungen Mädchens«) verkörperte.
T 3 [?]: Die Ziffer 3 nach dem T ist nicht mit Sicherheit zu lesen. Dasselbe Zeichen findet sich in Nr. 12.
diese Warterei: Vgl. Anm. zu Nr. 81.

160
Hannover 29. 8. 1935. Hs., 1 Doppelbl., 15,9 x 10,1 cm, im Hochformat allseitig beschr. Unveröff.

Dubarry: *Madame Dubarry,* Warner Brothers u. Vitaphone, 1934, dt. 1935. Regie: William (= Wilhelm) Dieterle, Buch: Edward Chodorov.
Dolores Del Rio: bekannter Stumm- und Tonfilmstar (geb. 1905).
Hélène: Vgl. Anm. zu Nr. 142.
eine entsprechende Erklärung: Bezieht sich auf die Schwierigkeiten im Geldverkehr mit dem Ausland (vgl. Anm. zu Nr. 151).

161
Hannover 29. 8. 1935. Hs., 1 Bl., 17 x 25,9 cm, im Hochformat einseitig beschr. Unveröff.

wegen dieser Schweinehunde: Möglicherweise nimmt GB hier Bezug auf einen Presseartikel, in dem verunglimpfend von TWs jüdischem Großvater die Rede war, der sich hatte taufen lassen (vgl. *Lulu,* S. 261).

162
Hannover 30. 8. 1935. Hs., 1 Bl., 17 x 25,9 cm, im Hochformat beidseitig beschr. Unveröff.

»Mein Leben für Maria Isabell«: 1934/35. Regie: Erich Waschneck; mit Veit Harlan.
Dr. Gescher: Der Augenarzt Julius G. (1898–1945), der zweite Mann von Muschelkalk, der Witwe von Joachim Ringelnatz. GB nennt ihn als einen der wenigen ihm Ende der dreißiger Jahre noch verbliebenen Freunde in *Doppelleben* (III. *Lyrisches Intermezzo*).

163
Hannover 31. 8. 1935. Hs., 1 Bl., 14 x 20,7 cm, im Hochformat beidseitig beschr. Unveröff.

in der gewissen Sache: Vgl. Anm. zu Nr. 161.
ihren Sternheim: Vgl. Anm. zu Nr. 25.

164
Hannover, Sept.–Dez. 1935. Hs., 1 Doppelbl., 16,4 x 20,9 cm, im Hochformat die 1. S. beschr. Unveröff.

165
Hannover, Sept.–Dez. 1935. Hs., 1 Bl., 11,2 x 16,5 cm, im Hochformat einseitig beschr. Unveröff.

166
Hannover 2. 9. 1935. Hs., 17 x 25,9 cm, im Hochformat einseitig beschr. Unveröff.

Stadthalle: Vgl. Anm. zu Nr. 118.
im Mellini-Theater: eine der seinerzeit bekanntesten Operettenbühnen.
»Olly Polly«: erfolgreiche Operette von Walter Kollo (1878–1940), Urauff. 1925. Der Sohn des Komponisten, Willi K. (geb. 1904), gehörte in den dreißiger Jahren in Berlin zum Bekanntenkreis von GB, mit dem er des öfteren im fast leeren Kino Wittelsbachpalast in der Grunewaldstr. sowie im Bierlokal Dramburg in der Nähe des Bayerischen Platzes in Berlin-Schöneberg zusammentraf. W. K. erinnert sich, daß sie häufig politische Gespräche führten, insbesondere über das Phänomen Hitler.

167
Hannover 4. 9. 1935. Hs., 1 Doppelbl., 14,4 x 18,2 cm, im Hochformat die 1. u. 2. S. beschr. Unveröff.

P.[amelas] Premiere: Vermutl. des Dramas *Elektra* von Euripides (vgl. Anm. zu Nr. 157).

168
Hannover 6.9.1935. Hs., 17 x 25,9 cm, im Hochformat einseitig beschr. Unveröff.

Frl Hoppe: Vgl. Anm. zu Nr. 104.
ein Auftrag aus Frankreich: Für die *Cahiers du Sud*, die ein Sonderheft über die deutsche Romantik vorbereiteten, schrieb GB laut einer Mitteilung an Elinor Büller vom 6.9.35 über seine Eindrücke bei der Lektüre des Romans *Lucinde* von Friedrich v. Schlegel. (Vgl. auch FWO, Nr. 41.) Das Sonderheft erschien 1936, enthielt jedoch keinen Beitrag von GB.

169
Hannover 7.9.1935. Hs., 1 Doppelbl., im Hochformat die 1. u. 4. S. beschr. Unveröff.

Ich werde den Daumen drücken: Bezieht sich auf die Premiere von P.W. (vgl. Anm. zu Nr. 167).
Besuch von Herrn Oelze: Dr. F.W. Oe. (1891–1978), langjähriger Freund und bedeutendster Brief- und Gesprächspartner Gottfried Benns während der Zeit des Dritten Reiches. Er hatte zunächst an deutschen und englischen Universitäten Jura studiert, war nach Abschluß der Referendarzeit in den kaufmännischen Beruf übergetreten und seit 1942 Inhaber der väterlichen Firma in Bremen. 1932 erste Begegnung mit Benn nach dem Erscheinen des Essays *Goethe und die Naturwissenschaften* in der *Neuen Rundschau* (XLIII, 4). Die Briefe GBs an ihn sind in einer dreiteiligen Edition publiziert (Wiesbaden und München, Bd. I 1977, Bd. II, 1 1979, Bd. II, 2 1980).
wegen Uniform: Nach seiner Reaktivierung am 1.4.1935 mußte GB zunächst sechs Monate in Zivil Dienst tun. Zum 1.10.1935 erfolgte die endgültige Übernahme in das Heeressanitätskorps.
»Pygmalion«: 1935. Regie: Erich Engel; mit Gustaf Gründgens, Jenny Jugo u. a.
»Maskerade«: 1934. Regie: Willi Forst; mit Hans Moser.
Gründgens: Vgl. Anm. zu Nr. 141.
die Jugo: Die Filmschauspielerin Jenny J. geb. Walter (geb. 1906) war seit 1924 im Stummfilm erfolgreich. (*Die Hose*, 1927); in der Zusammenarbeit mit Erich Engel erreichte sie den Rang der echten Komödiendarstellerin (*Pygmalion*, 1935). GB behauptet hier irrtümlich, sie nie gesehen zu haben. J. J. spielte die Hauptrolle in dem Film *Ein Lied für Dich*, den GB im Juli 1935 gesehn hatte (vgl. Nr. 136).
Das Stück auf dem Theater: Komödie von George Bernard Shaw (1896–1950), London 1906. Urauff. 16.10.1913, Wien, Burgtheater.

170
Hannover 12. 9. 1935. Hs., 1 Doppelbl., 14,5 x 18,3 cm, im Hochformat die 1. u. 3. S. beschr. Unveröff.

Marthl: Vgl. Anm. zu Nr. 28.
fahre nach Haida: TW plante eine Reise nach H. im Kreis Nordböhmen/Tschechoslowakei, wo ihre Tante Luise Engländer lebte.

171
Hannover 13. 9. 1935. Hs., 1 Doppelbl., 14,4 x 18,2 cm, im Hochformat die 1. u. 3. S. beschr. Unveröff.

das Geschäft mit der Uniform: Vgl. Anm. zu Nr. 169.
Oelze: Vgl. Anm. zu Nr. 169.
Marthl: Vgl. Anm. zu Nr. 28.

172
Hannover 14. 9. 1935. Hs., 1 Bl., 14 x 20,8 cm, im Hochformat beidseitig beschr. Unveröff.

nach Haida: Vgl. Anm. zu Nr. 170.
Frl. Hoppe: Vgl. Anm. zu Nr. 104.

173
Hannover 15./16. 9. 1935. Hs., 2 Bl., das 1. 14 x 20,8 cm, das 2. 15 x 20,9 cm, beide im Hochformat beidseitig beschr. Unveröff.

In Haida oder in Moabit: Zu H. vgl. Anm. zu Nr. 170; zu M.: TWs damalige Wohnung in der Lessingstr. 50 lag im Stadtteil M., der 1718 als Kolonie französischer Glaubensflüchtlinge entstanden war, die ihre neue Heimat nach Jes. 16,4 »terre de Moab« nannten; M. wurde 1861 in Berlin eingemeindet.
die neuen Gesetze: GB spielt hier sarkastisch an auf die am 15. 9. 1935 erlassenen Nürnberger Gesetze, die nach dem Erlaß zahlreicher vorangegangener antisemetischer Bestimmungen durch die nat.soz. Reichsregierung besonders diskriminierende Vorschriften gegen Juden enthielten.
die Zusendung des Schriftstellers: Die so betitelte Zeitschrift des Schutzverbandes deutscher Schriftsteller, Berlin, die mit Jg. 1, 1912 – Jg. 22, 1934, erschienen war, hatte 1935 eine neue Jahrgangszählung begonnen (Jg. 1, 1935 – Jg. 9, 1944, danach eingestellt) und zugleich die Typografie der Hefte umgestaltet (neues Format, veränderte Gliederung etc.).
Aufnahme in den R D. S.: Vgl. Anm. zu Nr. 155.
mein Schneider: Vgl. Nr. 171.

174
Hannover 17. 9. 1935. Hs., 1 Doppelbl., 14,8 x 20,9 cm, im Hochformat die 1. und 3. S. beschr. Unveröff.

Tante L: Luise Engländer, geb. Hofmann (vgl. Anm. zu Nr. 170).
Deinen Bruder K[arl]: Vgl. Anm. zu Nr. 145.

175
Hannover 18. 9. 1935. Hs., 1 Bl., 14 x 20,7 cm, im Hochformat beidseitig beschr. Unveröff.

in H[aida]: Vgl. Anm. zu Nr. 170.
mein Schneider: Vgl. Nr. 171.
definitiv hier: Vgl. Anm. zu Nr. 81.

176
Hannover 19. 9. 1935. Hs., 1 Doppelbl., 14,8 x 20,9 cm, im Hochformat die 1. und 3. S. beschr. Unveröff.

mein Schneider: Vgl. Nr. 171.
nach Haida: Vgl. Anm. zu Nr. 170
Frl. H.[oppe]: Vgl. Anm. zu Nr. 104.

177
Hannover 20. 9. 1935. Hs., 1 Bl., 20,9 x 29,5 cm, im Hochformat beidseitig beschr. Unveröff.

Kannst Du die Luise offenbar nicht spielen: TW ging auf eine sechswöchige Tournee mit der Deutschen Landesbühne mit einem Stück über den Prinzen Louis Ferdinand, in dem sie eine Hofdame der Königin Luise (Gräfin Voss) spielte (vgl. *Lulu*, S. 260).
Denke, wie Du zerschmettert warst: Vgl. Nr. 161 u. 163.
Was Sardou angeht: Der französische Dramatiker Victorien S. (1831–1908) war mit seinen historischen Dramen und amüsanten, zum Teil der Sittenkomödie nahekommenden Lustspielen außerordentlich erfolgreich.
»Maskenball«: Die dreiaktige Oper nach einem Text von Eugène Scribe zählt zu Giuseppe Verdis (1813–1901) späteren revolutionären Werken.
Frl. Gura: Die Sängerin Anita, gen. Anni G., Tochter des Sängers Eugen Gura, ehemalige Spielgefährtin von TWs jüngerer Tochter Kadidja, war Ensemblemitglied der Oper der Städtischen Bühnen Hannover. Sie wohnte Breitestr. 29.
Marthl: Vgl. Anm. zu Nr. 28.

178
Hannover 23. 9. 1935. Hs., 1 Doppelbl., 14,6 x 20,9 cm, im Hochformat die 1. S. beschr. Unveröff.

Marion: M. Husler (vgl. Anm. zu Nr. 101).
für die U....[nif]orm: Vgl. Anm. zu Nr. 169.
Dein Bruder: Karl Newes (vgl. Anm. zu Nr. 145).

179
Hannover 24. 9. 1935. Hs., 1 Doppelbl., 14,6 x 20,9 cm, im Hochformat die 1. S. beschr. Unveröff.

»Episode«: Vgl. Nr. 157.
Henny Porten: Die Bühnen- und Filmschauspielerin H. P. (1890–1960) war jahrzehntelang Hauptdarstellerin des deutschen Films; sie verkörperte vorwiegend den Typ der blonden, mütterlichen Frau.

180
Hannover 26. 9. 1935. Hs., 2 Bl., 14 x 20,7 cm, im Hochformat allseitig beschr. Unveröff.

den Grünen-Wagen-Brief: TW ging im Herbst 1935 sechs Wochen auf Tournee mit der Deutschen Landesbühne (vgl. Anm. zu Nr. 177).
gewisse junge Lautenschläger: Vgl. Anm. zu Nr. 13.
Auch aus ganz bestimmten Gründen: Vgl. Nr. 161 u. 163.

181
Hannover 27. 9. 1935. Hs., 1 Doppelbl., 14,9 x 20,9 cm, im Hochformat die 1. S. beschr. Unveröff.

wieder in Lessingstr.: Bezieht sich auf TWs Tournee mit der Deutschen Landesbühne (vgl. Anm. zu Nr. 177).

182
Hannover 28. 9. 1935. Hs., 1 Bl., 14 x 20,7 cm, im Hochformat einseitig beschr. Unveröff.

wann kommst Du heim?: Vgl. Anm. zu Nr. 177.
mittags beim Schneider: Vgl. Nr. 171.
Reiss: Vgl. Anm. zu Nr. 4.
hier prächtig melden: Vgl. Anm. zu Nr. 169.

183
Hannover 29. 9. 1935. Hs., 1 Doppelbl., 14,8 x 20,9 cm, im Hochformat die 1. u. 4. S. beschr. Unveröff.

Probierte an: Vgl. Nr. 171.

184
Hannover 1.10.1935. Hs., 1 Doppelbl., 14,8 x 20,9 cm, im Hochformat die 1. S. beschr. Unveröff.

die Uniform: Vgl. Nr. 171.

185
Hannover 3.10.1935. Hs., 1 Doppelbl., 15 x 20,9 cm, im Hochformat die 1. u. 3. S. beschr. Unveröff.

wie ... schön, Zivil anzuhaben: Vgl. Anm. zu Nr. 169.
Die Sache mit dem Krieg: Am 3.10.1935 begann der italienische Einfall in Abessinien, der nach nur halbherzig durchgeführten Sanktionen des Völkerbundes (Beschluß vom 11.10.) am 9.5.1936 mit der Annexion Abessiniens durch Italien endete. Während des Feldzuges unterstützte Deutschland Italien mit Rohstofflieferungen. In unmittelbarer Folge dieses Krieges und der deutschen Hilfe wurde am 25.10.1936 mit dem Deutsch-italienischen Vertrag die »Achse Berlin–Rom« begründet.
Dein Bruder: Karl Newes (vgl. Anm. zu Nr. 145).
... an Nele senden: Vgl. Anm. zu Nr. 130.
... aus Haida: Vgl. Anm. zu Nr. 170.

186
Hannover 4.10.1935. Hs., 1 Bl., 11,2 x 16,5 cm, im Hochformat einseitig beschr. Unveröff.

10. M für Nele: Vgl. Anm. zu Nr. 130.

187
Hannover 5.10.1935. Hs., 1 Doppelbl., 14,8 x 20,8 cm, im Hochformat die 1. u. 3. S. beschr. Links oben vor Textbeginn aufgeklebt die neue Visitenkarte Benns nach der endgültigen Wiederaufnahme in die Wehrmacht: Dr. med. G. Benn/Oberstabsarzt (E)/ Sanitätsoffizier/bei der Wehrersatz-Inspektion Hannover/Hannover. Unveröff.

188
Hannover 7.10.1935. Hs., 1 Doppelbl., 14,5 x 21 cm, im Hochformat die 1. u. 3. S. beschr. Unveröff.

Weinhaus Wolf: Altrenommierte hannoversche Weinstube in Familienbesitz; vgl. Benns Beschreibung in seinem Brief an F.W. Oelze vom 11.10.1935 (FWO, Nr. 47). Mit dem Namen dieses Etablissements überschrieb Benn eines seiner bedeutendsten Prosastücke (entstanden 1937, erstmals veröff. im Band *Der Ptolemäer*, Wiesbaden 1949).

meines Wiedereintritts in die Armee: Vgl. Anm. zu Nr. 81.
Swinemünde liegt weit ab: S. war eine Gastspielstation der Tournee der Deutschen Landesbühne (vgl. Anm. zu Nr. 177).

189
Hannover 7.10.1935. Hs., 1 Bl., 20,9 x 29,3 cm, im Hochformat einseitig beschr. Unveröff.

Frl Johanna M.[undt]: Vgl. Anm. zu Nr. 104.
Schreibe an Rasch: das Hotel Haus Raschplatz, gegenüber dem Hauptbahnhof, in dem TW verschiedentlich wohnte, wenn sie GB in Hannover besuchte.

190
Hannover 8.10.1935. Hs., 1 Bl., 14,8 x 20,9 cm, im Hochformat beidseitig beschr. Unveröff.

Deine Weinhöppels: Vgl. Anm. zu Nr. 120.

191
Hannover 9.10.1935. Hs., 1 Doppelbl., 14,8 x 20,9 cm, im Hochformat die 1. S. beschr. Unveröff.

Frl. J. M.[undt]: Vgl. Anm. zu Nr. 104.

192
Hannover 17.10.1935. Hs., 1 Ansichtspostkarte (Hannover – Brauergildehaus), 14,7 x 10,6 cm, der Raum f. d. Text im Hochformat beschr. Unveröff.

Fuhr heute 7^{05} früh ab: nach Kassel (vgl. Nr. 193).

193
Hannover 18.10.1935. Hs., 1 Bl., 11,2 x 16,5 cm, im Hochformat beidseitig beschr. Unveröff.

zur ersten Probe: Vgl. Anm. zu Nr. 177.
Gräfin Voss: Vgl. Nr. 177.
gestern in Kassel: Vgl. Nr. 192.
das Hauptmannstück: im Herbst 1935 spielte Pamela W. in Berlin die Rolle der Marei in Gerhart Hauptmanns Tragödie *Florian Geyer* (Urauff. 1896).

194
Hannover 19.10.1935. Hs., 1 Bl., 15 x 20,9 cm, im Hochformat beidseitig beschr. Unveröff.

Warst Du heute zur Probe?: Vgl. Nr. 177.
zu Deinem Karl Bruder: Vgl. Anm. zu Nr. 145.
Prof. St.[ürtz]: Vgl. Nr. 190.
Frl. Hoppe: Vgl. Anm. zu Nr. 104.

195
Hannover 21.10.1935. Hs., 1 Bl., 20,9 x 29,5 cm, im Hochformat einseitig beschr. Unveröff.

»Königswalzer«: Ufa (Karl Ritter), 1935. Regie: Herbert Maisch; mit Willi Forst, Paul Hörbiger, Heli Finkenzeller.
»Frühjahrsparade«: Deutsche Universal-Ungar. Universal (Geza v. Bolvary), 1935. Regie: G. v. B., Buch: Ernst Marischka; mit Paul Hörbiger, Franziska Gaal, Wolf Albach-Retty, Theo Lingen, Adele Sandrock, Hans Moser.

196
Hannover 23.10.1935. Hs., 2 Bl., 20,9 x 29,5 cm, im Hochformat jeweils einseitig beschr. Benn schreibt versehentlich bei der Ortsangabe B. Unveröff.

Sardou: Vgl. Anm. zu Nr. 177.
der Prof. in Köln: Vgl. Nr. 190.
durch Weinh.[öppels]: Vgl. Anm. zu Nr. 120.
die ersten Proben: Vgl. Nr. 193.

197
Hannover 24.10.1935. Hs., 1 Bl., 20,9 x 29,5 cm, im Hochformat einseitig beschr. Unveröff.

Deinen Reiseplan: Vgl. Anm. zu Nr. 177.
»Frühjahrsparade«: Vgl. Nr. 195.
Der Prof. aus K.[öln]: Vgl. Nr. 190.

198
Hannover 25.10.1935. Hs., 1 Bl., 20,9 x 29,5 cm, im Hochformat einseitig beschr. Unveröff.

Die Tour mit George: Vgl. Anm. zu Nr. 30.
Am Mittwoch geht's los: Vgl. Anm. zu Nr. 177.
meine Besuche beim General: Nach der in Zivil abgeleisteten Probezeit war Benn zum 1. 10. 1935 endgültig von der Wehrmacht übernommen worden und mußte nun in Uniform Antrittsbesuche machen. (Vgl. dazu GBs Schilderung solcher Anstandsbesuche in Kap. II *Leier und Schwert* von *Doppelleben.)*

Jack Mortimer: *Ich war J. M.*, 1935. Regie: Carl Froelich, Buch: R. A. Stemmle mit Thea v. Harbou; mit Sybille Schmitz, Adolf Wohlbrück, Eugen Klöpfer.

199
Hannover 25.10.1935. Hs., 1 Doppelbl., 14,8 x 21 cm, im Hochformat die 1. S. beschr. Unveröff.

200
Hannover 27.10.1935. Hs., 1 Doppelbl., 14,5 x 20,9 cm, die 1. u. 3. S. im Hochformat, die 2. im Querformat beschr. Unveröff.

Besuche in großer Gala: Vgl. Anm. zu Nr. 198.
»[Ich] war Jack Mortimer«: Vgl. Anm. zu Nr. 198.
Wohlbrück: Adolf W. (1900–1967), bedeutender Bühnen- und Filmschauspieler, Bonvivant und Charakterdarsteller von ironischer Eleganz.
Klöpfer: Eugen K. (1886–1950), Schauspieler und Intendant, gab als Charakterdarsteller kraftvolle Gestalten (u. a. Götz, Wozzeck, Michael Kramer); seit 1918 auch Filmschauspieler.
ein tolles Unternehmen: Vgl. Anm. zu Nr. 177.

201
Hannover 28.10.1935. Hs., 1 Bl., 20,9 x 29,5 cm, im Hochformat beidseitig beschr. Unveröff.

für die Tour: Vgl. Anm. zu Nr. 177.
Frl. Weinhöppel: Vgl. Anm. zu Nr. 120.
Mops: Vgl. Anm. zu Nr. 137.
mein General: Vgl. Anm. zu Nr. 102.

202
Hannover 29.10.1935. Hs., 1 Doppelbl., 14,8 x 21 cm, im Hochformat die 1. S. beschr. Unveröff.

zur Fahrt: Vgl. Anm. zu Nr. 177.
Goetz: Curt G. (1888–1960), Schauspieler und Theaterschriftsteller, schrieb zahlreiche bühnenwirksame Komödien mit geistreich-witzigem Dialog und grotesken Situationen; die Hauptrolle spielte er häufig selbst neben seiner Frau Valérie v. Martens.
Towarisch: Lustspiel in 4 Akten (*Tovaritch*) von Jacques Deval (1934; dt. Erstauff. Berlin 1935). Curt Goetz hat die Mischung von Konversations-Lustspiel, Zeitstück und Charakterkomödie ins Deutsche übersetzt.

203
Hannover 30.10.1935. Hs., 1 Bl., 20,9 x 29,5 cm, im Hochformat beidseitig beschr. Unveröff.

spielt Ihr zum erstenmal: Vgl. Anm. zu Nr. 177.
Frl Weinhöppel: eine der beiden unverheirateten Schwestern von Änne W. geb. Hackenberg (vgl. Anm. zu Nr. 120).

204
Hannover, um den 30.10.1935. Hs., 1 Bl., 8 x 12,9 cm, im Hochformat einseitig beschr. Unveröff.

der schönen Gräfin: TW spielte die Gräfin Voss in dem Stück über den Prinzen Louis Ferdinand, mit dem die Deutsche Landesbühne auf Tournee war (vgl. Nr. 177).

205
Hannover 31.10.1935. Hs., 2 Bl., 14,8 x 20,9 cm, im Hochformat die 1.–3. S. beschr. Unveröff.

Deinen ersten Brief von der Tour: Vgl. Anm. zu Nr. 177.
Frl. Hoppes: Vgl. Anm. zu Nr. 104.
bei Goetz: Vgl. Nr. 202.
Die Martens: Die Schauspielerin Valérie v. M. (1894–1986); vgl. Anm. zu Nr. 202.
Stahl-Nachbaur: Der Regisseur u. Schauspieler Ernst S-N. (Pseud. f. Ernst Guggenheimer), geb. 1886, war nach anfängl. Engagements als Jgdl. Held u. Liebhaber u. a. an den Kammerspielen München tätig sowie an allen führenden Berliner Bühnen. Er spielte auch zahlreiche Filmrollen.
Roma Bahn: R. B. (1896–1975), berühmte Bühnen- und Filmschauspielerin; 1961 Hermine-Körner-Ring.

206
Hannover 1.11.1935. Hs., 1 Bl., 20,9 x 29,5 cm, im Hochformat einseitig beschr. Unveröff.

Dahmer Kunsttempel: Die Deutsche Landesbühne gastierte u. a. auch in Dahme in der Mark (vgl. Anm. zu Nr. 177).
Frl. Gura: Vgl. Anm. zu Nr. 177.

207
Hannover 2.11.1935. Hs., 1 Bl., 20,9 x 29,5 cm, im Hochformat einseitig beschr. Unveröff.

so schwer und anstrengend: Vgl. Anm. zu Nr. 177.
von dem Prof. aus Köln: Vgl. Nr. 190.

Herr Schuster u. Eberhard u Allmeyer: Schauspielerkollegen von TW, die an der Tournee teilnahmen. GB schreibt hier wohl irrtümlich All*m*eyer, sonst All*g*eyer.

208
Hannover 3.11.1935. Hs., 1 Bl., 20,9 x 29,5 cm, im Hochformat beidseitig beschr. Unveröff.

Frl. Gura: Vgl. Anm. zu Nr. 177.
auf Tour: Vgl. Anm. zu Nr. 177.

209
Hannover 5.11.1935. Hs., 1 Bl., 20,9 x 29,5 cm, im Hochformat einseitig beschr. Unveröff.

Ihr habt das sehr schlecht organisiert: Vgl. Anm. zu Nr. 177.

210
Hannover 7.11.1935. Hs., 1 Doppelbl., 14,8 x 20,8 cm, die 1., 3. u. 4. S. im Hochformat, die 2. im Querformat beschr. Unveröff.

Frl Hoppe: Vgl. Anm. zu Nr. 104.
an reizendem Bayern: Bezieht sich vermutlich auf den »bildschönen«Schauspieler Allgeyer, der ebenfalls an der Tournee teilnahm (vgl. Nr. 207).

211
Hannover 8.11.1935. Hs., 1 Bl., 20,9 x 29,5 cm, im Hochformat einseitig beschr. Unveröff.

halte nur aus: Vgl. Anm. zu Nr. 177.

212
Hannover 9.11.1935. Hs., 1 Doppelbl., 14,8 x 21 cm, im Hochformat die 1. S. beschr. Unveröff.

in Deine Probstzella-Hände: Vgl. Anm. zu Nr. 177.
Mit Frl Hoppe: Vgl. Anm. zu Nr. 104.

213
Hannover 10.11.1935. Hs., 1 Bl., 20,8 x 29,3 cm, im Hochformat einseitig beschr. Unveröff.

das reizende Ilmenau: Vgl. Anm. zu Nr. 177.
mit R.[eiss]: Vgl. Anm. zu Nr. 4 sowie Nr. 26 u. 27.
Danke für die Butter: Im Zuge der forcierten Aufrüstung wurden von der Mitte der dreißiger Jahre an Teile des stets knappen Devisenkontingents statt zur Einfuhr von Lebensmitteln für Rüstungszwecke

bereitgestellt. Die Folge waren lokale Verknappungen bestimmter Produkte wie z. B. Butter. In einer Rundfunkrede vom Juli 1936 begründete Göring den Vorrang der Rüstung mit dem Satz: »Kanonen machen uns mächtig, Butter macht uns nur fett.«
Heute wieder Eintopf: Im Rahmen der sogenannten Winterhilfe hatte die nationalsozialistische Regierung regelmäßig wiederkehrende Eintopfsonntage dekretiert, an denen die Bevölkerung gehalten war, statt des üblichen Sonntagsbratens ein Eintopfgericht zu essen und den so angeblich eingesparten Betrag für das Winterhilfswerk zu »spenden«. Die Spendenlisten kursierten offen, und in vielen Haushalten mit Personal hielt man es für ratsam, die Eintopfvorschriften zu befolgen und nicht etwa nur zu »spenden«. Den Restaurants wurden jeweils 3 mögliche Gerichte vorgeschrieben, wohingegen »den Hausfrauen die Wahl der Eintopfgerichte selbst überlassen« blieb (D. A. Z. v. 4. 3. 36).

214
Hannover 12. 11. 1935. Hs., 1 Bl., 11,2 x 16,5 cm, im Hochformat beidseitig beschr. Unveröff.

Programm: TW hatte GB ein Programm der Gastspieltournee der Deutschen Landesbühne geschickt, an der sie teilnahm (vgl. Nr. 177).
»Der grüne Domino«: Ufa, 1935. Regie: Herbert Selpin, Buch: Harald Bratt u. Emil Burri (nach Motiven des Schauspiels *Der Fall Claasen* v. Erich Ebermayer), mit Karl Ludwig Diehl, Brigitte Horney, Theodor Loos, Trude Hesterberg.
Alice Treff: Die Bühnen- und Filmschauspielerin (geb. 1906) war nach 2 Jahren Max-Reinhardt-Schule und Engagements in Darmstadt, Wiesbaden, München u. Hamburg von 1937 an vorwiegend an Berliner Bühnen tätig.

215
Hannover 13. 11. 1935. Hs., 1 Bl., 11,2 x 16,5 cm, im Hochformat einseitig beschr. Unveröff.

Das Haus des Volkes in Probstzella: Die Truppe, mit der TW auf Gastspielreise war, spielte in P. im sogenannten Haus des Volkes (vgl. Anm. zu Nr. 177).

216
Hannover 15. 11. 1935. Hs., 1 Bl., 11,2 x 16,5 cm, im Hochformat einseitig beschr. Unveröff.

nach Torgau: T. war eine der Gastspielstationen der Tournee, an der TW teilnahm (vgl. Anm. zu Nr. 177).

217
Hannover 16. 11. 1935. Hs., 1 Bl., 14 x 20,8 cm, im Hochformat einseitig beschr. Unveröff.

218
Hannover 17. 11. 1935. Hs., 2 Bl., 11,2 x 16,5 cm, im Hochformat allseitig beschr. Unveröff.

den Luther: Parallelstellen zu dieser brieflichen Äußerung finden sich in dem kleinen Nachlaßstück *Feminismus* (entstanden vermutlich 1944) und in FWO, Nr. 52.
nach Torgau: Vgl. Anm. zu Nr. 216.

219
Hannover 18. 11. 1935. Hs., 1 Bl., 11,2 x 16,5 cm, im Hochformat beidseitig beschr. Unveröff.

Luckenwalde: Gastspielstation der Deutschen Landesbühne (vgl. Anm. zu Nr. 177).

220
Hannover 19. 11. 1935. Hs., 1 Bl., 20,9 x 29,3 cm, im Hochformat einseitig beschr. Unveröff.

Havelberg: Vgl. Anm. zu Nr. 177.

221
Hannover 21. 11. 1935. Hs., 1 Bl., 20,8 x 29,4 cm, im Hochformat einseitig beschr. Unveröff.

daß ich nicht kommen konnte: Vgl. Nr. 218.
Eure Beschwerde: Die Schauspieler, die an der Tournee der Deutschen Landesbühne teilnahmen (vgl. Anm. zu Nr. 177), hatten sich in einem gemeinsamen Schreiben über organisatorische Mißstände beschwert.

222
Hannover 22. 11. 1935. Hs., 1 Bl., 14,2 x 22,4 cm, im Hochformat beidseitig beschr. *Traum*, S. 93.
die Königin: Vgl. Nr. 177.
von Bonsels: der Schriftsteller Waldemar B. (1881–1952) schrieb nach Reisen und Wanderungen in Europa, Indien, Ägypten und Nordamerika Reise- und Naturbücher, Tier- und Pflanzenerzählungen (Weltruhm erlangte er mit *Die Biene Maja*, 1912), die ihm mit ihrer Mischung von Sinnlichkeit und Natur und Märchenmystik eine

große Lesergemeinde gewannen. 1933 schon hatten die Nazis seine Bücher, ausgenommen *Die Biene Maja, Himmelsvolk* und *Indienfahrt* auf die sogenannte »schwarze Liste« gesetzt. 1934 erwog B., der auf Einladung seines Verlegers in die USA gereist war, als Emigrant dort zu bleiben, zog jedoch, nachdem er sich nicht hatte eingewöhnen können, wieder nach Europa, zunächst nach Italien; später ermöglichte ihm Hanns Johst ((vgl. Anm. zu Nr. 61) die Rückkehr nach Ambach am Starnberger See. Die Bemerkung GBs hier bezieht sich auf eine Pressemeldung (die ausgeschnitten und ohne Quellenangabe im Wedekind-Nachlaß zwischen den Briefen GBs an TW vom Sept. u. Nov. 1933 liegt, nach Mitteilung von Frau Rose-Marie Bonsels aber aus dem November 1935 stammt) über die Beschlagnahme von Büchern in Buchhandlungen und Leihbüchereien, in der auch sechs Bücher von Bonsels genannt sind.

223
Hannover 23. 11. 1935. Hs., 1 Bl., 14 x 20,7 cm, im Hochformat beidseitig beschr. Unveröff.

mit der »Königin«: Vgl. Nr. 177 u. 222.

224
Hannover 25. 11. 1935. Hs., 1 Bl., 14,2 x 22,4 cm, im Hochformat einseitig beschr. Unveröff.

Marthl: Vgl. Anm. zu Nr. 28.

225
Hannover 27. 11. 1935. Hs., 1 Bl., 14,2 x 22,4 cm, im Hochformat beidseitig beschr. Unveröff.

226
Hannover 29. 11. 1935. Telegr. Unveröff.

227
Hannover 29. 11. 1935. Hs., 2 Bl., 14,2 x 22,4 cm, im Hochformat allseitig beschr. Unveröff.

Du kommst aus Kyritz: Vgl. Anm. zu Nr. 177.

228
Hannover, vermutl. 30. 11. 1935. Hs., 1 Bl., 14,5 x 20,9 cm, im Hochformat einseitig beschr. Unveröff.

229
Hannover 1.12.1935. Hs., 2 Bl., 14,2 x 22,4 cm, im Hochformat die 1.–3. S. beschr. Unveröff.

in Kyr.[itz]: Vgl. Anm. zu Nr. 177.
meine militärische Laufbahn: Vgl. GBs Darstellung im ersten Kap. von *Lebensweg eines Intellektualisten*, 1934.
ein Bruder von mir: Vgl. Anm. zu Nr. 231.
von Max Halbe Dank: Der naturalistische Dramatiker und Erzähler M. H. (1865–1944), der mit seinem Pubertätsdrama *Jugend* (1893) einen der größten Theatererfolge der Zeit errungen hatte, war am 4.10.1935 siebzig Jahre alt geworden.

230
Hannover 2.12.1935. Hs., 1 Bl., 14,2 x 22,4 cm, im Hochformat beidseitig beschr. Unveröff.

Pritzwalk: Kreisstadt im Bezirk Potsdam (vgl. Anm. zu Nr. 177).
in Kyritz: Vgl. Nr. 227.

231
Hannover 4.12.1935. Hs., 1 Bl., 14,2 x 22,4 cm, im Hochformat beidseitig beschr. Unveröff.

die Nürnberger Gesetze: Vgl. Anm. zu Nr. 173.
meinen Bruder: Stephan Benn (1889–1974), der als einziger der Söhne in die Fußtapfen des Vaters getreten und Pfarrer geworden war.
Wittstock: wie Prenzlau und Swinemünde eine weitere Station der Gastspielreise der Deutschen Landesbühne (vgl. Anm. zu Nr. 177).

232
Hannover 7.12.1935. Hs., 1 Bl., 14,2 x 22,4 cm, im Hochformat beidseitig beschr. Unveröff.

die letzten Tage: Die Gastspielreise der Deutschen Landesbühne endete am 29.12.1935 in Sorau, Niederlausitz (vgl. Nr. 248).

233
Hannover 7.12.1935. Hs., 3 Bl., 14 x 20,7 cm, im Hochformat die 1., 2., 3. u. 5. S. beschr. Unveröff.

Pr.[itzwalk]: Vgl. Anm. zu Nr. 230.

234
Hannover 8.12.1935. Hs., 1 Briefkarte, 10,4 x 16 cm, im Hochformat beidseitig beschr., u. 1 Bl., 14,2 x 22,4 cm, im Hochformat einseitig beschr. Unveröff.

Eintopfsonntag: Vgl. Anm. zu Nr. 213.
Anni Gura: Vgl. Anm. zu Nr. 177.
Frl. Änne Weinhöppel: GB verwechselt hier offenbar die Schwestern W. (Hackenberg). Vgl. Nr. 120 Ä.W. geb. Hackenberg war die dritte Frau des Komponisten Hans Richard W., ihre beiden Schwestern Marie und Paula H. waren unverheiratet.
Herrn Allgeyer: Vgl. Anm. zu Nr. 207.
Yella: Vgl. Anm. zu Nr. 81.
Marthl: Vgl. Anm. zu Nr. 28.
kam er kann?: Offensichtlich verschrieben statt: kam er an?
Freienwalde u. Fürstenberg: Gastspielstationen der Tournee der Deutschen Landesbühne (vgl. Anm. zu Nr. 177).
Klabunds Grab: Der Schriftsteller K., Pseud. f. Alfred Henschke (1890–1928), dem GB freundschaftlich verbunden war, starb in Davos an einem Lungenleiden. Beigesetzt wurde er in seiner Heimatstadt Crossen a. d. Oder.
die so berühmt gewordene Totenrede: *Totenrede für Klabund.* Das exakte Datum der Beisetzung Klabunds ist der 9. 9. 1928.

235
Hannover 9. 12. 1935. Hs., 2 Briefkarten, 10,5 x 16 cm, im Hochformat allseitig beschr. Unveröff.

von der Tournee: Vgl. Anm. zu Nr. 177.
der Herr hat's gegeben ...: Vgl. Nr. 230.
Deinen Paß: Vgl. Anm. zu Nr. 151.
die Wohnung in d. Arnswaldtstr. 3: Vgl. Nr. 233.

236
Hannover 10. 12. 1935. Hs., 2 Bl., 14,4 x 22,5 cm, im Hochformat die 1. u. 3. S. beschr. Als Unterschrift ein nicht deutbares Zeichen. Unveröff.

nach Beendigung der Tour: Vgl. Nr. 235 sowie die Anm. zu Nr. 177.
Frl. Gura: Vgl. Anm. zu Nr. 177.

237
Hannover 12. 12. 1935. Hs., 1 Bl., 14,4 x 22,5 cm, im Hochformat einseitig beschr. Unveröff.

In Fürstenwalde: F. war eine Gastspielstation der Tournee, an der TW teilnahm (vgl. Anm. zu Nr. 177).

238
Hannover 13. 12. 1935. Hs., 2 Bl., 14,4 x 22,5 cm, im Hochformat die 1. u. 3. S. beschr. Unveröff.

solche Schinderei: Bezieht sich auf die Tournee, an der TW teilnahm (vgl. Anm. zu Nr. 177).

239
Hannover 15. 12. 1935. Hs., 2 Bl., 14,4 x 22,5 cm, im Hochformat die 1. u. 3. S. beschr. Unveröff.

Markritz: Gastspielstation der Tournee, an der TW teilnahm (vgl. Anm. zu Nr. 177).
Was Nele angeht: Bezieht sich auf die gelegentlichen Geldtransfers für GBs Tochter (vgl. Anm. zu Nr. 130).
die Wohnung Arnswaldtstr. 3: Vgl. Nr. 233 u. 235.
Herr Oelze: Vgl. Anm. zu Nr. 169.

240
Hannover 17. 12. 1935. Hs., 1 Briefkarte, 10,5 x 14,8 cm, im Hochformat beidseitig beschr. Die Namen der Straßen hat GB ihrem Verlauf entsprechend mit Pfeilen versehen. Unveröff.

10 M. für Nele: Vgl. Nr. 239.
Mit Oelze: Vgl. Nr. 239.

241
Hannover 19. 12. 1935. Hs., 1 Briefkarte, 10,4 x 16 cm, im Hochformat beidseitig beschr. Unveröff.

Spremberg: Gastspielstation der Tournee, an der TW teilnahm (vgl. Anm. zu Nr. 177). Die Kreisstadt im Bez. Kottbus hat u. a. eine bedeutende Textilindustrie.
Carola: Die Schauspielerin C. Neher (1905–1942), Klabunds zweite Frau, hatte 1933 einen Aufruf antifaschistischer Künstler gegen Hitler unterschrieben und war nach dem Reichstagsbrand (27. 2. 1933) nach Prag geflohen. Dort heiratete sie den deutsch-rumänischen Ingenieur Anatol Becker. Beide gingen in die Sowjetunion, wo ihr Sohn Georg geboren wurde. 1936 wurde das Ehepaar verhaftet und wegen »Spionage« zu zehn Jahren Arbeitslager verurteilt. Anatol Becker wurde 1937 im Lager von NKWD-Beamten erschossen. C. N. sollte nach Deutschland zurückkehren und dort als Agentin arbeiten. Sie weigerte sich und wurde am 28. 6. 1942 durch Genickschuß ermordet. Der Sohn durfte 1975 in die Bundesrepublik ausreisen. (Vgl. Jürgen Serke, *Die verbrannten Dichter*, Weinheim 1977, S. 130 f.).
kleine Veröffentlichung: *Das Gedicht, Blätter für die Dichtung*, hrsg. von H. Ellermann, II, 7, Hamburg Jan. 1936.
Oelze: Vgl. Anm. zu Nr. 169.

242
Hannover 20.12.1935. Hs., 2 Bl., 14,4 x 22,5 cm, im Hochformat die 1. u. 3. S. beschr. Unveröff.

die Tournee: Vgl. Anm. zu Nr. 177.
Herr Oelze: Vgl. Anm. zu Nr. 169.

243
Hannover 22.12.1935. Hs., 10,4 x 16 cm, im Hochformat beidseitig beschr. Unveröff.

Gehst Du dann nochmals fort: Bezieht sich auf die Tournee, an der TW teilnahm (vgl. Anm. zu Nr. 177).
bei Marthl: Vgl. Anm. zu Nr. 28.

244
Hannover 23.12.1935. Hs., 2 Bl., 14,4 x 22,5 cm, im Hochformat die 1. u. 3. S. beschr. Unveröff.

die Gedichte: Vgl. Anm. zu Nr. 241.

245
Hannover, um den 24.12.1935. Hs. auf vorgedruckter Visitenkarte rechts oben schräg, 9,7 x 5,4 cm. Unveröff.

246
Hannover 24.12.1935. Telegr. Unveröff.

247
Hannover 26.12.1935. Hs., 5 Bl., 14,4 x 22,5 cm, im Hochformat einseitig beschr. Unveröff.

Spremberg: Vgl. Anm. zu Nr. 241.
Calau, Senftenberg u Sorau: die letzten Orte auf dem Tourneeplan der Deutschen Landesbühne (vgl. Anm. zu Nr. 177).

248
Hannover 29.12.1935. Telegr. Unveröff.

zur letzten Station: In Sorau, Niederlausitz (heute zu Polen gehörend), endete die Tournee der Deutschen Landesbühne, an der TW teilgenommen hatte (vgl. Anm. zu Nr. 177).

249
Hannover 29.12.1935. Hs., 1 Doppelbl., 14,8 x 20,9 cm, im Hochformat die 1. u. 3. S. beschr. Unveröff.

diese schreckliche Tournee: Vgl. Anm. zu Nr. 177.

250
Hannover 30.12.1935. Hs., 1 Bl., 17 x 26 cm, im Hochformat einseitig beschr. Unveröff.

Marthchen: Vgl. Anm. zu Nr. 28.

251
Hannover 31.12.1935. Hs. auf der Rückseite einer Neujahrsglückwunschkarte, 13,9 x 9 cm. Die Vorderseite zeigt über dem Vordruck »Die besten Wünsche zum neuen Jahre« drei kleine Mädchen im Schnee mit geschulterten Glückspilzen, das vorderste trägt eine Laterne. GB hat sie bezeichnet: »T. P. K«, links unten schräg das Datum geschr. und rechts unten neben einen Pfeil, der zur ersten Figur weist: »(zu Füßen) B.« Unveröff.

252
Hannover 2.1.1936. Hs., 2 Bl., 17 x 26 cm, im Hochformat die 1. u. 3. S. beschr. Unveröff.

253
Hannover 9.1.1936. Hs., 1 Bl., 17 x 25,9 cm, im Hochformat einseitig beschr. Unveröff.

254
Hannover 12.1.1936. Hs., 2 Bl., 17 x 26 cm, im Hochformat jeweils einseitig beschr. Unveröff.

Buddha mußte vom Thron steigen: Wahrscheinlich spielt hier GB auf eine Buddhafigur an, eine Arbeit vermutlich des 17. oder frühen 18. Jahrhunderts, die ihm F.W. Oelze zum Einzug in die neue Wohnung geschenkt hatte (vgl. FWO, Nr. 59). Das Gedicht *Interieur* (*Haingott mit Buddhazügen, 17. Jahrhundert*) ist von dieser Büste inspiriert (einzige Veröff. zu Lebzeiten in *Zweiundzwanzig Gedichte*, Privatdruck, August 1943). GB sandte Oelze die Erstfassung in seinem Brief vom 13.1.1936 (Wellershoff in GW III hat irrtümlich 1937; vgl. FWO, Nr. 60). Das Gedicht wurde vertont von Hermann Heiß (1897–1966). GB nahm die Büste 1943 mit nach Landsberg a.W., wo er sie 1945 bei der Flucht zurücklassen mußte.
der Prinzessin von Urbino: Es handelte sich um einen Gipsabguß einer weiblichen Porträtbüste, die Ilse Benn noch gesehen hat. Es war jedoch laut IB keine der beiden im Kat. der Originalabgüsse H. 6 der Gipsformerei der ehem. Staatl. Museen Berlin (Berlin 1961) verzeichneten und abgebildeten Bildnisbüsten von Desiderio da Settignano (Kat.nr. 2439 u. 2459).
die beiden Stiche: In einem Brief an Elinor Büller vom 14.1.1936

schreibt GB: »Mansfeld sah neulich hier zwei Drucke von T. L. die mir seit langem gehören u. schrieb, ob er sie nicht verkaufen solle. Ich sandte sie ihm, verspreche mir aber nicht viel davon.«

255
Hannover 14.1.1936. Hs., 1 Bl., 17 x 25,9 cm, im Hochformat einseitig beschr. Unveröff.

Gründgens: Vgl. Anm. zu Nr. 141. Das Staatstheater Berlin bereitete eine Neuinszenierung von Shakespeares *Hamlet* vor, in der G. die Titelrolle spielte. (Vgl. Nr. 307 und 313).
»Schwarze Rosen«: Film (Ufa), 1935. Regie: Paul Martin, Buch: Curt J. Braun, Walter Supper, Paul Martin; mit Lilian Harvey, Willy Fritsch und Willy Birgel. Es war der erste Film der Harvey nach ihrer Rückkehr aus Hollywood und der einzige, in dem sie am Schluß sterben mußte.
Der Birgel: Willy B. (1891–1973) war zunächst Bühnen-, von 1935 an Filmschauspieler. Er galt als Kavaliers- und Herrenreiter-Typ des deutschen Films der dreißiger Jahre (einer seiner berühmtesten Filme war *Reitet für Deutschland,* 1941). In späteren Jahren gastierte B. an den Bühnen in Berlin, München, Köln, Hamburg und Zürich und wirkte außerdem in Fernsehspielen mit.
Lilian: L. Harvey (1907–1968) war zunächst Tänzerin, dann gemeinsam mit Willy Fritsch jahrelang das volkstümliche Liebespaar des deutschen Films (*Die Drei von der Tankstelle,* 1930, *Der Kongreß tanzt,* 1931, *Ein blonder Traum,* 1932 u. a.).

256
Hannover 16.1.1936. Hs., 2 Bl., 17 x 25,9 cm, im Hochformat die 1. u. 3. S. beschr. Unveröff.

Pechstein: der Maler Max P. (1881–1955), Mitglied der Dresdener Künstlergemeinschaft »Brücke« und nach der Übersiedlung nach Berlin 1910 Mitbegründer der »Berliner Sezession«. GB nennt ihn in seiner Aufzählung der während des Dritten Reiches in Deutschland verbliebenen Künstler und Wissenschaftler von Rang in Kap. II *Leier und Schwert* von *Doppelleben.*
P. Fechter: Der Schriftsteller und Literarhistoriker Paul F. (1880–1958) war Feuilletonredakteur verschiedener Zeitungen u. Mitherausgeber der Kulturzeitschriften *Deutsche Zukunft, Deutsche Rundschau, Neue deutsche Hefte.* GB erwähnt ihn in seinem Aufsatz *Expressionismus* (zuerst 1933 u. d. T. *Bekenntnis zum E.)* sowie mehrfach in seiner Einleitung zu der Anthologie *Lyrik des expressionistischen Jahrzehnts,* Wiesbaden 1955. F. gehörte auch zu den Briefpartnern von GB.

Kolbenheyer: Der Schriftsteller Erwin Guido K. (1878–1962) schrieb Romane, Dramen und Gedichte. Anfang 1936 wurde in H. sein Stück *Jagt ihn – ein Mensch* gespielt. (Vgl. Nr. 267.)
Frau Schild: GBs Zugehfrau in der neuen Wohnung Arnswaldtstr. 3. (Am 3.1.36 schreibt GB an Elinor Büller: »Als Aufwartung habe ich Frl. Hoppe die ihre ausgespannt, die lange bei ihr war. Kleiner Proletarierfloh, 30 Jahre, Mann bei Hanomag Arbeiter, keine Kinder. Soweit sich sich bisher zeigt, sehr sauber, tüchtig, schnell u. intelligent.«)

257
Hannover 18.1.1936. Hs., 1 Bl., 17 x 25,9 cm, im Hochformat beidseitig beschr. Unveröff.

Hamlet-Premiere: Vgl. Nr. 255.
Marthl u Yella: Vgl. Anm. zu Nr. 28 u. 81.
Das Ganske-Milieu: Bezieht sich auf den Juristen Dr. Horst G. (geb. 1905), der damals als Geschäftsführer verschiedener Kartelle tätig war. Er gehörte zu den Mitbegründern des Kabaretts »Die Katakombe«und war mit vielen Schauspielern befreundet, u.a. mit Werner Finck, Rudolf Platte und Curd Jürgens.

258
Hannover 19.1.1936. Hs., 1 Doppelbl., 14,8 x 21 cm, die 1. u. 3. S. im Hochformat, die 2. im Querformat beschr. Unveröff.

»Henker, Frauen u Soldaten«: Film (Bavaria), 1935. Regie: Johannes Meyer, Buch: Max Kimmich, Jakob Geis nach dem Roman *Ein Mannsbild namens Prack* von Friedrich Reck-Malleczewen; mit Hans Albers, Charlott Susa, Jack Trevor, Ernst Dumcke.
der Hans: H. Albers (vgl. Anm. zu Nr. 28).
Charlott Susa: Schauspielerin, brillierte vorwiegend als Salondame.
die Frau: die Zugehfrau Schild (vgl. Anm. zu Nr. 256).

259
Hannover 23.1.1936 Hs., 1 Bl., 11,4 x 18,4 cm, im Hochformat einseitig beschr. Unveröff.

260
Hannover 25.1.1936. Hs., 1 Bl., 10,4 x 15,1 cm, im Hochformat beidseitig beschr. Unveröff.

Hamlet: Vgl. Nr. 255.
Yella: Vgl. Anm. zu Nr. 81.

261
Hannover 28.1.1936 (Poststempel). Hs., 1 Postkarte, 10,4 x 14,7 cm, im Hochformat einseitig beschr. Unveröff.

Hamlet: Vgl. Nr. 255.
Von der Galerie Mans-[feld?]: Vgl. Nr. 254 u. 273.

262
Hannover 29.1.1936. Hs., 1 Bl., 20,9 x 29,6 cm, im Hochformat einseitig beschr. Unveröff.

Hofer: Der Maler Karl H. (1878–1955), der nach langen Auslandsaufenthalten in Berlin lebte, wo er 1920–1934 an der Hochschule für Bildende Künste gelehrt hatte, war wie GB Mitglied der Preußischen Akademie (Ausschluß 1.7.1938 durch Erlaß des Reichsmin. f. Wissenschaft, Forschung u. Volksbildung, zus. Mit O. Kokoschka u. a.). 1934 war er seines Lehramtes enthoben und mit Arbeitsverbot belegt worden. GB nennt ihn zu Anfang seines Aufsatzes *Expressionismus* (Erstveröff. in der *Deutschen Zukunft* v. 5.11.1933 u. d. T. *Bekenntnis zum E.)* in der Reihe der Künstler, mit denen er die Internationalität des expressionistischen Stils belegt, außerdem in Kap. II *Leier und Schwert* von *Doppelleben* als einen der Künstler von Rang, die nach 1933 nicht emigriert waren, und schließlich in seinem Vortrag *Altern als Problem für Künstler* (Wiesbaden 1954) in einer Aufzählung von Malern, die ein hohes Alter erreichten.
Zu dem erwähnten Bild berichtet der Buchhändler und Benn-Sammler Fritz Werner, Freiburg, folgendes:
»Meine Frau, damals noch Frl. Margot Galow, war 1936 um die Zeit der Veröffentlichung des Artikels im *Schwarzen Korps* in Hannover, die Familie eines befreundeten Arztes zu malen. Mit einem Gruß von mir rief sie Benn an und wurde an zwei Abenden zu ihm eingeladen. Im Zimmer entdeckte sie das Bild von Carl Hofer und fragte Benn: ›Das ist doch ein Hofer.‹ Benn bejahte es und setzte dazu: ›Ich bin durch meine Stellung verpflichtet, oft hohe Offiziere zu mir einzuladen. Einer sah sich dieses Bild lange an und fragte nach dem Maler. Ich sagte wohl Hofer, aber er hatte Hodler verstanden und fing in höchsten Tönen an von Hodlers Malerei zu schwärmen.‹ Auf die Frage meiner Frau: ›Was haben Sie da gesagt?‹ die knappe Antwort Benns: ›Nichts, es lohnte sich nicht.‹« (Brief vom 6.11.1984.)

263
Hannover 31.1.1936. Hs., 2 Bl., 11,4 x 18,4 cm, im Hochformat die 1. u. 3. S. beschr. Unveröff.

Leni-Riefenstahl-Film von der Wehrmacht: Die Filmschauspielerin

und -regisseurin L. (Helene) R. (geb. 1902) hatte 1933 und 1934 die Propagandafilme über die Reichsparteitage in Nürnberg *Sieg des Glaubens* und *Triumph des Willens* gestaltet. Der Film *Tag der Freiheit – Unsere Wehrmacht* entstand 1935, laut Bandmann/Hembus, *Klassiker des deutschen Tonfilms 1930–1960* (München 1980) auf Beschwerde der Wehrmacht, weil diese nicht in den Filmen über die Reichsparteitage vertreten war.
»Der höhere Befehl«: 1936. Regie: Gerhard Lamprecht; mit Karl Ludwig Diehl, Lil Dagover, Gerhard Dammann.
Diehl: Der Theater- und Filmschauspieler Karl Ludwig (Hermann) D. (1896–1958) hatte nach der Ausbildung an der Max-Reinhardt-Schule und Zwischenstationen an den Münchner Kammerspielen und am Staatstheater München gespielt. Nach der Übersiedlung nach Berlin begann er auch zu filmen und wurde bald ein außerordentlich beliebter Darsteller. Zu seinen erfolgreichsten Filmen gehören *Zwei in einem Auto* (1932), *Ein idealer Gatte* (1935), *Der Schritt vom Wege* (1939), *Annelie* (1941), *Des Teufels General* (1954).

264
Hannover 1. 2. 1936. Hs., 1 Doppelbl., 16,5 x 21 cm, die 1. u. 3. S. im Hochformat, die 2. im Querformat beschr. Im Original führen von dem Einschub »(seit 3 Tagen)« zwei Pfeile zu »esse vegetarisch« und zu »keinen Alkohol«, ein dritter von dem Zusatz »das seit je« zu »bin ein Heiliger«. Unveröff.

Lili Breda: Die mit GB liierte Schauspielerin hatte sich unter dramatischen Umständen das Leben genommen.
Auerbachs Keller: Frühstücks-Stube, Bier- u Wein Restaurant (Inh. Franz Gab, Gitschiner Str. 107/Berliner Adreßbuch von 1935).
Reiss: Vgl. Anm. zu Nr. 4.
Frau Schild: Vgl. Anm. zu Nr. 256.
Herr Oelze: Vgl. Anm. zu Nr. 169.

265
Hannover 3. 2. 1936. Hs., 1 Bl., 21,1 x 32,8 cm, im Hochformat einseitig beschr. Unveröff.

R.[eiss]: Vgl. Nr. 264.
im Kasten: renommiertes Hotel in H. »... heute habe ich mich mal zu *Kasten* getraut. Giebt auch Bier dort«, schreibt GB am 5. 5. 1935 an Elinor Büller. »... Das Ganze in Aufmachung sehr exklusiv.«

266
Hannover 5. 2. 1936. Hs., 1 Bl., 21,1 x 32,5 cm, im Hochformat einseitig beschr. Unveröff.

ins Mellini-Theater: Vgl. Anm. zu Nr. 166.
Kolbenheyer: Vgl. Anm. zu Nr. 256.
R.[eiss]: Vgl. Nr. 264 u. 265.
Krauß: Der Schauspieler Werner K. (1884–1959) war 1913 zu Max Reinhardt nach Berlin gekommen und hatte früh eine neue antinaturalistische, zur knappsten Form drängende Darstellungsweise geprägt. GB erwähnt ihn in seinem Aufsatz *Paris* (1925).
die Bard: die Schauspielerin Maria B. († 1944), die zweite Frau von Werner Krauß (s. o.).
Nach dem Schweizer Vorfall: Am 4. 2. 1936 war Wilhelm Gustloff, der Leiter der NSDAP.-Landesgruppe Schweiz, in Davos von Jugoslawen erschossen worden.

267
Hannover 6. 2. 1936. Hs., 1 Doppelbl., 16,4 x 21 cm, im Hochformat die 1. u. 3. S. beschr. Unveröff.

in dem Kolbeheyerschen Stück: *Jagt ihn – ein Mensch* von Ernst Guido K. (vgl. Nr. 266 sowie FWO, Nr. 65, wo sich teilweise derselbe Wortlaut findet).

268
Hannover 8. 2. 1936. Hs., 1 Bl., 11,6 x 18,4 cm, im Hochformat beidseitig beschr. Unveröff.

das Buch, das ich P. schenkte: William Faulkner, *Light in August*, 1934 (dt. 1935). Vgl. Nr. 236. An Elinor Büller schreibt GB am 4. 4. 1937: »*Faulkner* – ja, es ist sonderbar. Ich habe ihn außer Dir, meines Erinnerns, noch 2 Leuten zum Lesen gegeben, bezw. empfohlen: Herrn Oelze u. Pamel. Wed. Beide wollten nichts von ihm wissen.«
»Victoria« von Hamsun als Film: 1935. Regie: Carl Hoffmann; Buch: Robert A. Stemmle nach dem Roman von Knut H.; mit Luise Ullrich, Mathias Wieman u. a. Am 7. 2. 1936 schreibt GB an Elinor Büller: »Man freut sich, daß es zwei Deutsche sind, die etwas so Zartes u. Schwebendes machen können etwas so Unlärmendes, Ungrobes, Unordinäres.«
die Ullrich: Luise U. (1911–1985) war zunächst als Bühnenschauspielerin bekannt geworden, später auch als Film- und Fernsehdarstellerin.
Wieman: Mathias W. (1902–1969) wirkte als Schauspieler vor allem in Berlin und Zürich, war auch Darsteller in vielen Filmen (u. a. *Viktoria, Paracelsus, Königliche Hoheit, Träumerei*).
Mein General: Vgl. Anm. zu Nr. 102.
Frau Schild: Vgl. Anm. zu Nr. 256.

269
Hannover 10. 2. 1936. Hs., 1 Bl., 11,5 x 17,4 cm, im Hochformat beidseitig beschr. Unveröff.

dieser Klamauk aus Garmisch: Vom 6.–16. 2. 1936 fanden in Garmisch-Partenkirchen die IV. Olympischen Winterspiele statt. Die deutsche Mannschaft erreichte mit 3 Gold- und 3 Silbermedaillen ihren bislang größten Erfolg bei Winterspielen.

270
Hannover, vermutl. 13. 2. 1936. Hs., 1 Bl., 20,8 x 29,6 cm, im Hochformat einseitig beschr. Unveröff.

271
Hannover 14. 2. 1936. Hs., 1 Doppelbl., 14,8 x 20,8 cm, im Hochformat die 1. S. beschr. Unveröff.

272
Hannover 15. 2. 1936. Hs., 1 Postkarte, 10,4 x 14,7 cm, im Hochformat einseitig beschr. Unveröff.

Wie gehn die Proben?: TW hatte die Rolle der Mutter in Gerhart Hauptmanns Drama *Michael Kramer* (1900) übernommen. Die Hauptrolle spielte Paul Wegener (vgl. Anm. zu Nr. 275).
Frau Knüpffer: die Schauspielerin Paula K.

273
Hannover 17. 2. 1936. Hs., 1 Bl., 11,5 x 17,4 cm, im Hochformat beidseitig beschr. Unveröff.

diese elende Galerie: Vgl. Nr. 254 u. 261. Die schwankende Erwähnung von Galerie Mansfeld bzw. Matthiesen ist wohl mit einem Irrtum GBs zu erklären, denn im *Berliner Adreßbuch* 1937 ist eine Galerie Matthiesen verzeichnet, nicht aber eine namens Mansfeld.

274
Hannover 19. 2. 1936. Hs., 1 Doppelbl., 14,9 x 20,8 cm, die 1. S. im Hochformat beschr. Unveröff.

was spielst Du für eine Rolle: Vgl. Anm. zu Nr. 272.
in der Saarlandstraße: Gemeint ist das Theater in der Saarlandstr., Berlin.

275
Hannover 22. 2. 1936. Hs., 1 Bl., 11,5 x 17,4 cm, im Hochformat einseitig beschr. Unveröff.

Frau Kramer: Vgl. Anm. zu Nr. 272.
Sauer: Der Schauspieler Oscar S. (1856–1918) war seit 1897 eines der führenden Mitglieder des Deutschen Theaters Berlin.
Wegener: Der Theater- und Filmschauspieler und Regisseur Paul W. (1874–1948) war 1901 an Max Reinhardts Deutsches Theater gekommen und zählte dort bald zu den stärksten Charakterdarstellern. Mit Albert Bassermann steht er am Beginn der künstlerischen Entwicklung des deutschen Stummfilms. (Vgl. Anm. zu Nr. 272).
Klöpfer: Vgl. Anm. zu Nr. 200.)

276
Hannover 24. 2. 1936. Hs., 1 Doppelbl., 16,4 x 21 cm, im Hochformat die 1. u. 3. S. beschr. Unveröff.

ein schwaches Stück: Vgl. Anm. zu Nr. 272.
im Zoo bei den blöden Tieren: Vgl. Nr. 86.
Anbei 10 M. für Nele: Vgl. Anm. zu Nr. 130.

277
Hannover 26. 2. 1936. Hs., 1 Doppelbl., 32,9 x 21,1 cm, im Hochformat die 1. S. beschr. Unveröff.

Hals- u Beinbruch für Premiere: Vgl. Anm. zu Nr. 272.
Sendung an N.[ele]: Vgl. Anm. zu Nr. 130.

278
Hannover 27. 2. 1936. Hs., 1 Bl., 11,6 x 17,4 cm, im Hochformat einseitig beschr. Unveröff.
über die Premiere: Vgl. Anm. zu Nr. 272.
Fahre gegen Mittag: GB war zu einem mehrtägigen Kurs nach Kassel kommandiert (vgl. Nr. 280, 281 u. 282).

279
Hannover 1. 3. 1936. Hs., 1 Doppelbl., 10,4 x 16,4 cm, im Hochformat die 1. u. 3. S. beschr. Unveröff.

gratuliere zu dem großen Erfolg: Vgl. Anm. zu Nr. 272.
Der V.[ölkische] B.[eobachter]: Das nationalsozialistische Blatt war 1920 von der NSDAP. als Zentralorgan erworben worden und erschien seit dem 8. 2. 1923 als Tageszeitung mit mehreren Ausgaben.
Bliebe lieber hier: Vgl. Anm. zu Nr. 278.

280
Kassel 2. 3. 1936. Hs., 1 Bl., 22,4 x 29,2 cm, im Hochformat einseitig beschr. Unveröff.

281
Kassel 3. 3. 1936 (Poststempel). Hs., 1 Ansichtspostkarte (Kassel-Wilhelmshöhe. Herkules), 8,9 x 14,1 cm, der Raum f. d. Text im Hochformat beschr. Unveröff.

Interessanter Kurs: Vgl. Anm. zu Nr. 278.

282
Kassel 5. 3. 1936 (Poststempel). 1 Postkarte, 10,6 x 14,7 cm, der Raum f. d. Text im Hochformat beschr. Unveröff.

Herr Birgel: Vgl. Nr. 255.

283
Hannover 7. 3. 1936. Hs., 1 Doppelbl., 10,4 x 16,4 cm, im Hochformat die 1. S. beschr. Unveröff.

die Ereignisse: Am 7. 3. 1936 kündigte das Deutsche Reich den Locarno-Vertrag und stellte durch vertragswidrige Besetzung der entmilitarisierten Zone des Rheinlandes die volle militärische Souveränität wieder her.

284
Hannover 9. 3. 1936. Hs., 1 farbige Ansichtspostkarte (Kolding – Jernbanegade), 8,8 x 13,6 cm, die ganze Rückseite im Hochformat beschr. Unveröff.

Schöne Lage: Vgl. Nr. 283.
M.[ichael] K.[ramer]: Vgl. Anm. zu Nr. 272.

285
Hannover, vermutl. 10. 3. 1936. Hs., 1 Postkarte, 10,4 x 14,6 cm, im Hochformat beidseitig beschr. Unveröff.

M.[ichael] K.[ramer]: Vgl. Anm. zu Nr. 272.
Eduard Stucken: Der Schriftsteller war am 9. 3. 1936 gestorben (vgl. Anm. zu Nr. 84).
Dein Schwager: Der mit TWs jüngster Schwester Marthl verheiratete Schauspieler, später auch Regisseur Hans Carl Müller († 1960).
G.[ustaf] G.[ründgens]: Vgl. Anm. zu Nr. 141.

286
Hannover 16. 3. 1936. Hs., 1 Doppelbl., 16,4 x 19,2 cm, im Hochformat die 1.–3. S. beschr. Unveröff.

den Stoff verkaufen: Es gab Interessenten für den Erwerb der Filmrechte an Frank Wedekinds Dramen *Erdgeist* (1895) und

Büchse der Pandora (1901). Die Verhandlungen blieben jedoch erfolglos.
Haensel: Vgl. Anm. zu Nr. 92.
Aenne W[einhöppel]: die dritte Frau des Komponisten Hans Richard W. (vgl. Anm. zu Nr. 120).
Frau Husler: Vgl. Anm. zu Nr. 101.
H.[anns] J.[ohst]: Vgl. Anm. zu Nr. 61.
alle Mitglieder: GB war seit dem 5. 4. 1932 Mitglied der Preußischen Akademie der Künste, Sektion für Dichtkunst.

287
Hannover 20. 3. 1936. Hs., 1 Doppelbl., 16,4 x 20,9 cm, im Hochformat die 1. u. 3. S. beschr. Unveröff.

Aenne W.[einköppel]: Vgl. Anm. zu Nr. 120.
Mich.[ael] Kramer: Vgl. Anm. zu Nr. 272.

288
Hannover 23. 3. 1936. Hs., 1 Postkarte, 14,7 x 10,4 cm, im Hochformat beidseitig beschr. (auch der Raum f. d. Anschrift). Unveröff.

289
Hannover 25. 3. 1936. Hs., 1 Bl., 20,9 x 32,8 cm, im Hochformat einseitig beschr. Unveröff.

Sende doch bitte: Vgl. Anm. zu Nr. 130.

290
Hannover 28. 3. 1936. Hs., 1 Doppelbl., 10,4 x 16,5 cm, im Hochformat die 1. u. 3. S. beschr. Unveröff.

Guten Wahlsonntag: Mit der Nichtigkeitserklärung des Locarno-Vertrages durch Hitler und den Einmarsch der deutschen Wehrmacht in die entmilitarisierte Zone des Rheinlandes am 7. 3. 1936 wurde der Reichstag aufgelöst; Neuwahlen wurden ausgeschrieben, wobei die Wähler am 29. 3. jedoch nur ein Ja oder Nein ankreuzen durften. Nach einer gewaltigen Propagandakampagne sanktionierten 99 % der Wähler Hitlers Politik.
Dank für Kolding: TW hatte wie schon mehrfach zuvor Devisen an GBs Tochter Nele nach Dänemark geschickt (vgl. Anm. zu Nr. 151).

291
Hannover 31. 3. 1936. Hs., 1 Doppelbl., 21 x 19,7 cm, die 1. u. 3. S. im Hochformat, die 2. im Querformat beschr. Unveröff.

292
Hannover 1. 4. 1936. Hs., 1 Bl., 16,5 x 20,8 cm, im Hochformat einseitig beschr. Unveröff.

293
Hannover 7. 4. 1936. Hs., 1 Doppelbl., 10,4 x 19,9 cm, im Hochformat die 1. u. 3. S. beschr. Unveröff.

Gute Besserung: Bei einem Besuch in H. hatte TW, die gelegentlich schon früher unter Gallenbeschwerden zu leiden gehabt hatte, am 5. 4. einen akuten Anfall erlitten. GB hatte eine Krankenschwester engagiert, die sie im Hotel betreute.

294
Hannover 9. 4. 1936. Hs., 1 Bl., 16,9 x 25,9 cm, im Hochformat einseitig beschr. Unveröff.

Noch im Bett: Vgl. Anm. zu Nr. 293.
»Kurier des Zaren«: *Der K. d. Z.* (Richard Eichberg-Film-Les Prod. J. N. Ermolieff), 1936. Regie: Richard Eichberg, Buch: Hans Kyer nach dem Roman von Jules Verne; mit Adolf Wohlbrück, Maria Andergast, Lucie Höflich, Hilde Hildebrand, Theo Lingen.
Wohlbrück: Vgl. Anm. zu Nr. 200.

295
Hannover 10. 4. 1936. Hs., 1 Doppelbl., 14,2 x 22,4 cm, im Hochformat die 1. S. beschr. Unveröff.

in Nenndorf: Bad N., Gemeinde im Kreis Gfsch. Schaumburg, Niedersachsen, am N-Ende des bewaldeten Deisters, hat starke Schwefelquellen, Sole und Schlammbäder, die gegen rheumatische Leiden, Gicht, Ischias und Katarrhe der Atmungsorgane gebraucht werden.

296
Hannover 11. 4. 1936., Hs., 2 Bl., 17 x 25,9 cm, im Hochformat die 1. u. 3. S. beschr. Unveröff.

ohne Schmerzen: Vgl. Anm. zu Nr. 293.
Marthl: Vgl. Anm. zu Nr. 28.
»Traviata«: Oper in drei Akten von Giuseppe Verdi. Text nach Alexander Dumas d. J. von Francesco Maria Piave (Urauff. Venedig 1853).
Nenndorf: Vgl. Anm. zu Nr. 295.

297
Hannover 13. 4. 1936. Hs., 1 Bl., 17 x 25,9 cm, im Hochformat beidseitig beschr. Unveröff.

im Albersfilm: *Savoy Hotel 217* (Ufa, 1936). Regie: Gustav Ucicky; mit Brigitte Horney, René Deltgen u. a. (Zu Hans Albers vgl. Anm. zu Nr. 28.)
Eine zweite Paula Wessely: Die Schauspielerin P.W. (geb. 1907) hatte 1932 in Berlin mit der Titelrolle in Gerhart Hauptmanns *Rose Bernd* ihren Durchbruch erzielt und war 1934 durch Willi Forst auch zum Film gekommen.
Bist gelb: Vgl. Anm. zu Nr. 293.

298
Hannover 15. 4. 1936. Hs., 1 Bl., 17 x 25,9 cm, im Hochformat einseitig beschr. Unveröff.

einen neuen Anfall: Vgl. Anm. zu Nr. 293.
vom Großherzog von Baden: Die Deutsche Allgemeine Zeitung hatte in ihrer Osterbeilage (*Unser Osterspaziergang*) v. 12. 4. 36 eine Kurzgeschichte von KW mit dem Titel *Der Herzog von Baden* veröffentlicht.
In Traviata: Vgl. Nr. 296.
Else: GBs früheres Dienstmädchen in Berlin.

299
Hannover 17. 4. 1936 (Poststempel). Hs., 1 Ansichtspostkarte (Arcachon, Côté d'Argent – Le Casino Mauresque), 13,8 x 8,7 cm, der Raum f. d. Text im Hochformat beschr. Unveröff.

In A.: Die im franz. Département Gironde gelegene Stadt Arcachon ist bekannt als Thermalbad und Winterkurort. Die Bucht von A. ist der Mittelpunkt der französischen Austernkultur. GB erwähnt diese Reise in Kap. VII *Noch einiges Private* (entst. 1949) von *Doppelleben*, künstlerisch verarbeitet ist sie in dem *Bordeaux* überschriebenen Abschnitt aus dem 1944 entst. *Roman des Phänotyp* (in dem Band *Der Ptolemäer*, Wiesbaden 1949).

300
Hannover 18. 4. 1936. Hs., 1 Bl., 17 x 25,9 cm, im Hochformat einseitig beschr. Unveröff.

Newes: Vgl. Anm. zu Nr. 101.

301
Hannover 19. 4. 1936. Hs., 1 Bl., 17 x 25,9 cm, im Hochformat einseitig beschr. Unveröff.

im Hinblick England – Italien: Bezieht sich auf die internationalen Spannungen wegen des italienischen Feldzuges in Abessinien, des-

sen Ende mit der Evakuierung der Hauptstadt Adis Abeba (20.4.) absehbar wurde. Der abessinische Kaiser Haile Selassi (vgl. Anm. zu Nr. 387) ging ins Exil nach England.
Onkel Christen: Vgl. Anm. zu Nr. 22.

302
Hannover 20.4.1936. Hs., 1 Bl., 17 x 25,9 cm, im Hochformat einseitig beschr. Unveröff.

Fechter: Vgl. Anm. zu Nr. 256.
das kleine Gedichtbuch: Vgl. Anm. zu Nr. 241.

303
Hannover 23.4.1936. Hs., 2 Bl., 17 x 25,9 cm, im Hochformat jeweils einseitig beschr. Unveröff.

wann die Reise losgehn soll: Vgl. Nr. 301.
Wilhelm Raabe: Erzähler (1831–1910).
Wilhelm Busch: Maler, Zeichner und Dichter (1832–1908). Zusammen mit Reuter und Fontane bezeichnet GB in dem Aufsatz *Strömungen* (erstmals veröff. 1949) sowohl Busch wie Raabe als deutsche »Lokallieblinge«.
Ina Seidel: Schriftstellerin (1885–1974). GB richtete an sie eine Reihe sehr schöner Briefe, insbes. in den für ihn politisch so wichtigen Jahren 1933–1935. I. S. gehörte zu den wenigen, denen er von seinem Wiedereintritt in die Armee Kenntnis gab.
Was macht Galle: Vgl. Anm. zu Nr. 293.
bei Lulu: Dr. med. L. Goldhaber (vgl. Anm. zu Nr. 52). Sie behandelte TW wegen deren Gallenbeschwerden (vgl. *Traum*, S. 89).

304
Hannover 25.4.1936. Hs., 1 Bl., 17 x 25,9 cm, im Hochformat einseitig beschr. Unveröff.

Wo ich in Hamburg wohne: GB traf sich vom 1.–3. Mai in H. mit seiner Tochter Nele; am 2. war sein 50. Geb.

305
Hannover 25.4.1936. Hs., 1 Briefkarte, 8,8 x 11,3 cm, im Hochformat beidseitig beschr. Unveröff.

»Heißes Blut«: Ufa, 1936. Regie: Georg Jacoby, Buch: Rudo Ritter u. L. A. C. Müller; mit Marika Rökk.
Marthl: Vgl. Anm. zu Nr. 28.
Franzl: Vgl. Anm. zu Nr. 73.
Diese Newes: TW war eine geb. Newes.

306
Hannover 27. 4. 1936. Hs., 1 Bl., 17 x 25,9 cm, im Hochformat einseitig beschr. Unveröff.

Der »Querschnitt«: Die 1921 von dem Kunsthändler Alfred Flechtheim (1878–1937) in Düsseldorf als Galeriejahrbuch gegr. Zeitschrift erschien von 1923 an als Monatsschrift, 1922–1931 hrsg. von W. v. Wedderkop, später von V. Winter und E. F. v. Gordon; im Okt. 1936 erloschen. In den Jahren 1923–1928 waren mehrfach Gedichte und Prosatexte von GB im *Q.* erschienen. Das Gedicht *Die hyperämischen Reiche* trägt die Widmung »für Alfred Flechtheim, dem durch die Äonen strahlenden Gründer des ›Querschnitts‹ zum 50. Geburtstag«. Es erschien zuerst im *Querschnitt* VIII, 3 (1928), S. 194.
Falckenberg: Otto F. (1873–1947), Mitgründer des Kabaretts »Elf Scharfrichter«, 1916–1944 Leiter der »Münchner Kammerspiele«. Aus avantgardistisch-expressionistischen Anfängen führte er seine Bühne zu Programmen des poetischen Theaters. Er hatte sich früh für Frank Wedekind eingesetzt, und TW hatte vielfach unter seiner Regie gespielt.

307
Hannover 29. 4. 1936. Hs., 1 Bl., 17 x 25,9 cm, im Hochformat einseitig beschr. Unveröff.

Las im B.[erliner] T.[ageblatt]: Die Abend-Ausgabe des Blattes vom 25. 4. (65, 197) hatte auf der Seite *Kunst und Unterhaltung* einen mit H. Jh. gezeichneten Artikel mit der Überschrift *Der Intendant* gebracht.
Herb.[ert] Ihering: Der Publizist H. I. (auch Jhering), 1888–1977, war zunächst Theaterkritiker, dann Dramaturg, von 1919 an Feuilletonredakteur des Berliner *Börsen-Couriers* bis zu dessen Einstellung 1934; seit 1936 war er Besetzungschef bei der Tobis.
G.[ustaf] Gr.[ündgen]s' Rückkehr: Der obenerwähnte Artikel im *Berliner Tageblatt* preist in Manier einer Laudatio die G. G. »in seltener Verbindung« eigenen »künstlerischen und organisatorischen Fähigkeiten« als Bühnenleiter. Anlaß war G. G.s Rückkehr von »einem längeren Krankheitsurlaub«. Dieser Krankheitsurlaub hatte eine Vorgeschichte: Am 21. 1. 1936 hatte G. G. am Staatstheater Berlin in der Premiere von *Hamlet* von Shakespeare die Titelrolle gespielt. Wenige Wochen nach der Premiere brachte der *Völkische Beobachter* einen Angriff gegen seine als bewußt antifaschistische Interpretation abgewertete Darstellung. G. G. stellte daraufhin sein Amt zur Verfügung und fuhr zu Freunden in die Schweiz. Bereits am nächsten Tag bat ihn Göring als Oberster Chef der Preußischen Staatstheater

um Rückkehr zu seinen Bedingungen. Nach einem Gespräch mit Göring, zu dem G. G. unter der Zusicherung freien Geleits nach Berlin zurückgekehrt war und an dessen Ende er sich Bedenkzeit erbeten hatte, wurde er mit durch Boten überbrachtem Brief Görings zum Preußischen Staatsrat ernannt. Diese Ernennung bedeutete für ihn praktisch die Immunität gegenüber allen politischen Angriffen. (Nach Alfred Mühr, *Mephisto ohne Maske. Gustaf Gründgens. Legende und Wahrheit,* München, Wien 1981.)

308
Hannover 30.4.1936. Hs., 1 Bl., 17 x 25,9 cm, im Hochformat einseitig beschr. Unveröff.

mit zu Nele: Vgl. Anm. zu Nr. 304.

309
Im W.-Nachlaß der Monacensia findet sich die Seite *Kunst und Unterhaltung* der Abendausgabe des *Berliner Tageblatts* vom 30.4.36 (65, 205) mit dem Aufsatz *Der Fünfzigjährige. Gottfried Benns Gedichte* von Erich Pfeiffer-Belli. Am linken Rand quer die mit Rotstift handschriftlich geschriebene Bemerkung von GB.

310
Hamburg 2.5.1936. Hs., 1 Ansichtspostkarte (Hamburg – Alsterlust), 14,7 x 10,4 cm, der Raum f. d. Text im Hochformat beschr. Unveröff.

alles nett u reizend: Vgl. Anm. zu Nr. 304.

311
Hannover 4.5.1936. Hs., 2 Bl., 17 x 25,9 cm, im Hochformat jeweils einseitig beschr. Unveröff.

Von Johst: Vgl. Anm. zu Nr. 61.
Von der Dichterakademie: Am 2.5. war GB 50 Jahre alt geworden. Er war seit April 1932 Mitglied der Preußischen Akademie der Künste, Sektion für Dichtkunst.
Frau Wolf: die Besitzerin des Weinhauses W. (vgl. Anm. zu Nr. 188). GB führt sie als Dialogpartnerin ein in dem Prosastück *Weinhaus Wolf*.
Yella: Vgl. Anm. zu Nr. 81.

312
Bad Harzburg 5.5.1936. Hs., 1 Ansichtspostkarte (Bad Harzburg – Kasino), 13,9 x 8,9 cm, der Raum f. d. Text im Querformat beschr. Unveröff.

313
Hannover 7. 5. 1936. Hs., 1 Bl., 16,9 x 26 cm, im Hochformat einseitig beschr. Unveröff.

Lulu: Dr. L. Goldhaber (vgl. Anm. zu Nr. 303).
Was soll man zu G.[ustaf] G.[ründgens] sagen??: Der Schausp. und Intendant G. G. (vgl. Anm. zu Nr. 141) war zum Staatsrat ernannt worden. Dem 1933 eingesetzten Preußischen Staatsrat, der eine alte preußische Tradition weiterführen sollte, gehörten neben Ministern, Staatssekretären und hohen nationalsozialistischen Parteiführern auch Vertreter von Kunst und Wissenschaft an; im Gegensatz zur Funktion der ihm vorangegangenen Gremien hatte er nur beratende Aufgaben und blieb ohne praktische Bedeutung. Der Ernennung von G. ging eine Auseinandersetzung mit Göring voraus (vgl. Nr. 307).

314
Hannover 8. 5. 1936. Hs., 1 Bl., 16,9 x 26 cm, im Hochformat einseitig beschr. *Traum*, S. 93 f.

schlimme Pöbelei: In der Nr. v. 7. 5. 1936 hatte die SS-Zeitschrift *Das Schwarze Korps* einen anonymen Artikel mit der Überschrift *Der Selbsterreger* gebracht, in dem GB auf massivste Weise angegriffen und beschimpft wurde (vgl. seine Darstellung in Kap. II *Leier und Schwert* von *Doppelleben*).

315
Hannover 9. 5. 1936. Hs., 1 Bl., 16,9 x 26 cm, im Hochformat beidseitig beschr. *Traum*, S. 94.

die Sache aus dem »Schwarzen Korps«: Vgl. Nr. 314. Der *Völkische Beobachter* hatte in seiner Nr. vom 8. 5. 1936 in einer kurzen Zusammenfassung den Angriff des *Schwarzen Korps* übernommen.
H.[anns] J.[ohst]: Vgl. Anm. zu Nr. 61.

316
Hannover 10. 5. 1936. Hs., 3 Bl., 22,4 x 28,3 cm, im Hochformat jeweils einseitig beschr. *Traum*, S. 95 f.

dieses Lausepack: Bezieht sich auf die gegen GB gerichteten Angriffe in den nazistischen Blättern *Das Schwarze Korps* (Nr. v. 7. 5. 36) und *Völkischer Beobachter* (Nr. v. 8. 5. 36). Vgl. Nr. 314 und 315.
J.[ohst]: Vgl. Anm. zu Nr. 61.
Ro.[senberg]: der nationalsozialistische Ideologe Alfred R. (1893–1946); er war durch Dietrich Eckart zur NSDAP. gekommen und seit 1923 Hauptschriftleiter des *Völkischen Beobachters*. Obwohl er zu den führenden Propagandisten des Nationalsozialismus gehörte (1930 erschien sein *Mythus des 20. Jahrhunderts*), gewann er poli-

tisch keinen dem von G. Strasser oder J. Goebbels vergleichbaren Einfluß. Seit 1933 Reichsleiter, stand er an der Spitze des »Außenpolitischen Amtes« der NSDAP. und war seit 1934 zugleich »Beauftragter des Führers« für die Überwachung der gesamten geistigen und weltanschaulichen Schulung und Erziehung der NSDAP. 1946 verurteilte ihn das Internationale Militärtribunal in Nürnberg zum Tode.
die führende Schriftstellergilde: GB wollte mit dieser Bemerkung wohl eine Gruppe von Schriftstellern charakterisieren, die sich (mit Ausnahme von Emil Strauß) der NS-Ideologie angepaßt hatten.
Strauß: Emil St. (1866–1960), war zunächst Landwirt, Kolonist und Leiter eines Knabeninternats in Brasilien, 1911–1915 in Hellerau. Sein Schülerroman *Freund Hein* (1902) eröffnete eine lange Reihe psychologischer Romane um die Tragik des Kindes.
Kolbenheyer: Vgl. Anm. zu Nr. 256.
Schäfer: Wilhelm S. (1868–1952) schrieb Sagen, Geschichten, Dramen, Romane und Erzählungen. Als sein Hauptwerk betrachtete er *Die dreizehn Bücher der deutschen Seele* (1922). 1941 erhielt er den Goethepreis der Stadt Frankfurt.
Münchhausen: der Lyriker Börries Frhr. v. M. (1874–1945), Erneuerer der dt. Balladendichtung. M. gab den Anlaß für Benns »Ariernachweis« zu Beginn von *Lebensweg eines Intellektualisten* (s. u.).
Blunck: Hans Friedrich B. (1888–1961), der am 8. 6. 1933 Benn als kommissarischen Leiter der Sektion für Dichtkunst in der Preußischen Akademie der Künste abgelöst hatte, war 1933–1935 Präsident der Reichsschrifttumskammer. Bekannt wurde u. a. sein Roman *König Geiserich* (1936).
meinen Berl.[iner] Bekannten: Prof. Walther Kittel (1887–1971), Chef des Stabes der Heeressanitätsinspektion. In dem Kapitel *Leier und Schwert* von *Doppelleben* stattete Benn später seinen Dank an Prof. K. ab.
Presse-Aufsätze: Unter andern brachten die *Deutsche Zukunft* in ihrer Nr. IV, 18 (*Der 50jährige Gottfried Benn*, von Paul Fechter), die *Berliner Börsenzeitung* vom 2. 5. (*Heroischer Nihilismus. Zum 50. Geburtstag G. Benns*, von Frank Maraun), das *Stuttgarter Neue Tageblatt* vom 2. 5. (*Gottfried Benn. Zum 50. Geburtstag des Dichters*, von M. W.), das *Berliner Tageblatt* vom 1. 5. (*Der Fünfzigjährige. Gottfried Benns Gedichte*, von Erich Pfeiffer-Belli) und die *Neue Basler Zeitung* vom 2. 5. (*Gottfried Benn 50 jährig*, von wg.) Aufsätze zum 50. Geburtstag Benns.
sogar die »Germania«: Die *G. Zeitung für das Deutsche Volk*, Berlin, war ein Organ des Zentrums und ersch. v. 1. 1. 1871–31. 12. 1938. In ihrer Ausgabe vom 2. 5. hatte sie einen Artikel von Alfred Schelzig mit d. T. *Gottfried Benn. Zum 50. Geburtstag des Dichters* veröffentlicht.

die Hegemann-sache: Im Anschluß an die *Rede auf Heinrich Mann*, die Benn zum 60. Geburtstag H. M.s auf dem Bankett des Schutzverbandes Deutscher Schriftsteller am 28. 3. 1931 gehalten und die tags darauf die *Vossische Zeitung* gedruckt hatte, entwickelte sich eine heftige Polemik. Der sozialkritisch engagierte Architekt und Stadtplaner Werner Hegemann machte sich zum Wortführer derer, die gegen Benns Deutung der Gestalt H. M.s, die den politischen Aktivisten außer acht ließ, protestierten, und griff GB in diffamierender Weise öffentlich an, zunächst mit einem Artikel im *Tagebuch* vom 11. 4. 1931 u. d. T. *Heinrich Mann? Hitler? Gottfried Benn? oder Goethe?* Benn erwiderte mit dem Aufsatz *Eine Geburtstagsrede und die Folgen*, den die *Vossische Zeitung* in ihrer Nr. 88 vom 16. 4. 1931 veröffentlichte. Er erklärte darin, der Präsident des Schutzverbandes A. Eloesser habe ihn gebeten, die Rede zu halten, und zwar »als Dichter über einen Dichter«. Hegemann publizierte daraufhin noch eine Glosse u. d. T. *Benns Geburtstagsrede und die Folgen* (*Das Tagebuch* vom 25. 4. 1931).
die beiden Münchhausenskandale: Börries Freiherr v. M. (s. o.) hatte GB in einem Aufsatz *Die neue Dichtung* für den *Deutschen Almanach* des Reclam-Verlags, Leipzig 1933, zusammen mit den übrigen Expressionisten unter die »Deserteure, Zuchthäusler und Verbrecher ... von zuchtloser Unanständigkeit« eingereiht. GB spricht von dieser Attacke in dem Essy *Expressionismus* (Erstveröff. in der *Deutschen Zukunft* vom 5. 11. 1933 u. d. T. *Bekenntnis zum Expressionismus*) und erwähnt sie auch in einem Brief an F. W. Oelze (FWO, Nr. 8). 1934 lehnte v. M. in einem offenen Brief den Eintritt in die Union nationaler Schriftsteller ab, da ihr Benn als »reinblütiger Jude« angehöre. Als Antwort auf diesen Brief schrieb GB eine Art »genealogischer Rechtfertigung« zu Anfang von Kap. I *Die Erbmasse* von *Lebensweg eines Intellektualisten*. Ein Vorabdruck dieses Kap. erschien in der *Deutschen Zukunft* vom 30. 6. 1934 u. d. T. *Ahnenschwierigkeiten*.
Herr Werner Deubel: Der Schriftsteller W. D. (1894–1949) hatte GB in einem Brief an die Zeitschr. *Wille zum Reich* in diffamierender Absicht als Juden bezeichnet.
Krach mit den Marxisten: Die Schriftsteller Johannes R. Becher (1891–1958) und Egon Kisch (1885–1948) waren unter Protest aus dem Redaktionskomitee der von Gerhart Pohl (1902–1966) hrsg. *Neuen Bücherschau* ausgetreten, weil sie empört waren über den Aufsatz *Gottfried Benns Prosa* von Max Herrmann-Neiße (1886–1941), den P. im Juli 1929 in seiner Zeitschrift gedruckt hatte. P. verteidigte seine Auffassung, daß es grundsätzliche Unterschiede zwischen Literatur und Politik gebe und man Dichter nicht schmähen dürfe, »nur weil sie keine Sozialisten sind«, in einem Brief an B. und

K. mit der Überschrift *Über die Rolle des Schriftstellers in dieser Zeit* (*Die neue Bücherschau*, VII ‹1929›, 9). Kisch griff nun GB unmittelbar an und bediente sich dabei derselben Überschrift wie P. in seinem Brief (*Die neue Bücherschau*, VII ‹1929›, 9). GB entgegnete im Oktoberheft der Zs. gleichfalls unter demselben Titel (*Die neue Bücherschau*, VII ‹1929›, 10).
G.[ustaf G.[ründgens]: Vgl. Anm. zu Nr. 141.

317
Hannover 11. 5. 1936. Hs., 1 Bl., 22,4 x 28,3 cm, im Hochformat einseitig beschr. Unveröff.

J.[ohst] hat nichts ... hören lassen: Vgl. Nr. 315.
der Artikel im S.[chwarzen] K.[orps]: Vgl. Anm. zu Nr. 314.

318
Göttingen 13. 5. 1936. Hs., 1 Ansichtspostkarte (Göttingen – Gänselieselbrunnen), 9 x 14 cm, der Raum f. d. Text im Querformat beschr. Unveröff.

319
Hannover 14. 5. 1936. Hs., 2 Bl., 22,4 x 28,3 cm, im Hochformat jeweils einseitig beschr. *Traum*, S. 96 f.

Das Schwarze Korps: Vgl. Anm. zu Nr. 314.
Overgaards: Vgl. Anm. zu Nr. 22.

320
Hannover 16. 5. 1936. Hs., 1 Bl., 22,4 x 28,2 cm, im Hochformat einseitig beschr. *Traum*, S. 97.

in der bewußten Sache: Vgl. Nr. 315 sowie FWO, Nr. 75.
J.[ohst]: Vgl. ebd.
Marthl: Vgl. Anm. zu Nr. 28.

321
Hannover 18. 5. 1936. Hs., 1 Ansichtspostkarte (Chinesische Dschunke vor Hongkong), 14,7 x 10,5 cm, der Raum f. d. Text im Querformat beschr. Unveröff.

322
Bad Pyrmont 19. 5. 1936. Hs., 1 Ansichtspostkarte (Bad Pyrmont – Im Palmengarten), 14 x 8,9 cm, der Raum f. d. Text im Querformat beschr. Unveröff.

323
Hannover 20. 5. 1936. Hs., 1 Bl., 22,4 x 28,2 cm, im Hochformat einseitig beschr. Unveröff.

324
Hannover 21. 5. 1936. Hs., 1 Bl., 22,4 x 28,2 cm, im Hochformat beidseitig beschr. *Traum*, S. 98.

den Mann im R.[eichs]Kr.[iegs]M.[inisterium]: Prof. Walther Kittel (vgl. Anm. zu Nr. 316).
In der Sache: Vgl. Nr. 315.
Ina Seidel: Vgl. Anm. zu Nr. 303. I. S. publizierte bei der Deutschen Verlagsanstalt, Stuttgart und Berlin, die in jenen Jahren auch GBs Verlag war (*Der neue Staat und die Intellektuellen*, 1933, *Kunst und Macht*, 1934, *Ausgewählte Gedichte*, 1936).
Johst: Vgl. Nr. 61.
Marthl: Vgl. Anm. zu Nr. 28.
Yella ... tut mir so leid: TWs Schwägerin (vgl. Anm. zu Nr. 81) hatte einen Autounfall gehabt, bei dem sie mit der Stirn in die Windschutzscheibe gefallen war.

325
Hannover 23. 5. 1936. Hs., 1 Briefkarte, 8,8 x 11,3 cm, im Hochformat beidseitig beschr. Unveröff.

326
Hannover 26. 5. 1936. Hs., 1 Bl., 22,4 x 28,2 cm, im Hochformat einseitig beschr. *Traum*, S. 99.

327
Hannover 27. 5. 1936. Hs., 1 Bl., 22,4 x 28,2 cm, im Hochformat beidseitig beschr. Unveröff.

Marthl: Vgl. Nr. 324.
Newes: Bezieht sich auf TWs Bruder Karl und seine Frau Gabriele (vgl. Anm. zu Nr. 101).
von meiner jüngsten Schwester: Edith Benn (geb. 1901).

328
Hannover 29. 5. 1936. Hs., 1 Doppelbl., 14,8 x 20,8 cm, die 1. u. 3. S. im Hochformat, die 2. im Querformat beschr. Unveröff.

von dem Herrn aus dem R.[eichs] Kr.[iegs] M.[inisterium]: Prof. Walther Kittel (vgl. Anm. zu Nr. 316).

meine Schwester: Vgl. Anm. zu Nr. 327.
Dr. Pagel: Dr. Karl P. (geb. 1898), war seit dem 1. 9. 1924 für die Deutsche Verlagsanstalt tätig; vom 1. 10. 1933–31. 12. 1945 war er Leiter der Berliner Zweigstelle des Verlags.

329
Hannover 1. 6. 1936. Hs., 1 Bl., 22,4 x 28,2 cm, im Hochformat einseitig beschr. Unveröff.

330
Hannover 3. 6. 1936. Hs., 1 Doppelbl., 14 x 22,2 cm, die 1., 3. und 4. S. im Hochformat, die 2. im Querformat beschr. Unveröff.

etwas aus der Sache mit meiner Schwester: Vgl. Nr. 327.
E.[rich] R.[eiss]: Vgl. Anm. zu Nr. 4.

331
Hannover 6. 6. 1936. Hs., 1 Bl., 22,4 x 28,2 cm, im Hochformat einseitig beschr. *Traum*, S. 99.

Ich warte auf Antwort: Vgl. Nr. 327 und 330.
von meiner Schwägerin: Dr. Adele, genannt Ada Stübel, geb. Osterloh (1886–1979).
Dänin zu werden: Vgl. Anm. zu Nr. 22.
E.[rich] R.[eiss]: Vgl. Nr. 330.

332
Hannover 7. 6. 1936. Hs., 1 Bl., 22,4 x 28,2 cm, im Hochformat einseitig beschr. Unveröff.

E.[rich] R.[eiss]: Vgl. Anm. zu Nr. 4.
Herr Oelze: Vgl. Anm. zu Nr. 169.

333
Hannover 9. 6. 1936. Hs., 2 Bl., 22,4 x 28,2 cm, im Hochformat jeweils einseitig beschr. Unveröff.

Bonsels willst Du heiraten: Zu B. vgl. Anm. zu Nr. 222.
die Liesel W.: L. Wiltschek, die Frau des TW befreundeten Galeristen Rudi W.
Oelze: Vgl. Nr. 332.
Mein Verlag: zu jener Zeit die Deutsche Verlagsanstalt, Stuttgart und Berlin.
die »Deutsche Zukunft«: in Berlin erscheinende Wochenzeitung für Politik, Wirtschaft und Kultur. Hrsg. von Paul Fechter u. Fritz Klein.

Jg. 1, Okt. 1933 – Jg. 7, Juni 1940; wichtiges deutschnationales Blatt, aufgegangen in: *Das Reich*.
ihre Tante Bally: Martina B. (1893–1965), eine Kusine von Edith Benn, geb. Osterloh. Sie hatte als junges Mädchen GB und seine Frau in Berlin besucht; die dabei entstandene innige Freundschaft erhielt sich über Jahrzehnte. Obwohl Schweizerin, lebte M. B. lange Zeit in Paris, wo ihr Heim stets allen jungen Verwandten offenstand. Sie starb in Zürich.
Meine Schwägerin aus Mainz: Vgl. Anm. zu Nr. 331.

334
Hannover 11. 6. 1936. Hs., 2 Bl., 22,4 x 28,2 cm, im Hochformat jeweils einseitig beschr. Unveröff.

Mit Oelze war es nett: Vgl. Nr. 332.
Weinhaus Wolf: Vgl. Anm. zu Nr. 188.
Liesel Wiltscheks Mann: Vgl. Anm. zu Nr. 333.
die reizende L.: ebd.
Frau Knüpffer: Vgl. Anm. zu Nr. 272.
von dem Berl.[iner] Professor keine Antwort: Vgl. Nr. 327 und 331.

335
Hannover 13. 6. 1936. Hs., 1 Doppelbl., 11,1 x 14 cm, im Hochformat die 1. u. 3. S. beschr. Unveröff.

Herr Maraun: Früherer Nom de guerre des Film-, Literatur- und Theaterkritikers Erwin Goelz (1903–1981). G. war von 1924–1948 (mit Kriegsunterbrechung) in Berlin tätig: Regie-Assistenz bei Piscator an der Volksbühne und Filmdramaturgie nebst Nachwuchspflege. Persönliche Verbindung zu GB bestand seit 1925.
zu Kröpcke: Vgl. Nr. 83.

336
Hannover 15. 6. 1936. Hs., 1 Doppelbl., 14 x 22,3 cm, im Hochformat die 1. u. 3. S. beschr. Unveröff.

Herrn Maraun: Vgl. Anm. zu Nr. 335.
bei Kröpcke: Vgl. Nr. 83.

337
Hannover 16. 6. 1936., Hs., 1 Doppelbl., 14,85 x 20,95 cm, im Hochformat die 1. u. 3. S. beschr. Unveröff.

die Koffer sind gepackt: TW fuhr zur Erholung in ein Sanatorium in Südtirol (vgl. Nr. 336).
von dem Augenprofessor endlich Antwort: Vgl. Nr. 331, 333 und 334.

338
Hannover 17. 6. 1936. Hs., 1 Bl., 14,1 x 22,2 cm, im Hochformat einseitig beschr. Unveröff.

gute Reise: Vgl. Anm. zu Nr. 337.

339
Hannover 19. 6. 1936. Hs., 1 Bl., 14 x 22,2 cm, im Hochformat einseitig beschr. Unveröff.

zu Kröpcke: Vgl. Nr. 83.
Stadthalle: Vgl. Anm. zu Nr. 118.

340
Hannover 22. 6. 1936. Hs., 1 Doppelbl., 14 x 22,2 cm, im Hochformat die 1. u. 3. S. beschr. Unveröff.

Wie hoch ist es?: TW war zur Erholung in ein Sanatorium in Südtirol gefahren (vgl. Nr. 336).
E.[rich] R.[eiss]: Vgl. Anm. zu Nr. 4.

341
Hannover 27. 6. 1936. Hs., 1 Doppelbl., 14 x 22,2 cm, im Hochformat die 1. u. 3. s. beschr. Unveröff.

bei Herrn Pagel: Vgl. Anm. zu Nr. 328.
ein Interview bei ... dem Augenarzt: Bezieht sich auf die Erkrankung von GBs jüngster Schwester an Pigmentatrophie der Netzhaut (vgl. Nr. 327 und 330).

342
Hannover 1. 7. 1936. Hs., 1 Doppelbl., 11,2 x 14,2 cm, im Hochformat die 1. S. beschr. Unveröff.

Kraus: Der Schriftsteller Karl K. (1874–1936), berühmt vor allem durch seine Zeitung *Die Fackel* sowie durch sein dramatisches Hauptwerk *Die letzten Tage der Menschheit* (1. Fassung 1918/19 als Sonderheft der *Fackel*, Buchausg. Wien 1922), war am 12. 6. in Wien gestorben.
Poelzig: Der Architekt Hans P. (1869–1936), war am 14. 6. gestorben. Sein Werk markiert die Mitte zwischen konservativer Bauauffassung, Expressionismus und internationalem Stil. Zu seinen Hauptwerken gehören u. a. das Große Schauspielhaus, Berlin (1919), das Festspielhaus, Salzburg (Entwurf, 1920/21), Verwaltung I. G. Farben, Frankfurt a. M. (1929/30).

343
Hannover 5. 7. 1936. Hs., 1 Doppelbl., 11,2 x 14,2 cm, die 1. u. 3. S. im Hochformat, die 2. im Querformat beschr. Unveröff.

344
Hannover 11. 7. 1936. Hs., 1 Doppelbl., 14,2 x 22,4 cm, im Hochformat die 1. S. beschr. Unveröff.

Amor u. Psyche: Amor ist der lat. Name für Eros, Sohn des Ares und der Aphrodite, den Gott der Liebe, der den Griechen als Verkörperung einer lebensbeherrschenden Macht galt. Ausgesandt, die Königstochter Psyche, die Personifikation der menschlichen Seele, zu verderben, verliebte er sich in sie und entführte sie im Schlaf. Nachdem P. durch ihre Neugier E. zunächst verloren hatte, belohnte schließlich Zeus Ausdauer und Liebe der beiden mit ihrer endgültigen Vereinigung.
Was sagst Du zu Österreich?: Am 11.7. 1936 wurde zwischen Deutschland und Österreich ein Abkommen »zur Wiederherstellung freundschaftlicher Beziehungen« geschlossen. Formal war es ein Nichteinmischungspakt, der jedoch durch seine Konditionen praktisch dem Eindringen des nationalsozialistischen Gedankenguts in Österreich die Tür öffnete.

345
Hannover 15. 7. 1936. Hs., 1 Doppelbl., 14,2 x 22,45 cm, im Hochformat die 1. S. beschr. Unveröff.

erhole Dich: Vgl. Anm. zu Nr. 340.

346
Hannover 18. 7. 1936. Hs., 1 Doppelbl., 14,2 x 22,4 cm, im Hochformat die 1. S. beschr. Unveröff.

Psyche: Vgl. Nr. 344.
Gute Heimreise: Vgl. Anm. zu Nr. 340.
Böcklins Toteninsel: Der Schweizer Maler Arnold B. (1827–1901) hatte bei einem seiner langjährigen Aufenthalte in Italien eine Reihe von Bildern gemalt, die sowohl Begeisterung wie Ablehnung auslösten, darunter die *Toteninsel* (4 Fassungen, 1882). Bei den Bäumen auf diesem Bild handelt es sich in Wahrheit um Zypressen. »Der weiten Ferne antwortet das nahsichtige Felseiland, das sich dem Zugang trotz der einladenden Treppenstufen durch Dunkel verschließt. Dem gelagerten Felsmassiv mit den Grabkammern antworten die senkrechten Wipfel der in den Himmel ragenden Zypressen.« (Rolf Andree, *Arnold Böcklin. Die Gemälde*, Basel u. München 1977.)

347
Hannover 26.7.1936. Hs., 1 Doppelbl., 14,2 x 22,45 cm, im Hochformat die 1. S. beschr. Unveröff.

Willkommen im Vaterlande: TW hatte einige Zeit in einem Sanatorium in Südtirol verbracht (vgl. Nr. 336).

348
Hannover 28. 7. 1936. Hs., 1 Doppelbl., 14,2 x 22,4 cm, die 1. u. 3. S. im Hochformat, die 2. im Querformat beschr. Unveröff.

Lili Breda: Vgl. Anm. zu Nr. 264.
Elinor Büller: Die Schauspielerin E. B. (1886–1944) stand GB in den Jahren 1929–1937 sehr nahe. Aus der Zeit ihrer Verbindung haben sich rund 200 Briefe GBs an sie erhalten, von denen einige bereits in dem Band *Den Traum alleine tragen* publiziert sind. Eine Gesamtveröffentlichung ist in Vorbereitung.
Marthchen: Vermutlich Martina Bally (vgl. Anm. zu Nr. 333).
Frau Hindemith: Vgl. Anm. zu Nr. 22.
Meine beiden Musikfreundinnen: die Klaviervirtuosin Else C. Kraus und die Sängerin Alice Schuster, die GB seit 1926 kannte.

349
Hannover 30. 7. 1936. Hs., 1 Doppelbl., 14,2 x 22,4 cm, im Hochformat die 1. u. 3. S. beschr. Unveröff.

350
Hannover 31. 7. 1936. Hs., 1 Doppelbl., 14 x 22,2 cm, im Hochformat die 1. S. beschr. Unveröff.

351
Hannover 3. 8. 1936. Hs., 1 Bl., 12,7 x 19,6 cm, im Hochformat einseitig beschr. Unveröff.

352
Hannover 3. 8. 1936. Hs., 1 Postkarte, 10,4 x 14,7 cm, die Vorderseite im Hochformat beschr. Unveröff.

353
Malente-Gremsmühlen 4. 8. 1936. Hs., 1 Postkarte, 10,4 x 14,7 cm, die Vorderseite im Hochformat beschr. Unveröff.

354
Malente-Gremsmühlen 6. 8. 1936. Hs., 1 Ansichtspostkarte (Plön), 9 x 14,1 cm der Raum f. d. Text im Querformat beschr. Unveröff.

355
Malente-Gremsmühlen 7. 8. 1936. Hs., 2 Bl., 12,7 x 19,6 cm, im Hochformat jeweils einseitig beschr. Unveröff.

356
Malente-Gremsmühlen 9. 8. 1936. Hs., 1 Bl., 12,7 x 19,6 cm, im Hochformat einseitig beschr. Unveröff.

357
Malente-Gremsmühlen 11. 8. 1936. Hs., 1 Ansichtspostkarte (Spezial-Auto- u. Wanderkarte durch die Holsteinische Schweiz), 9 x 13,9 cm, der Raum f. d. Text im Querformat beschr. Unveröff.

358
Malente-Gremsmühlen 13. 8. 1936. Hs., 2 Bl., 12,7 x 19,6 cm, im Hochformat jeweils einseitig beschr. Unveröff.

Lulu: Vgl. Anm. zu Nr. 303.
Else H.: Vermutlich Else Reinhardt-Heims (1878–1958), die erste Frau von Max R. und selbst eine bekannte Schauspielerin (vgl. Anm. zu Nr. 449).
Abschrift eines sehr üblen Briefes: Unter dem Datum des 4. 8. 36 hatte auf einem Kopfbogen »N.S.D.A.P. Der Stellvertreter des Führers Stab Parteiamtliche Prüfungskommission« ein gewisser Hedrich an GBs Verlag geschrieben, der Band Ausgewählte Gedichte dürfe »auf keinen Fall unter Bezugnahme auf den Nationalsozialismus vertrieben« werden. Im Wortlaut heißt es weiter: »Es sind daher Sätze wie: ›Warnender Seher und Führer in eine neue Gemeinschaft‹ usw. bei der Propaganda dieser Schrift völlig unangebracht und zu unterlassen. Die Schrift kann nicht für sich in Anspruch nehmen, den Geist der Bewegung zu vertreten. Man fragt sich beim Durchlesen der Schrift, wie denn der Verleger es eigentlich rechtfertigen will, daß er so völlig überholte Arbeiten heute, im Jahre 1936, glaubt herausbringen zu können. Glaubt er wirklich im Ernst, einen Beitrag zur deutschen Kultur geleistet zu haben? Das müßte dann als ein bedenkliches Zeichen seines Verstehens des neuen Wollens, wie es sich im Nationalsozialismus verkörpert, betrachtet werden. Ich ersuche um Stellungnahme und Angabe über die Höhe der vorhandenen Auflage. Heil Hitler! gez. Hedrich«
Der Brief wurde von Karl Pagel (vgl. Anm. zu Nr. 328) in den *Neuen Deutschen Heften*, Bd. 133, Jg. 19 (1972), S. 47 f. veröffentlicht. GB schrieb an P. am 14. 8. 36, seine Meinung sei die, daß ihn »die fragliche Dienststelle *gar nichts*« angehe, und am 20. 8. 36: »Kunst und Kultur sind zwei verschiedene Dinge. Ein Künstler liefert nicht Kul-

turdinge, sondern er macht Kunst. Viele berühmte Werke der deutschen Dichtung würden unter dem Gesichtspunkt ihres Kulturwerts äußerst fragwürdig erscheinen.« Vgl. auch FWO, Nr. 91.
vom Stellvertr.[eter] d.[es] F.[ührers]: Rudolf Heß (geb. 1894) war seit dem 21. 4. 1933 Stellvertreter Hitlers als Parteiführer. Der genannte Brief stammt jedoch nicht von H. persönlich, sondern von dem Leiter einer der ihm unterstellten Abteilungen (s. o.).
Johst: Vgl. Anm. zu Nr. 61 sowie Nr. 315.

359
Malente-Gremsmühlen 15. 8. 1936. Hs., 1 Bl., 12,7 x 19,6 cm, im Hochformat einseitig beschr. Unveröff.

eine sehr schlimme Nachricht: TW hatte erneut eine Gallenkolik erlitten und auf Anraten der behandelnden Ärztin ein Krankenhaus aufgesucht. (Vgl. TW in *Traum*, S. 89.)

360
Berlin, vermutl. 22. 8. 1936. Hs., 1 Bl., 10,5 x 15,2 cm, im Hochformat einseitig beschr. Unveröff.

Wir gehn zu Yella: Vgl. Anm. zu Nr. 362.

361
Berlin, vermutl. 23. 8. 1936. Hs., 1 Doppelbl., 14,8 x 21 cm, die 1. S. im Hochformat beschr. Unveröff.

Fahre deprimiert ab: GB hatte TW im Krankenhaus besucht (vgl. Anm. zu Nr. 359).

362
Hannover 25. 8. 1936. Hs., 1 Doppelbl., 14,2 x 22,5 cm, die 1. u. 3. S. im Hochformat beschr. Unveröff.

bei Jella: TWs Schwägerin Gabriele, gen. Jella oder Yella Newes, hatte GB nach seinem Besuch bei TW im Krankenhaus zum Essen eingeladen (vgl. TW in *Traum*, S. 89).
Schwester Anni: Nach der Rückkehr aus der Klinik (vgl. Anm. zu Nr. 359) hatte TW für die Zeit der Rekonvaleszenz eine Krankenpflegerin engagiert.

363
Hannover 27. 8. 1936. Hs., 1 Doppelbl., 16,4 x 20,9 cm, die 1. u. 3. S. im Hochformat beschr. Unveröff.

Frl Dr. G.: Dr. Lulu Goldhaber (vgl. Anm. zu Nr. 303).

364
Hannover 28. 8. 1936. Hs., 1 Doppelbl., 16,4 x 20,9 cm, die 1. u. 3. S. im Hochformat beschr. Unveröff.

Wozzeck: Woyzeck ist die Hauptfigur von Georg Büchners (1813–1837) gleichnamigem Drama. Er ersticht die ungetreue Braut mit einem Messer und ertrinkt halb freiwillig, halb unfreiwillig, als er das Blut in einem Teich beim Tatort abwaschen will.
Jella: Vgl. Anm. zu Nr. 81.

365
Hannover 29. 8. 1936. Hs., 1 Doppelbl., 16,4 x 21 cm, die 1. u. 3. S. im Hochformat beschr. Unveröff.

Prof. v. B.: Gustav v. Bergmann (1878–1955), Ordinarius f. Innere Medizin in Marburg, Frankfurt a. M., Berlin u. München. Sein Vater war der berühmte Chirurg Ernst v. B.
Schwester Anni: Vgl. Anm. zu Nr. 362.

366
Hannover 31. 8. 1936. Hs., 1 Doppelbl., 10,4 x 16,3 cm, die 1. u. 3. S. im Hochformat beschr. Unveröff.

Prof. Kalk: Der Berliner Internist Heinz K. (geb. 1895) war nach seiner Assistentenzeit Chef am Städt. Krankenhaus Kassel und hatte später eine eigene Klinik für Leber- und Gallenleiden in Bad Kissingen. Er galt als Nestor der deutschen Leberspezialisten.
v. B.: Vgl. Anm. zu Nr. 365.
Dr. L. G.: Vgl. Anm. zu Nr. 303.

367
Hannover 1. 9. 1936. Hs., 1 Doppelbl., 10,5 x 16,4 cm, die 1. u. 3. S. im Hochformat beschr. Unveröff.

Prof. K.: Vgl. Anm. zu Nr. 366.
Dr. G.: Vgl. Anm. zu Nr. 303.

368
Hannover 2. 9. 1936. Hs., 1 Doppelbl., 10,4 x 16,8 cm, die 1. u. 3. S. im Hochformat, die 2. im Querformat beschr. Unveröff.

Dr. L. G.: Vgl. Anm. zu Nr. 303.
E.[rich] R.[eiss]: Vgl. Anm. zu Nr. 4.
Herr Oelze: Vgl. Anm. zu Nr. 169.
Schwester Anni: Vgl. Anm. zu Nr. 362.

369
Hannover 3. 9. 1936. Hs., 1 Ansichtspostkarte (Strandhotel Nordseebad Duhnen), 9 x 14,2 cm, die gesamte Rückseite im Hochformat beschr. Vom Wort Dies führt ein hs. Pfeil zum gedruckten Werbetext des Hotels. Unveröff.

370
Hannover 5. 9. 1936. Hs., 1 Doppelbl., 10,4 x 16,4 cm, die 1. u. 3. S. im Hochformat, die 2. im Querformat beschr. Unveröff.

Grabbe: Der Dram. Christian Dietrich G. (1801–1836) begann im Stil des Sturm und Drang. In seiner Lit.- und Zeitsatire *Scherz, Satire, Ironie und tiefere Bedeutung* nahm er das surrealistische Theater der Moderne vorweg. GB nennt ihn in seinem Essay *Das Genieproblem* sowie in dem Aufsatz *Genie und Gesundheit* unter den Genies, die Trinker waren »mit der erklärten Absicht des Rauschs«.
Yella: Vgl. Anm. zu Nr. 81.

371
Hannover 6. 9. 1936. Hs., 1 Doppelbl., 16,4 x 20,9 cm, die 1. u. 3. S. im Hochformat beschr. Unveröff.

schon wieder ein neuer Angriff: Wahrscheinlich bezieht sich GB hier auf den Artikel von Walter Hausen *Vom Aufbruch zum Druchbruch. Neue Zielsetzungen und Wertungen in der Deutschen Kunst des Dritten Reiches* aus dem *S. A. Mann* vom 29. 8. 36 (F. 35, S. 9). Er war primär gegen die Bildende Kunst des Expressionismus gerichtet und enthielt den Satz: »Nach solchen widerwärtigen Gedichtproben, die mit den übelsten Schmierereien eines Gottfried Benn, Kurt Tucholsky, Ernst Toller u. a. auf gleicher Stufe stehen (angeprangert war das Gedicht *Jungfrau* von Lothar Schreyer), versteht man wohl unsere Bemühungen, das nationalsozialistische Kulturleben von derartigen oberflächlich gleichgeschalteten Elementen gründlich zu säubern.«
Nolde: Die Kunst des Malers und Grafikers Emil N. (1867–1956) wurde nach 1933 als »entartet« erklärt, und er erhielt Malverbot. GB nennt N. gemeinsam mit Barlach zu Beginn seines Essays *Expressionismus*, in dem er den neuen Machthabern gegenüber den Expressionismus als große europäische Kunstbewegung verteidigt (Erstveröff. in der *Deutschen Zukunft* v. 5. 11. 1933 u. d. T. *Bekenntnis zum Expressionismus*.
Hofer: Vgl. Anm. zu Nr. 262.
Pechstein: Vgl. Anm. zu Nr. 256.
mein Verlag: Vgl. Anm. zu Nr. 333.

372
Hannover 8. 9. 1936. Hs., 1 Doppelbl., 16,4 x 20,9 cm, die 1. u. 3. S. im Hochformat beschr. Unveröff.

Kröpcke: Vgl. Nr. 83.
Lulu: Dr. med. Goldhaber (vgl. Anm. zu Nr. 303).
bei Wolf: Vgl. Anm. zu Nr. 188.

373
Hannover 10. 9. 1936. Hs., 2 Bl., 13,8 x 21,8 cm, jeweils einseitig beschr. Unveröff.

374
Hannover 12. 9. 1936. Hs., 1 Doppelbl., 10,4 x 16,4 cm, die 1. u. 3. S. im Hochformat beschr. Unveröff.

Hoffentlich platzt die Bombe nicht: Bezieht sich vermutlich auf die Sitzungen des von 29 europäischen Staaten gebildeten Nichteinmischungsausschusses »Spanischer Bürgerkrieg« in London, deren erste am 9. Sept. stattgefunden hatte. In Sp. herrschte seit dem Militärputsch rechtsgerichteter Kreise in Spanisch-Nordafrika vom 18. 7. 1936 Bürgerkrieg.
Lulu Goldh.[aber]: Vgl. Anm. zu Nr. 303.

375
Hannover 13. 9. 1936. Hs., 1 Doppelbl., 10,5 x 16,4 cm, die 1. u. 3. S. im Hochformat beschr. Unveröff.

Frl. Bally: Martina B. (vgl. Anm. zu Nr. 333).
»Inkognito«: Ufa, 1936. Regie: Richard Schneider-Edenkoben, Buch: Richard Schneider-Edenkoben, nach einem Ms. von Harald B. Bratt); mit Gustav Fröhlich, Hansi Knoteck, Hans Leibelt, Ernst Waldow, Hans Richter, Erich Fiedler.
Frau Husler: Vgl. Anm. zu Nr. 101.

376
Hannover 15. 9. 1936. Hs., 1 Bl., 21 x 32,8 cm, im Hochformat einseitig beschr. Unveröff.
»Gemeinschaftsempfang«: Während des Dritten Reiches war Nürnberg die »Stadt der Reichsparteitage«. Auf den Reichsparteitagen pflegte Hitler programmatische Reden zu halten. Der von Behörden verfügte und von Betrieben teilweise »freiwillig« angebotene sog. Gemeinschaftsempfang solcher im Rundfunk übertragenen Reden war ein Trick der Nazis, viele Menschen zum Anhören dieser Reden zu veranlassen, weil sie sich gezwungen oder zumindest unter Druck gesetzt fühlten.

Herr Oelze: Vgl. Anm. zu Nr. 169.
Lulu: Vgl. Anm. zu Nr. 303.

377
Hannover 16. 9. 1936. Hs., 1 Bl., 16,4 x 21 cm, im Hochformat einseitig beschr. Unveröff.

Strindberg: Johan August S., der bedeutendste Dichter der modernen schwedischen Literatur (1849–1912). GB nennt ihn unter den klinisch schizophrenen Genies in dem Aufsatz *Genie und Gesundheit* und in dem Essay *Das Genieproblem* und erwähnt ihn u. a. in dem Vortrag *Altern als Problem für Künstler* als Beispiel für die Unvereinbarkeit von abendländischer Kunst und Konformismus. Im *Roman des Phänotyp* stellt er den Gegensatz auf: »Auf der einen Seite die progressive Zerebralisation, der Vorstoß eines Gestalt werdenden Gehirnwesens in die Richtung formelhafter Überwelten, auf der anderen Seite Strindberg, Wedekind, Ibsen, Weininger...«
Oelze: Vgl. Anm. zu Nr. 169.
Weinhaus Wolf: Vgl. Anm. zu Nr. 188.

378
Hannover 18. 9. 1936. Hs., Ansichtspostkarte (In einer der königlichen buddhistischen Tempelanlagen in Bangkok), 10,4 x 14,8 cm, die gesamte Rückseite im Hochformat beschr. Unveröff.

Erdgeist: Tragödie in 4 Aufzügen von Frank Wedekind (Erstauff. München 1898).
Oelze: Vgl. Anm. zu Nr. 169.

379
Hannover 19. 9. 1936. Hs., 1 Doppelbl., 10,4 x 16,4 cm, die 1. u. 3. S. im Hochformat, die 2. im Querformat beschr. Unveröff.

in »Schlußakkord«: Vgl. Anm. zu Nr. 92.
Birgel: Vgl. Anm. zu Nr. 255.
Furtwängler: der weltweit gefeierte Dirigent und Komponist Wilhelm F. (1886–1954). GB erwähnt ihn in der vorletzten Strophe seines Gedichts *1886*, das als Kap. VI von *Doppelleben* figuriert.
die Dagover: die Bühnen- und Filmschauspielerin Lil D. (1897–1980). Zu ihren berühmtesten Filmen gehören *Ungarische Rhapsodie* (1928), *Königliche Hoheit* (1953), *Buddenbrooks* (1959).
die Koppenhöfer: Die Schauspielerin Maria K. (1901–1948) war bis 1945 eine der ersten Charakterdarstellerinnen am Staatlichen Schauspielhaus Berlin. Später wirkte sie an den Münchner Kammerspielen. Ihre letzte Rolle war Giraudoux' *Irre von Chaillot*.

Strindberg: Vgl. Anm. zu Nr. 377.
Nietzsche: Der Philosoph Friedrich Wilhelm N. (1844–1900) war für Benns Denken von überragender Bedeutung. Auch in seinem Werk befaßt sich GB immer wieder mit N.s Einfluß auf die abendländische Philosophie und Kunst. Siehe insbes. den Vortrag *Nietzsche – nach fünfzig Jahren*, Wiesbaden 1950, sowie die Gedichte *Turin* I und II.
Weininger: der Philosoph und Psychologe Otto W. (1880–1903). Er entwickelte eine Psychologie der Geschlechter, in der er die These von der seelischen und sittlichen Minderwertigkeit der Frau aufstellte. GB nennt ihn u. a. zu Anfang des Essays *Das Genieproblem* und kurz darauf noch einmal, unter den Genies, die durch Selbstmord endeten; am Ende von *Summa summarum* als eine der exemplarischen Gestalten, die die absolute Sinnlosigkeit von Gemeinschaft belegen, und W.s Buch *Geschlecht und Charakter* (1903) als eines der »Bücher, die mich überall begleiteten, Bücher, mit denen ich alterte« (*Bücher, die lebendig geblieben sind*).
Balzac: Vgl. Anm. zu Nr. 397.
die Tante: Vgl. Anm. zu Nr. 333.

380
Hannover 21. 9. 1936. Hs., 1 Doppelbl., 10,4 x 16,4 cm, die 1. u. 3. S. im Hochformat, die 2. im Querformat beschr. Unveröff.

G.[ustaf] G[ründgens]: Vgl. Anm. zu Nr. 141.
eines der Bilder: Laut Aussage der Familie kann es sich nur um Bilder aus Carl Sternheims Sammlung handeln. St. war damals in Brüssel in bedrängten finanziellen Verhältnissen.

381
Hannover 23. 9. 1936. Hs., 1 Doppelbl., 10,5 x 16,4 cm, im Hochformat die 1. u. 3. S. beschr. Unveröff.

»Schmetterlingsschlacht«: *Die Schmetterlingsschlacht*, Komödie in 4 Akten von Hermann Sudermann (Urauff. 1894).

382
Hannover 24. 9. 1936. Hs., 1 Doppelbl., 10,5 x 16,4 cm, die 1. u. 3. S. im Hochformat, die 2. u. 4. im Querformat beschr. Unveröff.

Flake: Der Schriftsteller Otto F. (1880–1963) stammte aus dem deutsch-französischen Grenzgebiet (Metz) und wurde durch zahlreiche Essays und Biografien ein Vermittler zwischen beiden Ländern und zugleich ein Vorkämpfer des Europäertums. Zu seinen bekanntesten Büchern gehören *Die junge Monthiver* (1934) und *Fortunat* (1946).

Ehepaar Müller: TWs Schwester Marthl und deren Mann Hans Carl Müller (vgl. Anm. zu Nr. 28).
Rätsel um Beate: Lustspiel in 3 Akten von Alfred Möller u. H. Lorenz (Urauff. 1935).
Lady Windermeres Fächer: Schauspiel in 4 Akten von Oscar Wilde (Urauff. 1892).
Friedel Mumme: Die Schauspielerin F. M. gehörte zum Schauspielensemble der Städtischen Bühnen Hannover.
einen neuen Korpsarzt: der damalige Oberstarzt Hans Mantel (1886–?).

383
Hannover 26. 9. 1936. Hs., 2 Bl., 13,8 x 21,9 cm, im Hochformat jeweils einseitig beschr. Unveröff.

weder Rosi noch Else: Vgl. Nr. 381.
G.[ustaf] G.[ründgens]: Vgl. Anm. zu Nr. 141.
»Rätsel um Beate«: Vgl. Nr. 382.
Friedel: Die Schauspielerin F. Mumme (vgl. Nr. 382).
Schwester Anni: Vgl. Anm. zu Nr. 362.
Frau Schiller: Zugehfrau von TW.
Dr. Erbe: der homöopathische Arzt Willy E. (1878–?).
Lulu: Dr. L. Goldhaber (vgl. Anm. zu Nr. 303).
Mein neuer Vorgesetzter: Vgl. Nr. 382.
zurücketräumen: Anspielung auf Adelbert v. Chamissos (1781–1838) Ballade *Das Schloß Boncourt*, die vertont weithin bekannt wurde (Ich träum' als Kind mich zurücke,/Und schüttle mein greises Haupt). Komp. von Johanna Mathieux (Op. 9) u. F. H. Truhn (Op. 100).

384
Hannover 28. 9. 1936. Hs., 1 Doppelbl., 10,4 x 16,4 cm, im Hochformat die 1. u. 3. S. beschr. Unveröff.

im Gigli-Film »Ave Maria«: Der Sänger Beniamino G. (1890–1957) war nächst Caruso der berühmteste Tenor seiner Zeit. Der Film *Ave Maria* wurde 1936 von der Itala produziert. Regie: Johannes Riemann, Buch: Georg C. Klaren; mit B. G., Käthe v. Nagy, Paul Henckels.
Caruso: Enrico C. (1873–1921) war der glänzendste Operntenor seiner Zeit. In ihm vereinigte sich eine edle, technisch vollendet beherrschte Stimme mit Natürlichkeit des musikalischen Vortrags und starker schauspielerischer Begabung zu seltener Vollkommenheit. GB beschäftigt sich in seinem Werk mehrfach mit C. In Kap. Vb (*Literarisches*) von *Doppelleben* arbeitet er den Gegensatz zwischen C.s kleiner Statur und seiner »wahrhaft arielhaften, arionschönen

Stimme« heraus, und in dem Kap. *Der Glasbläser* aus dem *Roman des Phänotyp* stellt er das Pausenzeremoniell des glanzvollen Tenors der Armseligkeit von Nietzsches Existenz in der Zeit vor seinem Zusammenbruch in Turin gegenüber.
Erbe: Vgl. Anm. zu Nr. 383.

385
Hannover 2.10.1936. Hs., 1 Doppelbl., 14,1 x 22,1 cm, die 1. u. 3. S. im Hochformat, die 2. im Querformat beschr. Unveröff.

der neue Vorgesetzte: Vgl. Nr. 382.
»Von Abends bis Morgen«: *Zwischen Abend und Morgen* (Impérial-Film, 1935, nach dem Bühnenstück v. Claude Farrère u. Lucien Népoty). Regie: Marcel L'Herbier, Buch: Marcel L'Herbier, Charles Spaak; mit Annabella, Victor Francen, Pierre Renoir, Rosine Deréan.
H.[einrich] Mann: Vgl. Anm. zu Nr. 45.
der eigentliche Held: Die männliche Hauptrolle spielte Victor Francen.

386
Hannover 3.10.1936. Hs., 1 Ansichtspostkarte (Malaienkinder auf Java), 14,6 x 10,7 cm, die gesamte Rückseite im Hochformat beschr. Unveröff.

Marthl: Vgl. Anm. zu Nr. 28.

387
Hannover 4.10.1936. Hs., 1 Doppelbl., 12,05 x 17,1 cm, die 1. u. 3. S. im Hochformat, die 2. im Querformat beschr. Unveröff.

Der Negus: Haile Selassie I. (1892–1975), früher Ras Tafari Makonnen, seit einem Staatsstreich 1928 König (Negus), seit 1930 bis zur Abschaffung der Monarchie Kaiser (Negusa Nagast) von Äthiopien. Im Mai 1936 hatte er im Abessinienkonflikt mit Italien sein Land verlassen müssen, in das er erst 1941 mit den britischen Truppen zurückkehrte. Nach dem italienischen Einmarsch in Abessinien 1935 hatte der N. den Völkerbund in Genf angerufen, zu dem er auch von seinem Londoner Exil aus ständige Verbindung hielt.
zum Kameradschaftsabend nach Doorn: Das um 1700 in der vornehmen Wohngemeinde D. in der Provinz Utrecht erbaute Huis te D. war von 1920–1941 der Wohnsitz des Deutschen Kaisers Wilhelm II. (1859–1941) nach seiner Abdankung.
»im Zeichen des Bückeberges«: Am Bückeberg bei Hameln fanden seit 1933 jährlich die »deutschen Erntedankfeste« statt. Dieser Ort wurde vermutlich für die Feste bestimmt, weil sich auf dem Berg Reste germanischer Festungsanlagen befinden.

welches Stück von Hamsun: Der norwegische Nobelpreisträger Knut H. (1859–1952), der mit seinen Romanen Weltruhm erlangte, schrieb auch eine Reihe von Dramen. GB bewunderte H. und erwähnt ihn häufig in seinem Werk (vgl. insbes. *Gruß an K.H. zum 70. Geburtstag* und *Doppelleben*, Kap.V, d: *K.H.: »Auf überwachsenen Pfaden«*). Im Okt. 1936 wurde am Berliner Staatstheater (Schauspielhaus) H.s Stück *An des Reiches Pforten* gespielt.

388
Hannover 6.10.1936. Hs., 1 Bl., 14 x 22,1 cm, im Hochformat beidseitig beschr. Unveröff.

Unordnung u. frühes Leid: Titel einer Novelle von Thomas Mann (1926).
als Arrogantia: in dem Original-Zaubermärchen in 2 Aufzügen *Die gefesselte Phantasie* von Ferdinand Raimund (1790–1836); geschr. 1826, erste Aufführung am Theater in der Leopoldstadt am 8.1.1828.
Hamsun war nie N.[ational]s.[ozialist]: Die Nationalsozialisten hatten mit Erfolg den norwegischen Nobelpreisträger Knut H. (vgl. Anm. zu Nr. 387) für sich reklamiert, nachdem er in den dreißiger Jahren für die nat.soz. Partei Quislings (Nasjonal Samling) eingetreten war.
ein neuer Roman von ihm: *Der Ring schließt sich* (1936).

389
Hannover 8.10.1936. Hs., 1 Doppelbl., 14,1 x 22,1 cm, im Hochformat die 1. u. 3. S. beschr. Unveröff.

Das Stück von Hamsun: Vgl. Anm. zu Nr. 387.
Erbe: Vgl. Anm. zu Nr. 383.
bei Knickmeyer: Vgl. Anm. zu Nr. 136.
Johst – Goebbels: Zu Johst vgl. Anm. zu Nr. 61. Dr. Joseph G. (1897–1945) war seit dem 13. 3. 1933 Reichsminister für Volksaufklärung und Propaganda und beherrschte in dieser Eigenschaft und als Vorsitzender der Reichskulturkammer diktatorisch den Apparat der »öffentlichen Meinung«. GB erwähnt ihn u. a. in Abschn. II seines vermutlich 1943 entstandenen und zuerst 1959 a. d. Nachlaß veröff. Aufsatzes *Zum Thema Geschichte* (*Frankf. Allgemeine Zeitung* v. 11. 7. 1959) sowie in Abschn. III des 1941 entstandenen und erstm. 1949 in dem Band *Ausdruckswelt* veröff. Essay *Kunst und Drittes Reich* und in dem Gedicht *Monolog* (entst. 1941, erstm. veröff. im August 1943 in dem Privatdruck *Zweiundzwanzig Gedichte*).
im »Wahlstatt«: Vgl. Anm. zu Nr. 90.

390
Hannover 10.10.1936. Hs., 1 Bl., 13,8 x 21,9 cm, im Hochformat beidseitig beschr. Unveröff.

Herr Zierold: Dr. Kurt Z. (geb. 1899) war von 1925 an Regierungs-, Oberregierungs- und Ministerialrat im Preußischen Ministerium für Wissenschaft, Kunst und Volksbildung, Berlin. In dieser Funktion war er seit 1932 mit den Referaten Literatur und Film betraut. 1934 wurde Z. Vorsitzender der Reichsanstalt für Film und Bild in Wissenschaft und Unterricht.

391
Hannover, vermutl. 11.10.1936. Hs., 1 Doppelbl., 10,5 x 13,8–14,3 cm (aus einem größeren Blatt schief geschnitten), die 1.–3. S. im Hochformat beschr. Unveröff.

Dr. L.[ulu] G.[oldhaber]: Vgl. Anm. zu Nr. 303.
bei Erbe: Vgl. Anm. zu Nr. 383.

392
Hannover 13.10.1936. Hs., 1 Doppelbl., 16,4 x 21 cm, im Hochformat die 1. u. 3. S. beschr. *Traum,* S. 99 f.

Lulus Krankheitsbericht: Vgl. Anm. zu Nr. 303.
Herr E.[rbe]: Vgl. Anm. zu Nr. 383.
Von der bestimmten Stelle: Zum 50. Geburtstag GBs war der Band *Ausgewählte Gedichte* erschienen. Nach dem Angriff auf Benn im *Schwarzen Korps* vom 7. 7. 36 (vgl. Anm. zu Nr. 314) hatte sich das Reichspropagandaministerium eingeschaltet, zunächst ein Gutachten von der Reichsschrifttumskammer erstellen lassen und schließlich bei der Deutschen Verlags-Anstalt verlangt, daß 5 Gedichte aus dem Band entfernt würden. Zu den 4 hier von GB genannten kam noch *Mann und Frau gehn durch die Krebsbaracke.* Ersetzt wurden sie in der 2. Aufl. durch 7 im Umfang entsprechende Gedichte (*Leben – niederer Wahn, Wer allein ist, Spät im Jahre, Suchst du, Auf deine Lider senk ich Schlummer, Anemone, Einsamer nie*).

393
Hannover 15.10.1936. Hs., 2 Bl., 13,8 x 21,8 cm, im Hochformat jeweils einseitig beschr. *Traum,* S. 100 f.

Z. sagte: Dr. Kurt Zierold (vgl. Anm. zu Nr. 390).
Querschnitt u. Inn.[eres] R.[eich]: Zum *Querschnitt* vgl. Anm. zu Nr. 306. *Das Innere Reich. Zeitschr. f. Dichtung, Kunst und deutsches Leben* erschien von 1934 bis zur 1. Hälfte des Jg. 1944/45, hrsg. von Paul Alverdes und Karl Benno v. Mechow, später von V. Wittner und E. F. v. Gordon, im Verlag Langen/Müller. Eine Zeitschr. der »Inneren Emigration«, als die sie zuweilen apostrophiert wird, »war

sie in einzelnen Beiträgen und Heften, nicht aber als Ganzes«, urteilt Herbert Wiesner in *Innere Emigration. Die innerdeutsche Literatur im Widerstand 1933–1945* (Hermann Kunisch, *Handbuch der deutschen Gegenwartsliteratur*, Bd. II, München ²1970, S. 290 f.).
Der Herr aus Berlin: Dr. Kurt Zierold (vgl. Anm. zu Nr. 390).
R.[udolf] G.[eorg] B.[inding]: Der Schriftsteller R. G. B. (1867–1938) hatte zunächst Jura und Medizin studiert, war Kavallerieoffizier und trat erst mit etwa 40 Jahren als Autor hervor. Berühmt waren vor allem seine Novelle *Opfergang* (1912), die auch verfilmt wurde, und die *Reitvorschrift für eine Geliebte* (1924, erw. 1926). GB erwähnt B. in Kap. II *Leier und Schwert* von *Doppelleben* als eine der »Erscheinungen unbestreitbaren Ranges«, die nach der Machtergreifung durch die Nationalsozialisten in Deutschland geblieben waren.
Bei Kröpcke: Vgl. Nr. 83.
im Grünen Wagen: Vgl. Anm. zu Nr. 177.

394
Hannover 17. 10. 1936. Hs., 1 Bl., 16,9 x 26 cm, im Hochformat beidseitig beschr. Unveröff.

mit der Stellung von Karl: Bezieht sich auf TWs Bruder Karl Newes (vgl. Anm. zu Nr. 145).
Marie Diers: Die Tochter eines Landpastors (1867 – etwa 1952, so *Kürschners Deutscher Literaturkalender*, 52. Jg., 1952) war Lehrerin und schrieb über 50 Bücher, vorwiegend aus der niederdeutschen Kleinstadt- und Bauernwelt.
Marthl: TWs Schwester M. (vgl. Anm. zu Nr. 28) war mit ihrem Mann nach Kassel übersiedelt, wohin er als Schauspieler und Regisseur engagiert war (vgl. Nr. 397).

395
Hannover 18. 10. 1936. Hs., 1 Bl., 16,9 x 26 cm, im Hochformat einseitig beschr. Unveröff.

Den Stevenson: Der englische Erzähler Robert Louis S. (1850–1894) hat den Abenteuerroman neu belebt, indem er ein romantisches Geschehen in eine realistisch gezeichnete Wirklichkeit hineinstellte und in spannender Gedrängtheit erzählte. Am berühmtesten wurden die Erzählungen *Die Schatzinsel, Der seltsame Fall von Dr. Jekyll und Mister Hyde, Der Flaschenkobold* sowie der Roman *Die feindlichen Brüder.* GB erwähnt S. in bezug auf einen Bericht aus der Südsee (S. lebte wegen eines Lungenleidens seit 1888 auf Samoa) in seinem Essay *Irrationalismus und moderne Medizin* (1931).
Schwester Anni: Vgl. Anm. zu Nr. 362.

396
Hannover 20.10.1936. Hs., 1 Bl., 16,9 x 26 cm, im Hochformat einseitig beschr. Unveröff.

der Abschied von der Schwester: Vgl. Anm. zu Nr. 362.
»Glückskinder«: Ufa, 1936. Regie: Paul Martin, Buch: Robert A. Stemmle, Paul Martin, Curt Goetz (Dialoge); mit: Lilian Harvey, Willy Fritsch, Oskar Sima, Paul Bildt.

397
Hannover 22.10.1936. Hs., 1 Bl., 17 x 26,1 cm, im Hochformat beidseitig beschr. Unveröff.

175: Bis zum 10. 5. 1969 war in Deutschland auch die einfache Homosexualität strafbar (§§ 175, 175a StGB).
Herr R. G. B.: Der Schriftsteller Rudolf Georg Binding (vgl. Anm. zu Nr. 393).
»Verlorene Illusion[en]«: der dreiteilige Roman *Illusions perdues* von Honoré de Balzac (1799–1850). Hauptfigur ist Lucien Chardon, der mit dem Buchdrucker David Séchard befreundet ist. GB gibt an vielen Stellen seines Werkes der Bewunderung für B. Ausdruck, am ausführlichsten in dem Essay *Franzosen* (Erstveröff. Wiesbaden 1949 in dem Band *Ausdruckswelt. Essays und Aphorismen*), in dem er schreibt, man könne B. vielleicht den größten Franzosen nennen.
Frau von Hanska: Mit Evelina v. H. Rzewuska, der Frau eines in Rußland begüterten polnischen Adligen, unterhielt Balzac 18 Jahre lang einen durch kurze Begegnungen unterbrochenen Briefwechsel. Wenige Monate vor seinem Tod heiratete er sie.
Also Marthl ist schon wieder in Berlin: Vgl. Nr. 394.
Helds: Freunde, die in Südamerika lebten.

398
Hannover 24.10.1936. Hs., 1 Bl., 16,9 x 26 cm, im Hochformat einseitig beschr. Unveröff.

ohne die Schwester: Vgl. Anm. zu Nr. 362.
Yella: Vgl. Anm. zu Nr. 81.
Marthl: Vgl. Nr. 397.
in der »Dame« Bild von Arrogantia-P.[amela]: Die vierzehntäglich erscheinende Zeitschrift hatte einen Artikel von Walther Kiaulehn mit der Überschrift *Schönheit, die wir meinen* gebracht (2. Okt. H., 1936, S. 7 u. 54–56) und dazu ein Foto von Maria Koppenhöfer (vgl. Anm. zu Nr. 379) und Pamela Wedekind in den Rollen der Vipria und der Arrogantia aus Ferdinand Raimunds *Die gefesselte Phantasie* (vgl. Anm. zu Nr. 388).

Der W. von Hollander: Der Schriftsteller Walther v. H. (1892–1973) schrieb Romane, Essays, Hörspiele und Filmdrehbücher. Bekannt wurde er vor allem als Kolumnist für Ehe- und Familienberatung in der Publikumspresse.

399
Hannover 25.10.1936. Hs., 1 Bl., 16,9 x 26 cm, im Hochformat einseitig beschr. Unveröff.

3 E in Braun: Bezieht sich auf das Gebäck, das TW Benn häufig schickte.
Karl: Vgl. Anm. zu Nr. 145.

400
Hannover 27.10.1936. Hs., 1 Bl., 17 x 26 cm, im Hochformat beidseitig beschr. Unveröff.

ihn ... furchtbar lächerlich zu machen: Die Tatsache, daß bestimmte Formulierungen dieses Briefes wie z. B. »männlicher Schmutz« und »lyrische Tiefe« wörtlich in der Skizze *Rilke* aus dem Zyklus *Figuren* wiederkehren, gibt Anlaß zu der Vermutung, diese Skizze sei früher zu datieren, als es Wellershoff in GW IV tut, der die Entstehungszeit zwischen 1940 und 1945 vermutet.
»Der Ruhm hat keine weißen Flügel«: GB zitiert den Satz in seinem Essay *Franzosen*, von dem Wellershoff vermutet, er sei zwischen 1940 und 1945 entstanden, sowie in dem *Berliner Brief, Juli 1948*.
»Uta von Naumburg«: Schauspiel in 3 Akten von Felix Dhünen (Urauff. 1934).
»die Blaue Mazur«: Operette von Franz Léhar, 1920.

401
Hannover 29.10.1936. Hs., 1 Bl., 16,9 x 26 cm, im Hochformat einseitig beschr. Unveröff.

Frl. Mumme: Vgl. Anm. zu Nr. 382.
die Uta: Vgl. Nr. 400.
Frau Schild: Vgl. Anm. zu Nr. 256.

402
Hannover 31.10.1936. Hs., 1 Bl., 17 x 26,1 cm, im Hochformat beidseitig beschr. Unveröff.

Nach Kassel: Dort lebte seit kurzem TWs Schwester Marthl mit ihrem Mann Hans Carl Müller (vgl. Anm. zu Nr. 394).
bei Karl: Vgl. Anm. zu Nr. 145.
»Mädchen in Weiß«: F. D. F., 1936. Regie: Victor Janson, Buch:

Harald B. Bratt (Nach einer Idee v. W. Spindler u. M. Krüger). In diesem Film debütierte die Sopranistin Maria Cebotari (1910–1949). Später sang sie vor allem an den Staatsopern Dresden, Berlin, Wien sowie bei den Salzburger Festspielen. Weitere Darsteller: Iwan Petrovich, Hilde v. Stolz, Georg Alexander.
Die Dame aus Oranienburg: Die Schriftstellerin Marie Diers (vgl. Anm. zu Nr. 394).

403
Hannover 1. 11. 1936. Hs., 1 Bl., 16,9 x 21 cm, im Hochformat einseitig beschr. Unveröff.

Yella: Vgl. Anm. zu Nr. 81.
Frau Schild: Vgl. Anm. zu Nr. 256.

404
Hannover 3. 11. 1936. Hs., 1 Bl., 17 x 26,1 cm, im Hochformat beidseitig beschr. Unveröff.

Schwester Anni: Vgl. Anm. zu Nr. 362.

405
Hannover 5. 11. 1936. Hs., 1 Bl., 13,8 x 21,9 cm, im Hochformat beidseitig beschr. Unveröff.

Der Oberbürgermeister von H.: Dr. Arthur Menge (1884–1965).
Oelze: Vgl. Anm. zu Nr. 169.
Eures Friedel Str.[indberg] Mutter: Der Journalist u. Schriftsteller Friedrich Strindberg (1897–1978) war ein Halbbruder von P.W. u. K.W. Seine Mutter, die österr. Schriftstellerin Frida Strindberg, geb. Uhl war die Tochter von Friedrich U. und einer Gräfin Neipperg.
Wann reist K.[adidja]?: TWs jüngere Tochter plante einen Aufenthalt in Steinhude.
Das »Innere Reich«: Vgl. Nr. 393.
der »Querschnitt«: Vgl. ebd.

406
Hannover 6. 11. 1936. Hs., 1 Ansichtspostkarte (Im Flugzeug über den Berner Alpen), 10,4 x 14,7 cm, die gesamte Rückseite im Hochformat beschr. Unveröff.

K.[adidja] hat sich bisher nicht gemeldet: TWs jüngere Tochter hielt sich eine Zeitlang in Steinhude auf und wollte von dort aus GB in H. besuchen.

407
Hannover 7.11.1936. Hs., 1 Doppelbl., 10,5 x 16,5 cm, im Hochformat die 1. u. 3. S. beschr. Unveröff.

bei dem alten Jugendfreund: Oberstarzt Hans Mantel (vgl. Nr. 382).

408
Hannover 9.11.1936. Hs., 1 Bl., schräg abgeschnitten, oben 7,3 u. unten 6,9 x 17,5 cm, im Hochformat beidseitig beschr. Unveröff.

Oelze: Vgl. Anm. zu Nr. 169.
Schwester Anni: Vgl. Anm. zu Nr. 362.

409
Hannover 10.11.1936. Hs., 1 Bl., 17 x 26,1 cm, im Hochformat beidseitig beschr. Unveröff.

bei H.s: Bezieht sich auf das den Wedekinds befreundete Ehepaar Husler, das in Steinhude ein Haus besaß (vgl. Anm. zu Nr. 405).
im Parterre desselben Hauses: Adolfstr. 2.
Marthl: Vgl. Anm. zu Nr. 28.
Yella: Vgl. Anm. zu Nr. 81.
Liesel Wiltschek in M. O.: Vgl. Anm. zu Nr. 333.

410
Hannover 11.11.1936 Hs., 1 Bl., 17 x 26 cm, im Hochformat einseitig beschr. Unveröff.

Bei Herrn Oe.[lze]: Vgl. Anm. zu Nr. 169.
Karl: Vgl. Anm. zu Nr. 145.

411
Hannover 13.11.1936. Hs., 1 Doppelbriefkarte, 14,3 x 9 cm, die 1. u. 3. S. im Querformat beschr. Unveröff.

412
Hannover 14.11.1936. Hs., 1 Doppelbl., 10,4 x 16,4 cm, im Hochformat die 1. u. 3. S. beschr. Unveröff.

bei Yella: Vgl. Anm. zu Nr. 81.
War Oelze da…?: GB hatte eine Begegnung zwischen F.W. O. (vgl. Anm. zu Nr. 169) und TW angeregt (vgl. Nr. 408 u. 410) sowie FWO, 106).

413
Hannover 15.11.1936. Hs., 1 Doppelbl., 14 x 22,1 cm, im Hochformat die 1. u. 3. S. beschr. Unveröff.

Was Oelze angeht: Vgl. Anm. zu Nr. 412.
Über Heinrich den Achten: H.VIII. war König v. England (1509–1547). Obwohl gläubiger Katholik, trennte er England von der römischen Kirche.
keine Zeit rauszufahren: Gemeint ist Steinhude, wo sich K.W. seit Anfang November aufhielt.

414
Hannover 17.11.1936. Hs., 1 Doppelbl., 11,1 x 14 cm, im Hochformat die 1. u. 3. S. beschr. Unveröff.

»Verräter«: Ufa (Karl Ritter), 1936. Regie: Karl Ritter, Buch: Leonard Fürst nach einer Idee von Walter Herzlieb, Hans Wagner; mit Willy Birgel, Lida Baarova, Irene v. Meyendorff u. a. Zu Birgel vgl. Anm. zu Nr. 255.
Dr. Erbe: Vgl. Anm. zu Nr. 383.
Was hat Karli eigentlich?: Laut Aussage der Familie war TWs Bruder Karl gelegentlich manisch-depressiv. Vgl. Nr. 410.

415
Hannover 20.11.1936. Hs., 1 Bl., 14,1 x 22,2 cm, im Hochformat beidseitig beschr. Unveröff.

Wie war »Maria Stuart«?: Das Schauspielhaus des Berliner Staatstheaters brachte im Nov. 36 eine Neueinstudierung von Schillers Drama heraus.
»Schlußakkord«: Vgl. Anm. zu Nr. 392.
»Verräter«: Vgl. Anm. zu Nr. 414.
Dr. Erbe: Vgl. Anm. zu Nr. 383.

416
Hannover 21.11.1936. Hs., 1 Bl., 17 x 26 cm, im Hochformat beidseitig beschr. Unveröff.

Dr. Fürth: Der österreichische Anwalt Dr. Walther F. war ein Freund der Familie W. Er emigrierte später nach London.
Über Oelze bist Du offenbar nicht sehr erfreut: Vgl. Anm. zu Nr. 412.

417
Hannover 23.11.1936. Hs., 1 Doppelbl., 10,4 x 16,5 cm, die 1. u. 3. S. im Hochformat, die 2. im Querformat beschr. Unveröff.

Mache Oelze mit P.[amela] bekannt: Auf Anregung GBs hatte F.W.O. (vgl. Anm. zu Nr. 169) bei einem Berlinaufenthalt Verbindung mit TW aufgenommen. (Vgl. Nr. 408.)

418
Hannover 25.11.1936. Hs., 1 Bl., 16,4 x 20,9 cm, im Hochformat beidseitig beschr. Unveröff.

also Freitag kommt K.[adidja] her: Vgl. Anm. zu Nr. 406.

419
Hannover 27.11.1936. Hs., 1 Bl., 12,6 x 20,9 cm, im Hochformat beidseitig beschr. Unveröff.

das Theater mit Herrn Oelze: Vgl. Anm. zu Nr. 412.

420
Hannover 30.11.1936. Hs., 1 Doppelbl., 10,4 x 16,6 cm, die 1. u. 3. S. im Hochformat, die 2. im Querformat beschr. Unveröff.

Oelze schrieb sehr eingenommen: Vgl. Anm. zu Nr. 412.
»Verräter«: Vgl. Anm. zu Nr. 414.
Was hat K.[adidja] über ihren Besuch hier geschrieben?: K.W. hatte von Steinhude aus, wo sie sich vorübergehend aufhielt, GB in Hannover besucht (vgl. Nr. 419 u. 421).
Wie war es bei Amelang?: Bezieht sich vermutlich auf die Amelang'sche Buch- und Kunsthandlung (Inh. Hans Benecke), die 1806 in Berlin gegründet wurde und bis 1948 dort ansässig war (heute in Hamburg). Zum Kundenkreis der Buchhandlung gehörten viele prominente Schauspieler.
War W.B. dort?: Vermutlich ist Willy Birgel gemeint (vgl. Anm. zu Nr. 255).

421
Hannover 3.12.1936. Hs., 1 Bl., 17 x 26 cm, im Hochformat beidseitig beschr. Unveröff.

Zu meiner Schwester: Ruth Rühe-Benn (1885–1952), die Älteste der Geschwister.
Oelze: Vgl. Anm. zu Nr. 412.
H. C.: TWs Schwager Hans Carl Müller (vgl. Anm. zu Nr. 285).
»Pariser Leben«: Die *Scènes de la vie parisienne* bilden die 3. Gruppe von Teil 1 (*Etudes des moeurs*) der *Comédie humaine* von Honoré de Balzac (vgl. Anm. zu Nr. 397).
»die Frau v. 30 Jahren«: *La femme de trente ans* gehört in die 1. Gruppe der *Etudes des moeurs* (s. o.).

422
Hannover 5.12.1936. Hs., 1 Ansichtspostkarte (Engel vom Bamberger Altar des Veit Stoß), 10,4 x 14,8 cm, die ganze Rückseite im Hochformat beschr. Unveröff.

Oelze: Vgl. Anm. zu Nr. 169.

423
Hannover 8.12.1936. Hs., 1 Bl., 17 x 26 cm, im Hochformat einseitig beschr. Unveröff.

der erste Schwiegervater: Gustaf Gründgens (vgl. Anm. zu Nr. 141) war in erster Ehe mit Erika Mann verheiratet gewesen (1925–1928).
bei Yellas: Vgl. Anm. zu Nr. 81.
Dr. Erbe: Vgl. Anm. zu Nr. 383.

424
Hannover 12.12.1936. Hs., 1 Doppelbl., 11,05 x 14 cm, die 1. S. im Hochformat beschr. Unveröff.

an Yella: Vgl. Anm. zu Nr. 81.

425
Hannover 15.12.1936. Hs., 1 Bl., 11,5 x 18,4 cm, im Hochformat beidseitig beschr. Unveröff.

War Fechter da?: Vgl. Anm. zu Nr. 256.

426
Hannover 20.12.1936. Hs., 1 Doppelbl., 11,5 x 17,8 cm, die 1. u. 3. S. im Hochformat beschr. Unveröff.

Kann Yella zu Hause sein?: TWs Schwägerin (vgl. Anm. zu Nr. 81) hatte vorübergehend eine Klinik aufsuchen müssen, möglicherweise wegen eines schönheitschirurgischen Eingriffs, mit dem eine Stirnnarbe korrigiert werden sollte (vgl. Anm. zu Nr. 324).

427
Hannover 23.12.1936. Hs., 1 Doppelbl., 14,1 x 17,9 cm, die 1. u. 3. S. im Hochformat, die 2. im Querformat beschr. Unveröff.

Hans v. Rohr: ein Jugendfreund von GB. (Am 25. 8. 1940 schreibt GB an F.W. Oelze: »1 Tag fahre ich in den kleinen Ort, wo meine Eltern begraben sind, wo ein Herr v. Rohr ein kleines Schloß hat, mit dem ich seit 50 Jahren befreundet bin.« FWO, Nr. 183.)
Euerm Dr. Beek: Der Mediziner Paul B. (oder Beeck) war vormals in einem Sanatorium in Berlin tätig gewesen und hatte sowohl TW als auch ihre jüngere Tochter behandelt.

428
Hannover 23.12.1936. Hs., 1 Visitenkarte, 8,8 x 3,3 cm, im Querformat rückseit. beschr. Gehörte zu der Nr. 427 erwähnten Blumensendung. Unveröff.

429
Hannover 26.12.1936. Hs., 1 Doppelbl., 14,1 x 18 cm, die 1. u. 3. S. im Hochformat, die 3. im Querformat beschr. Unveröff.

»das Mädchen Irene«: Film (Ufa, 1936), nach dem gleichnam. Theaterstück von A. u. P. Stuart. Regie: Reinhold Schünzel, Buch: Reinhold Schünzel, Eva Liedmann; mit Lil Dagover, Sabine Peters, Geraldine Katt, Karl Schönböck, Hans Richter, Alice Treff.
Forster: Vgl. Anm. zu Nr. 141.
Sabine Peters: Bühnen- u. Filmschauspielerin (1913–1982), war verheiratet mit Willy Domgraf-Fassbaender, Mutter von Brigitte F.
Frau Schild: Vgl. Anm. zu Nr. 256.

430
Hannover 30.12.1936. Hs., 1 Doppelbl., 10,3 bzw. 10,5 x 16,5 cm, im Hochformat die 1. u. 3. S. beschr. Unveröff.

bei Karl u Yella: Vgl. Anm. zu Nr. 101.

431
Hannover 1.1.1937. Hs., 1 Doppelbl., 14,4 x 22,4 cm, die 1., 3. u. 4. S. im Hochformat, die 2. im Querformat beschr. *Traum*, S. 101 f.

eine kleine Vertraute: Herta v. Wedemeyer (1907–1945), die 1938 GBs zweite Frau wurde.
Frau Schild: Vgl. Anm. zu Nr. 256.

432
Hannover 3.1.1937. Hs., 1 Doppelbl., 14,5 x 22,4 cm, im Hochformat die 1. S. beschr. *Traum*, S. 102.

433
Hannover 18.1.1937. Hs., 1 Doppelbl., 14,4 x 22,4 cm, im Hochformat die 1. S. beschr. *Traum*, S. 102.

in Kassel: Dort lebte seit dem Herbst 1936 TWs Schwester Marthl (vgl. Anm. zu Nr. 394).
Herr Oelze: Vgl. Anm. zu Nr. 169.

434
Hannover 27.1.1937. Hs., 1 Doppelbl., 14,45 x 22,4 cm, im Hochformat die 1. u. 3. S. beschr. Unveröff.

Glückliche, die Italien kann: Nach dem Bruch mit GB fuhr TW zur Erholung zunächst nach Oberbozen und dann nach Florenz (vgl. *Lulu*, S. 261 f.).

435
Hannover 14. 2. 1937. Hs., 1 Bl., 17 x 25,9 cm, im Hochformat einseitig beschr. *Traum*, S. 102 f.

Wie ist es dort?: Vgl. Anm. zu Nr. 434.
Frau Schild: Vgl. Anm. zu Nr. 256.

436
Hannover 28. 2. 1937. Hs., 1 Bl., 17 x 25,9 cm, im Hochformat einseitig beschr. Unveröff.

auch in Bolzano: Vgl. Anm. zu Nr. 434.
Das Buch ... von Th[omas] M[ann]: Vermutlich *Joseph in Ägypten*, der dritte Band der Josephs-Tetralogie, der 1936 ersch. war.
von Kl[aus] M[ann] den neuen Roman: Im Amsterdamer Exil hatte K. M. (1906–1949) 1936 den Roman *Mephisto* veröff., in dem er die Psychologie der vorbehaltlosen, »komödiantisch« gesellschaftlichen Anpassung dazustellen versuchte, »jene masochistische Hörigkeit, die – nach K. M. – die Herrschaft des Faschismus ermöglichte und den Typus des intellektuellen Mitläufers prägt« (*Kindlers Lit. Lex.* Bd. 14). Die Hauptfiguren tragen deutliche Züge von Menschen aus dem persönlichen Umkreis von K. M. So ist in Hendrik Höfgen Gustaf Gründgens zu sehen, in Theophil Marder der späte Carl Sternheim, in Violetta v. Niebuhr Marianne Hoppe wie auch Pamela Wedekind. GB findet man in der Figur des Dr. Pelz. K. M. hatte GB ein Exemplar geschickt, das die hs. Widmung trug: »– die du verlassen/sie atmen noch –« KM. Amsterdam Januar 1937. Die beiden Zeilen sind aus der letzten Strophe von GBs Gedicht *Wie lange noch*. (Vgl. auch FWO, Nr. 116) sowie die letzten Seiten von Kap. I *Schatten der Vergangenheit* aus *Doppelleben*.)

437
Hannover 24. 3. 1937. Hs., 1 Bl., 14,5 x 21 cm, im Hochformat beidseitig beschr. *Traum*, S. 103.

kannst noch dortbleiben: Vgl. Anm. zu Nr. 434.
Nele hat eine neue Stellung: Nach ihrer journalistischen Ausbildung bei der *Jydske Tidende* in Kolding war GBs Tochter von 1937–1942

Chefredakteurin der Zeitschrift *Børn – alle Foraeldres blad* (*Kinder – die Zeitschrift aller Eltern*), die in Kopenhagen erschien.
bei O.s: Dr. Christen und Ellen Overgaard (vgl. Anm. zu Nr. 22).
Dank für den Ölzweig: Als versöhnliche Geste hatte TW Benn einen Ölzweig geschickt (vgl. *Lulu*, S. 261).

438
Hannover 8. 4. 1937. Hs., 1 Bl., 17 x 25,9 cm, im Hochformat beidseitig beschr. *Traum*, S. 103 f.

439
Hannover 16. 4. 1937.Hs., 2 Bl., 14,8 x 21 cm, im Hochformat jeweils einseitig beschr. *Traum*, S. 104

in Deinen schönen Ort: Vgl. Anm. zu Nr. 434.
mit Frl. Hoppe: Vgl. Anm. zu Nr. 104.
im Weinhaus W.[olf]: Vgl. Anm. zu Nr. 188.

440
Hannover 28. 4. 1937. Hs., 1 Doppelbl., 14,85 x 20,9 cm, im Hochformat die 1. S. beschr. Unveröff.

441
Hannover 12. 5. 1937. Hs., 1 Doppelbl., 14,85 x 21 cm, im Hochformat die 1. u. 3. S. beschr. Unveröff.

Die Blumen aus Florenz: Nach einem Aufenthalt in Oberbozen war TW nach F. gefahren, wo sie Ida Orloff-Leppmann wiedertraf, die dorthin mit ihrem zweiten Mann, einem Juden, emigriert war. (Vgl. *Lulu*, S. 261.)
wieder Familientag?: Vgl. Anm. zu Nr. 106.

442
Hannover 12. 5. 1937. Hs., 1 Bl., 20,9 x 29,6 cm, im Hochformat einseitig beschr. Unveröff.

Gratuliere zu dem Engagement!: Otto Falckenberg (vgl. Anm. zu Nr. 306), damals Direktor der Münchner Kammerspiele, hatte TW für das Stück *Der erste Frühlingstag (Call it a Day)* von Dodie Smith engagiert (vgl. *Lulu*, S. 262).

443
Hannover 19. 5. 1937. Hs., 1 Doppelbl., 14,85 x 21 cm, im Hochformat die 1. u. 3. S., beschr. Unveröff.

wann Du Premiere hast: Vgl. Anm. zu Nr. 442.
P.[amela] hatte ja ... großen Erfolg: P.W. spielte damals die Madame

Pernelle in Molières Lustspiel in 5 Akten *Tartüff* (1669). Die Titelrolle spielte Aribert Wäscher (1895–1961).
»Zum Tanzen geboren«: MGM, 1936 (dt. 1937). Regie: Roy Del Ruth, Buch: Jack McGowan, Sid Silvers, B. G. De Sylva; mit Eleanor Powell, James Stewart, Virginia Bruce, Sid Silvers, Buddy Ebsen.
»Broadwaymelodie«: MGM, 1935 (dt. 1936). Regie: Roy Del Ruth, Buch: Moss Hart, Jack McGowan, Harry Conn, Sid Silvers; mit Eleanor Powell, Robert Taylor, Buddy Ebsen, Frances Langford, Sid Silvers.

444
Hannover 30. 5. 1937. Hs., 16,9 x 26 cm, im Hochformat einseitig beschr. Unveröff.

Glückwunsch zum großen Erfolg: Vgl. Anm. zu Nr. 442.
zu der Oper: TW fuhr nach Zürich zur Uraufführung der Oper *Lulu* von Alban Berg (1885–1935) nach Frank Wedekinds Tragödien *Der Erdgeist* und *Büchse der Pandora*. Berg war gestorben, ohne die Oper ganz vollendet zu haben.
den Brief von Th.[omas] M.[ann]: F.W. Oelze (vgl. Anm. zu Nr. 169) hatte GB den in Zürich veröff. Offenen Brief des Nobelpreisträgers an die philos. Fakultät der Univ. Bonn geschickt (vgl. auch Kap. II *Leier und Schwert* von *Doppelleben*). An Elinor Büller schreibt GB am 30. 4. 1937: »Oelze schickte mir den berühmten offenen Brief von Thomas Mann an die Philosophische Fakultät der Bonner Universität, die ihm seinen Ehrendoktor wieder abgenommen hat. Sehr interessant. Interessiert er Dich?«

445
Hannover 14. 6. 1937. Hs., 2 Bl., 16,9 x 26 cm, im Hochformat jeweils einseitig beschr. *Traum*, S. 104 f.

in der Frankf. Ztg die Kritik: Das Blatt hatte im 2. Morgenblatt seiner Ausg. v. 5. 6. 1937 (81, 281) einen sehr respektvollen Bericht über die Zürcher Uraufführung der Oper *Lulu* von Alban Berg gebracht. (Vgl. Nr. 444.)
Herr Oelze: Vgl. Anm. zu Nr. 169.
In der Kaulbachstr.: TW wohnte damals in einer Pension im Münchner Stadtteil Schwabing.

446
Berlin 24. 7. 1937. Hs., 1 Doppelbl., 10,5 x 15 cm, im Hochformat die 1. u. 3. S. beschr. Unveröff.

eine … recht angenehme Stelle: Nach vielen vergeblichen Bemühungen war es GB gelungen, nach Berlin versetzt zu werden, wohin er als Versorgungsarzt beim III. Armeekorps kommandiert wurde.

Zimmer u Wohnung: Zunächst wohnte GB möbliert in der Kaiserallee 28 (heute Bundesallee); Ende des Jahres dann bezog er die Wohnung in der Bozenerstr. 20, die er bis zu seinem Tod 1956 beibehielt.

447
Berlin 12.9.1937. Hs., 2 Bl., 21 x 29,4 cm, das 1. Bl. vorderseitig im Hochformat, rückseitig im Querformat, das 2. Bl. einseitig beschr. Unveröff.

die bewußte Ausstellung: Am 19.7.1937 war in München die Wanderausstellung *Entartete Kunst* eröffnet worden, mit der die Machthaber die »Säuberung« der deutschen Kulturlandschaft von Produkten sogenannter artfremder Künstler begannen. Dem deutschen Volk sollten die ausgestellten Werke als Beispiele »undeutscher Kultur« und als »typische Werke der Verfallskunst in der Systemzeit« vorgeführt werden. Die »Entarteten« erhielten Ausstellungs-, zum Teil auch Arbeitsverbot, so daß viele emigrierten, so z. B. Max Beckmann (1884–1950), Lyonel Feininger (1871–1956), Oskar Kokoschka (1886–1980). Ihre Werke wurden aus den Museen entfernt und teilweise zerstört, viele wurden ins Ausland verkauft. 1962 wurde in München eine historische Erinnerungsausstellung »Entartete Kunst« veranstaltet.
ein obskurer Maler: der Figurenmaler und Schriftsteller Wolfgang Willrich (geb. 1897). Sein Buch (München und Berlin 1937) hatte den Untertitel: *Eine kunsthistorische Kampfschrift zur Gesundung deutscher Kunst im Geiste nordischer Art.* (Näheres über W.W. in: Joseph Wulf, *Die bildenden Künste im Dritten Reich*, Frankfurt, Berlin, Wien 1983.)
ein furchtbarer Schriftwechsel: GB berichtet detailliert darüber in Kap. II *Leier und Schwert* von *Doppelleben.*
H.[ans] J.[ohst]: Vgl. Anm. zu Nr. 61 sowie Nr. 315 u. 320.

448
Berlin 19.10.1937. Hs., 1 Bl., 17,5 x 25,3 cm, im Hochformat beidseitig beschr. Unveröff.

bei J.[ohst]: Vgl. Nr. 447.

449
Berlin 11.1.1938. Hs., 2 Doppelbl., 1 Bl., 14,8 x 21 cm, im Hochformat die 1. u. 3., 5. u. 7. S., das halbierte Bl. einseitig beschr. Unveröff.

Daß K.[adidja] nach U.SA fährt: K.W. bereitete die Emigration vor, indem sie zunächst offiziell ein Besuchervisum beantragte. Die dazu

nötige Einladung kam von Gottfried Reinhardt (geb. 1913) und seiner Mutter Else R. – Heims. K.W. und Gottfried R. waren Jugendfreunde (vgl. *Lulu*, S. 180).
die junge Dame aus Hannover: Herta v. Wedemeyer (vgl. Anm. zu Nr. 431).
eine Kette vor der Tür: Die Formulierung weist voraus auf die Gedichte *Blaue Stunde* und *Die Gitter* aus dem Bändchen *Fragmente*, Wiesbaden 1951.

450
Berlin-Schöneberg 13. 2. 1946. Hs., 1 Bl., 21 x 29,7 cm, im Hochformat beidseitig beschr. *Traum*, S. 106.

Kadidjas Mann: Dr. Ulrich Biel, früher Bielschowsky (1907 in Berlin geboren), war 1934 in die U.S.A. emigriert, wo er 1941 K.W. heiratete. Im Herbst 1944 kehrte er als Captain der US Army nach Deutschland zurück und war dann in leitenden Stellungen der amerikanischen Militärregierung, später des State Departments in Berlin, Hannover und Bonn tätig. 1953 erwarb er wieder die deutsche Staatsangehörigkeit und ließ sich als Rechtsanwalt in Berlin nieder, wo er auch viele Jahre Abgeordneter war.
bei Euch: GB vermutete, daß TW das Kriegsende am Starnberger See erlebt hätte, wo ihre Tochter Pamela in St. Heinrich ein Haus besaß. Sie war jedoch schon 1944 in die Schweiz gegangen und kehrte erst 1947 nach Deutschland zurück.
meine Frau: Herta Benn, geb. v. Wedemeyer (vgl. Anm. zu Nr. 431).
in Landsberg: 1943 war die Wehrdienststelle, bei der GB als Oberstarzt tätig war (1940 war er in das Oberkommando der Wehrmacht in der Bendlerstr. versetzt worden), nach L. a. d. Warthe verlegt worden. Dort schrieb er neben einer Reihe von Gedichten den *Roman des Phänotyp*, der den Untertitel *Landsberger Fragment, 1944* trägt, viele Teile aus dem späteren Essayband *Ausdruckswelt* (Wiesbaden 1949), sowie (bis auf die beiden letzten Textabschnitte) das berühmt gewordene Kap. IV *Block II, Zimmer 66* von *Doppelleben*.
3 neue Bücher: *Statische Gedichte*, Zürich 1948, *Roman des Phänotyp*, Wiesbaden 1949, und *Ausdruckswelt* (s. o.).
endlich wieder aufgeführt: Nach der sog. Gleichschaltung der deutschen Bühnen 1933 wurden Frank Wedekinds Stücke zunächst noch vereinzelt, später überhaupt nicht mehr aufgeführt.
der kleinen Tochter: Carola Regnier (geb. 1943), die älteste Tochter von Pamela Wedekind, die 1941 den Schauspieler und Regisseur Charles Regnier geheiratet hatte.

451
Berlin 30.4.1946. Hs., 3 Bl., 14,4 x 18,1 cm, im Hochformat jeweils einseitig beschr. *Traum*, S. 108 f.

Anna Karenina: Der Roman (1873–1876), der die russische Gesellschaft der 60er Jahre des 19. Jahrh. schildert, gehört zu den wichtigsten Werken von Leo Tolstoj (1828–1910).
»Feuer« von D'Annunzio: *Il fuoco* (1900, dt. 1900) ist das bekannteste Werk des italienischen Dichters und Politikers Gabriele D'A. (1863–1938). GB nennt es in der *Die Zeitalter* betitelten Marginalie aus *Ausdruckswelt* als eines der Werke, die »das Zeitalter vor den Weltkriegen« bestimmten, neben *Dorian Gray* von Oscar Wilde, den *Göttinnen* von Heinrich Mann, den frühen Versen von Hofmannsthal, den Bildern der französischen Impressionisten, der Musik der *Salome* (von Richard Strauss), dem Marmor Rodins.
meine neuen Bücher: Vgl. Anm. zu Nr. 450.
Deinen hiesigen Schwiegersohn: Dr. Ulrich Biel (vgl. Anm. zu Nr. 450).
Zwillinge: GBs Tochter (vgl. Anm. zu Nr. 22) hatte 1940 den Dänen Preben Topsole geheiratet. 1944 wurden die Zwillinge Tine und Vilhelm geboren.
Renée Sint.[enis]: Die Bildhauerin (1888–1965), Frau des Malers E. R. Weiß, lebte in Berlin und war mit GB seit dem Ende der zwanziger Jahre befreundet (vgl. Kap. III *Lyrisches Intermezzo* aus *Doppelleben*).
Elsa W.: die Schauspielerin [?] E. Wagner.

452
Berlin 16.5. (Poststempel 19.5.) 1946. Hs., 2 Bl., 14,4 x 18,1 cm, im Hochformat jeweils einseitig beschr. Das erhaltene Kuvert trägt den gestempelten Vermerk »U.S. Civil Censorship Germany Passed 30067« über einem bedruckten Klebstreifen »Opened by Mil. Cen.-Civil Mails«. *Traum*, S. 109 f.

den charmanten Herrn Biel: Vgl. Anm. zu Nr. 450.
ein Stück Essay: In ihrer Ausg. vom 2.5. hatte *Die Zeit* unter der Überschrift *Kunst der Völker in Europa* einen Auszug aus dem 1941 entstandenen Essay *Kunst und Drittes Reich* gebracht (erste Buchveröff. 1949 in *Ausdruckswelt*).
was ist das Letzte: Die Wendung findet sich leicht variiert wieder in dem mit 23 X 46 datierten Gedicht *Quartär*, II, 3, Z. 3/4: ist nun das Letzte die Tränen/oder ist das Letzte die Lust/.
für die [Kinder] meiner Tochter: Vgl. Anm. zu Nr. 451.
Esther Carola: Vgl. Anm. zu Nr. 450.

453
Berlin 5. 5. 1947. Hs., 2 Bl., 14,4 x 18,1 cm, im Hochformat jeweils beidseitig beschr. *Traum*, S. 110 f.

An Deinem See: Vgl. Anm. zu Nr. 450.
Herr Hürsch: Erhard H. (geb. 1920), hatte GB erstmals an Ostern 1946 besucht.
mich... wieder verheiratet: Am 18. 12. 1946 hatte GB Dr. Ilse Kaul (geb. 1913) geheiratet.
meine andere Frau: Herta Benn, geb. v. Wedemeyer (vgl. Nr. 431 u. 449).
wieder in St. H.[einrich]: Vgl. Anm. zu Nr. 450.
Anatol: Der 1945 geborene Sohn von Pamela Regnier-Wedekind (vgl. ebd.).
von Deinem Schwiegersohn B.[iel]: Vgl. ebd.

454
Berlin 26. 5. 1947. Hs., 1 Bl., 14,4 x 18,1 cm, im Hochformat beidseitig beschr. *Traum*, S. 111.

Dein Bild in der »Neuen Zeitung«: In der Ausg. v. 19. 5. 1947 (Jg. 3, 40) hatte das Blatt u. d. T. *Kulturleben der Gegenwart* u. a. ein Foto von TW veröff. Die Bildunterschrift lautete: »Tilly Wedekind, die Schauspielerin und Witwe des Dichters Frank Wedekind, kehrt nach mehrjährigem Aufenthalt in der Schweiz nach Deutschland zurück. Sie bringt ihr ältestes Enkelkind mit, die Tochter von Pamela Wedekind-Regnier und dem Schauspieler Charles Regnier, der auf unserem Foto gerade das Gepäck der Familie auf einem Handwagen verstaut.«
im Malvenhaus: TW wohnte damals wie vor ihrem Weggang in die Schweiz in St. Heinrich am Ostufer des Starnberger Sees. Ihre Rückkehr beschreibt sie in *Lulu*, S. 82 f.
In der Züricher »Weltwoche«: Der Autor war Peter Schmid.
Spielt Pamela?: Im Mai 1947 gab P. W. in London Liederabende mit Adolf Wohlbrück (vgl. Anm. zu Nr. 200).

455
Berlin 11. 6. 1947. Hs., 1 Bl., 14,5 x 18,1 cm, im Hochformat einseitig beschr. *Traum*, S. 112.

eine freudige Überraschung: TW war zur Premiere des von Gustaf Gründgens inszenierten *Marquis von Keith* (er spielte auch die Titelrolle) von Frank Wedekind nach Berlin gefahren und hatte dort GB angerufen. Ihr Wiedersehen schildert sie in *Lulu*, S. 286 f.

456
Berlin 21.9.1947. Hs., 1 Doppelbl., 13,7 x 17,3 cm, die 1. u. 3. S. im Hochformat, die 2. im Querformat beschr. Das erhaltene Kuvert trägt den gestempelten Vermerk »British Censorship Germany 5013, British Censorship Germany P.C.90 5016« über einem bedruckten, aufgeklebten Streifen »Opened by Examiner 504«. *Traum*, S. 112.

von Eurem U.[lrich] B.[iel]: Vgl. Anm. zu Nr. 450.
Herr Paul Fechter: Vgl. Anm. zu Nr. 256.
Die Wüst: Die Schauspielerin Ida W. (1884–1958) spielte anfangs klassische Rollen, später meist Salondamen, im Film vornehmlich Tanten- und Mutterrollen. Zu ihren bedeutendsten Filmen gehören *Die Nacht gehört uns, 3 Tage Mittelarrest, Bomben auf Monte Carlo* und *Charleys Tante*.

457
Berlin 27.12.1947. Hs., 1 Ansichtspostkarte (Über den Lofoten vom Zeppelin aus), 14,7 x 10,4 cm, im Hochformat die ganze Rückseite beschr. *Traum*, S. 113.

H. Mann: Vgl. Anm. zu Nr. 45.

458
Berlin 30.12.1948. Telegramm. Unveröff.

459
Berlin 5.8.1951. Hs., 1 Bl., 14,9 x 20,9 cm, im Hochformat beidseitig beschr. Unveröff.

eine Vorlesung über Lyrik: der Vortrag *Probleme der Lyrik*, gehalten am 21.8.1951 im Auditorium maximum der Philipps-Universität.

460
Berlin 28.12.1951. Hs. auf einer gedruckten Neujahrsglückwunschkarte, 10,5 x 6,1 cm, die Vorderseite im Querformat, die Rückseite im Hochformat beschr. Unveröff.

461
Berlin 4.5.1955. Hs., 1 Doppelbl., 14,8 x 21 cm, die 1. u. 3. S. im Hochformat, die 2. im Querformat beschr. *Traum*, S. 114 f.

Du bist umgezogen?: Nach dem Tode der Eigentümerin war das Haus in St.Heinrich, das TW gemeinsam mit ihrer Tochter Pamela und deren Mann Charles Regnier bewohnte, verkauft worden. Die Familie Regnier zog nach München, TW dagegen nach Ambach, wo ihre Schwester Marthl (vgl. Anm. zu Nr. 28) mit ihrem Mann schon seit Jahren wohnte.

die Kinder: Vgl. Anm. zu Nr. 451.
Mops Sternheim: Vgl. Anm. zu Nr. 137.
Stoisy: Thea Sternheim (1883–1971). Vgl. Anm. zu Nr. 14 u. 130.
Ch.[arles] R.[egnier]: Vgl. Anm. zu Nr. 450.
»Canaris«: Film (Fama), 1954. Regie: Alfred Weidenmann, Buch: Herbert Reinecker, Erich Ebermayer. Mit O. E. Hasse, Adrian Hoven, Barbara Rütting, Martin Held, Wolfgang Preiss, Peter Mosbacher, Charles Regnier, Alice Treff u. a.
Paul Fechter: Vgl. Anm. zu Nr. 256.

462
Berlin, vermutl. 21. 9. 1930. Telegramm. Unveröff.

463
Berlin, vermutl. um den 24. 12. 1931. Hs., 1 Briefkarte, 10,4 x 14,8 cm, im Hochformat einseitig beschr. Unveröff.

464
Berlin, vor dem 30. 3. 1935. Hs., 1 Bl., 14 x 18 cm, im Hochformat einseitig beschr. Unveröff.

ins Wahlstatt: Vgl. Anm. zu Nr. 90.

465
Berlin [?] 10. 8. 1933. TW an GB. Ms. 1 Bl., 21 x 29,7 cm, im Hochformat einseitig beschr. Unveröff.

466
Berlin 10. 4. 1936. TW an GB. Hs., 1 Bl., 20,9 x 29,5 cm, im Hochformat beidseitig beschr. Ohne Unterschrift. Unveröff.

Nachtrag
zu Nr. 133
die Sandrock: Die Bühnen- u. Filmschauspielerin Adele S. (1864–1937) spielte neben klass. Rollen vor allem dämon. Frauen in Gesellschaftsstücken.
Hilde Hildebrand: Die Schausp. (1892–1976) spielte seit 1924 an versch. Berliner Bühnen, später auch in zahlr. Filmen.
zu Nr. 393
Grimm: Hans G. (1875–1959). Sein Roman *Volk ohne Raum* (2 Bde, 1928–30) wurde ein Hauptbuch des dt. Nationalismus.
zu Nr. 443
die Powell: Eleanor P. (1912–1982), Steptänzerin u. Filmpartnerin von Fred Astaire (*Broadway Melody of 1940*).

NACHWORT

Gottfried Benn und Tilly Wedekind begegneten einander im Frühjahr 1930. Dem persönlichen Kennenlernen ging eine »Telefonbekanntschaft« voraus, die beide einander schon sehr nahebrachte. (Eine Tagebuchnotiz von Tilly Wedekind datiert das erste Gespräch auf den 24. März). Anlaß zu dieser telefonischen Bekanntschaft war die Verbindung von Tilly Wedekinds ältester Tochter Pamela mit dem Dramatiker Carl Sternheim, dessen dritte Frau sie wenig später wurde. Sternheim hatte im Herbst 1928 eine schwere psychophysische Krise erlitten und danach Monate in Sanatorien zubringen müssen, zunächst in der Schweiz, dann in Berlin. Nach seiner Entlassung beschlossen er und Pamela Wedekind, zu heiraten, doch auf den dringenden Rat von Mutter und Schwester hin begleitete Pamela Wedekind Sternheim fürs erste auf einer Reise an die Riviera. Schon während dieser Reise zeigte sich, daß Sternheim noch keineswegs wieder ganz gesund war, und das veranlaßte Pamelas beunruhigte Mutter, den Rat des Arztes zu suchen, der Sternheim nach der Entlassung aus der Klinik in Berlin privat behandelt hatte. Der Arzt war Gottfried Benn.

Tilly Wedekind schildert das selbst in ihren Memoiren *Lulu. Die Rolle meines Lebens* (München, Berlin, Wien 1969, S. 241):

»Schon von dem gemeinsamen Riviera-Aufenthalt hatte mir Pamela recht unglücklich geschrieben, denn offenbar ging es Sternheim nicht gut.

Da rief ich seinen Arzt, Gottfried Benn, an, um ihn um Rat zu fragen.

Benn meinte, Sternheims Zustand werde sich mit der Zeit bessern, man müsse Geduld haben. Von da an rief er mich jeden Morgen an. Wir erzählten uns am Telefon unsere ganze Lebensgeschichte. Seine Stimme – ein Tenor – hatte es mir gleich angetan.

Schon bei einem unserer ersten Gespräche wollte er wissen, wie alt ich sei. Wir stellten fest, daß wir im gleichen Jahr geboren waren, 1886, ich am 11. April und er am 2. Mai. Ich war also drei Wochen älter. Wir waren jetzt beide vierundvierzig ...«

Das gegenseitige Interesse war geweckt, die persönliche Begegnung die zwangsläufige Folge. Lassen wir wiederum Tilly Wedekind erzählen:

»Ich spielte damals im ›Theater am Zoo‹ die Fürstin Bismarck in dem Stück *Bismarck* von Frank Wedekind. Trude Kolmann spielte die Schauspielerin Lucca. Sie sah sehr echt und reizend aus. Benn rief mich an, gratulierte mir sehr zu den Kritiken und den schönen Bildern, die in den Zeitschriften erschienen waren, und eines Tages sagte er: ›Jetzt möchte ich Sie aber auch persönlich kennenlernen.‹

Ich lud ihn zu mir ein. Er kam abends nach seiner Praxis.

Ich hatte ›Jonny‹ bei mir zu Besuch, einen jungen Schauspielschüler, der mich mit seiner Kollegin Ursula Schnetzler in meiner Garderobe im ›Theater am Zoo‹ besucht hatte und seitdem öfter bei mir war. Da das Haus in Steglitz ab acht Uhr geschlossen war, bat ich ›Jonny‹, Benn die Haustüre zu öffnen und sich als mein Sekretär vorzustellen – das machte auf Benn keinen guten Eindruck, wie er mir später erzählte. ›Ein Sekretär!‹ sagte er ›Das kleidet eine Frau wie Sie nicht.‹ Er kam mit Veilchen und – er gefiel mir gleich: mittelgroß, untersetzt, mit einem interessanten Kopf. Er hatte einen Schmiß über die linke Backe, Erinnerungen an seine Studentenzeit. Er hatte überhaupt etwas vom Korpsstudenten, so komisch das klingt.

Wir unterhielten uns lebhaft; wir kannten ja unsere Vergangenheit aus langen Telefongesprächen. Seine Stimme – ein Tenor – hatte es mir schon lange angetan. Ich zeigte ihm Bilder meiner Kinder, und wir sprachen viel von unseren Kindern. Ich trug das schwarze Chiffon-Kleid, das ich mir für Sternheims Stück bei Gerstl gekauft hatte, mit einer blauen Perlenkette. Es schien ganz sein Geschmack. Wir gefielen uns gegenseitig, und es wurde spät.

Wir telefonierten wieder. Mein Gastspiel im ›Theater am Zoo‹ war zu Ende, und wir verabredeten, ins ›Königgrätzer Theater‹ zu gehen. Es wurde *Napoleon ist an allem schuld* von Curt Goetz gespielt mit Werner Krauß und Maria Bard. Ich hatte ein blau-grünes Abendkleid mit weißen Punkten an, aus herrlicher Seide, in dem ich oft Erfolg gehabt hatte – Benn gefiel es gar nicht, wie er mir später sagte. In der Pause ging ich zu Maria Bard in die Garderobe, Barnowski war da und Werner Krauß. Es herrschte eine gedrückte Stimmung; die Frau von Werner Krauß hatte einen Selbstmordversuch gemacht und lag in der Klinik; das erfuhr ich erst später. Sie ist daran gestorben. Werner Krauß heiratete später Maria Bard.

Ich kam zu Benn zurück. Wir sahen noch das Ende des Stückes. Dann sagte Benn: ›Jetzt habe ich Sie besucht, jetzt sollen Sie auch zu mir kommen.‹ Ich war einverstanden. Wir kamen in seine Wohnung, Belle-Alliance-Str. 12 (Benn hatte eine Vorliebe für Zahlen, die durch drei teilbar sind). Eine bescheidene Junggesellenwohnung von vier kleinen Räumen. Der größte war sein Ordinationszimmer mit lauter weißen Möbeln, dem bekannten Untersuchungsstuhl und vielen Instrumenten im Glasschrank.

Es war seltsam, im Abendkleid in den sachlich medizinischen Raum zu kommen, und ich dachte: Jetzt wird er dich schlachten.

Na, ganz so schlimm wurde es nicht.

Wir gingen nebenan in sein kleines Wohnzimmer, das recht gemütlich war, mit vielen Büchern an allen Wänden, und ich sah, daß er alles für meinen Besuch vorbereitet hatte. Er kam mit einer Platte Sandwiches und einer Flasche Sekt. Als ein Sandwich herunterfiel, kniete er vor mir nieder, um es aufzuheben. Die Unterhaltung war etwas gequält. Wir sprachen über das Stück, aber sehr bald ging er zu Zärtlichkeiten über.« (*Meine Erinnerungen an Gottfried Benn*, in: Gottfried Benn, *Den Traum alleine tragen*. Neue Texte, Briefe, Dokumente. Hrsg. von Paul Raabe und Max Niedermayer, Wiesbaden 1966, S. 80 ff.).

Ob es nun der berühmte Coup de foudre war oder nicht, sehr bald jedenfalls war Leidenschaft im Spiel. Obwohl sich beide häufig sahen, behielten sie die Gewohnheit bei, täglich miteinander zu telefonieren. Und außerdem gingen regelmäßig Botschaften – Billetts und Briefe – zwischen beider Wohnungen hin und her.

Benn wohnte damals in der Belle-Alliancestr. 12, wo er auch praktizierte – wie wir schon wissen –, Tilly Wedekind zunächst im Berliner Randbezirk Steglitz, dann in der Altonaerstr. 1 im alten Berliner Westen und später in der Lessingstr. 50 in Moabit. Die jüngere Tochter Kadidja lebte in diesen Jahren fast ständig gemeinsam mit der Mutter, nach der Trennung von Sternheim kehrte auch Pamela, die Ältere, zeitweilig in den gemeinsamen Haushalt zurück.

Waren Benn oder Tilly Wedekind verreist, so schrieben sie einander fast jeden zweiten Tag, wie sich beispielsweise aus der Brieffolge im Sommer 1934, als Tilly Wedekind Ferien am Starnberger See machte, oder im Herbst 1934, als Benn in Oberstdorf weilte, ablesen läßt. Zweimal nur gibt es größere zeitliche Intervalle im erhaltenen Briefbestand – zwischen dem 24. 12. 1930 und dem 27. 7. 1931, sowie zwischen dem 24. 12. 1932 und dem 11. 9. 1933. Für das erste Intervall könnte Erklärung sein, was Tilly Wedekind in ihren Erinnerungen berichtet:

»Einmal, als ich Benn anrief, merkte ich, daß er nicht allein war. Offensichtlich hatte er Damenbesuch. Ich wußte von seiner schon lange bestehenden Freundschaft mit einer Frau. Aber an diesem Tag war wohl jemand anderer bei ihm. Vielleicht war es jene ungemein attraktive Verfasserin von Zeitungsartikeln und sehr klugen und kultivierten Briefen – auch Briefen an Benn –, von deren Existenz und der Rolle, die sie in Benns Leben spielte, ich erst viele Jahre später, bei meinem achtzigsten Geburtstag, erfuhr.

Ich rief Benn nach diesem Telefongespräch nicht mehr an. Wir sahen uns längere Zeit nicht. Aber ich brachte ihm einmal Patienten – sogar sehr interessante!« (*Lulu. Die Rolle meines Lebens*, a. a. O., S. 247.)

Für das zweite Intervall hingegen scheint diese Erklärung nicht einleuchtend (vgl. *Lulu*, S. 253). Vielleicht liegt sie in diesem Fall eher in der politischen Turbulenz jener Monate nach der »Machtübernahme«. Natürlich kann es aber auch sein, daß in beiden Fällen der Grund für die Unterbrechung der Brieffolge darin liegt, daß eine Reihe von Briefen im Laufe der Jahre und insbesondere der Kriegsereignisse verlorengingen.

So groß Attraktion und Leidenschaft auch waren, so stark die gegenseitige Zuneigung, es war von Anfang an eine schwierige Beziehung, und beide wußten das. Schon einer der ersten Briefe Benns – der vom 2. 5. 1930 – drückt die ganze Verweigerung aus, die für den Dichter und seine Beziehungen zu Frauen zeitlebens typisch war:

»... so unendlich ich es bedauere, ich kann mein Leben nicht plötzlich u. so grundlegend ändern, wie es Ihnen vielleicht vorschwebt u. wie ich vielleicht selber es im Augenblick sehr wünschte, ich bin mit zuviel schweren Dingen behangen, um sie mit einem Ruck abzutun. Leben Sie darum bitte Ihr Leben so weiter wie vorher (vielleicht mit einer bestimmten Einschränkung!) u. lösen Sie nichts brüsk, was Ihnen bis dahin angenehm oder lieb war, ich erwarte das nicht. Und denken Sie bitte nicht, daß ich Ihnen fremd bin, wenn ich ein paar Tage unsichtbar u. unhörbar bin, das bin ich nicht.«

Ähnlich am 8. 7. 1930:

»Aber nun kommt eine Bitte: bitte, liebste Tilly, erwarten Sie mich die allernächsten Tage nicht. Bitten Sie mich nicht zu kommen oder daß wir uns sehn. Ich bin zu abgespannt, ich muß ein paar Tage ganz ruhig vor mich hinleben. Ich werde schon wieder mich bemerkbar machen, ich vergesse Sie, reizende Tilly, nicht.

Leben Sie wohl, bringen Sie Ihre Wohnung in Ordnung, fahren Sie schön spazieren u gedenken Sie meiner.«

Es gibt viele solcher Äußerungen in diesen Briefen. So zum Beispiel: »Tillychen, Sie müssen das Telegrafieren u. all das Stürmische lassen. Ich habe viel zu tun z. Z. u. kann nicht mehr schreiben als ich es tue.« (14. 11. 32); oder: »... meine innere Notwendigkeit ist eben so, daß ich im wesentlichen allein leben muß, ganz in mir drin.« (15./16. 9. 35) »Ich kann u will mich u. meine Existenz nicht umgestalten, auch nicht umgestalten lassen durch Dich. Ich lebe allein, die ›Mauer aus Hieroglyphen‹, von der Du schreibst, sie ist da, sie besteht. Ich muß innerhalb ihrer leben, niemand kann es sonst.« (26. 12. 35); und schließlich (31. 3. 36): »Ich aber meinerseits kann nichts daran ändern, daß meine inneren u. äußeren Verhältnisse so sind, wie ich nun mal bin.« (Was die »Mauer aus Hieroglyphen« betrifft, so hatte Benn selbst diese Formulierung gewählt; in einer geradezu programmatischen Deklaration vom 2. 5. 1930 hatte er an TW geschrieben: »... um mich steht eine Mauer aus Kühle u. Abgeschlossenheit, über die niemand hinüberkann. Auch lohnt sich das gar nicht, das Hinübergelangen, es ist nichts drin außer einigen Hieroglyphen.«) Bereits 1922, also ein Jahrzehnt früher, hatte Benn – mit fast denselben Worten – einer Freundin geschrieben: »Zur Zeit ... wie mir scheint, für eine lange Zeit muß ich allein leben u. werde Dich nicht sehn.« (An Gertrud Zenzes, *Ausgewählte Briefe*, Wiesbaden 1957, S. 20.) Doch war dies eine Problematik, die nur hin und wieder sichtbar wurde.

Eine entscheidende Wende im Leben Gottfried Benns brachte das Jahr 1935. Aufgrund ständig zunehmender Schikanen und Drangsalierung durch Parteiinstanzen sah sich der Dichter veranlaßt, das zu vollziehen, was er die aristokratische Form der Emigration nannte: er betrieb seine Wiederaufnahme in die Wehrmacht. Er hat das selber ausführlich geschildert in dem Kapitel *Leier und Schwert* seiner Autobiografie *Doppelleben* (Wiesbaden 1950). Alte Freunde, jetzt in hohen Wehrmachtstellen, setzten sich für den ehemaligen Studienkameraden ein, und Benns Antrag wurde stattgegeben. Doch er wurde nach Hannover kommandiert, das heißt, er mußte nicht nur seine bisherige Existenz aufgeben, sondern zugleich Berlin, die einzige von ihm je wirklich geliebte Stadt. Das war eine bittere Konsequenz. Auch das »Umsteigen« aus der privaten ärztlichen Tätigkeit in das strenggeregelte Dienstleben eines Sanitätsoffiziers war für den fast Fünfzigjährigen eine tiefgreifende Veränderung der Lebensumstände. Klaglos, aber auch ohne jede Illusion fügte er sich in das Unabänderliche. Am 30. März 1935 verließ Benn Berlin, am 1. April trat er in Hannover den Dienst an.

Im allgemeinen werden menschliche Bindungen durch räumliche Trennung nicht enger. Doch in der Beziehung Gottfried Benn – Tilly Wedekind wird nach seinem Wegzug von Berlin eine Intensivierung des Gesprächs miteinander – nun eben in Form brieflicher Mitteilung – deutlich. Beide schrieben einander fast täglich. Zwar gab es schon seit 1932 den Briefpartner F.W. Oelze in Bremen, der in Benns Leben, vor allem während der Zeit des Dritten Reiches, eine herausragende Rolle spielte. Doch war die Gefühlsbindung an die Frau und Freundin naturgemäß enger, und überdies verkörperte Tilly Wedekind eine der wenigen ihm noch verbliebenen Beziehungen zu Berlin, der Stadt, von der er noch im Oktober 1936 schrieb: »Sie *ist die Heimat* für mich, die Stadt des Kampfes, der Wunden u. der Liebe.«

Im Gegensatz zu den Briefen an F.W. Oelze, die stilisierter sind und distanzierter in bezug auf Privates, spiegeln die Briefe an Tilly Wedekind unmittelbar das tägliche Leben, das Benn in Hannover führte. Ihr gegenüber spricht er rückhaltloser über Details im Tagesablauf, über Frustrationen im Dienst, von abendlichen Zerstreuungen, von dem gesellschaftlichen Ambiente und – dies vor allem – von seiner tiefen Verzweiflung über das ihm im Grunde seines Wesens unerträgliche Leben in der Provinz. Er hatte die Existenz gerettet, doch um welchen Preis!

»Muß mit fast 50 Jahren in einer völlig neuen fremden Welt mich hochkämpfen, Fuß fassen, Boden gewinnen« (4.4.35). »In dieser infernalisch grauen dummen Stadt« (3.2.36). »Schreibe in die Provinz ein Wort, was sich in Berlin tut. Schrecklich ist es hier.« (29.1.36); »Mich kotzt momentan der Dienst ganz unsäglich an. Möchte ausbrechen. Hab's hier satt. Zu trostlos alles. Wetter, Stadt, Dienst, alles elend.« (19.2.36); »Ich bin ein Narr, daß ich nach H gegangen bin« (27.1.37). »Ich wollte, ich wäre nie aus Berlin fortgegangen« (18.1.37).

Zum Zwang des Dienstablaufs kamen gesellschaftliche Zwänge: Abendeinladungen bei Vorgesetzten und allgemeine Veranstaltungen innerhalb des Offizierkorps waren unumgänglich. Außerdem war lange Zeit das Wohnungsproblem bedrückend. Immerhin gab es Lichtblicke, Unterbrechungen des täglichen Einerleis durch regelmäßige sonntägliche Ausflüge in die landschaftlich reizvolle Umgebung:

»In Steinhude war es wunderbar schön« (28.8.35); »Barsinghausen, netter kleiner Ausflugsort« (15./16.9.35); »Pyrmont ist einer der allerreizendsten Orte von Deutschland, die ich kenne« (20.5.36); »Braunschweig – nette alte Stadt« (23.4.36).

Die freien Abende während der Woche nutzte Benn zu einer anderen Art Flucht aus dem sinistren Alltag: er besuchte Oper und Schauspiel (»Montag fängt die Oper wieder an, da giebt es wenigstens für Stunden Illusion u. Farben« – 27.8.36). Und er wurde – was aus früheren wie aus späteren Lebensabschnitten in vergleichbarer Intensität nicht bekannt ist – zu einem notorischen Kinogänger. In seinen Briefen nach Berlin berichtet er regelmäßig über Filme, die er gesehen hat, über Darsteller, die ihm ge- oder mißfielen.

Als dann mit der endgültigen Übernahme als Oberstabsarzt nach sechsmonatiger Probezeit die akute Geldknappheit behoben war, fuhr Benn auch gelegentlich nach Berlin – »Unser aller Heimat, die keinen losläßt!« (22.10.36). Und er bekam Besuch von dort – nicht nur von Tilly Wedekind. Doch davon später.

Insgesamt gesehen, eine dürftige Existenz, eine spartanische. Und auch die immer wieder bedroht durch politische Angriffe und Diffamierung. Und doch entstanden in dieser Zeit der Isolation, der Verzweiflung und der häufigen Deprimiertheit wichtige Teile seines Werkes, *Weinhaus Wolf* zum Beispiel und zahlreiche für die mittlere Periode des lyrischen Œuvres wesentliche Gedichte – zum Beispiel *Anemone*, *Einsamer nie –*, *Wer allein ist –*, *Die Gefährten*, *Astern*, *Tag, der den Sommer endet.* Ähnlich später in Landsberg an der Warthe, wohin ihn die Kriegsereignisse 1944 verschlagen hatten. Auch dort war die Isolation fast total. Und dort, in der Kaserne, entstanden der *Roman des Phänotyp*, viele Teile aus *Ausdruckswelt*, darunter *Pallas*, sowie ein Teil der *Statischen Gedichte* (*Ach, das ferne Land –, September, Dann –, Statische Gedichte* u. a.).

Doch zurück nach Hannover. Schon bald zeigte sich, daß die räumliche Trennung für TW schwerer zu ertragen war als für Benn. Dabei führte sie gerade in den Jahren 1935/1936 ein sehr anstrengendes, unruhiges Leben. Durch die veränderten politischen Umstände ohne ständiges festes Engagement, war sie gezwungen, wiederholt auf Gastspieltournee in die Provinz zu gehen; an Abwechslung und Begegnung mit Menschen war dabei kein Mangel. Doch es fehlte ihr schmerzlich die ganz persönliche Zuwendung des Geliebten, das gewohnte häufige Miteinander. Auch tägliche Briefe konnten es nicht ersetzen.

Für Benn stellte sich das Problem etwas anders dar. Er war zwar das, was man einen Homme à femme zu nennen pflegte; Frauen reizten ihn, er hatte großen Erfolg bei ihnen, das Spiel ließ ihn niemals los. Doch es betraf nur seine private Existenz. Seine Existenz als schöpferisches Ich blieb davon weitgehend unberührt; ja, mehr noch: für dies schöpferische Ich war die Frau eher ein Störfaktor. Es gibt hinlänglich Äußerungen, die das belegen, wie zum Beispiel diese: »Untätigkeit bei günstigen äußeren Lebensbedingungen erklärte ich ja als mein Ideal, dazu *die taubstumme Frau.. Nein, taubstumm wäre doch wohl nicht richtig... Ein bißchen quasseln dürfte sie vielleicht manchmal...«* (31.1.36, Hervorhebung MS.) oder: »Natürlich bin ich am liebsten allein, das ist ja nichts Neues. ... Ich kann nur allein leben, daran ist nicht zu rühren u ich werde das nie ändern.« (3.12.36)

Damit soll nicht gesagt werden, Gottfried Benn sei zu gefühlsmäßiger Bindung an eine Frau nicht fähig gewesen. Das war er sehr wohl, nur war er nicht bereit, sich ganz an eine solche Beziehung hinzugeben. Einen Teil seines Ichs verweigerte er auch dem geliebtesten Wesen. Und in fast allen Beziehungen kam, wie es Hans Egon Holthusen treffend formuliert, früher oder später »unweigerlich der Augenblick, an dem das ›dialektische‹ Verhältnis von Lieben (›Leben‹) und ›Arbeiten‹ sich gegen die Geliebte kehren und sie an die Luft setzen wird« (*Gottfried Benn. Leben, Werk, Widerspruch. 1886–1922,* Stuttgart 1986, S. 244).

Das war die eine Seite seiner Natur. Die andere aber kommt darin zum Ausdruck, daß Benn in den verschiedensten Etappen seines Lebens zeitlich parallellaufende enge Bindungen zu zwei Frauen einging und weiterführte, teilweise über Jahre hinweg. Um es noch einmal mit Hans Egon Holthusen zu sagen: »Das Prinzip der Monogamie: für ihn war es offenbar nicht gemeint.« (A. a. O., S. 243.) So gab es auch in der Zeit von 1930–1937 eine zweite Frau, die Benn – abgesehen von allen vorübergehenden Begegnungen und Flirts – sehr nahestand. Das ist allgemein bekannt seit dem Erscheinen des Bandes *Den Traum alleine tragen* (a. a. O.), in dem eine Reihe von Briefen Benns an Tilly Wedekind ebenso publiziert wurden wie Briefe an Elinor Büller.

Elinor Büller war wie Benn und Tilly Wedekind 1886 geboren, wie Tilly Wedekind war sie Schauspielerin; sie lebte mit ihrer Tochter Helga in Berlin, in der Klingsorstraße 66 in Steglitz. Die Beziehung zu Benn hatte 1929 begonnen und endete 1937, als es Benn gelang, nach Berlin versetzt zu werden, Elinor Büller aber die Stadt verließ. Die beiden Frauen kannten einander nicht, wußten konkret nicht voneinander (wenngleich gewisse Ahnungen oder Vermutungen vorhanden gewesen sein mögen). »Gute Regie ist besser als Treue«, läßt Benn den Alfred in der *Stimme hinter dem Vorhang* sagen. In seinen Briefen aus Hannover an Tilly Wedekind erwähnt er Elinor Büller einmal flüchtig als »eine Bekannte von mir aus alten Jahren«, bei der Tochter Nele kurzfristig wohnt (28. 7. 1936). An F.W. Oelze schreibt er am 20. 8. 1935: »Sonntag 11. 8: Berlin. 5.25 an, mit Auto in eine bestimmte Wohnung, u. 24 Stunden später wieder mit Auto zum Bahnhof. Darüber ein andermal mehr. Überschrift: Eine irdische u. eine himmlische Liebe. Seit 5 resp. 6 Jahren u beide wissen nichts voneinander. ›Gute Regie ist besser als Treue‹. Ernstlich gesagt. Mit der Einen, seit über 5 Jahren, die vollendetste erotische Beziehung, fange ich jetzt manchmal an: Du zu sagen, aber ich empfinde es als unangebracht. Derartige Beziehungen berechtigen noch nicht zu Intimitäten. Die Eine fragte ich einmal: ›was würden Sie sagen, wenn ich plötzlich stürbe u. Sie träfen an meinem Grab noch eine andre Frau, die meinetwegen weint?‹ Sie antwortete: ›ich glaube, der gemeinsame Schmerz würde uns einen‹. Das war die *irdische* Liebe! Die *himmlische* antwortete: ›Du abscheulicher Lump‹. Die eine Trägerin eines der berühmtesten Namen der modernen Kunst, die andere eines der stilvollsten Namen des Adels. Bei Irdisch war ich vorletzten Sonntag, 11. 8. War nett. Auf Himmlisch habe ich momentan keine Lust. ›Sie denken doch nicht schlecht von mir‹, sagen die Damen oft, wenn sie einen verlassen. So sage ich jetzt zu Ihnen, Herr Oelze. « (FWO, 34.)

Wenn also Benn in zahlreichen Briefen Tilly Wedekind vertröstet, ihren Besuch in Hannover hinausschiebt, den seinen in Berlin vertagt und das mit dienstlichen Zwängen oder mit Unpäßlichkeit begründet, so muß man bei einem Großteil dieser Absagen und Verschiebungen in Rechnung stellen, daß hier nicht das schöpferische Ich seine Einsamkeit verteidigte, die »Mauer aus Hieroglyphen«, sondern daß eben auch die andere Frau ihre Forderungen stellte, im Zeitplan untergebracht werden mußte.

Auch an Elinor Büller schrieb Benn während der Zeit in Hannover viel und regelmäßig; er besuchte sie in Berlin, sie ihn in Hannover. (Den Briefen an Elinor Büller ist ein eigener Band vorbehalten.)

Beide Frauen meint das schöne Gedicht *Auf deine Lider senk ich Schlummer*, das vermutlich in Hannover entstand und das von Manfred Gurlitt vertont wurde:

Auf deine Lider senk ich Schlummer,
auf deine Lippen send ich Kuß,
indessen ich die Nacht, den Kummer,
den Traum alleine tragen muß.

Um deine Züge leg ich Trauer,
um deine Züge leg ich Lust,
indes die Nacht, die Todesschauer
weben allein durch meine Brust.

Du, die zu schwach, um tief zu geben,
du, die nicht trüge, wie ich bin –
drum muß ich abends mich erheben
und sende Kuß und Schlummer hin.

Zusätzlich kompliziert wurde die Choreografie durch das Hinzutreten einer dritten Frau, die – einundzwanzig Jahre jünger als Benn und Tochter eines gefallenen Offiziers – mit ihrer Mutter in Hannover lebte und 1938, nach Benns endlich erreichter Rückkehr nach Berlin, seine zweite Ehefrau werden sollte: Herta v. Wedemeyer.

Ursprünglich hatte Benn nicht die Absicht, diese Ehe einzugehen. Im Gegenteil: als ihm nach Jahren der »Verbannung« in die gehaßte Provinz die hartnäckig betriebene Versetzung in das geliebte Berlin gelungen war (zum 1. 7. 1937), brach er diese jüngste Beziehung ab. Er reiste allein nach Berlin. »Frl. H. sah ich einmal kurz, erzählte ihr, daß ich nach B. versetzt sei. Seitdem ist sie krank, liegt im Bett, schreibt aber sehr nett u. freundschaftlich. Vielleicht ist sie froh, daß es vorbei ist...« So Benn an Elinor Büller am 20. 6. 1937.« Doch à la longue erwies sich diese mit »reinem Ordnungssinn« erklärte Bindung als stärker denn alles Kalkül. Ein halbes Jahr später ist Benn entschlossen, doch eine zweite Ehe einzugehen. Am 11. 1. 1938 teilt er es Tilly Wedekind mit (Nr. 449), am 22. Januar heiratet er Herta v. Wedemeyer.

Die Beziehung zu Tilly Wedekind war schon seit jenem Brief vom 1. Januar 1937 brüchig geworden, in dem Benn ihr geschrieben hatte: »Diese Art Beziehung, wo man sich alle Viertel- oder Halbjahr einige Tage sieht, sind für Dein u. sind für mein Leben zu schwierig u. unnatürlich. Für ganz aber geht es nicht, das weißt Du wohl. ... Ich habe mir hier eine kleine Vertraute herangezogen, die in ihren freien Stunden für mich schreibt, arbeitet, sich um meine Sachen etwas kümmert. ... Und darum möchte ich zunächst nicht nach Berlin kommen u. möchte nicht, daß Du hierherkommst.«

»... sein Brief traf mich wie ein Blitz aus heiterem Himmel«, schreibt Tilly Wedekind dazu in ihrer Autobiografie (*Lulu*, S. 261) und fast gleichlautend in *Den Traum alleine tragen*, S. 90). »Ich schrieb ihm einen sehr heftigen Brief – er würfe mich in den Abgrund, wie er es mit allen getan, die ihn geliebt hätten, und ich bedauerte heute schon seine zukünftige Frau, die nur geheiratet würde, um zu kochen, zu tippen und seine Socken zu stopfen: von mir hätte er zum letztenmal gehört.

Er schrieb zurück, er sehe nicht ein, weshalb wir nicht weiter eine freundschaftliche Beziehung aufrechterhalten sollten – ich habe ihm natürlich nicht mehr geantwortet.«

Zweifellos, sie wollte den Bruch. Doch gelang es Benn auch in diesem wie in so vielen anderen Fällen, die auslaufende Liebesbeziehung in eine freundschaftliche umzuwandeln. Und was das Nichtmehrantworten angeht, bleibt offen, ob Tilly Wedekind im Augenblick der Niederschrift diesen dramatischen Schlußeffekt zu erinnern meinte oder ihn als darstellerischen Kunstgriff einsetzte. Die Korrespondenz mit Benn war nämlich keineswegs zu Ende.

Zunächst fuhr Tilly Wedekind nach Italien. Von dort schickte sie ihm Ende März einen Ölzweig als Zeichen der Versöhnung.

Doch die frühere Intensität erreichte der Briefwechsel nicht wieder.

Tilly Wedekind kehrte von Italien aus zunächst nach München zurück, fand dort ein festes Engagement bei Otto Falckenberg in den Kammerspielen, spielte auch gelegentlich kleine Rollen in Filmen und kehrte erst 1938 nach Berlin zurück. Ihre Tochter Kadidja lebte inzwischen in New York. Dort besuchte die Mutter sie unmittelbar vor dem Ausbruch des Krieges. Mit der letzten planmäßigen Fahrt der *Bremen* kehrte Tilly Wedekind nach Deutschland zurück. Doch Berlin war ihr verleidet, und nachdem sich in München nicht die erhoffte Möglichkeit, wieder Theater zu spielen, bot, ließ sie sich schließlich am Starnberger See nieder. Tochter Pamela, die inzwischen den Schauspieler und Regisseur Charles Regnier geheiratet hatte und ihr erstes Kind erwartete, zog zu ihr. Im April 1943 kam Esther Carola zur Welt. Im letzten Kriegsjahr gelang es Tilly Wedekind, mit der kleinen Enkeltochter in die Schweiz auszureisen, sie erlebte dort das Kriegsende und kehrte erst 1947 nach Deutschland zurück. Sie zog zunächst wieder an den Starnberger See und später noch einmal nach München.

Im Februar 1946 setzt die Korrespondenz zwischen Benn und Tilly Wedekind wieder ein, stark behindert noch durch die Nachkriegsverhältnisse im von den Siegermächten gemeinsam verwalteten Berlin. Von einigen dieser ersten Briefe nach dem Krieg, die Benn an Tilly Wedekind schrieb, haben sich die Kuverts erhalten. Der vom 16.5.1946 trägt den Öffnungsvermerk der amerikanischen Zensurstelle – und sogar noch der vom 21.9.1947.

Im Juni 1947 kam es zu einem Wiedersehen: In Berlin spielte das Deutsche Theater in der Schumannstraße Frank Wedekinds *Der Marquis von Keith* mit Gustaf Gründgens in der Titelrolle, und Tilly Wedekind kam zur Premiere. Am Tag nach ihrer Ankunft rief sie Benn an, er lud sie zu sich ein, und gemeinsam mit Ilse Benn besuchte man eine der späteren Vorstellungen des Stückes.

»Benn war noch ein paarmal nach Bayern gekommen und hatte mich besucht«, fährt Tilly Wedekind in ihren Lebenserinnerungen fort (*Lulu*, S. 288 f.). »Einmal hatten wir eine Dampferrundfahrt auf dem Starnberger See gemacht und ein paarmal in Münchner Lokalen gegessen. Wir korrespondierten wieder, wenn auch nicht mehr ganz so häufig wie früher. Er schickte mir seine Bücher, wie er das immer getan hatte – unter anderem sein *Doppelleben*, das mir nicht sehr gefiel; das beste darin fand ich eigentlich den Brief von Klaus Mann. Überhaupt hatte ich zu Benns Werk nie eine so starke Beziehung wie zu Wedekinds. Er wußte das auch. In das erste seiner Bücher, das er mir schenkte, schrieb er: ›Keine Damenlektüre‹.

Ich las alles von ihm, aber ich fand es schwierig und schwer verständlich. Viele seiner Gedichte mag ich allerdings sehr. Eines heißt *Dann* –, und das hat er wohl geschrieben, bald nachdem wir uns in Berlin wiedergesehen hatten und inzwischen sechzig Jahre alt geworden waren. Ich sagte ihm, daß mit diesem schönen, wenn auch traurigen und resignierten Gedicht ich gemeint sei, und er hat es mit unergründlichem Lächeln nicht verneint.«

Tilly Wedekind durfte sich durchaus mit diesem Gedicht angesprochen fühlen, nur galt es nicht ihr allein, und es war nicht erst nach der Wiederbegegnung entstanden. Es ist bereits enthalten in einem Typoskript der *Statischen Gedichte*, das mit 3.1.45 datiert ist.

Fraglos gehörte Tilly Wedekind zu den Frauen in Benns Leben, denen eine besondere Rolle zu spielen erlaubt war. Leider müssen ihre Briefe an ihn als verloren betrachtet werden. Im von der Monacensia-Sammlung der Münchner Stadtbibliothek bewahrten Wedekind-Nachlaß befinden sich nur zwei Briefe Tilly Wedekinds an Benn – ein kleiner, rauschhaft-schwärmerischer Liebesgruß aus dem Sommer 1933 und eine Botschaft vom April 1936, aus der Trauer und Resignation sprechen. Benn hatte – wieder einmal – einen von Tilly Wedekind erhofften Besuch in Berlin abgesagt (vgl. Nr. 294). Als

Tilly Wedekind anfangs der sechziger Jahre ihre Lebenserinnerungen schrieb, bat sie die Witwe Gottfried Benns, ihr die Briefe, die sie Benn geschrieben hatte, zurückzugeben. Ilse Benn entsprach diesem Wunsch und übergab die bis dahin erhaltenen Briefe bei einem Besuch in München. Ihrem Bericht zufolge müssen damals schon viele gefehlt haben. Was aus den bei dieser Begegnung übergebenen Briefen geworden ist, war zum Zeitpunkt dieser Edition nicht auszumachen. Zwei im Nachlaß bewahrte Tagebuchaufzeichnungen Tilly Wedekinds, ihre Beziehung zu Benn betreffend und mit 24. März 33 und 28. 3. 33 datiert, sind zu intimen Charakters, als daß eine Veröffentlichung vertretbar wäre; die beiden erhaltenen Briefe jedoch spiegeln so deutlich das Auf und Ab in der Beziehung zwischen dem Dichter und seiner »irdischen Liebe«, daß sie dem Leser nicht vorenthalten bleiben sollen. Sie stehn im Anhang.

Abschließend gilt mein Dank allen, die mir bei dieser Edition mit Rat und Tat geholfen haben, vorweg Frau Kadidja Wedekind und Frau Pamela Regnier-Wedekind (†) und Herrn Charles Regnier, sowie Frau Dr. Ilse Benn, Frau Nele Poul Soerensen und Dr. Fritz Fenzl, dem Direktor der Monacensia samt allen seinen Mitarbeiterinnen, sodann Dr. Rolf Andree (Kunstmuseum Düsseldorf), Dr. Hubert Arbogast, Dr. Horst Ganske, Herrn Fritz Graml vom Institut für Zeitgeschichte, Herrn Herbert Holba, Prof. Hans Egon Holthusen, Herrn Willi Kollo, Frau Helga Mitschke, Dr. Karla Müller, Prof. Paul Raabe, Dr. Gerhard Schuster und Dr. Bernhard Struckmeyer, dem Bundesarchiv, Zentralnachweisstellle, dem Landesarchiv Berlin und dem Stadtarchiv Hannover, dem Bergbaumuseum der Universität Bochum und endlich all jenen, die hier zwar im einzelnen ungenannt bleiben müssen, deren freundliche Auskünfte auf meine vielen Fragen für die Anmerkungen jedoch von großer Bedeutung waren.

München, im Juni 1986 Marguerite Valerie Schlüter

PERSONENREGISTER

Die kursiv gesetzten Ziffern verweisen auf die Anmerkungen und das Nachwort

Albach-Retty, Wolf *332*
Albers, Hans 20, 154, 171, 173, *295, 345, 354*
Alexander, Georg *317, 382*
Allgeyer (Schausp.) 120, 138, *335, 340*
Allmeyer s. Allgeyer
Alverdes, Paul *378*
Andergast, Maria *353*
Andersen, Hans Christian 42
Andree, Rolf *366, 408*
Annabella (Schausp.) *376*
Anni (Schwester) 212, 214, 215, 225, 234, 241, *369, 370, 375, 379, 380, 382, 383*
Arbogast, Hubert *408*

Baarova, Lida *384*
Bahn, Roma 118, *334*
Bahr, Hermann *318*
Bally, Martina 196, 206, 222, *343, 364, 367, 372, 374*
Balzac, Honoré de 218, 219, 221, 222, 223, 225, 227, 228, 235, 237, 245, 248, 251, *374, 380, 385*
Bandmann, Christa *347*
Bard, Maria 158, *348, 398*
Barlach, Ernst *371*
Barnowsky, Victor *398*
Bassermann, Albert *350*
Batcheff, Pierre *295*
Baudelaire, Charles *295*
Bauhofer, Jakob s. Klucker, Jakob
Becher, Johannes R. 185, *360*
Becker, Anatol *341*
Becker, Georg *341*
Beckmann, Max *391*
Beeck, Paul s. Beek, Paul
Beek, Paul 254, *386*
Behr, Carl *295*
Belling, Rudolf *303*
Benecke, Hans *385*
Beneckendorf, Wolf v. *311*
Benn, Caroline 134, 194
Benn, Edith 191, 192, 193 f 194, *362, 363, 365*
Benn, Edith, geb. Osterloh 187, 195, 215, *293, 364*
Benn, Gustav 194, 264
Benn, Herta, geb. v. Wedemeyer 256 f, 268, 269, 273, *392, 394, 405 f*
Benn, Ilse 273, 274, 275, 276, 277, 277f, *343, 394, 407 f*
Benn, Ruth, s. Rühe-Benn
Benn, Stephan 134, 136, *339*
Benatzky, Ralph *305*
Benoit, Pierre *315*
Berg, Alban 264, *390*
Bergmann, Ernst v. *370*
Bergmann, Gustav v. 213, 214, *370*
Biel, Ulrich 268 f, 270 f, 271, 273, 275, *392, 393, 394, 395*
Bielschowsky, Ulrich, s. Biel, Ulrich
Biggers, Earl Derr *315*
Bildt, Paul *380*
Binding, Rudolf Georg 232, 235, *379, 380*
Binns, Ottwell *315*
Birgel, Willy 151, 165, 221, 246, 250, *308, 311, 344, 351, 384, 385*

Bismarck, Otto Fürst v. 276
Blei, Franz, *318*
Block, Paul *318*
Blücher, Gebhard Leberecht *308*
Blunck, Hans Friedrich 184, *359*
Böcklin, Arnold 205, *366*
Bolvary, Geza *332*
Bonsels, Rose-Marie *338*
Bonsels, Waldemar 130, 196 *337 f, 363*
Bratt, Harald *336, 372, 382*
Braun, Curt J. *344*
Brausewetter, Hans 19 f
Brecht, Bertolt *298*
Breda, Lili 156, 206, *347, 367*
Bruce, Virginia *390*
Büchner, Georg *370*
Büller, Elinor 206, *307, 314, 326, 343, 345, 347, 348, 367, 390, 403 ff*
Büller, Helga s. Mitschke, Helga, geb. Steinbeck-Büller
Burri, Emil *336*
Busch, Wilhelm 176, *355*

Canaris, Wilhelm 278
Caruso, Enrico 225, *375 f*
Cebotari, Maria 239, *382*
Chamisso, Adelbert v. *375*
Chodorov, Edward *324*
Cilly (Serviererin) 39, *304*
Clair, René *291*
Coler, Edit v. *300*
Conn, Harry *390*
Conrad, Joseph *321*
Corinth, Lovis *318*
Correns, Eva 51, 62 *308, 312*
Coward, Noel *294*
Cube, Irma v. *318*

Däubler, Theodor *302*
Dagover, Lil 221, *308, 347, 373, 387*
Dammann, Gerhard *347*
D'Annunzio, Gabriele 270 *393*
Daumier, Honoré 151
Dehmel, Richard *318*
Del Rio, Dolores 91 *324*
Del Ruth, Roy *390*
Deltgen, René *311, 354*
Deréan, Rosine *376*
Desiderio da Settignano *343*
Deubel, Werner 185, *360*
Deval, Jacques *333*
Dhünen, Felix *381*
Diehl, Karl Ludwig 155, *336, 347*
Diers, Marie 233, 239, *379, 382*
Dieterle, Wilhelm s. Dieterle, William
Dieterle, William *324*
Domgraf - Fassbaender, Willy *387*
Dorsch, Käthe 55, 58, *309, 310, 312*
Dos Passos, John Roderigo *321*
Duday, Bruno *308*
Dülberg, Franz *318*
Dumas d. J., Alexander *353*

Eberhard (Schausp.) 120, *335*
Ebermayer, Erich *336, 396*
Ebsen, Buddy *390*
Eckart, Dietrich *358*
Eggerth, Martha *310*
Eichberg, Richard *353*
Elisabeth (Schwester) 193
Ellermann, Heinrich *341*
Eloesser, Arthur E. 62 *312, 360*
Else (Dienstmädchen) 44, 174, *306, 354*
Engel, Erich *326*
Engel, Fritz *318*
Engländer, Luise, geb. Hofmann 29, 35, 99 *299, 302, 303, 327, 328*

Englisch, Lucie *320*
Erbe, Willy 225 f, 229, 231, 246, 247, 252, *375, 376, 377, 378, 384, 386*
Ermolieff, J. N. *353*
Eulenberg, Herbert *318*
Eulenspiegel, Till 176
Euripides *296, 322, 324, 325*

Falckenberg, Otto 178, *356, 389, 406*
Farrère, Claude *376*
Fassbaender, Brigitte *387*
Fast, Boris de *321*
Faulkner, William 82 *321, 348*
Fechter, Paul 152, 175, 196, 253, 275, 278, *344, 355, 359, 363, 386, 395, 396*
Feininger, Lyonel *391*
Felixmüller, Conrad 86, 87, *322, 323*
Fenzl, Fritz *408*
Fiedler, Erich *372*
Finck, Werner 62, 69, 72, 73, 74, 88, *312 f, 315, 317, 318, 323, 345*
Finkenzeller, Heli *332*
Fischer, Hanns *310*
Flake, Otto 223, *374*
Flaubert, Gustave *301*
Flechtheim, Alfred 232, *356*
Fontane, Theodor *355*
Forst, Willi *326, 332, 354*
Forster, Rudolf 80, 255, *320*
Francen, Victor *376*
Francke, Arthur 84, *322*
Frank, Bruno *294, 318*
Franzl 39, 76, 177, *304, 319, 355*
Fricke, Familie 97
Friedenthal, Joachim *318*
Fritsch, Willy *344, 380*
Fröhlich, Gustav *372*
Froelich, Carl *294, 324, 333*
Fürst, Leonard *384*
Fürth, Walther 247, *384*
Furtwängler, Wilhelm 221, *373*

Gaal, Franziska *332*
Gab, Franz *347*
Gael, Josselyne *295*
Galow, Margot *346*
Ganske, Horst 153, *345, 408*
Gebhardt, Hertha v. *310*
Geis, Jakob *345*
Genina, Augusto *294*
George, Heinrich 63, 113, *295, 296, 311, 332*
Gerron, Kurt *295*
Gescher, Julius 92, *325*
Gide, André *301*
Gigli, Beniamino 225, *375*
Goebbels, Joseph 229, *312, 359, 377*
Goelz, Erwin, s. Maraun, Frank
Göring, Hermann 213, *312, 336, 356 f, 358*
Goethe 124, *293, 320, 326, 360*
Goetz, Curt 46, 116, 118, *333, 334, 380, 398*
Goldhaber, Lulu 30, 176, 210, 213, 214, 215, 217, 219, 220, 225, 230, 231, *300, 355, 358, 368, 369, 370, 372, 373, 375, 378*
Gordon, E.F.v. *356, 378*
Grabbe, Christian Dietrich 216, *371*
Graml, Fritz *408*
Granowsky, Alexander *315*
Graveure, Louis *318*
Greville, Edmond T. *291*
Grimm, Hans 232, *396*
Grosz, George *303*
Gründgens, Gustaf 80, 95, 151, 178, 182, 185, 222, 224 f, 252, 259, *311, 320, 321, 326,*

344, 351, 356 f, 358, 361, 374, 375, 386, 388, 394, 407
Gura, Anita, gen. Anni 102, 119, 121, 138, 140 *328, 334, 335, 340*
Gura, Eugen *328*
Gustloff, Wilhelm *348*

Haack, Käthe *321*
Hackenberg, Marie 108, 112, *315, 331, 332, 333, 334, 340*
Hackenberg, Paula 108, 112, *315, 331, 332, 333, 334, 340*
Haensel, Carl 52 f, 53, 60, 73, 167, *308, 311, 317, 352*
Haile Selassie I. 228, *355, 376*
Halbe, Max 134, *318, 339*
Hamsun, Knut 159, 228, 229, *348, 377*
Hanska-Rzewuska, Evelina 235, *380*
Harbou, Thea v. *333*
Harlan, Veit *311, 325*
Hart, Moss *390*
Hartl, Karl *320*
Harvey, Lilian 151, *344, 380*
Hasse, O.E. *396*
Hauptmann, Carl *318*
Hauptmann, Gerhart 110, *317, 331, 349, 354*
Hauptmann, Margarete 72, *317*
Hausen, Walter *371*
Hauth, Eugenie 71, *316*
Hedrich, Karl Heinrich *368 f*
Hegemann, Werner 185, *360*
Heims, Else 210, *368, 392*
Heinrich VIII., König v. England 245, *384*
Heiß, Hermann *314, 343*
Held, Familie *5, 235, 380*
Held, Martin *396*
Helm, Brigitte 80 *320*
Heltai, Jenö *295*
Hembus, Joe *347*
Henckels, Paul *375*
Henschke (Bruder v. Klabund) 143
Henschke, Alfred s. Klabund
Herrmann-Neiße, Max *360*
Herzlieb, Walter *384*
Herzog, Wilhelm *318*
Heß, Rudolf *369*
Hesterberg, Trude *336*
Heuser, Kurt *308*
Heydrich, Reinhard *312*
Hildebrand, Hilde 73 *317, 353, 396*
Hille, Peter *302*
Himmler, Heinrich 266 f
Hindemith, Gertrud 16, 17, 206, *293, 367*
Hindemith, Paul 16, 17, *293*
Hindenburg, Paul v. Beneckendorff und von 21, 226, *299, 318*
Hippke, Erich 51, 52, 53, *308, 314*
Hippke, Frau 51, 65, *314*
Hitler, Adolf 28, 39, 226, 265, *299, 300, 325, 352, 360, 369, 372*
Hodge, Merton *310*
Hodler, Ferdinand *346*
Höflich, Lucie *353*
Hörbiger, Paul *318, 332*
Hofer, Karl 155, 217, *346, 371*
Hoffmann, Carl *348*
Hofmann, Luise, s. Engländer, Luise
Hofmannsthal, Hugo v. *393*
Holba, Herbert *408*
Hollander, Walther v. 236, *381*
Holthusen, Hans Egon *403, 408*
Homer *313*

Hoppe, Else 54, 59, 60, 64, 67, 70, 71, 76, 82, 87, 95, 98, 101, 111, 118, 123, 124, 261, *311, 313, 315, 316, 321, 323, 326, 327, 328, 332, 334, 335, 345, 389*
Hoppe, Marianne *388*
Horney, Brigitte *336, 354*
Hoven, Adrian *396*
Hürsch, Erhard 272 f, *394*
Husler, Fred 243, *310, 383*
Husler, Marion 58, 61, 102, 167, 213, 219, 243, *310, 329, 352, 372, 383*

Ibsen, Henrik *373*
Ihering, Herbert 178, *356*
Illéry, Pola *291*

Jakoby, Georg *355*
Jannings, Emil 82, *321*
Janson, Victor *381*
Jegorowa, Irina, s. Timofejewna, Irina
Jhering, Herbert, s. Ihering, Herbert
John, Karl, gen. Jonny *398*
John, Lily 78, *319*
Johst, Hanns 38, 167, 181, 183, 184, 186, 188, 189, 229, 266 f, *300, 302, 304, 338, 352, 357, 358, 361, 362, 369, 377, 391*
Joyce, James *321*
Jürgens, Curd *345*
Jugo, Jenny 95, *318, 326*
Junkermann, Ehepaar 118

Kalk, Heinz 214, *370*
Katt, Geraldine *387*
Kaul, Ilse, s. Benn, Ilse
Kemp, Paul, *318*
Kerr, Alfred *318*
Kiaulehn, Walther *380*
Kiepura, Jan 74, 76, *318*
Kimmich, Max *345*
Kisch, Egon Erwin 185, *360 f*
Kittel, Walther 185, 188, 189, 192, *359, 362*
Klabund 83, 138, 143, *321, 340, 341*
Klaren, Georg C. *294, 375*
Klein, Dr. 92
Klein, Fritz 196, *363*
Klemperer, Otto *293*
Klinkowstroem, Elinor, s. Büller, Elinor
Klöpfer, Eugen, 115, 162, *324, 333, 350*
Klucker, Jakob 60, *311*
Knipper, Olga v., s. Tschechowa, Olga
Knoteck, Hansi *372*
Knüpffer, Paula 161, 198, *349, 364*
Kokoschka, Oskar *346, 391*
Kolbenheyer, Erwin Guido 152, 158, 159, 184, 232 *345, 348, 359*
Kollo, Walter 94, *325*
Kollo, Willi *325, 408*
Kolmann, Trude *397*
Koppenhöfer, Maria 221, *308, 311, 373, 380*
Korrens, Eva, s. Correns, Eva
Koster, Henry, s. Kosterlitz, Hermann
Kosterlitz, Hermann *315*
Kraus, Else C. 206, *367*
Kraus, Karl *365*
Krauß, Werner 158, *348, 398*
Kroll, Maurice *294 f*
Krüger, M. (Drehbuchautor) *382*
Kunisch, Hermann *379*
Kutscher, Artur *318*
Kyer, Hans *353*

Ladegast 166
Lamprecht, Gerhard *347*
Lang, Fritz *320*
Lange-Kosack, Grete 119
Langford, Frances *390*
Lasker-Schüler, Else 62, *302*
Léhar, Franz, 158, *381*
Lehmann, Friedrich 265
Leibelt, Hans *372*
L'Herbier, Marcel *376*
Liebermann, Max *318*
Liedmann, Eva *387*
Liedtke, Harry 55, 58, *292, 309, 310*
Lilly (?) 36
Lingen, Theo *310, 320, 332, 353*
Linke, Manfred *298*
Loerke, Oskar 21, *295, 307*
Loewenstein, Karl *291, 295, 309*
Loos, Theodor *336*
Lorenz, H. *375*
Loretto, Alfred *295*
Lorre, Peter *295*
Louis Ferdinand, Prinz v. Preußen *334*
Lubitsch, Ernst *309*
Luther, Martin 127, *337*

Maisch, Herbert *332*
Mann, Erika *386*
Mann, Heinrich 27, 185, 226, 276, *298, 300, 318, 360, 376, 393, 395*
Mann, Klaus 27, 259, *320, 388, 407*
Mann, Thomas 252, 259, 263, *318, 377, 388, 390*
Mansfeld (Galerist) 151, 155, *344*
Mantel, Hans 224, 225, 226, 234, 242, 251, *375, 376, 383*
Maraun, Frank 199, *359, 364*
Marischka, Ernst *310, 318, 332*
Marlene (?) 171
Martens, Kurt *318*
Martens, Valérie v. 118, *333, 334*
Martin, Paul *344, 380*
Martin du Gard, Roger *301*
Mathieux, Johanna *375*
Matthiesen 161 f
Maupassant, Guy de *321*
May, Joe *318*
McGowan, Jack *390*
Mechow, Karl Benno v. *378*
Melville, Herman *321*
Menge, Arthur 241, *382*
Mennard, Frl. 118
Menzel, Georg *311*
Meyendorff, Irene v. *384*
Meyer, Johannes *310, 345*
Milch, Werner *317*
Minetti, Bernhard *311*
Mitschke, Helga, geb. Steinbeck-Büller *404, 408*
Modot, Gaston *291*
Möller, Alfred *375*
Mog, Aribert *310*
Molière, Jean Baptiste 263, *390*
Morena, Erna 12 f, 74, *292, 318*
Mosbacher, Peter *396*
Moser, Hans *326, 332*
Mühe, Alfred *357*
Mühsam, Erich *318*
Müller, Hans *295*
Müller, Hans Carl 55, 166, 223, 251, *294, 309, 351, 379, 381, 385, 395*
Müller, Karla *408*
Müller, L. A. C. *355*
Müller, Renate 73, 90, *317, 324*
Müller, Traugott *317*
Münchhausen, Börries Frhr v. 184, 185, *359 f*
Mumme, Friedel 224, 225, 238, *375, 381*

Mundt, Johanna 60, 73, 74, 75 f, 76, 77, 78, 84, 108, 109, *311, 317, 318, 319, 321, 331*
Muschelkalk *325*

Nagy, Käthe v. *375*
Nanni 30, *300*
Negri, Pola *309*
Negus, der, s. Haile Selassie I.
Neher, Carola 10, 143, *290, 341*
Neipperg, Gräfin *382*
Népoty, Lucien *376*
Newes, Dagobert, gen. Bertl 37, *303*
Newes, Karl 57, 58, 62, 83, 84, 99, 100, 102, 106, 110, 139, 174, 191, 192, 233, 236, 239, 244, 246, 252, 255, *306, 310, 312, 321, 328, 329, 330, 332, 354, 362, 379,381, 383, 384, 386, 387*
Newes, Martha Maria, gen. Marthl 47, 49, 55, 76, 80, 89, 96, 97, 102, 132, 138, 139, 145, 148, 153, 172, 174, 177, 188, 190, 191, 223, 233, 235, 243, 251, *294, 309, 319, 320, 323, 327, 328, 338, 340, 342, 345, 351, 353, 355, 361, 362, 375, 376, 379, 380, 381, 383, 387, 395*
Newes, Yella (od. Jella) 43, 44, 51, 55, 56, 57, 58, 62, 63, 81, 84, 90, 138, 153, 154, 182, 186, 190, 211, 212, 213, 216, 235, 240, 244, 245, 252, 253, 255, *306, 308, 309, 310, 312, 313, 321, 324, 327, 340, 345, 354, 357, 362, 369, 370, 371, 380, 382, 383, 386, 387*
Nicklisch, Franz *321*
Niedermayer, Max *399*
Nietzsche, Friedrich 222, *374*
Nolde, Emil 217, *371*

Oelze, F.W. 95, 97, 142, 143, 144, 157, 195, 196, 197, 215, 220, 221, 241, 242 f, 244, 245, 247 f, 248, 249, 250 f, 251, 257, 264, *306, 314, 317, 322, 326, 327, 330, 341, 342, 343, 347, 348, 360, 363, 364, 370, 373, 382, 383, 384, 385, 386, 387, 390, 401, 404*
Orloff-Leppmann, Ida *389*
Oschwald, Erika, geb. Wedekind 66, *314*
Osterloh, Edith, s. Benn, Edith, geb. Osterloh
Overgaard, Christen, 175, 260, *293, 355, 361, 389*
Overgaard, Ellen Otilia 81, 260, *293, 321, 361, 389*

Pagel, Karl 192, 202, *363, 365, 368*
Pagnol, Marcel *321*
Pape (Intendant) 110
Parola, Daniela *295*
Pechstein, Max 152, 217, *344, 371*
Peters, Sabine 255, *387*
Petrovich, Iwan *382*
Pfeiffer-Belli, Erich *357, 359*
Piave, Francesco Maria *353*
Pierson, Jane *291*
Piscator, Erwin *364*
Platen, Emil 48, *307*
Platte, Rudolf 74, *345*
Plietsch 163
Pocci, Familie 10, *290 f*
Poelzig, Hans 203, *365*
Pohl, Gerhart *360 f*
Polt, Helmut *315*
Ponto, Erich *308, 311*

Porada, Käthe v. *399*
Porten, Henny 103, *329*
Powell, Eleanor 263, *390, 396*
Preiss, Wolfgang *396*
Préjean, Albert *291*

Quisling, Vidkun *377*

Raabe, Paul *399, 408*
Raabe, Wilhelm 176, *355*
Raffael 80, 84, *321*
Raimund, Ferdinand *377, 380*
Raphaelson, S. *294*
Rathenau, Walther *318*
Reck-Malleczewen, Friedrich *295, 345*
Regnier, Anatol 273, *394*
Regnier, Charles 278, *392, 394, 395 f, 406, 408*
Regnier, Esther Carola 269, 272, *392, 393, 406*
Regnier-Wedekind, Pamela, s. Wedekind, Pamela
Reinecker, Herbert *396*
Reinhardt, Gottfried *392*
Reinhardt, Max *292, 307, 309, 324, 336, 348, 350, 368*
Reinhardt-Heims, Else, s. Heims, Else
Reisch, Walter *320*
Reiss, Erich 16 f, 17, 18, 19, 22, 26, 65, 78, 105, 124, 157, 158, 194, 195, 215, *289, 294, 296, 314, 319, 329, 335, 347 f, 363, 365, 370*
Renoir, Pierre *376*
Reuter, Fritz *355*
Richter, Hans *317, 372, 387*
Riefenstahl, Leni 155 f, *346 f*
Riemann, Johannes *375*
Rilke, Rainer Maria 236, 237, *381*
Ringelnatz, Joachim *325*
Ritter, Karl *332, 384*
Ritter Rudo *355*
Rodin, Auguste *393*
Rökk, Marika *355*
Rohr, Hans v. 254 *386*
Romain, Jules *301*
Rosenberg, Alfred 184, *358 f*
Rousseau, Jean Jacques *291*
Ruch, Hannes, s. Weinhöppel, Richard
Rühe-Benn, Ruth 250, *385*
Rühmann, Heinz *295*
Rütting, Barbara *396*

Saint-Exupéry, Antoine de *306*
Salloker, Angela 82, *311, 321*
Sandrock, Adele 73, *317, 332, 396*
Sardou, Victorien 101, 112, *328, 332*
Sattler, Mia 43, 45
Sauer, Oscar 162, *350*
Schäfer, Wilhelm 184, *359*
Schelzig, Alfred *359*
Scherber 250
Schild (Zugehfrau) 152, 154, 157, 160, 238, 240, 255, 256, 259, *345, 347, 348, 381, 382, 387, 388*
Schiller (Zugehfrau) 225, *375*
Schiller, Friedrich v. *303, 384*
Schillings, Barbara v. 39, *304*
Schillings, Max v. *304*
Schittenhelm, Brigitte, s. Helm, Brigitte
Schlegel, Friedrich v. *326*
Schleicher, Kurt v. *299*
Schlettow, Hans Adalbert *215*
Schmeling, Max 37, *303*
Schmid, Peter *394*
Schmitz, Sybille *333*
Schneider-Edenkoben, Richard *372*
Schnetzler, Ursula *398*
Schönböck, Karl *387*

Scholz, Wilhelm v. *318 f*
Schreyer, Lothar *371*
Schünzel, Reinhold *317, 324, 387*
Schulz, Franz *295*
Schuster (Schausp.) 120, *335*
Schuster, Alice 206, *367*
Schuster, Gerhard *408*
Schwarz, Hanns *295*
Scribe, Eugène *328*
Seidel, Ina 176, 189, *355, 362*
Selpin, Herbert *336*
Serke, Jürgen *341*
Shakespeare, William *310, 356*
Shaw, George Bernard *326*
Sierck, Detlev *308*
Silvers, Sid *390*
Sima, Oskar *320, 380*
Sintenis, Renée 271, *393*
Slezak, Leo *310*
Smith, Dodie *389*
Soerensen, Nele Poul, geb. Benn 16, 17, 22, 23, 24, 32, 41, 45, 59, 71, 72, 77, 81, 86, 91, 92, 95, 106, 107, 108, 121, 139, 142, 163, 169, 172, 175, 177, 178, 179, 181, 187, 191, 193 f, 195, 196, 197, 198, 199, 200, 201 f, 202 f, 205, 206 f, 207, 211, 215, 216, 217 f, 218, 219, 220, 222, 228, 230, 235, 241, 243, 247, 248, 249, 250 f, 252, 253, 254, 255, 260, 264, 271, 278, *289, 290, 293, 296, 297, 301, 305, 316, 317, 319, 322, 330, 341, 350, 352, 355, 357, 363, 388 f, 398, 404, 408*
Sombart, Werner *319*
Spaak, Charles *376*
Spindler, W. *382*
Spinner, Betty 33, 34, *302*
Stahl-Nachbauer, Ernst 118, *334*
Stemmle, Robert A. *333, 348*
Sten, Anna *295*
Sternheim, Carl 9, 10, 11, 18, 25, 26, 27, 28, 29, 71, 82, 93, *290, 291, 294, 297, 298, 299, 306, 316, 319, 325, 374, 388, 397 ff*
Sternheim, Dorothea, s. Sternheim, Mopsa
Sternheim, Eugenie, s. Hauth, Eugenie
Sternheim, Mopsa 76, 116, 278, *319, 333, 396*
Sternheim, Pamela, s. Wedekind, Pamela
Sternheim, Stoisy, s. Sternheim, Thea
Sternheim, Thea 71, 278, *291, 316, 319, 396*
Stevenson, Robert Louis, 233, 379
Stewart, James *390*
Stolz, Hilde v. *382*
Strasser, Georg *299, 359*
Strauß, Emil 184, *359*
Strauss, Richard 39, *393*
Strauß-Sohn, Johann *307*
Strindberg, Frida, geb. Uhl 241, *382*
Strindberg, Friedrich, gen. Friedel 241, *382*
Strindberg, Johan August 221, 222, *295, 373, 374*
Struckmeyer, Bernhard *408*
Stuart, A. *387*
Stuart, P. *387*
Stucken, Eduard 36, 46, 166, *307, 351*
Stübel, Adele, gen. Ada 195, 197, *363, 364*
Stürtz, Prof. 108 f, 110, 112, 113, 120, *332, 334*
Sudermann, Hermann *374*
Supper, Walter *344*
Susa, Charlott 154, *345*

Sybille (?) 220
Sylva, B. G. De *390*

Tafari Makonnen, Ras, s. Haile Selassie
Tasnady, Maria v. *308*
Taylor, Robert *390*
Thesing, Curt *315*
Thomas v. Aquino 26
Timofejewna, Irina Jegorowa 198
Toller, Ernst *371*
Tolstoj, Leo *393*
Topsoe, Preben *393*
Topsoe, Tine 271, 272, 278, *393, 396*
Topsoe, Vilhelm 271, 272, 278, *393, 396*
Toulouse-Lautrec, Henri de *344*
Tourjansky, Victor *320*
Trakl, Georg *302*
Treff, Alice 125, *336, 396*
Trevor, Jack *345*
Truhn, F. H. *375*
Tschechow, Anton 78 f, 80, *319 f, 320*
Tschechowa, Olga 79, 80, *319 f, 320*
Tucholsky, Kurt *371*

Ucicky, Gustav *311, 354*
Uhl, Frida, s. Strindberg, Frida
Uhl, Friedrich *382*
Ullrich, Luise 159 f, *348*
Ullstein, Änne *300*
Ullstein, Heinz 30, *300*
Ullstein, Leopold *300*

Valéry, Paul *301*
Verdi, Giuseppe *328, 353*
Verne, Jules *353*
Viertel, Berthold *298*
Voltaire 26, *291*

Wäscher, Aribert *390*
Wagner, Elsa *271, 393*
Wagner, Hans *384*
Wahlberg (Schausp.) 120
Waldau, Gustav *310*
Walden, Herwarth *302*
Waldow, Ernst *372*
Wallburg, Otto *295*
Waschneck, Erich *325*
Wassermann, Jakob *319*
Wedderkop, W. v. *356*
Wedekind, Armin *308*
Wedekind, Frank 38, 76, 88, 222, 226, 276, *291, 292, 293, 295, 299, 301, 308, 310, 311, 312, 314, 315, 317, 318, 338, 351 f, 356, 357, 373, 390, 392, 394, 397, 407*
Wedekind, Friedrich Wilhelm *301*
Wedekind, Kadidja 11, 12, 13, 14, 16, 20, 22, 23 f, 24, 25, 29, 37, 45, 48, 63, 64, 66, 71, 72, 74, 78, 80, 81, 83, 84, 85, 86, 88, 90, 91, 94, 97 f, 99, 100, 106, 110, 112, 115, 121, 123, 131, 132, 135, 136, 137, 139, 140, 141, 142, 144, 145, 147, 148, 149, 151, 156, 161, 163, 171, 172, 173, 181, 185, 190, 193, 196, 197, 199, 201 f, 202, 203 f, 204, 209, 210, 212, 214, 215, 217, 218, 222, 225, 226, 230, 234, 237 f, 238, 239, 240, 241, 242, 243, 246, 247, 249, 250, 250 f, 252, 254, 255 f, 258, 261, 267, 268 f, 273, 274, 276, 278, 279, *291, 292, 293, 294, 296, 297, 299, 313, 321, 328, 343, 354, 382, 384, 385, 386, 391, 392, 397 ff, 406, 408*

Wedekind, Pamela 9, 10, 11, 16, 18, 25, 26, 32, 33, 34, 40, 45, 48, 55, 56, 59, 66, 72, 73, 77, 82, 84, 86, 87, 88, 89, 90, 91, 92 f, 94, 96, 97, 106, 110, 115, 131, 135, 136, 137, 139, 140, 141, 142, 144, 145, 147, 148, 151, 154, 156, 159, 163, 166, 169, 171, 175, 176, 177, 181, 184, 185, 190, 191, 193, 199, 208, 209, 212, 215, 218, 221, 222, 225, 228, 229, 231, 232, 234, 236, 238, 244, 245, 246, 248, 251, 252, 254, 255 f, 261, 263, 266, 269, 270, 273, 274, 275, 278, *290, 291, 294, 297, 301, 302, 310, 317, 324, 325, 326, 331, 343, 348, 380, 384, 388, 389, 392, 394, 395, 397 ff, 406, 408*
Wedemeyer, Herta v., s. Benn, Herta
Wegener, Paul 162, *349, 350*
Weidenmann, Alfred *396*
Weinhöppel, Aenne 108, 112, 116, 117, 138, 167, *315, 331, 332, 333, 334, 340, 352*
Weinhöppel, Hans Richard *315, 340, 352*
Weinhöppel-Hackenberg, s. Weinhöppel, Aenne, u. Hakkenberg, Marie u. Paula
Weininger, Otto 222, *373, 374*
Weise 71
Weiß, E. R. *393*
Wellershoff, Dieter *343, 381*
Wendhausen, Fritz *321*
Werner, Fritz *346*
Wessely, Paula 173, *354*
Wieman, Mathias 160, *320, 348*
Wiesner, Herbert *379*
Wilde, Oscar *375, 393*
Wilhelm II., Deutscher Kaiser *376*
Willrich, Wolfgang 265, *391*
Wiltschek, Liesel 196, 198, 244, *363, 364, 383*
Wiltschek, Rudi 60, 198, *311, 363, 364*
Winter, V. *356*
Wiser, Graf 203
Wittner, V. *378*
Wohl, Ludwig v. *317*
Wohlbrück, Adolf 73, 115, 171, *317, 333, 353, 394*
Wolf, Frau 182, 197, *357*
Wolfe, Thomas *321*
Wüst, Ida 275, *295, 318, 395*
Wulf, Joseph *391*

Zenzes, Gertrud *401*
Zepelin, Ferdinand v. 59, 85, 113, 116, 135 f, 136, 160, 183, 186, 188, 189, 237, 240, 241, *311, 322, 332, 333, 348*
Zierold, Kurt 230, *378, 379*
Zweig, Stefan *319*

Verlagsgemeinschaft Ernst Klett Verlag –
J. G. Cotta'sche Buchhandlung

Schutzumschlag: Klett-Cotta-Design
Aus der 9 Punkt Augustea gesetzt
von Steffen Hahn, Kornwestheim
Auf holzfreies Werkdruckpapier von Albbruck
im Offset gedruckt von Gutmann, Heilbronn
Gebunden von G. Lachenmaier, Reutlingen

CIP-Kurztitelaufnahme der Deutschen Bibliothek
Benn, Gottfried:
Briefe/Gottfried Benn. – Stuttgart:
Klett-Cotta
Bis Bd. 3 im Limes-Verl.,
Wiesbaden, München
NE: Benn, Gottfried [Sammlung]
Bd. 4. Briefe an Tilly Wedekind:
1930–1955/
Hrsg. von Marguerite Valerie Schlüter.
Nachw. von Marguerite Valerie Schlüter. –
1986.
ISBN 3-608-95320-5
NE: Wedekind, Tilly [Adressat]

Der Verlag dankt für die freundliche Genehmigung zum Abdruck der Zitate aus *Lulu. Die Rolle meines Lebens* sowie der beiden Briefe von Tilly Wedekind den Erben Wedekind; für den Abdruck der Zitate von Tilly Wedekind aus *Den Traum alleine tragen* dem Limes Verlag, Wiesbaden und München.